團體諮商：歷程與實務

Groups: Process and Practice, 9e

Marianne Schneider Corey · Gerald Corey · Cindy Corey　著
王沂釗 · 蕭珺予 · 傅婉瑩　譯

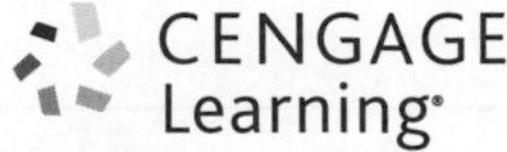

Andover • Melbourne • Mexico City • Stamford, CT • Toronto • Hong Kong • New Delhi • Seoul • Singapore • Tokyo

團體諮商 ： 歷程與實務 / Marianne Schneider Corey,
Gerald Corey, Cindy Corey ; 王沂釗, 蕭珺予,
傅婉瑩譯. -- 初版. -- 臺北市 : 新加坡商聖智學習,
2014.04
面 ; 公分
譯自 : Groups: Process and Practice, 9th ed.
ISBN 978-986-5840-54-9(平裝)

1. 團體諮商

178.4 103004792

團體諮商：歷程與實務

Original: Groups: Process and Practice, 9e
By Marianne Schneider Corey · Gerald Corey · Cindy Corey
ISBN: 9781133945468

6 7 8 9 2 0 2 3

出 版 商 新加坡商聖智學習亞洲私人有限公司台灣分公司
104415 臺北市中山區中山北路二段 129 號 3 樓之 1
http://www.cengageasia.com
電話：(02) 2581-6588 傳眞：(02) 2581-9118

原 著 Marianne Schneider Corey · Gerald Corey · Cindy Corey

譯 者 王沂釗 · 蕭珺予 · 傅婉瑩

執行編輯 曾怡蓉

印務管理 吳東霖

總 經 銷 心理出版社股份有限公司
231026 新北市新店區光明街 288 號 7 樓
電話：(02) 2915-0566 傳眞：(02) 2915-2928
郵撥：19293172 心理出版社股份有限公司
https://www.psy.com.tw
E-mail: psychoco@ms15.hinet.net

編 號 21109

定 價 新臺幣 600 元

出版日期 西元 2023 年 7 月 初版六刷

ISBN 978-986-5840-54-9

(23SMS0)

譯者序

至今在個人的研究室書架上，仍保留著 20 年前就讀碩士班時用保護書套包著紅底為封面的第四版《團體諮商：歷程與實務》。這本原文書讀來不費力，文字淺顯易懂又不失焦，對於概念的陳述或對團體諮商歷程諸多問題的描述相當清楚。即使身在不同文化與教育環境的太平洋彼岸，仍然可以感受到 Corey 博士以親切友善、循循善誘及諄諄教誨地帶領我進入專業的諮商領域中，也是過去在實務工作中的重要參考文獻。許多投身於心理諮商、社會工作、教育或其他助人相關工作的青年學子們，都會以 Corey 博士撰寫的《諮商理論與實務》為入門書。相信讀者們和我一樣有相似的看法。

過去在社會工作領域曾教授團體工作，使用其他作者的中文譯著，發現有很多困難，例如以不同學科的通用概念包裝心理諮商與臨床領域專業術語，造成在教學上或學生理解上的失真，以及未考量學生是否具備完整的心理學、心理諮商理論與技術、心理適應困難或異常、個案工作等學科知識及實務的基礎，這類教材可能著眼於團體方案設計、團體動力發展、特殊個案處理，甚至於強調團體治療因素，也會造成學生在學習上難以體會其意涵。故一直期待能有諮商與臨床心理學訓練背景的學者，能再將 Corey 博士的書精確地翻譯，成為一部重要的經典書籍。

在 2009 年暑假，承蒙任職於屏東教育大學教育心理與輔導系陳慶福教授推薦，與幾位畢業於彰化師範大學輔導與諮商學系博士班的學長姊們共同翻譯第八版《團體諮商：歷程與實務》。期間個人雖然只負責部分章節，高興的是發現熟悉的文筆風格仍在，而其中又多了跨文化議題及案例內容。在大家的努力下，心中期待介紹團體諮商實務的理想譯本出爐了。

很快地，在 2013 年暑假接到新加坡商聖智學習亞洲私人有限公司的資深企劃編輯邱筱薇小姐邀請，再進行第九版《團體諮商：歷程與實務》的翻譯。這確實是一份讓人驚豔又擔憂的工作，因為才不過四年時間，Corey 博士、夫人及女兒又將此書改版更新並經過同儕審查，其熱情與敬業精神是個人敬仰的；但在臺灣高等教育資源漸以評鑑指標做為分配的依據，大學教師須投注於教學、研究及服務工作以因應來自於學生們的教學評量及學校定期的評鑑，即使是翻譯學術著作未必能被接受為考核項目。幾經考量，本於當年身為研究生及初任教師的期待，原來的躊躇也化為一種使命感，並邀請兩位有實務經驗的工作者，一是留學英國愛丁堡大學心理治療與諮商系的蕭珺予小姐翻譯本書第一篇 1 ～ 4 章，及畢業於臺灣師範大學、東華大學諮商與臨床心理系碩士班，來自馬來西亞的傅婉瑩小姐翻譯本書第三篇 10 ～ 11 章，個人則翻譯第二篇 5 ～ 9 章及擔任總校閱工作。

這樣的分工組合也反映本書著重於實務的經驗分享、倫理及法律議題、多元文化、對不同群體或特定群的服務工作及處理各種可能發生在團體工作的挑戰等特色上，最特別的是，幾經折衝與討論，我們將國內常用的團體領導及領導者，通譯為團體帶領及帶領者。主要是回歸諮商的治療性功能及團體諮商運作的本質，均在提升成員們能積極地投入於團體之旅並負起成長的責任，也不希望在團體內有另一種無形的權力階級之分。期盼這樣的譯名可以得到教師們及讀者們接受。

初次接任譯著總校閱工作，難免生疏。雖然個人在教學工作已逾十年，也有不少行政及督導經驗，兩位伙伴也有豐富的實務經驗，了解團體諮商實務及歷程的各種狀況，但是一份來自國內心理學研究重要學者倡議學術自主與研究風範的公開信，其內容及精神也讓我們虛心並且更加謹慎地進行翻譯。非常感謝邱筱薇小姐、執編曾怡蓉小姐及團隊工作伙伴們的協助，他們的專業能力和認真仔細的工作精神，讓我們的錯誤降至最低，並建議用更通順的文字，讓讀者們更容易了解。如在內容上發現需要改進之處，個人願負起最大責任並努力提升品質，並請不吝指教。

王沂釗

於花蓮東華大學諮商與臨床心理系

原序

本書描繪了一些團體歷程的基本議題及核心概念，並且闡釋團體帶領者如何運用於不同性質的團體工作之中。在許多方面，這是一本「如何操作」的書，同時也是一本指導團體帶領者「為何如此」的書。

每當我們的書有了新版本時，許多專業工作者常會詢問：「這版本有什麼更新之處？」本書關於團體工作的哲學理念部分與 1977 年初版以來是一致的；然而這本第九版之《團體諮商：歷程與實務》在每一章的標題討論中做了些許的改變，有許多章節的內容裡做了相當大的調整及增加了一些新素材。過去 35 年以來（從第一版開始），我們有些想法是隨著團體實務及教學工作的經驗不斷地在醇化，同時我們也試圖將每一個新版本與當前各領域的實務做一些連結。

自從第八版開始，Cindy Corey 加入我們的撰寫工作，她將多元文化諮商的特性帶進團體實務工作及這版之中。Cindy 整合了當前團體工作的多元議題且延伸之前版本的話題。許多評論及本書使用者的網路調查結果皆指出，他們很重視這種團體的實務觀點，同時也建議我們可以增加更多臨床案例，使討論的主題貼近生活。第九版之中包含一些新的並擴展一些聚焦於團體之多元特性的案例。

第九版之《團體諮商：歷程與實務》更新之處

在第九版裡，每一章皆謹慎地檢閱並更新了當前所關注及實務的趨勢，本書所增加、更新、延伸或改寫之處摘述如下：

在第一部分我們呈現的是團體工作的基本議題，在前四章的主題分別為：

- 第 1 章（團體工作導論）為綜覽各類團體，包括更新短期團體的討論以及包含一些我們對於多元文化團體工作及成為具多元能力之團體實務者的看法和新的題材。

- 第 2 章（團體諮商師）強調團體諮商員身為一個人及一名專業工作者的角色，並以一些案例做為標題的討論。本章也說明一些帶領團體的技巧及協同帶領者模式。同時增加一些在團體工作研究趨勢及可以增進個人團體實務的方法等內容。
- 第 3 章（團體諮商的倫理及法律議題）更新一些團體諮商的倫理與法律觀點及訓練團體工作者的倫理議題，新增了一些內容是關於訓練團體工作者的社會公義議題及運用一些團體技巧所需的倫理考量。本章修訂一些兼顧了團體工作的倫理觀點及風險管理實務的綜合討論。
- 第 4 章（團體諮商的理論與技術）是這版新增的章節。本章摘述理論與技術間的關係，並以理論做為指引、有效運用技術及發展統整的團體實務取向等說明做為標題。此新的章節由四類綜合理論，分別是：心理動力取向、經驗與關係導向取向、認知行為及後現代取向在團體諮商的運用等，涵蓋團體實務工作上一些特別的理論，例如精神分析治療、阿德勒理論的治療、存在主義治療、個人中心取向、完形治療、心理劇、行為治療、認知治療、認知行為治療、理情行為治療、現實治療、焦點解決短期治療、敘事治療及女性主義治療等，同時也有一段關於如何發展一個統整團體諮商簡短討論。

在第二部分的各章內容，其主題為團體過程中各階段的有關議題。這些議題包括團體設計和團體如何開始、能有效地和協同帶領者在團體的每個階段工作、成員們的角色和帶領者的功能、團體在不同時間點會發生的問題，及催化團體的技術與過程等，同時有一些新的題材是將研究發現在團體不同階段的實務應用的摘述。在第 5 章到第 9 章裡，我們討論相當多的內容是關係多元文化對於團體過程及結果的影響，以及從多元文化觀點的案例來說明在團體發展裡每個階段的重要挑戰。

- 第 5 章（團體的形成）闡述縝密的思考和計畫對形成任何一個穩健團體的重要性。我們所強調的所有因素包括：設計一份團體計畫書、吸引成員、篩檢和挑選成員及過程的定向。

- 第 6 章（團體的初始階段）說明一個團體在早期發展階段過程裡一些特別的概念。一些有文化考量、隱含的議題、帶領者自我揭露的角色及在團體早期建立信任感的方法等題材做了更新或修改。
- 第 7 章（團體的轉換階段）裡我們對於抗拒再做架構並再予概念化，同時了解並能治療性地處理困難的團體行為，有一番討論。這裡比較多強調理解和尊重個案的抗拒，也有一些新的題材是關於將動機性的會談，做為提升動機做改變的方法。我們列出了解文化因素是如何形成問題行為及從文化觀點思考衝突與面質之必要性。有很多的案例是關於處理團體中不信任的帶領者行為和成員行為，還有一項關於移情和反移情角色的延伸討論，其中也包括有效處理反移情的原則。
- 第 8 章（團體的工作階段）包含在團體中治療性因素運作的延伸討論。此外，修訂並延伸段落探討關於學者對團體凝聚力的發現，及其對團體工作效果的重要性。
- 第 9 章（團體的結束階段）包含更新有關團體經驗結束的任務之文獻，更多強調於處理與結束有關的情緒反應，及修改團體中未竟事務的說明內容。

第二部分裡有許多案例闡述帶領者在催化團體時經常會面臨問題的不同處遇方法，我們配合第 4 章介紹的理論取向，對團體不同階段的各種課題做討論。我們在第二部分裡所選的課題，也連結一些在第 10 和 11 章裡會介紹的團體計畫，所以讀者們可以看到與正在討論的概念有關的實務案例。對於團體發展的特定階段中成員的功能和帶領者的功能，這裡的每一章皆有摘要整理，並且有一些活動是可以在家裡或教室裡練習的。我們統整了一些合適的相關研究的摘要及帶領團體的經驗，以個人為例子來分享我們探討一些課題的看法。我們試著維持與讀者友善的寫作風格是學生們喜歡的。

在第三部分我們呈現如何將第 2 章的基本概念，應用於學校及社區機構環境之不同類型的團體中。我們提供一些原則，給想要在不同情境中特別為兒童、青少年、成人及老人等對象設計團體之帶領者們做參考。共有十三份團體計畫，聚焦於每一類型團體的獨特需要及如何滿足這些需求。

- 第 10 章（在學校情境的團體）裡有五個針對兒童及青少年的團體計畫。本章濃縮前版的兩章內容，同時增加與兒童及青少年以團體進行工作該注意的原則。大部分的團體計畫內容已做了修改，另外也增加適合於大學諮商中心進行團體的內容。
- 第 11 章（在社區情境的團體）有八個具特色針對不同發展階段和特殊境遇的成人團體計畫。本章濃縮前版的兩章內容，同時增加了一份治療性侵施暴者的團體計畫。

《團體諮商：歷程與實務》一書適合心理學、社會學、諮商、臨床心理衛生諮詢、社會工作、婚姻與家庭治療、教育及福利服務學群選修團體諮商或團體帶領者的學生及研究生使用。它也是一本適合實務工作者在帶領團體及訓練諮商師帶領不同類型團體時的參考手冊。本書也適合社工師、復健諮商師、教師、教牧輔導員、矯治人員及婚姻與家庭治療師等專業人員使用。

致謝

相較於前面的版本，第九版有很大的改變歸功於幾位評論者的貢獻。像是北加州 A&T 大學的 Caroline Booth、Little Rock 大學的 John Miller、Gannon 大學的 David Tobin 及加州 Lutheran 大學的 Gail Uellendahl，他們審閱先前修改的稿本全部內容，並提供我們許多建設性的建議。有幾位評論者，如密蘇里州立大學的 Paul Blisard、世紀學院的 Meredith Drew、北亞歷桑那大學的 William Kolodinsky、San Joaquin Delta 學院的 Elizabeth Maloney 及 DePaul 大學的 Joy Whitman，他們審閱第四章（團體諮商的理論與技術）的內容。

有幾位獲邀的作者，提供本書第三部分中的十三份團體計畫及詳述他們所設計的團體。我們很感謝這些先進們所分享的團體計畫：Lupe 和 Randy Alle-Corliss、Jamie Bludworth、Teresa Christensen、Alan Forrest、Paul Jacobson、Stephen Lanzet、Karen Kram Laudenslager、Sheila Morris、Valerie Russell 及 Jason Sonnier。我們希望他們發想的團體計畫也能啟發你設計屬於自己的團體方案。

本書是團隊合作的成果，包括幾位服務於 Brooks/Cole, Cengage

Learning 的伙伴。我們感謝 Seth Dobrin，他是諮商、社會工作及福利服務部門的編輯；Julie Martinez，她是管理評論過程的諮詢編輯；本書封面設計的 Caryl Gorska；負責美編的 Elizabeth Momb；本書補充資料的 Naomi Dreyer；約翰霍普金斯大學的 Michelle Muratori 她協助將教師使用手冊更新及開發其他補充資料，及計畫管理員 Rita Jaramillo。我們感謝在 Cenveo Publisher Services 的 Ben Kolstad，他協調本書出版工作。特別要感謝本版手稿編輯 Kay Mikel 其精湛的編輯能力使本書與讀者間能友善的連結。我們也謝謝 Susan Cunningham 為索引做編排。由於這些人的付出與奉獻，使得本書得以有很好的出版品質。

Marianne Schneider Corey
Gerald Corey
Cindy Corey

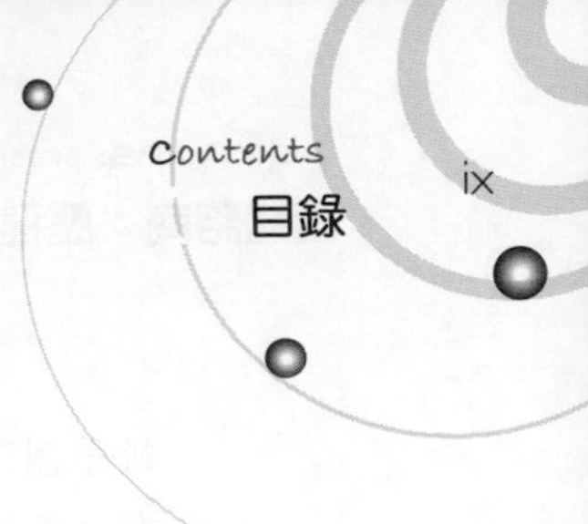

目錄

第七章　團體的轉換階段　235

第三部分

團體歷程於學校情境及社區機構之應用

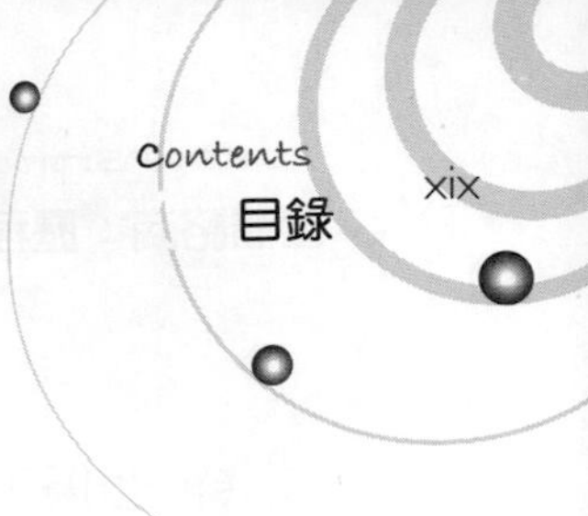

第一部分
導論

團體工作的基本課題

致力於開創與帶領團體同等的重要，我們也相信這樣的付出是有效催化團體的要素。運作良好的團體提供成員們一個可以給予及獲得回饋、對人際動力能有所洞察及面對過去所受的傷痛和生命中未竟事務的場所。我們有位伙伴曾這樣說道：「每個人在關係中受到傷害，也在關係中獲得療癒。」然而在很多時候，那些傷害的人卻不是治療我們的人。團體諮商為療癒提供有力量的環境，參與團體的人可以改寫過去的腳本而不再受到干擾，同時和其他人建立關係以嘗試新的相處之道。團體可以提供很多東西，但是不同情境中設計及催化團體是一項繁複的工作。我們以一種可以幫助這些努力的人們釋放痛苦的想法，在本書中提供形成及帶領團體的藍圖。

在第一部分我們討論團體工作的基礎，以及提供開始成為團體帶領者的指導。第一部分的各章強調發展個人團體領導風格，與概念化某一諮商取向以進行團體實務的重要性。我們簡短地分享我們自己的理論取向，以及描述某些我們身為團體實務工作者帶領團體的風格。身為帶領者，我們主動地催化團體，特別是在開始和結束階段。大多數的團體都有時間限制，我們的處遇與結構化團體的目的在協助成員能充分運用團體過程以達到其個人的目標。在初始階段，我們教導成員如何從團體經驗得到最大獲益；在團體快結束時，我們協助成員概念化他們在團體所學，以擴增他們的獲益以及將新的行為運用於每日生活中。

Chapter 1

第一章 團體工作導論

導論

各種團體型式概論

團體工作的多元文化觀點

成為一位勝任多元文化的團體諮商員

重點摘要

練習活動

你是一個大學諮商員，負責輔導教育機會方案（Educational Opportunity Program, EOP）中因為成績不佳而留校察看的學生。在工作過程中，你注意到有幾個跟學生學業表現不佳有關的主題都一一浮現。你決定組成一個一週聚會一次的團體來協助這些學生的學業表現。哪些議題是你認為第一世代大學生（first-generation college students）將會面對那些內在及外在，在家及在校的可能挑戰？開放式團體、封閉式團體、短期團體、長期團體、支持性團體、心理教育團體、協同帶領團體、結構式團體、非結構式團體——這些都是你可能帶領的團體型式。你認為哪幾種團體型式將會對學生有最好的影響？請想想這些第一世代大學生所可能面對因為自身社會文化背景而來的問題，並描述你認為在團體結構下，對這些議題最有幫助的方式。身為一位諮商員，你有什麼優勢能幫助你和這群人工作？而哪些方面的訓練及成長，將是你所需要的？

導論

在處理許多的個人內在和人際互動議題及幫助人們改變，團體乃是一個絕佳的處遇選擇。現今，諮商團體被應用於處理各種主題及協助各種不同的個案。大部分的團體並不是非結構性的個人成長團體，而是為特定議題個案族群所進行的短期團體。這些團體被設計來矯正特定的問題，或是防範問題的發生。

結構性團體與心理教育性團體皆適用於現今的管理式照護情境，因為這些團體可被設計成短期並且符合成本效益的處遇。基於同樣的理由，學校也常以團體形式做為處遇的選擇。這些團體必然是有時間限制，而同時，團體的目標也相對較為狹隘。許多團體著重在問題徵狀的減輕、教導團體成員問題解決策略，及發展人際互動技巧，以加速個人改變。

許多促使人們尋求諮商的問題，都包含了人們在親密關係的形成或維持上有困難。個案通常認為他們的問題是獨特的，而且他們很少擁有可以造成生活重大改變的選擇。他們也許對於如何與所愛的人好好生活感到不知所措。團體提供了一個自然的實驗場域或類似一個社區的感覺，在這裡，人們體會到他們並不孤單，並感受到能夠創造不同生活的希望。如你在以下章節所見，團體是有力量的，部分原因在於它讓成員們在團體過程中，呈現出他們長期的問題，並有機會嘗試採取一些與過去不一樣的行動。

各種團體型式概論

治療性團體（therapeutic groups）的廣泛目的在於提升成員們對自己和他人的認識，協助成員釐清他們在生活中最想要的改變，提供成員們做改變時所需要的工具，以及支持他們改變。藉由在一個信任及接納的環境中與他人互動，成員們有機會嘗試新的行為，並得到其他成員針對該成員新行為的真誠的回饋。於是，成員便學習到自己如何影響其他人。

不同型式的團體需要不同能力與訓練背景的帶領者，但是所有帶領團體的人必須擁有某些共通的基本能力。對帶領團體者而言，區分團體型式與團體目的，並在宣傳團體時清楚呈現這些要點，是很重要的；如此，想要參加團體的人將會知道他們考慮參加的團體是哪種類型。在下面的章節裡，我們區分了不同類型的團體，但這些團體之間仍有許多相同之處。團體工作專家學會（Association for Specialists in Group Work, ASGW, 2000）已指出一般團體工作的一組核心能力。這些標準清楚說明了團體帶領者所熟悉的基礎團體帶領知識與技術，並不足以使團體帶領者獨立帶領特定主題的團體；為加強這些核心能力，團體實務工作者必須擁有與他們工作的特定領域團體的進階能力。團體工作專家學會指出四個進階團體實務領域，即所謂的專業性團體，我們將其歸納為：(1) 任務團體；(2) 心理教育性團體；(3) 諮商團體；(4) 心理治療團體。

任務團體

任務團體（task groups，**或任務催化團體**，task facilitation groups）常見於許多組織和機構中，這類型團體包括：任務權力、委員會、計畫團體、員工發展團體、處遇會議、社區組織、社交行動團體、討論團體、學習圈、學習團體，以及其他類似的團體。任務團體在社區、商業及教育的情境中很常見。任務團體的專家將能發展以下技巧：組織評估、訓練、方案發展、諮詢，以及方案的評量。這些團體的焦點在於應用團體動力原理與過程以增進實務練習，並促進完成確定的工作目標。

任務團體帶領者的訓練包括組織發展、諮詢與管理的廣泛領域課程工作。任務或工作領域專業訓練，需要接受至少 30 小時（建議 45 小時），在被督導的情況下，帶領或協同帶領一個任務或工作團體。

任務團體的帶領者和參與者常傾向期望立即開始工作，但立即地專注於任務（內容）對團體可能造成問題。帶領者若不能處理此時此刻相關的因素，可能會導致團體成員僅被任務內容吸引，而輕忽那些因團體過程而產生的議題在一個成功團體裡所扮演的重要角色。假如團體中的人際議題被忽視，合作與協調的能力將不能被養成，而團體的目標則極有可能無法達成。關鍵在於，團體帶領者能理解在這種型式的團體中，團體過程與成員關係是達成團體目標的核心。

團體帶領者的任務之一是協助任務團體成員了解，透過注意團體中的人際氣氛將如何直接影響團體目標的達成。在任務團體中，最好是藉由引導暖身、行動與結束的原則，來取得團體內容或團體過程的平衡。當團體能有效地透過上述的原則來進行，任務團體將會是成功且具有生產力的。

心理教育性團體

心理教育性團體的專家是與功能正常，但欠缺特定領域相關訊息（如親職或自我肯定技巧）的團體成員們一起工作。**心理教育性團體**（psychoeducational groups）藉由一個結構性程序的團體設計（含單次團體內容及每次團體相連性），來著重發展成員們認知、情感和行為的技巧。此團體目標在防範個人教育性的缺陷與心理性困擾。此類型團體工作的長處是傳遞、討論與整合有事實根據的訊息。新的訊息將透過規劃好的技巧練習而加以整合。藥物濫用預防團體即是心理教育性團體的一個例子。根據心理教育性形式的介入性策略則愈來愈常被應用在心理衛生單位（Drum, Becker, & Hess, 2011; McCarthy & Hart, 2011）。

結構性團體著重於特定的主題，其本質經常是心理教育性的。這類型的團體在機構、學校及大學的諮商中心日益普遍。雖然特定主題的團體有許多種，但這些團體的共同目標皆在促進成員們某些生活問題的覺察，並以較佳的方式去因應。心理教育性團體也在增強或建立成員們存在感的技巧上很有助益。通常每週每次聚會進行 2 小時，持續進行 4 到 15 週。有些團體聚會可能僅進行 30 到 45 分鐘，尤其是針對注意力較短暫的兒童或個案的團體。

在結構性團體一開始，通常會請成員們填寫一份他們如何因應他們所關切議題的問卷。這些團體的工作經常包括結構性的練習、閱讀、家庭作業與契約；當團體結束時再填寫另一份評估成員們進步的問卷。此類型的團體適用於廣泛的問題，包括：壓力管理、物質濫用與戒酒議題、家庭暴力、憤怒管理及其他行為問題。

心理教育性團體對兒童與青少年的工作特別有效，因為此團體取向與學校情境的教育經驗一致。從發展的觀點來看，此種型式的團體也是有其效用。這些團體協助青少年發展能適當地表達他們情緒之行為及情感的技巧。心理教育性團體著重於學習，它提供成員們透過行為預演、技巧訓練與認知探索，去學習及修正社交技巧的機會。心理教育性團體的介入性策略大部分是基於訊息傳遞，從創造改變，並教導能帶來這些改變的相關過程。團體帶領者的主要任務是提供指引並創造一個正向的氛圍以催化學習（Drum et al., 2011）。心理教育性團體在學校與社區的情境都常被使用。本書第三部分（第 10 及 11 章）包括了許多在學校與社區機構下的不同心理教育性團體的企劃說明。

心理教育性團體帶領者的專業訓練包括廣泛社區心理學、健康促進、行銷、諮詢、團體訓練方法，與課程設計的課程訓練（ASGW, 2000）。心理教育性團體專家須具備他們所欲從事工作領域的內容知識（例如物質濫用預防、壓力管理、父母效能訓練）。這些專業的訓練至少需要接受 30 小時（建議 45 小時）在接受督導的情況下，帶領或協同帶領輔導實務團體。

諮商團體

專精於諮商團體的團體工作者，協助團體成員們解決其生活中一般性，但經常感到困擾的問題。此類團體經常強調生涯、教育、個人、社會與發展所關切的問題。這種型式的團體不同於心理治療團體，心理治療團體處理意識層面的問題；諮商團體的目標主要不在人格改變，而通常朝向短期特定議題的解決，並不關切較嚴重心理或行為問題的處遇。這類型團體常見於學校、大學諮商中心、教會與社區心理衛生診所及機構。

諮商團體（counseling groups）著重於意識層面的想法、感受與行為的人際互動歷程與問題解決策略。這些團體多具有預防、發展及矯治的目的。它們強調互動性的團體過程以幫助那些經歷生活轉換問題、個人發展或人際問題困難，或想增進自己的人際關係的成員。一個諮商團體可能協助參與者解決生活或發展相關的問題。此類型團體在此時此刻的時間架構下，也運用互動式回饋與支持的方法。諮商團體的焦點通常由成員們所決定，這些成員們基本上是功能良好的人，而諮商團體的特性是成長導向。諮商團體的成員們被引導去了解他們的問題中的人際互動本質。在強調發現個人力量的內在資源，以建設性的方式處理妨礙個人發展最大的阻礙；成員們拓展他們的人際互動技巧，以更好的方式因應目前與未來的困擾。這些團體提供誠實的自我探索所需的支持與挑戰。團體參與者能從他人對自己的回饋，與成員對自己的知覺的比較中獲益；但最終，成員們必須從他們所得到的訊息為自己做出決定。

諮商團體的範圍可從由團體參與者形塑團體方向的開放性團體，到著重特定焦點的團體。但這些團體都有以下共通的目標：

- 協助人們發展更正向的態度與更佳的人際技巧。
- 運用團體歷程促進行為改變。
- 協助成員們將新習得的技巧與團體中所學的行為應用於日常生活中。

諮商員的工作在於組織團體的活動，觀察是否維持有助於生產性工作的氣氛、催化成員們互動與提供訊息，協助成員們看到他們可選擇的行為模式，以及鼓勵成員們將他們的洞察發展成具體的行動計畫。在很大的程度上，諮商團體的帶領者藉由教導成員們團體歷程及成員們如何在過程中投入自己來落實帶領者的角色，這些指引包括了解管理一個團體的相關詞彙、團體成員之間的親密程度、信任如何被建立、遲疑如何被呈現、衝突如何出現及如何處理、什麼力量將會帶來療癒、如何付出或接收回饋，以及在團體發展中的各個不同階段。團體帶領者將塑造合宜的團體行為及幫助成員建立個人的目標，以提供團體的方向。

諮商團體成為社會的一個縮影，雖然成員們是歧異的，但他們卻有著共同的困擾。團體歷程提供成員在團體中將會經驗到，類似於他們日常生活裡的衝突的實際案例，參與者學習到尊重文化與價值的差異，並發現，更深入的來看，成員們彼此間的相似性大於相異性。雖然參與者個人的環境可能不同，但是他們的痛苦和掙扎卻是共通的。

諮商團體可被設計給孩童、青少年、各年齡層的成人及老人；而這些團體同時適用於學校與社區機構的環境。本書第 10 章描述了包括受虐兒童的諮商團體、高中憤怒管理團體，及各種常見於大專院校諮商中心的團體。在社區機構為特定族群所提供的諮商團體是用來協助成員們發展處理特定問題的因應技巧。第 11 章包括了亂倫倖存者的婦女支持團體、在社區機構的男性團體，以及愛滋病患者的支持團體的團體計畫書。有些團體融合了心理教育團體與諮商團體的特徵，如愛滋病患者的支持團體及男性團體。這些團體常設計在某些話題或主題，以協助成員們探索他們的個人議題；但這個團體同時具有教育的目的，在其中成員們可以學習相關訊息並練習處理他們議題的技巧。

團體諮商帶領者的專業訓練應該包括至少一門在一般團體帶領者之外的課程。理想上，團體諮商師應該擁有廣泛的人類發展、問題辨識，以及生活中個人及人際問題介入等知識。此專業需要至少 45 小時（建議 60 小時）在接受督導的情況下，帶領或協同帶領一個諮商團體（ASGW, 2000）。

心理治療團體

專精於**心理治療團體**（psychotherapy groups）的團體工作者，協助個別的團體成員治療生活中心理與人際的困擾。團體的成員們通常被診斷為有心理困擾、功能的損害，或兩者皆有之急性或慢性心理或情緒的疾患。由於心理困擾的深度和程度很明顯，心理治療團體的目標在於協助每位成員重建主要的人格層面。在一個治療性團體成員之間的彼此交流，被視為帶來改變的工具。這些互動提供某種程度的支持、照顧、面質（confrontation），及其他在個別治療所沒有的特質。在團體的情境下，成員們可以練習新的社交技巧及應用他們所學的新知識。

通常參與團體心理治療的人期盼減輕其特定的徵狀或心理的困擾，諸如憂鬱、性困擾、飲食障礙、焦慮或心身疾患。許多的方法被運用於治療團體，包括設計讓個案象徵性地重新體驗早期經驗的技術，與處理潛意識動力的方法。治療師主要對於形成一個促進了解及探索個案問題的氣氛感興趣，修通（working through）根植於過往經驗的心理阻礙的過程，經常包括探索夢境、闡釋抗拒、處理浮現的移情，及協助成員們發展與重要他人「未竟事務」（unfinished business）之新觀點。

在社區心理衛生機構中可找到各種的治療團體，包括對性加害人的團體治療及家庭暴力加害人的團體。治療團體常與那些正在經歷關於死亡與失落反應的人們有特定的關聯。喪親團體有許多治療性的元素可以協助人們表達他們的悲傷，並與其他也正在經歷類似悲傷反應的人聯結。本書第 11 章有這種類型團體的描述。

團體心理治療的訓練著重於變態心理學、心理病理學與診斷評量的課程，以確認具有與較有困擾族群的工作能力。此專業需要至少 45 小時（建議 60 小時）在接受督導的情況下，帶領心理治療團體（ASGW, 2000）。

短期團體

短期團體治療（brief group therapy, BGT）通常指的是有時間限制、有預設的結束時間、有一個過程性的設計及被專業地帶領。在一個時間限制的團體，清楚建立規則是重要的，同時帶領者會提供團體過程的結構（Shapiro, 2010）。嚴格來說，短期團體並不能稱為一種團體型式，因為前述的許多團體都是採有時間限制的型式。例如，許多心理教育性團體及諮商團體都將短期團體的特性整合至其團體型式中。

目前由於這個團體工作取向的經濟效益（Shapiro, 2010）及研究證據指出，短期團體在各種個案問題與各種情境的有效性與適用性（Piper & Ogrodniczuk, 2004），而使得一般對於 BGT 的廣泛應用的興趣大大提升。短期團體諮商（brief group counseling）在社區機構與學校都很流行，是因為現實中的時間限制與其短期型式的效用，都能整合進教育與治療的方案中。時間限制團體與許多在大專院校諮商中心所提供的不同的團體有關，而這些團體都將在第 11 章中討論。

在管理式照護的年代，短期處遇和短期團體已成為必需，經濟的壓力與資源的短缺已經導致心理健康服務發生重大的改變，管理式照護已影響趨勢，並朝向發展成所有短期處遇的形式，包括團體處遇。短期團體與管理式照護都需要團體治療師與成員們設定清楚且實際的治療目標，以建立在團體結構下清楚的焦點，維持一個主動的治療師角色，並且在時間限制的結構下工作（Rosenberg & Wright, 1997）。

許多關於團體諮商有效性的實證研究證據，都是建立在時間限制且封閉式的團體；從後設分析研究的證據也強力地支持了這些團體的價值。普遍來說，關於短期團體治療成效的研究證據都非常正面（Shapiro, 2010）。在團體文獻的回顧中，Fuhriman 和 Burlingame（1994）提出團體治療（包括短期團體治療）對個案的廣泛問題有一致性正向成效的結論。其他團體文獻的回顧也對短期團體治療的成效與適用性提出有力的支持（參見 Burlingame, MacKenzie, & Strauss, 2004; Piper & Ogrodniczuk, 2004）。短期治療團體常是許多特定問題的治療選擇，如個案有存在議題、複雜的悲傷反應、接受醫藥治療的病患、人格疾患、創傷反應，及適應問題（Piper & Ogrodniczuk, 2004）。

儘管短期團體治療的臨床成效卓著，此取向仍有某些限制。 Piper 和 Ogrodniczuk（2004）陳述了許多實施短期團體治療的理由，但他們表示短期團體治療的成效不應被過度渲染。他們強調此取向不應被視為萬靈丹或產生永久人格改變的一種手段。要讓短期團體治療有效，團體帶領者擁有團體歷程和短期治療的訓練是重要的，因為短期團體治療對團體工作者與特殊技巧有獨特要求。根據 Shapiro（2010）的說法，短期團體治療的未來決定於團體帶領者所接受的訓練：「我們需要重新建立團體訓練方案及足夠的短期團體督導，與個人在臨床與諮商訓練方案裡的團體參與」（p. 506）。我們完全同意 Shapiro 的結論。

團體工作的多元文化觀點

文化（culture）這個字詞涵蓋了一群人所共享的價值、信念與行為。文化不應僅以族群或種族的方式來描述，文化亦可指依年齡、性別、性取向、宗教或社經階層之區分的族群。你屬於一個特定文化的團體（或數個團體），你的個案亦同。文化在你覺察或未覺察情況下影響你和你的個案的行為。

Pedersen（2000）視多元文化論是繼心理動力、行為及人文取向後，成為諮商領域的「第四勢力」。根據 Pedersen 的說法，文化最好採廣義而非狹義的定義，因此人口變項因素（年齡、性別與居住地）、階層變項（社會、教育及經濟），與親和（正式或非正式），皆可視為潛在顯著的文化影響因素。他強調多元文化觀點與諮商實務的所有面向相關而且文化的相似性與差異性是同樣的重要。對 Pedersen 而言，多元文化論可成為人們不以一個人是「對的」，其他人是「錯的」而來反對的基準。

每一個個體參與的團體都有其自己特定的觀點，而 DeLucia-Waack（2010）強調發展一系列的工具和與他人在一起時合宜的尊重與舉止，及在治療情境下探索這些差異的必要性。增加你對你自己文化價值及個人假設的知識，將協助你和不同文化的個案有效益地工作。這種自我覺察的形式是一個必要但不充分的條件——發展勝任多元文化團體工作能力的條件。根據 DeLucia-Waack 的觀點，勝任文化性團體的諮商員需要 (1) 對自己的個人價值觀、態度、成見、假設及偏見有所覺察；(2) 對不同背景成員們可能如何影響團體過程的方式有一般性的認識；(3) 能對團體成員們的生活經驗合適的介入。

身為一個團體帶領者，和團體成員們討論你的世界觀如何影響你對團體和團體過程的信念與操作是重要的。要成為一個勝任文化性團體的帶領者，在團體過程中能自我反思是很重要的一部分。你需要能有效與不同團體成員工作的知識與技巧。在我們的觀點，具備多元文化的能力是一輩子的旅程。為了成為勝任的帶領者，需要檢視自己在文化性與理論性的角度中，關於人們如何學習與改變的信念。你也需要思考不同文化的人們如何用不同的方式看待團體過程。

亞裔美國人、非裔美國人、拉丁人、美國印地安原住民，以及其他族群，明顯地比歐裔美國人較早終止團體諮商，此流失率經常與妨礙形成良好諮商關係的語言溝通困難及傳統文化價值有關（Pederson, 2000; Sue, 1990）。這是我們的信念（我們的同事也認同），特定文化族群的高流失率，和團體治療師欠缺文化的覺察與適當的回應有直接相關。不論你的族群、文化與種族背景，假如你希望在自己和不同文化背景的團體成員之間搭起了解的橋梁，認清你可能的優越地位，以及你在團體裡專業角色的權力是十分重要的。我們期望你能批判性地思考與自我探索關於聯結與你不同文化背景的個案的能力，並採取相關步驟來提升與個案有意義地聯結的能力。

另一個思考關於個案和我們之間差異的有效方法，是思考個案與我們自己所各自擁有的各種不同的認同。例如，我們擁有的性別、性取向認同、人格型態、能力／缺陷、社經地位、關係狀態、權力位階、親職狀態等等。上述每一類別影響我們如何看世界、我們是誰、我們如何表現，以及影響他人看待我們的方式。我們帶著我們自己個人的各個面向進入身為團體帶領者的角色，而我們的自我認同在生命的不同階段都會改變並逐漸演變。我們可以反思在我們生命階段的此時，何種認同是對我們最重要的，並且思考這些認同如何影響我們定位自己團體諮商員的角色。我們的自我認同形塑了我們如何看待他人的眼光，及他人如何經驗並判斷我們。

有許多不同的方式可讓你在文化上更貼近你團體裡的成員們。透過誠實的自我評估、督導及同儕回饋，你將可開始發展提升你自己多元文化相關的覺察、知識與技巧的計畫。如同其他諮商員教育領域，我們相信開始自己關於多樣性與文化相關的個人工作會是一個開始你旅程很好的起點。執行這樣練習的理想方式包括跟多元化的族群工作並承諾「迎向你的不舒適區」。我（Cindy）回憶起許多當我開始成為一個多元文化諮商員而逐漸湧現的痛苦。經由我的前輩與老師們，我明白了我所經歷的不確定感及有時劇烈不舒服的感受，其實是我確實正在提升我的能力水準的徵兆。

運用團體的型式與不同文化背景的個案族群工作時，有其好處與限制。從好的方面來看，成員們能從整體的團體回饋獲得許多的能量和力量，他們能從熟悉的模式中彼此支持。當成員們見到他們的夥伴挑戰彼此，並在生活中做了期望的改變，這給予了他們有可能獲得改變的希望。

理解團體未必適合所有的人是重要的。有些人可能不樂意去揭露個人的議題或分享家庭的衝突。他們也許認為有個人的困擾是可恥的，而在陌生人面前談論這些事更令人羞愧。在某些文化裡，人們依賴他們大家庭的成員、他們的牧師或民俗療者的協助，而非尋求專業（諮商）的協助。有些人在團體裡可能覺得不舒服，或者沒意願成為諮商團體的一分子；有些人因為他們對團體如何工作不熟悉而遲疑參與團體；其他人可能會發現在一個團體中所預期的，與他們的文化價值衝突。諮商員和團體成員們能將這些不同的文化搭起橋梁，讓來自不同文化背景的人能從團體中獲益。

我們想要再次強調期望你對所有的文化背景都擁有深度的認識是不切

實際的，但讓自己能成功地擷取在不同文化間工作的一般通則是可行的。同樣重要的，就是抱持一個感激的態度，來理解並非每一個人都用和你相同的方式來看待世界的事實。雖然認知的學習是重要的，但這樣的學習必須整合態度和行為的轉變。此時正是清查你現階段關於覺察、知識與技巧程度的合適時機，以了解自己在多元文化的情境下有效工作的能力。請反思以下的問題：

- 你自己的文化以何種方式影響你的思考、感受及行動？
- 你準備好去了解及與不同文化群體工作的程度為何？你是否對與特定族群工作感到較自在或較不自在？你如何提升你與這些族群工作的自在性與技巧？
- 你認為哪種覺察、知識與技巧將是你能有效地與不同文化族群的個案工作所需要的？
- 你擁有哪些生活經驗有助於你了解與你有不同世界觀的人，並為他們進行諮商？
- 你是否能辨認出妨礙你有效地與跟你不同的人工作的任何文化偏見？如果可以，你將會採取哪些步驟來挑戰自己的偏見？
- 你是否熟悉不同文化族群的人，如何覺知或反應來自你的文化背景及那些來自他們自己文化及種族認同族群的人？若你的個案和你分享這些反應或偏見，你會有怎樣的感覺？
- 若你詢問那些和你最親近的人，你的哪些誤解、偏見及價值判斷是他們認為會干擾你身為一個諮商員而保持中立的能力？

成為一位勝任多元文化的團體諮商員

在這個部分，我們呈現一個概念性的架構來整理多元文化的三個領域：信念與態度、知識以及技巧。當你閱讀時，請試著對你自己的世界觀有更多的覺察。多元性與文化議題是對所有個案很重要的考量。若我們和特定族群工作時僅檢視文化的影響，我們可能會錯失某些了解及協助個案的關鍵元素。為了具備多元文化的能力，我們必須發展一個視角來幫助我們探索所有個案的所有生活層面中文化因素的影響。

發展多元文化能力在各種專業組織裡都被強調著，當中包括合併文化性的了解及勝任諮商員的準備與練習的倫理守則與標準的能力。成為勝任多元文化能力這件事遠比單純地尊重他人來得複雜許多。我們必須試著去了解人們之間的差異。為此，團體諮商員應努力做好下列的事：

- 了解一些關於性別及性取向議題能在團體裡被有效地探索的方法。
- 考慮在診斷問題與設計介入方法的不良社會、環境及政治因素的影響。
- 尊重個案文化裡的家庭角色與社區層次結構。
- 尊重成員們的宗教及靈性上的信念與價值觀。
- 協助成員們發現他們因源於其他人的種族主義或偏見的困難，所以他們不會內化這些來自環境的歧視。
- 告知成員們這些隱含在團體過程中的基本價值觀及期待（如自我揭露，反思自己的生活及冒險）。

起點：了解你自己的文化

有效能的團體諮商員必須對自己的文化條件、他們個案的文化條件有某種程度上的認識，和自己所在的社會政治系統有所覺察。 若付諸實踐，這表示若你從小就相信男人與女人應該是平等的，那你的世界觀將與有些個案有著極大的差異。若你不能辨識你自己的價值觀並非絕對真理，而是你的文化教養下的產品，你將很有可能強加你自己的世界觀給團體成員並可能造成傷害。這並不表示我們從不挑戰成員的行為方式。然而，我們必須仔細發現哪些是有問題的，尤其那些是根據我們自己的標準來判定是對的或錯的。我們經常提醒我們的學生，持續地與個案一同投入在團體過程中，並對我們個案的決定與生活的結果保持開放的心態，是治療師的工作。是個案要承受他們行為的後果，而不是我們。

團體的過程與目標應符合團體成員們的文化價值觀。若你示範真誠地尊重團體裡成員之間的差異，所有的團體成員將因這個多元文化而受益。對成員的遲疑保持注意，而不要太快地做解釋。

願意放下身段，學習帶領者角色之外不同的文化是有用的。團體帶領者避免讓團體成員們覺得他們必須教你所有有關他們文化的事是很重要的。在許多場合，我們會聽到成員們分享他們覺得挫折，因為必須去教育他人關於他們的文化，或是身處他們文化背景專家的位置。從團體每一個個體的特殊經驗學習，以及拓展他們在團體之外以獲得有用的資訊，團體帶領者必須在這兩者之間取得平衡，以協助他們成為更有效能的文化團體帶領者。

DeLucia-Waack 和 Donigian（2004）建議了一些方法，讓團體帶領者去了解自己與他人——這是讓他們朝向發展及實行在多元文化團體工作中有效介入的一個起點。在我們追求多元文化的能力方面，他們提出下列步驟：

- 檢視你自己的文化與個人的價值觀，以了解自我定位。
- 界定源自於你的理論取向對團體工作的價值觀與基本假設。
- 學習那些針對特定文化族群有效的團體介入方式。
- 界定因你個人與理論性的價值觀、視野和信念，可能和來自不同背景的人的價值觀產生衝突的特定情境。
- 避免強加你的世界觀於你的團體成員們。
- 界定你也許需要督導或諮詢以突破你的偏見或觀點，或你因個人或文化價值觀而可能需要協助的情況。
- 找一份資源清單，是關於你可以從中獲得關於不同文化及關於團體工作潛在衝突的資訊。

了解差異的一個個人觀點

我（Cindy）的自我認同發展是一個異性戀、女性、歐裔美國人（德國和義大利），一直致力於尋找方法，以便與背景和我大為不同的人順利地工作。對我而言，了解我自己如何看這個世界，以及其他人或許會用非常不同的眼光與脈絡來看這個相同的世界是十分重要的。我學到我不能太快去跟與我不同的個案證明我自己，倒不如，我必須去相信這個過程並允許我們之間的關係開展。是我想做什麼而不是我想說什麼，讓我獲得較多來自多元文化團體成員們的尊重與信任。我常被我的有色人種學生告知，當他們第一次見到我時，他們有某種程度的不信任，因為他們見到的是一位「優越白人女性」，她是不可能去了解他們或關心他們的狀況。我強烈地感覺到這群學生帶著他們過往與其他白人互動的經驗到與我的初次互動裡；而我知道對他們初次互動的態度充滿防衛並沒有任何幫助。在過程中，當我們更了解彼此，他們對我的態度開始改變，因為他們開始覺得被了解和被關心，儘管我們很明顯的不同。

透過我所教授的多元文化諮商課程，我已學習到每個人在他們自己學習多元性的過程中都處於不同的位置。我自己邁向勝任多元文化工作的旅程和我拉丁裔美國人或非裔美國人同事十分不同。儘管我們似乎對某些相似的議題都感到掙扎，但我們的歷史、世界觀，及了解複雜多元性議題的思考脈絡其實是不同的。就如同我無法確知身為一個具文化效能的實務工作者，你所在的位置或者你需要去成長的向度；同一個團體的團體成員們同樣地也在他們的文化覺察與自我認同發展的不同階段。若這些差異能在團體中被探索，這些差異將是良好的學習催化劑。

許多的臨床工作者皆表示，他們在嘗試跟不同文化個案與團體成員們發展與建立信任關係時面臨許多挑戰。我發現這些挑戰是真的，但也發現對於自己能夠克服這些團體成員們初始互動時的負面感受，及能協助療癒許多來自不同文化背景的人所經歷的傷害，是有很巨大的滿足感。其中關鍵是我清楚我自己的認同，它對他人的影響，及持續地保持「我的主義」（my-isms）以確定我的個人議題不會防礙團體成員們的工作。最重要的，團體帶領者知道他們的盲點所在並致力發展該部分，我們的個案就不會成為我們學習多元性議題與教育的主要資源。

發展勝任多元化能力的架構

我們對於勝任多元文化能力的觀點被許多研究者的工作所影響；如 Sue、Arredondo 及 McDavis（1992）發展一個勝任多元文化諮商能力與標準的概念性架構。勝任多元文化能力的修訂和擴充面向包括三個領域：信念與態度、知識，以及技巧。此外，Arredondo 和他的同事（1996）也發展出一套廣泛的多元文化諮商能力標準，而 ASGW（2012）採納了「團體工作者的勝任多元文化與社會正義準則」（Multicultural and Social Justice Competence Principles for Group Workers）。這些標準就如一個典範，反映著身為勝任多元文化諮商能力的團體實務工作者所追求的目標。我們已經濃縮了由這些資源所界定的勝任多元文化諮商能力與標準，並改寫它們使其適用於團體實務工作者的使用。

勝任多元文化諮商能力團體工作者的信念與態度　有效能的團體帶領者認知並了解他們自己的刻板印象及對其他種族、民族先入為主的論述。他們以直接或間接的方式覺察，這些覺察傳達著自己缺乏對多元文化團體成員們在文化上的興趣。勝任多元文化諮商能力團體工作者必須：

- 不讓他們個人的偏見、價值觀，或問題去妨礙他們與不同於他們文化的個案工作的能力。
- 理解他們的文化背景與經驗，如何影響他們對關於何者構成心理健康的個人態度、價值觀與偏見。
- 從未能覺察邁向對於他們自己的種族、民族與文化傳統價值、性別、社經地位、性取向、能力與靈性信仰，以及珍視並尊重差異。
- 尋求從他們個案優越的觀點去檢視並了解世界，他們尊重個案的宗教與靈性的信念與價值。
- 辨識他們對他們自己與他人在種族、民族性、文化與信念等差異所造成不舒服的來源。因為這些團體帶領者歡迎多元的價值取向及對人類行為的多元假設，他們有一個跟個案分享世界觀的基礎，而非是文化性膠囊的團體帶領者。
- 接受並珍視多元文化價值，而非堅持他們自己的文化傳統是較優越的，他們能夠認同及理解他們團體成員的主要文化的概念，且他們能避免把他們自己的文化概念不適當地加諸在團體成員上。
- 經由諮詢、督導，及進一步的訓練或教育監測他們的能力。他們理解團體諮商並不適用於所有個案或所有問題。

我們強烈地鼓勵團體帶領者在面對他們所有的個案時，藉由投入在挑戰他們個案智性上、政治上、情緒上及心理上因素的過程，來增強他們勝任多元文化的能力與興趣。

勝任多元文化諮商能力團體工作者的知識　富文化技巧性的團體實務工作者擁有關於他們自己種族及文化傳統的知識，且知道這些如何影響他們的工作。此外，勝任多元文化諮商能力團體工作者必須：

- 了解壓迫、種族主義、歧視及刻板印象如何影響他們個人及他們的專業。他們並不強加他們個人的價值觀與期待在不同於他們文化背景的個案身上，且他們避免把個案刻板印象化。

- 了解他們個案的世界觀及學習他們的文化背景。因為他們了解在治療性團體過程潛在的基本價值觀，他們明白這些價值觀將如何跟各種少數族群的文化價值衝突。
- 了解制度的限制，是從少數族群主動性參與或利用多樣的團體型式來預防。
- 擁有對他們正在工作的團體成員們的專業知識與訊息，至少包括價值觀、生活經驗、家庭結構、文化傳統，以及他們文化性差異的團體成員們的歷史性背景等等的一般性知識。
- 對社區的特質與在社區及在家庭裡的資源是有概念的。
- 以正向角度看待多元性，而使他們能夠遭遇並解決在和廣泛的個案族群工作時的挑戰。
- 知道如何協助個案運用當地的支持系統。當個案缺乏相關知識，他們會尋求資源協助；他們對多元性文化族群的知識愈豐富，他們愈有可能成為有效能的團體帶領者。

勝任多元文化諮商能力團體工作者的技巧和介入策略　勝任多元文化的團體帶領者擁有廣泛的技巧，使他們能夠與不同的個案工作，勝任多元文化諮商能力團體工作者必須：

- 使他們自己熟悉相關並且至少找到影響多元文化個案的心理健康議題的研究。
- 主動向外尋找為了幫助團體克服差異所培養的知識與技巧之教育經驗。
- 能使用方法和策略，並定義符合團體成員們的生命經驗與文化價值觀。他們能夠在團體中修正並適應他們的策略，以因應文化的差異性。
- 並不固著於促進團體的一種方法或取向，並且辨識出這些協助系統所可能隱含的文化關聯性。他能夠使用多樣且合適的文化性介入策略，其中可包含傳統治療者及宗教和靈性治療者的諮詢。
- 能夠精確並適當地傳遞與接受語言與非語言訊息。

- 能夠主動地在團體結構之外接觸少數族群（社區活動、慶典、社會政治主張及鄰居相關族群）。
- 致力於了解自己的種族與文化面向，並主動尋找一個非種族性的自我認同。
- 在促進多元文化團體成員們的團體時，負責教育團體成員們，使他們知道團體如何運作，並進行合乎倫理的練習。

邀請團體成員們進入文化性的對話

主動整合多元文化面向進入你帶領的團體的方法之一是，開放團體成員們討論關於文化差異的議題。團體成員們也許會對於跟他們文化群體之外的人討論特別議題感到勉強。詢問成員們是否會對在團體裡提出特定議題感到遲疑，以及是什麼原因讓他們感到勉強。使他們正視這些沉默的議題，將可促成有意義但難以啟齒的問題發酵。另一個辨識文化差異的方法可由以下情況說明：一個波斯女子談論她感到寂寞及孤立，儘管她並未提到任何跟文化關聯的議題；團體帶領者詢問她：「妳覺得妳的文化認同或聯結是否以任何形式跟妳的寂寞與孤立感相關？」這個問題若能與她有所共鳴則能邀請她討論，也同時提供她不同意的空間。此外，團體的帶領者也對團體其他成員們做了一個「我們可以討論敏感議題」的示範。有幾次是我（Marianne）跟猶太人開啟我是德國人的對話，尤其是當我感覺到他們對我有所反應時。

若我代表著強行迫害他祖先的象徵，他們不太可能相信我。儘管我並不需要去承受這些歷史事件的責任，我不具防衛性且同理性地聆聽這些個案所對我說的是重要的。

Cardemil 和 Battle（2003）堅稱和成員們有關於文化性的對話有助於治療性的關係，以及促進更佳的治療結果，我們相信他們的建議可應用在身為一個多種形式團體催化員的你的工作上：

- 終止個案關於種族、民族或他們的家庭成員們的偏見。避免做出對團體成員們的錯誤假設而衝擊治療性關係的發展。在團體的早期階段，詢問團體成員他們如何認定自己的種族或民族。
- 若你促使團體成員們投入關於文化與民族相關的討論，則較少有機會產生刻板印象與做出錯誤的假設。

- 覺察到當你對於談論種族、文化與民族的對話愈自在，團體成員們愈能適當地回應那些對談論此類議題感到不舒服的其他成員。
- 強調你和團體成員們多麼不同將可能影響團體的過程與結果。辨識每一個在團體治療期間浮現的差異是不可能的，而關鍵的因素是你願意將成員之間種族與民族間的差異列入考慮。
- 辨識並承認權力、優越性，及種族主義將如何影響與個案的互動。在團體中討論這些議題，在增進團體內關係是十分有價值的。
- 對於持續地學習影響團體工作的文化因素保持開放的態度。儘管獲得多元種族與民族團體的知識是重要的，但並不足夠。重要的是你願意去認出並檢驗你自己的世界觀、假設，及個人對於其他種族及民族的偏見。並明白這些技巧並不能快速發展或不經努力而能獲得。

團體帶領者會以不同的方式了解他或她與成員們之間的族群文化差異。他們有些人會忽略了原本的差異，直到成員們開始關注此議題；有些人會直接詢問成員們對於差異的感受；也有些人會直接與成員們討論這一個議題在團體空間中所形成的氛圍。在作法上，帶領團體的人需要彈性地讓討論具有文化差異，並且透過邀請讓這樣的討論發展出多層次的意涵。第一步是口語溝通，指出你／妳自己覺察到了這個空間的相異性，並想要探討這個相異感對於空間中已發展的關係與連結的影響。然而，最關鍵的部分是你／妳做為團體領導人的這個行動，因為成員們看到我們「做」多少會決定他們自己在團體裡面會「說」多少。他們經常關注著我們非口語的溝通，也已經學習了如何用非口語的語言確認他人的想法與感受。如果我們失去理解文化差異的機會，失去了這個機會去形成對於性別角色、性向認同與文化認同的假設，我們也在告訴成員們的是，我們毫不關心我們所經驗的世界與所在。

為了邀請團體成員們形成文化認同的彼此對話，你需要有一些對於團體成員們族群與文化背景的基本了解。然而，你不可能期待你自己了解所有成員的所有背景細節。我們需要傾聽成員，尤其討論到成員們所掌握的相異議題與多元意義之時。再一次強調，團體成員們會提供我們需要的訊息，以讓我們可以和他們一起工作，而我們需要給出這樣的機會，並且創造一個安全的氛圍，讓他們安心地談論。

和多元文化背景的成員們一起工作可以幫助我們評估其文化適應與認同發展的程度，尤其是當成員們已經有了在不同文化社會生活的經驗。移民通常忠於自己的母國文化，但是對於新文化的興趣也有著一致的特性。為了整合兩種不同的文化，他們可能會經驗到價值的衝突。如果團體帶領者與其他成員能夠尊重這種文化衝突的話，這些核心的掙扎就能在團體之中被豐富地探討。

有一個與我們工作的成員談到了他在團體中需要多說話的掙扎。他說，在團體中說話讓他感到很有壓力，因為這個團體是全然陌生也讓他很不舒服。在他的家鄉，當他開始開啟話題或是分享他的感覺時，他會不知道何時停止話題或擔心會不會被其他人反對。這是一個多元族群文化團體中常有的掙扎，與其中的成員們可能會面對的議題：在團體裡的「做的好」有可能直接牴觸了成員母國文化或出身地對於「做的好」的看法。

我（Marianne）在兩個文化之間生活：我住在德國的時候，我傾向於使用少少的話去表達我的意思。可是當我用英文說話的時候，我卻非常的囉嗦。在美國人面前，我很會表露我的情感與個人資訊，但在我的家中就不是如此，因為在德國，過多的表露是會讓人皺眉頭的。在兩個文化間移動與生活，讓我需要覺察這些必要的調整，因為「說了什麼」和「怎麼說」這兩件事在兩個國家會有迥然不同的結果。多年前，當我還是一個新移民的時候，我參加了一個治療團體，團體的成員袒露了家中成員的經驗，我覺得非常困窘；尤其當我要在這樣的氣氛下讓自己被其他人所了解，我覺得極度的不舒服。所以，這是同時對團體帶領者與成員的挑戰，他們需要幫助這個人找到一種合適的方式，讓自我的開放在兩個文化設定都能被接受。如果這個成員是如此的不同，這個成員要怎麼讓「如此的不同」被看到？

重新確認你自己的限制　我們不會一直知道，我們自身的限制已經造成了影響。所以關鍵的是，我們必須讓自己開放地面對團體夥伴與成員們的回饋。當必要的時候，主動地尋求諮詢與督導，還有其他資源的協助，了解你自己的限制，並且用批判的角度去思考，你在團體中的行動是否也造成了團體進程的限制。最有效的克服文化議題的方式是讓自己在其中實驗自己、經驗自我成長，所以可以在經驗文化差異的機會中認真地學習。如果我們不去實踐我們所表達的，世界上所有的文化知識就無法提供解答，也無法讓我們和團體成員們與文化相異的對象工作。當你愈可以讓你自己沉浸在文化的相異與環境的豐富之中，你愈可以增長你對於多元文化的認識與熱忱。

如果你正在與特定族群、種族與文化背景的個案工作，你可以閱讀書本與期刊文獻並從中了解此類團體工作的重點。我們推薦的閱讀資料有：DeLucia-Waack (2010); DeLucia-Waack and Donigian (2004); DeLucia-Waack, Gerrity, Kalodner, and Riva (2004); Eason (2009); Ivey, Pedersen and Ivey (2008); Pope, Pangelinan and Coker (2011); Salazar (2009); Singh and Salazar (2010a, 2010b, 2010c); and Sue and Sue (2008)。

重點摘要
團體工作導論

以下有一些重點摘要，接下來的許多章節內容皆基於這些重點摘要的基本概念。

- 團體可提供許多東西，但核心與專業能力兩者的訓練，對在不同的情境下設計與催化成功的團體則是重要的。
- 團體工作有不同的型式，如任務團體、心理教育團體、諮商團體與心理治療團體等，每一種團體工作都有核心與專業能力的特定訓練，必須考量其團體的目標、帶領者的角色及成員們的功能等，因團體工作的型式有所不同。
- 短期團體治療在經濟上和理論上是很實惠的。
- 短期團體諮商的型式受到社區機構及學校單位的歡迎，是因為時間較實際可行且團體內容可以包含教育及治療的方案。
- 要注意存在於團體中的文化差異，在團體中突顯文化的話題，可幫助成員們體認到不同的背景對其價值與行為的影響。
- 使團體工作能有效能的傳輸，須考量成員們的文化因素。你的挑戰是要調整你的策略以滿足你團體中不同成員的不同需求。
- 要成為一位具多元能力的團體工作者，你需要汲取更廣泛的知識和技巧的能力。當你發現對不同族群對象的了解有限時，就要尋求諮詢的管道和督導。

練習活動

在每章最後都會有練習活動，你可自行完成或在課堂上的小團體裡完成。練習的目的是個幫助你了解在團體發展的不同階段中，可能發生的技術、議題、團體歷程和其他問題的機會。當你閱讀章末的練習時，聚焦在對你最有意義的練習上。

問題討論

1. 你是否曾有參與團體的經驗？這些經驗是如何影響你在團體課程的態度？
2. 哪種類型的團體是你最有興趣設計和帶領的？
3. 你認為一個團體帶來的服務有哪些優點？
4. 團體適合所有的個案嗎？為符合特定團體成員們的需要，你會怎麼調整一個你正在設計中的團體架構？
5. 假設你正設計一個成員們之間有文化差異的團體，有哪些條件是你會考慮的？
6. 如何察覺你的文化背景影響你對待不同文化群體的能力？有哪些特定的態度和信念，是會增進或阻礙你了解和處理文化的差異？

Chapter 2

第二章 團體諮商師

你與夥伴協同帶領一個女性成人團體，在幾次情況下你發覺你的協同帶領者很輕易地自我揭露，且未能保持適當的界線。你與你的協同帶領者商量你的擔心；他非常防衛並聲稱自我揭露是諮商理論的一部分。他同時告訴你他對其中一個成員有許多負面的反應，因為她讓他想到他的前妻。他想邀請團體成員們跟他一起參與一場角色扮演，邀請那位女性成員扮演他的前妻。他相信這將會更有效地處理他自己的投射。針對他在團體裡自我揭露的正反兩面，你會跟你的協同帶領者説什麼？你認為何種形式的自我揭露是合宜與團體成員們分享的？你會試圖與你的協同帶領者解決這個議題，還是你會對自己的反應保持沉默？你會跟你的協同帶領者在團體裡陳述你的想法與反應嗎？為什麼或為什麼不？

導論

本章主要闡述團體諮商員在帶領團體時，同時身為一個人以及一位專家的影響。首先，我們考量諮商師身為一個人，陳述在有效帶領團體時，因新手團體帶領者及個人人格特質可能面對的問題。接著，從視為一個專家的角度來看團體帶領者，我們考量了有效帶領任何團體所需的知識與專業技巧。我們討論了協同帶領實務的理念，包括協同帶領模式的利與弊。我們也討論研究如何增強你的實務工作及結合團體工作研究與實務的挑戰。

團體諮商師身為一個人

帶領團體的專業實務與諮商師身為一個人是有密切關係的。事實上，帶領者在團體中與他人建立堅固的關係，也許是帶領者催化團體過程中最重要的工具。當你身為團體帶領者時，是帶著個人的特質、價值與生活經驗到每一個團體，扮演著促使團體改變的催化者。例如，若你自己有完美主義的困擾，也許會在你不自覺的情況下，帶入不切實際的目標或標準給你的個案。你的自我了解愈多，則你傷害團體成員們的可能性愈低。一般而言，有效的諮商員擁有高度的自我覺察及在團體過程中持續自我反思。

我們陳述了新手團體帶領者可能遭遇的典型挑戰，但「新手」可能有許多好處，對專業亦是。我們發現學生和實習生們擁有對其個案有助益的無窮精力、創意和強烈的動機。新手團體帶領者經常帶入新的觀點而協助平衡了他們缺乏經驗與技巧。

假如你希望能激發他人從生活以外得到最多，你需要具有充沛的活力，以及在自己的生涯中學會自我照顧，這是非常迫切需要的。在訓練的課程中如何處理你的壓力與焦慮，對你身為團體諮商師，在你的專業工作上遭遇挑戰及壓力時的運作具有重要的意涵。

新手團體帶領者可能遭遇的問題與議題

那些剛開始帶領團體的人經常被他們所面臨的問題而困擾，剛從事團體工作的人，經常問自己如下的問題：

- 我將如何能讓團體開始？
- 我應該使用哪些技巧？
- 我是否應該等待團體自己開始活動？
- 當團體某件事已經自己開始，我是否能知道如何把團體完成？
- 假如我喜歡某些人勝過其他人時，該怎麼辦？
- 如果我犯錯怎麼辦？我會對我的團體成員們造成傷害嗎？
- 我的理論是什麼？我將如何應用它？
- 假如團體中出現較長的沉默時，我該做些什麼？
- 當我的團體成員們說太快或太長時，我該打斷嗎？
- 我該以我個人的方式，參與或涉入我所帶領的團體多少？
- 我所擁有的知識與技巧是否能讓我有效地與和我不同文化的個案工作？
- 若團體成員們挑戰我或不喜歡我，我該怎麼辦？
- 我如何知道團體正在協助人們改變？
- 我如何在同一時間與那麼多的人工作？
- 身為團體帶領者，我是否應該隱藏自己焦慮或傷心的感覺？
- 當我變得情緒化而與我的團體成員一起哭泣，該怎麼辦？

無論你是新手團體帶領者或是有經驗的團體帶領者，都無法保證你所帶領的團體會成功。在督導團體帶領者時，我們聽到他們描述他們對犯錯的恐懼。在一定程度來說，恐懼和焦慮是正常的，即使對有經驗的帶領者也是。試著去駕馭你的焦慮，使它能激勵你而非癱瘓你。當我們在課堂上催化及帶領團體時，我們邀請學生分享他們在團體工作的觀察。我們經常發現學生們具有洞察力，但他們往往因為擔心可能會說了或做了不當的事而保留其觀察及洞察。我們發現他們所想的，但非以團體帶領者的角色陳述，常常最有助益的想法需要轉化成語言。

我們鼓勵你運用督導及諮詢，以未經修正的方式說出你的想法，看看你關於處遇的想法是否是具有療效的。嘗試在每一團體後做一些筆記，寫下那些你所想的，但決定不說出來的事。在督導的協助下，你可能開始發現你可以將更多臨床上的預感付諸於言語的方法。在一次督導裡，我（Cindy）其中一個學生描述了她對一個特定團體成員感到十分挫折。LeAnn 發現她很難與個案保持聯結，因為他說話很快且常常讓其他人很難有分享的空間。LeAnn 選擇不說而非分享她的反應，讓她自己與團體成員們愈來愈感到挫折。LeAnn 的內在對話常如：「這傢伙真的很討厭，他就一直講話，許多成員們看起來都被惹惱而且很煩躁。」我並未鼓勵 LeAnn 用這種未經省思的方式表達她的反應，但我建議她可以用她的感覺去回饋給她的個案。我鼓勵 LeAnn 著重在她所觀察到團體成員的狀況及解釋它對她與個案聯結的能力之影響。用這種方式 LeAnn 仍可以應用她的反應但不評價他或告訴他他說了太多。身為一個諮商員，在我們的想法中做很少量調整的情況下，我們的內在對話經常是非常有助於我們和個案一起工作的。告訴成員這個行為如何影響你，而非歸咎於成員的行為。如此做來將開啟一個不同的對話而且通常該成員也較不會有防衛。

身為新手團體帶領者可能會面臨的一個問題是來自成員們的負向反應，你需要學習以建設性的方式去面質有這些反應的成員們。若你變得防衛，團體成員們也可能反過來強化他們的防衛。允許一些未解決議題的暗流持續下去，將危及未來的團體工作。在本章稍後及本書的其他地方，我們會建議一些處理這些情境的方法。

發展帶領技巧需要時間，一些新手團體帶領者往往僅帶領幾次聚會就感覺想放棄。帶著不確定感的掙扎是學習如何帶好團體的一部分。沒有人會期望在上完幾堂導論的課程後，就可以習得完美的技巧（滑雪、彈奏吉他、製作陶藝），成為熟練的團體帶領者亦是。那些凡是透過努力而在最後經驗到成功的人，都是堅持不斷努力而逐漸進步者。

世上可能沒有比經驗更好的老師了，但缺乏引導的經驗常導致不滿意。我們難以言喻由有經驗團體帶領者督導的重要性。從督導、協同帶領者或在訓練團體中其他學生的立即回饋，能使帶領者從經驗中獲益。團體帶領者的團體督導提供認知和情感學習兩者的獨特經驗，因為它提供了經驗團體歷程的方式、觀察團體督導的示範，以及從許多方面得到回饋。成為一個稱職的團體帶領者，團體督導是最重要的（DeLucia-Waack & Fauth, 2004）。

有效能團體帶領者的個人特質

在我們的觀點，團體帶領者身為一個人，是影響團體成功或失敗的最顯著變項之一。在與我們同事討論有效能團體實務工作者的人格特質時，我們發現要列出成功帶領者的所有特質是困難的，尤其更困難的是同意哪一種特別的人格型態與有效的領導相關。

接下來的章節所討論的是我們認為特別重要的團體帶領者的一些特點。當你閱讀以下的每一面向，回想一下它適用於你的情形。思考你在成為成功帶領者的路途中習得這些特質的程度。

勇氣（courage） 有效能團體帶領者關鍵的人格特質就是勇氣。勇氣是透過你有意願：(1) 有時脆弱、承認錯誤、不完美，以及甘冒如同你期望團體成員們所冒的險；(2) 在處理衝突時，能與成員同在的情況下面質成員；(3) 依據你的信念和預感行事；(4) 在受他人情緒影響時，能以自己的經驗去審視這些情緒；(5) 檢視你的生活；以及 (6) 直接並真誠的關心及尊重的方式對待成員們。

有意願做示範（willingness to model） 教導期望行為的最佳方式之一就是在團體中做示範。透過你的行為及態度所呈現，你能創造開放、對目標的認真、接納他人、尊重不同的文化價值，以及期望冒險的團體規範。記住你大部分透過以身作則來教導——做你期望成員們去做的。理解你的角色與團體成員是不同的，但我們鼓勵你不要將自己隱藏在專業的面具後。以真誠、合適及適時的自我揭露參與團體，常能實現示範的帶領者功能。

揭露你對成員行為的反應以及分享你的感覺而提供回饋，將使成員覺得非常有幫助。例如，一名成員談了很多卻很少表露她的感受時，你可以這樣說，「當我在聽妳敘述時，我不確定妳要我們聽些什麼，我想知道當妳在敘述妳的故事時，妳的感覺如何，以及妳對自己身體有何覺察。」當一名成員談了許多，但內容卻很少時，其他的成員們可能就不再聆聽這名成員所說的，而且感到挫折和對她不感興趣。這時候團體帶領者可以挑戰並邀請此多話成員將她所說的與她的情緒做連結；同時團體帶領者向團體成員們示範一個方式，不以評斷或要成員閉嘴的方式去面質其他人。此成員是以他人感興趣及關心多於批評的方式被邀請，去探索她內在的經驗。

在場（presence） 與團體成員們一同在場的經驗相當重要。在場包括能感受他人的痛苦、掙扎與喜悅，但它也包含不被成員的痛苦所淹沒。在場隱含著不分心，能完全專注於當下所發生的事。某些成員們可能引發團體帶領者憤怒，其他的成員則可能引發團體帶領者痛苦、悲傷、罪惡或快樂。隨著你留意自己的回應，你在與他人互動時可能會有更多情緒的投入。這並不意味你必須談論在生活中某些造成你痛苦或引發憤怒的情境。而是允許自己去經驗這些感受，即使只是片刻。充分的經驗情緒給予你同情與同理他人的能力。當你因他人的經驗而感動時，同樣重要的是去維持你的界限，以及避免掉入過度認同個案的情境之陷阱。

為增進你在場的能力，你可以在帶領團體前留一些時間獨處，以及儘可能地阻絕一些分心的事。以想像在你團體中的人，以及你如何增進參與他們的方式做準備。

善意、真誠與關心（goodwill, genuineness, and caring） 團體帶領者對他人福祉的真心關切是重要的。你在團體的主要工作就是協助團體成員們得到他們所要的，而非以他們的方式達到。關心包括尊重、信賴及重視他人，對你而言要去關心某些團體成員們可能相當困難，但我們期望你至少願意去關心。重要的是你開始知覺到你關心的是哪種類型的人、哪種類型的人你在關心上有困難。若你能了解這些想靠近或想切斷所揭露出來的自己，也將是很有幫助的。

有許多的方式可以用來表達你關心的態度。方式之一就是邀請一名個案參與並允許他自由決定他想做什麼。或者你可以觀察一名個案言語和行為的落差，以及以一種不會造成擔心和抗拒的方式面質這名個案。另一種表達關心的方式則是當你真正感覺到對一個人可以給予溫暖、關懷與支持時而給出。即使在你並未感受到溫暖，你也可以對你的個案表達尊重及關心。

對團體歷程的信念（belief in group process） 我們相信對團體歷程的價值有深度信心與積極的成效有正向相關。你需要相信你在團體所做的以及信賴治療的歷程。我們深信我們的熱忱和信念在吸引個案與提供工作獎勵兩者的誘因上都相當有影響力。

在團體工作中最困難的，是我們同時對團體歷程的信任，與我們相信自己協助成員們解決衝突的能力感到懷疑，一如其他痛苦的團體動力，在團體工作中時常發生。當團體度過艱難時刻的結果就是團體成員們經常描述的，成員們不用在參與團體中帶著痛苦，且更能感受到先前未能達到的彼此間的親近感，以及更深的自我感。

開放（openness） 開放的意思是你對團體參與者做足夠的揭露，你是一個怎樣的人。這並不是說你對個人生活的每一面向都做揭露。假如你能對成員們適當地揭露你的反應，以及表達你如何受到他們的影響，你的開放將可提升團體的歷程。你的開放在團體中能形塑出對應的開放氣氛，此將促使成員們對他們的感覺及信念更加開放，且讓團體歷程更加流通。

自我揭露並不應當作一項技術來使用，倘若合適的時候，最好是以自發性的方式呈現。以下的範例是我們可能會對一個非常聰明而正在表達他的情緒的個案所講的話：「我真的對你的聰明感到敬佩，而且我知道你一向很聰明，但在此刻我為你願意與我們分享你的情緒感到訝異，能分享你的這一部分實在令人高興。」此真誠及自然的言語強調個案已經做了如同個人目標的某些事，增強他對情緒表達所做的努力。如此做也肯定了個案所重視的——他的聰明。稱讚並不是為了要增強某一部分而減損了另一個部分。帶領者藉由和這名成員分享她的知覺和個人回應，提供了另一種型式的自我揭露。

非防衛地因應批評（nondefensiveness in coping with criticism） 坦誠地處理批評與開放有關。許多這類你可能碰到來自團體成員們的挑戰，需要臨床工作者變得厚臉皮。成員們可能有時候會控訴你不夠關心、你的選擇性關心、過度結構的團體，或者沒提供充分的引導。某些批評可能是公平的，但某些批評可能是不公平的論述來自他們嫉妒、測試權威或者將他們對他人的情感投射在你身上。你和團體一起以非防衛的方式探索批評背後的感受是重要的。

假如成員們因冒險面質了帶領者而受到指責，他們可能就會退縮。更有甚者，團體其他成員可能會接收到開放和誠實並不是真的被重視。甚至在你帶領團體時，某名成員以言語攻擊你，而你卻以和善的方式回應，此並未具治療性，你可以替代地以有效的及非攻擊的示範方式表達你的想法和感受。維持對團體成員們治療性的態度，並不是說你就不受某些不易處理的行為，甚至是攻擊或口語暴力行為的影響。你也許可以說：「我不喜歡你用攻擊的方式叫我，我願意陪你一起工作去了解，我做了什麼以喚起了你對我的反應？」如同這個範例所呈現，你可以將你的反應告訴這個人，讓他／她知道你受到面質的感受。藉由示範有效的表達憤怒或挫折，你提供了成員們以尊重的態度表達這些情緒的有效方式。

覺察細微的文化議題（becoming aware of subtle culture issues） 我們大多認為自己具有開放心胸而且是個客觀的人。但成長在充斥著文化歧視的社會，卻對與我們不同的人不抱持某種程度的偏見或存有錯誤看法，幾乎是不可能的。我們許多對團體成員造成的文化性錯誤是在潛意識之中且未被檢視的，因此增加自我覺察及挑戰我們的世界觀與價值觀是非常重要的。而覺察我們潛意識的部分則需要深度及詳細的自我分析，雖然我們對成員所造成的傷害並非故意，但並不能減少他們的痛苦。

你能否辨識在以下腳本中，治療師所呈現的非故意的文化性遲鈍？一名非裔美籍婦女正憤怒地以高分貝語調對一名白人婦女說話。這時治療師介入，請這名非裔美籍婦女降低她的語調，且以其他人較能接受的方式做表達。在表面上你可能會認為這是合理的請求，但是在私底下這名非裔美籍婦女可能接收到的訊息是「請客氣一點，不要讓白人婦女不舒服」。假如你沒有覺察到有許多非裔美籍婦女，被要求控制她們的情緒或修正自己以便讓他人感到舒服這件事的不滿，你就會疏忽溝通中細微的種族主義。

另一個你可以處理的方式是告訴非裔美籍成員，「我能夠理解妳是多麼挫折及氣憤，看起來妳現在就想對 Sue 訴說妳的看法。妳先前曾提過妳處在白人之間已做了某些修正及留意，不知在成為妳自己的道路上，妳走到了哪裡？妳有權表達妳的憤怒，但是我關切的是妳在此刻以這樣的方式做表達，無法讓他人了解妳要表達的訊息。我想妳當然值得讓他人聽到妳想表達的，我也希望妳這樣做。」如此的回應傳達了種族複雜性與對種族關係的了解，以及驗證當被要求要「降低她的語調」時，非裔美籍成員可能感受到的衝突。這樣的回應也不會使得帶領者無法動彈，且提供了帶領者以對文化敏覺的方式對待個案與挑戰她，找到讓她的意見被聽到的方法。此外，妳可以鼓勵 Sue 去聆聽對方對她說了什麼而非僅注意訊息傳遞的音量。她同時也可挑戰她所被告知的，並探索當有人用提高音量對她時，對她有何觸動。

身為團體帶領者，假如我們能增進自己對偏見或偏誤的覺察，我們就可以有較佳的機會有效處理團體中的偏見和言論。即使團體中有些人自認他們是開放的且具文化覺察的，種族或文化少根筋的言論仍是普遍的。帶領者或成員們未知覺或留意的種族主義之言論，對團體歷程有相當的影響。在團體中一旦出現如此細微的言論時，正好提供了學習及帶領者催化的機會。假如團體中出現了性別歧視、同志恐懼或種族貶抑的言論而未受到注意，團體將產生不信任的氣氛，且會讓許多成員們感到氣憤。

有能力辨識個案的痛苦（being able to identify with a client's pain） 要期望我們經驗到個案所有困擾的經驗是不切實際的，但許多人們表達的情緒經驗對我們而言都是共通的。我們都經驗到心理的痛苦，雖然造成這些痛苦的原因可能是不同的。同理個案的一個基礎在於對我們自己生活中痛苦的原因保持開放的心態，以及不會被這些痛苦擊倒。我們願意投入自我反思將能啟發我們的個案去探索他們個人的議題。

過去數年來，我們發現我們所走過最艱難的路徑以及所經歷最大痛苦，對我們在實務的直覺上與效能上有極大的幫助。身為團體帶領者，我們並非只是經歷艱難的時刻，而是願意以批判性的思考，期能以有效的方式來運用這些曾經有過的艱難經驗。例如，若你有了一個痛苦的離婚過程，有許多未處理的哀傷；或你小時候經驗過亂倫的事件，但你個人在這方面的工作還沒處理完；你的個案的故事中包含著與你類似的情況，可能在某種程度上會影響你，以致於你在與他們工作時不是很有效能。但假如你已參與了你自己的療癒歷程，你可能對自己有更佳的了解，以及在與團體成員們工作時對此議題更具敏感性。

個人力量（personal power） 個人力量並不意味著全面地控制或操作成員們朝向帶領者的目的。相反地，它是指動力與帶領者重要的特質——知道自己是誰，以及自己要什麼的。這種力量包含對自己感到自信的感覺。

成為一個自信的帶領者並不等同於傲慢或覺得自己沒有什麼還需要再學習。自信意謂著相信我們在個人及專業上，持續微調自己的能力。簡而言之，若我們覺得能力被肯定，我們將有在團體催化成員們增能的基礎。

擁有強烈自我感受的人是一致且能在他們的人際互動關係中真誠的。雖然他們本身可能擁有某些令他們擔心的特質，但這樣的恐懼並不會阻止他們去審視這些特質。他們知曉並接受自己的缺點，不會浪費精力去對自己或他人隱藏。相較之下，不一致的人可能非常希望能對抗自我認識，他們常表現出很害怕其脆弱可能會被發現。

個案有時候會將帶領者視為完美的人，他們往往將其洞察和改變的功勞過於歸功於帶領者，而削弱了本身的力量。我們關心的是帶領者太容易接受個案的知覺，與接受個案對帶領者的讚許。有效能的團體帶領者能分辨他們在引導成員改變所使用的方法，同時鼓勵成員們分享他們為本身成長所做努力的功勞。

精力（stamina） 帶領團體可以是荷重逐漸耗竭的，同樣也可以是令人興奮和充滿活力的。因此，你需要生理和心理上精力充沛，以及有能力承受壓力，保持活力地走完團體歷程。留意你的能量程度，並尋求補充精力的方法，從其他資源獲得心理性的滋養比從帶領的團體中獲得還重要。若你只依賴你團體成功的程度來維持精力，你可能犯了無法得到滋養的高風險，且因此喪失了帶領者達到成功的重要精力。假如你與非常挑戰的團體一起工作，這將對你的能量帶來影響。不切實際過高的期望也會影響你的精力。凡是期望立即改變的帶領者經常會對自己失望，且太快評斷自己不適任。面對團體應該怎麼樣的願景和實際情形的落差，帶領者可能會喪失他們的熱忱，並且不僅責怪自己，也會責怪團體成員們在團體裡沒有什麼改變。假如你的熱忱開始消退，留意這是很好的重新開始的地方。檢視你的期望，假如它是不切實際的，努力去建立一個更合乎實際的觀點。

對自我關照的承諾（commitment to self-care） 假如我們希望維持自己的精力，我們需要照顧自己。在助人專業的我們，已被社會化去考慮到他人，而我們往往難以留意到自己的需求與照顧自己。有些時候我們可能會耗盡體力以及在這歷程中忽略了照顧自己。愈來愈多的研究顯示，心理衛生人員常有諸如中度憂鬱、輕度焦慮、情緒耗竭與困擾的人際關係（Norcross & Guy, 2007）。身為帶領者為了達到許多工作任務的要求，我們需要承諾自己發展出有效的自我照顧策略。自我照顧不是奢侈品，而是道德的要求。美國學校諮商員協會（American School Counselors Association, ASCA）在 2010 年所訂的學校諮商員倫理守則（Ethical Standards for School Counselors）中指出，自我照顧是維持專業能力的條件：「專業學校諮商員控管心理與生理健康，並促進健康以確保最佳效能。他們在需要時，尋求生理及心理轉介以確保所有時候都能勝任」（E.I.b）。

自我照顧為運用你的力量之基礎，它能使你有效地處理工作的壓力，預防某些導致耗竭的危險因素。保持個人和專業的活力不會像某些事自動發生，它是個人承諾去養成可以提升幸福之思考和行動習慣的結果。Baker（2003）強調照顧心靈、身體和精神的重要性，這包括學習留意以及尊重我們的需求，這是治療師終身的任務。假如我們未能經常照顧好我們整個人，我們就很難維持我們的活力；若我們不能滋養自己，我們則不能在團體中提供滋養。假如我們表現了承諾照顧好自己，我們就對團體的成員做了重要的示範。有效的帶領者表達積極的能量與在他們的行動中展現活力。為了充分地討論此主題，我們推薦 Norcross 和 Guy（2007）所寫 *Leaving It at the Office: A Guide to Psychotherapist Self-Care* 一書。

自我覺察（self-awareness） 任何治療者的一項主要特質就是自我覺察，包括個人的認同、文化觀點、力量及權力、目標、動機、需求、限制、優勢、價值、感受以及困擾。假如你對自己是一個怎樣的人了解有限，你就很難催化個案任何方面的覺察。如我們之前所提到的，對新的生活經驗採開放的心胸，是一種拓展你的覺察的方式。參與個別或團體的治療則是另一種讓你更能覺察自己的方式，尤其在辨識出你自己潛在的反移情並學習如何掌控這些反應。覺察自己的個人特質是重要的，而你個人未解決的困擾可能會協助或妨害你身為團體諮商師的工作。覺察自己為何選擇帶領團體是重要的，包括知曉你藉由所帶領的團體來滿足個人的哪些需求。假如你對自我發現都感到躊躇，你又如何能鼓勵其他人自我發現呢？對你與你團體成員們的互動做反省，可提供你對自己豐富的訊息。

幽默感（sense of humor） 我們持續性地發現，運用自發性的機智將使我們對團體成員們而言更真實，同時也會讓他們較少因為權力差異而被威脅。然而，我們說的或做的每件事是具有療癒或傷害的力量。儘管使用幽默通常會喚起正向的回應，它亦會引出部分個案負向的反應。這並不意謂你要避免使用幽默，而是辨識幽默對成員們的可能衝擊。觀察成員們的非語言反應並和團體成員們確認他們對你的口語反應，尤其是若你已經對他們用俏皮或幽默的方式。

創意（inventiveness） 擁有自發的能力與在每次帶領團體能有新的點子是非常重要的特質。若你頻繁地帶領團體，一直出現新鮮的想法並不容易。從團體當下的互動中，透過有創意的實驗來發現新的帶領團體的方式是重要的，而與具挑戰性的協同帶領者工作則是新創意來源的另外一種方法。

假如你傾聽你團體中成員們的談話，你將發現激發他們的創意的機會。假如團體中有一名成員是藝術家或詩人，鼓勵該成員在團體中分享一些他或她的工作，或者帶領團體進行創意的藝術活動。在某一個已經進行了幾小時的團體中，成員們和帶領者決定到外面呼吸一些新鮮空氣和讓身體活動一下，團體中恰好有一名成員是足球教練，且隨身帶了一顆足球，他教某些成員一些足球的動作。這樣的活動對成員們消除緊張與解除團體的膠著非常有效果，而且讓這名原先害羞的成員擔任領導者角色。這樣的活動讓成員們之間變得有樂趣，而且較持續交談有正向的效果。事前計畫的練習和活動可能有用，但經常最有力量的運用創意則是來自成員本身，帶領者可以創造一個讓創意能被激發及變得有價值的空間。

個人的投入與承諾（personal dedication and commitment） 一位專業人員能創造改變，包括提供生活中意義與方式的點子。這些投入將可直接應用於團體帶領。假如你相信團體歷程的價值，以及團體如何對個人增能有願景，你較有可能讓團體安全地度過艱難的時刻。假如你對引導團體有願景，你在團體互動困頓時可以運用此願景，讓團體成員們聚焦在團體所進行的主題上。

發展對團體成員們的好奇心，也鼓勵他們存有好奇心。當我們選擇這樣的視角看待，會發現所有成員們的行為皆有其意義與目的。即便團體中其他成員是最具挑戰且難以接近的成員，也可以及應該被視為可接近的。「面具透露了想隱藏自己的人之意圖」，我們闡釋此意思為人們特別想隱藏的事，告訴我們許多有關他們是怎麼樣的人、他們擔心些什麼、他們的痛苦，以及他們的渴望。若成員們致力變得更真實，我們可以協助他們拋棄這些面具，及以更真實與直接的方式表達自己。我們只有投入，才能協助他們，不論他們戴著面具或沒有戴面具。我們需要傳達對團體成員們的接納與付出，特別當他們表現得很難相處。我們要在他們處於美好時刻與艱難時刻都協助他們。

一位投入的專業人員當然也包含了謙遜，此表示對回饋及觀念保持開放，並有意願探索自己。謙遜，並不意味自我貶抑，它意味相信自己已沒有什麼可學之自大的相反。最好的老師就是永遠需要學習，以及永遠未能達到全知的境界，或有完成最後作品的感覺。事實上，我們的專業帶給我們最美好的禮物就是在做某些事的歷程，可以允許我們成為更好的人類。除此之外，專業的投入讓我們在此領域可以處於改變的最前端、閱讀期刊與書籍，以及參加專業的工作坊。

團體諮商師身為一位專業人員

團體帶領技巧綜覽

普遍認為正向的治療關係對個案產生的改變是充分而非必要條件。當然帶領者擁有團體如何運作的知識與有效地適時處遇的技巧是重要的。創造出可以形成人際間規範的團體氣氛，例如開放、直接、尊重與關心彼此，可以導引出成員們間產生治療性的互動。一個帶領者的人際互動技巧：真誠、同理及溫暖，是創造引導出成功結果氣氛的重要變項。除了個人特質，團體帶領者需要掌握很多團體工作的知識與一整套技巧。諮商技巧得以被教導，但敏感並合時地使用這些技巧則還有其他元素需考量。學習如何及何時使用這些技巧則是被督導經驗、實作、回饋及自信所能帶來的。在第 10 章及第 11 章，我們將描述各種帶領孩童、青少年及成人團體的技巧。

在接下來有關技巧的討論之前，有一些要點需要釐清。首先，這些技巧最好被視為連續性的專業能力，而非以全有或全無做基準；這些技巧可以被精熟地習得且以敏感及適切的方式運用，否則僅僅是技巧的習得。第二，這些技巧能透過訓練及督導經驗學習及修正，以成員的身分參與團體是了解團體的一個好方式；在接受督導下帶領或協同帶領團體，則是獲取與增進團體技巧的絕佳方式。第三，團體帶領者必須能同時兼顧許多事情，不斷環顧團體、觀察許多成員們語言和非語言的溝通，以及跟隨每名成員參與團體的議題過程與內容的情形。這些工作初期可能會讓人耗費許多心力，但會隨經驗增加而變得較容易。找一個協同帶領者共同帶領團體，以分攤這些任務是有幫助。第四，這些技巧在本質上並非是分立的，它們有許多部分是重疊的。積極傾聽、反映和澄清是相互關聯的，因此在習得某些技巧時，你也一定能提升其他技巧。第五，這些技巧無法從你這個人身上分離出來。第六，選擇發展某些技巧及運用是你的人格和領導風格的表現。

我們認為接下來有些技巧是你需要去習得和持續修正，以成為一名勝任的團體帶領者。

積極傾聽（active listening） 在與他人溝通時，學習全神貫注於他人的談話是最重要的，而這個過程不僅僅是對對方所說的話專注。積極傾聽包含吸收談話的內容、留意在聲音與表情上，姿態或細微的變化，以及留意到語言底層的訊息。帶領者首先能透過辨識干擾他們專注他人談話的障礙，以增進他們傾聽的技巧。這些阻礙為無法全神去傾聽、過度關注於自己的角色或其他人怎麼看，以及沒有以他人的立場去做評斷或評量。就像是其他的治療技巧，積極傾聽也有程度之別。有技巧的團體帶領者在一名成員說話時，會去觀察他的身體姿勢、表達方式與聲音是否一致（或不一致）是敏感的。例如，一個男人可能會以溫暖及鍾愛的情感談及他的妻子，但是他的肢體卻是僵硬的，而他的聲音是無精打采的。或者一個女人在回想一個痛苦情境時仍面帶微笑且擒住眼淚。此外，帶領者除了要好好地傾聽成員們之外，教導成員們如何積極傾聽彼此也是重要的。

反映（reflecting） 反映是個依賴積極傾聽的技巧，是你對一個人傳達你所聽到他先前溝通內容的精華，且讓這個人知道。許多沒有經驗的團體帶領者發現，他們受限於他們大部分的互動僅是使用了反映；成員們繼續談話，帶領者也繼續做反映。極度地運用反映，但反映卻沒有什麼意義；例如：

> **成員：**我真的不想參加今天的團體。我覺得無聊，而且這幾週來我不覺得團體有何進展。
>
> **帶領者：**你不想參加團體是因為你無聊，而且團體沒有進展。

在此帶領者有許多豐富的材料可讓帶領者以個人的方式做回應，例如做某些面質，或者藉由邀請個案及其他成員審視在團體中發生了什麼。一開始的反映層面可能有它的價值，但停留在此層面並沒能邀請更深的探索。帶領者或許能以下面更好的方式做回應：

帶領者：看來你對於能從團體經驗獲得多少感到氣餒。

然後帶領者挑戰此成員去檢視在他所說的話之下的情緒，以及在此過程提供有意義溝通的開放機會。

澄清（clarifying） 澄清的技巧運用在團體的初始階段具有相當的價值。此技巧包括聚焦於關鍵的底層議題，以及找出混淆與衝突的感受。例如：

成員：我對我的父親很氣憤，我希望我不用再見到他。他常傷害我。當我這樣想時我覺得有罪惡感，因為我也愛他，也期望他欣賞我。

帶領者：妳感受到愛與氣憤，在有些時候當這兩種感受同時出現時，對妳是個困擾。

澄清技巧能協助個案找出她的感受，所以她最後以無須經驗難以承受的罪惡感的方式來同時經驗愛與氣憤。然而，她需要一些時間來接受此兩極感受。

摘要（summarizing） 摘要技巧在團體初始檢核後的團體特別有用。當團體歷程開始陷入僵局或凌亂的時候，摘要技巧在決定團體接下來的走向經常有幫助。例如：在許多名成員表達對某一特定的個人困擾感興趣之後，帶領者可指出這些成員們間的共通要素。

在團體結束前，帶領者可能會做某些摘要陳述，或邀請每位成員做摘要。例如，帶領者可能說：「在我們結束團體前，我希望我們每一個人談一下今天你在團體的經驗。」帶領者也許可以邀請成員們思考他們在下次聚會來之前可以做什麼當作他們未來的功課。帶領者第一個做摘要是有益的，為成員們提供了摘要行為的示範。

催化（facilitating） 團體帶領者可以透過以下的方式來催化團體歷程：(1) 協助成員們開放地表達他們的擔心與期望；(2) 主動工作以創造安全及接納的氣氛，讓大家能信任彼此，參與有生產性的人際互動；(3) 當成員們高度地探索個人議題或嘗試新的行為時，提供鼓勵與支持；(4) 以邀請甚至在有時候挑戰成員們，儘量讓更多成員參與團體的互動；(5) 藉由鼓勵成員們直接相互對話的方式，減少對帶領者的依賴；(6) 鼓勵公開地表達衝突及矛盾，以及 (7) 協助成員們克服直接溝通的障礙。多數催化技巧的目的在協助團體成員達成他們的目標。重要的是，這些技巧要包括開啟成員們間清楚的溝通，與協助他們為自己的團體方向負起責任。

同理（empathizing） 具有同理心的團體帶領者能覺知到個案的主觀世界。此技巧需要帶領者具有前述關心與開放的特質。帶領者也需要擁有廣泛的經驗，以做為辨識他人的基礎。而且，帶領者也需要能夠辨識精微的非語言訊息，如同辨識更直接傳遞的訊息般。要完全了解其他人所經驗到的是不可能的，但敏感的團體帶領者能感受到那些經驗。另外重要的是，團體帶領者應該避免因過度認同團體成員，而模糊了自己的認同。同理心技巧的核心是基於能夠開放地擷取其他人的經驗，同時維持自己的獨立。

闡釋（interpreting） 凡是高指導性的團體帶領者可能會使用闡釋的技巧，其意謂著提供為某些行為或徵狀提供可能的解釋。假如闡釋是可信的且合時的，則可協助成員們超越心理的僵局。帶領者並不需要總是為個案做闡釋；在完形治療裡，個案被鼓勵為他們自己的行為做闡釋。團體的帶領者在形成預感前也可呈現闡釋，然後再由個案評估他們聽到的。例如，闡釋可以下列方式呈現：「Jeffrey，當有人在團體中談到他痛苦的事時，我發現你經常介入，並給予他安慰。這可能會中斷那個人的情緒經驗與探索，你是否有覺察到這個？而這個對你來說是怎麼回事？」重要的是，闡釋應以假設而非當作事實的方式來呈現，以及讓成員們在團體中有機會去思考這個預感的真實性，因此不要太快做闡釋。此外，重要的是在做闡釋以避免誤解某名成員的行為時，應考慮到文化的情境脈絡。例如，某名成員的沉默，可能是與文化訊息相關，而非不信任或抗拒的徵兆；這個文化訊息可能是：「在別人沒說話前不要說話」或「不要引起別人對你的注意」。在不了解行為的文化層面下，對個人的沉默闡釋為缺乏信任將可能造成錯誤。

除了對個人做闡釋外，對整個團體做闡釋也是合適的。這樣的案例如一名帶領者指出有多位成員嘗試引導一名特定的成員說話，這名帶領者可能會提示：這樣的行為是整體團體當中的部分逃避行為模式，如此的闡釋在轉化階段與在工作階段的意義十分不同。成員們的行為要根據團體發展的層次來看待及做闡釋。

詢問（questioning） 詢問的技巧常被許多團體帶領者過度使用。質問很少帶來正向的成效，且讓成員很難專心工作。假如一名成員正好經驗到緊繃的情緒，詢問是降低他緊繃情緒的一種方法。詢問「為什麼你這樣感覺？」很少有幫助，因為這樣詢問會將情緒的內容帶到認知的層面。然而，適時使用「什麼」和「如何」的質問，對緊繃的情緒經驗則常有幫助。這些質問的例子如：「當你談論到你的孤單時，你的身體有怎樣的感覺？」「你如何經驗在團體被拒絕的擔心？」「假如你在團體中揭露了你個人的困擾，你想像會發生什麼事？」「你是如何因應你對於不信任團體中某些成員的擔心？」「你的父親會以怎麼樣的方式贊同你？」這些開放式的詢問引導成員提升在當下的覺察，帶領者能發展詢問問題的技巧，且避免將成員從個人的問題中抽離。無效的封閉式詢問包括尋求行為的原因，探究某些訊息或做類似：「為何你感覺沮喪？」「為何你不離開家？」

團體帶領者需要發展出著重團體階段中及個別成員，提出詢問的技巧。團體過程中的問題指這些能有效強調團體為一個整體的問題：「團體現在的議題是什麼？」「我注意到你們許多人都保持沉默，我在想什麼是不能被說的？」「你在此刻有多少能量？」這些問題協助成員反映團體在不同的點正在發生什麼。

連結（linking） 那些著重人際焦點的團體帶領者，也就是說強調成員和成員間的溝通勝於帶領者和成員間的溝通之帶領者，較常運用連結。這是一個形成許多成員參與的重要技巧。此技巧需要帶領者在找尋將某名成員在團體裡所做的和所說的，與另一個人關切的做連結時的洞察力。例如，Katherine 或許會陳述，除非她是完美的，否則就沒有人愛她。倘若 Pamela 也表達了類似的感覺，帶領者就可以邀請 Pamela 和 Katherine 在團體中對彼此說出她們的擔心。帶領者藉由留意成員間的共同關切的線索，可增進他們之間的互動及提升團體凝聚力的層次。一些能夠提升成員間連結的語句如「在團體中是否有人有 Katherine 所說那樣的感覺？」或「在團體中是否有其他人受到 Pamela 和 Katherine 間的交談而觸動？你是否願意分享你如何被觸動？」

面質（confronting） 新手團體諮商師常因擔心傷害團體成員、犯錯或遭致成員的報復，而不敢面質團體成員們。要去攻擊他人或批判並不需要許多的技巧，但面質同時需要關心及技巧。當成員的行為破壞了團體的功能，或當成員在語言訊息與非語言訊息間產生落差時要去面質成員。在面質成員時，帶領者應當：(1) 挑戰及檢驗一個人的特定行為並且避免對這個人貼標籤；(2) 分享帶領者個人對此成員行為的感覺。例如，Danny 在某次團體中譴責一位特別安靜的成員，此時帶領者可能的介入是：「Danny，與其告訴她應該說話外，你是否願意讓她知道她的沉默如何影響到你？你是否能告訴她為何她說話對你來說是重要的？」

如同其他的技巧，帶領者需學習面質的技巧以挑戰個別成員或整個團體。例如，假如團體看起來能量很低，且僅是做表層的討論，帶領者可能挑戰成員們，引導他們看到團體正在進行的事，以及讓他們決定是否願意做改變。

支持（supporting） 支持行為能有治療或抑制生產的效果。在某一成員有機會充分地經驗到某個衝突或某些痛苦的感受前，提供支持是常見的錯誤。雖然介入的意圖是善意的，但這卻中止了某名成員經驗某些成員們需要去經驗或表達的特定感受。帶領者應記住，太多的支持可能傳遞這些成員們無法支持他們自己的訊息。當人們面對危機、當他們進入令他們害怕的領域、當他們嘗試做正向的改變但對改變仍然不確定，以及當他們為了去除一些限制他們的舊習慣而奮鬥時，提供支持是適當的。這種支持並不會妨害成員完成他需要的工作。例如：當好幾位成員們靠近 Isaac，坐在他的身旁，並仔細聆聽當他身為難民的驚懼經驗時，Isaac 覺得得到相當的支持。有這些人在場讓他感覺較不孤單。

阻擋（blocking） 團體帶領者有責任阻擋團體中某些成員們的活動，諸如詢問、刺探、閒聊、侵犯其他人的隱私、洩密等等。阻擋有助於團體規範的建立，且是個重要的介入，特別是在團體的初始階段。假如團體中有一名或幾名成員對團體中的另一名成員像是轟炸式地連續詢問，且逼向這名成員的個人隱私時，帶領者應該對此過程做評述，以及請一直詢問他人的成員檢視以此種型式參與團體的意圖及影響；同時協助一直遭到詢問的成員表達他被要求談論自己的懷疑。此外，有時候成員會迫使其他成員們談論自己以隱藏自己。阻擋的技巧是學習以不必攻擊他人的方式，以阻擋產生不良後果的行為，這需要兼具敏感性與直接性。以下是需要阻擋的某些行為範例：

- 轟炸式地質問他人（bombarding others with questions）。成員們可被邀請做直接陳述關於促成他們問這些問題的想法或感受。
- 間接溝通（indirect communication）。假如成員正在陳述關於在團體內另一名成員的事，帶領者可以邀請這名成員直接地對他所陳述的人說話。
- 講故事（storytelling）。如果長篇大論的情形在團體發生，帶領者可以處遇，並詢問此人說出他所談的與目前當下的感受與事件之關聯，及為什麼對我們來說知道一個不在團體中的人是重要的。
- 洩密（breaking confidences）。某位成員可能不經意地談論到另外一個團體所發生的事，或提到某人在先前團體所做的表現。此種違反保密的結果與影響應在團體被充分討論，且帶領者需要教導成員們，如何以維持保密與維持其他團體成員隱私的方式做敘述。

評估（assessing） 評估的技巧不僅包括辨識徵狀與找出行為的原因。評估包括評量特定行為問題的能力以及選擇適當的處遇。例如，當帶領者認為一個人生氣時，必須考慮鼓勵這名成員以安全及適當的方式表達積壓的情緒。帶領者亦需要發展能判定某特定團體對成員們是規則明確的，或是沒有明確規則的技巧，團體帶領者也需要習得熟悉適當轉介的專業能力。帶領者必須能判斷成員是會被團體協助或傷害。

示範（modeling） 帶領者教導成員們表現帶領者所期望行為的最佳方法之一，就是為他們做示範。假如帶領者重視冒險、開放、指導、敏感、誠實、尊重與熱忱的價值，帶領者能以態度與行為之一致性方式示範這些價值是重要的。帶領者最能藉由在團體示範，協助成員們養成這些特質。一些帶領者可以直接示範的某些特定行為包括：尊重差異性、適當與適時地自我揭露、以他人能聽到及不需防衛接受的方式給予回饋、以非防衛的態度接受成員們的回饋、參與團體歷程、在場，以及以直接及關心的方式挑戰成員。倘若團體是協同帶領共同催化，與協同帶領者間的關係能為成員們設定適當參與團體的規範。

建議（suggesting） 帶領者能提供協助成員發展替代思考或行動的建議。建議有許多形式，諸如提供訊息、邀請成員們考慮完成特定家庭作業、邀請成員們進行他們自己的實驗，以及協助成員們以有利的新觀點來看情境。帶領者也可以請成員間為彼此提供適當的建議。雖然建議可以催化成員們的改變，太自由地給建議也有危險，而忠告可能會使自我探索的歷程縮短。在建議與指示間有很好的分際，即建議技巧的使用是在提升個人朝向做自己決定的方向移動。

開啟（initiating） 當帶領者對成員們在提供方向上採取主動的角色、對團體提供某些結構，與在需要的時候採取行動，協助團體聚焦於其工作。這些帶領的技巧包括運用使成員們聚焦於本身的個人目標的催化、協助成員們從他們卡住的地方修通、協助成員們辨識及解決衝突、了解如何運用技巧以提升工作、對團體不同的主題間提供聯結，以及協助成員們為做自己方向的決定負責。帶領者太多的開啟將抑制團體的創造力，而帶領者太少的開啟將導致部分成員們的被動。

評量（evaluating） 帶領者一項重要的技巧即是評量一個團體正在進行的歷程與動力。在每一團體後，帶領者評量團體中的個別成員以及整個團體發生了何事是相當有價值的。帶領者也可以思考下次團體可能運用哪些處遇。帶領者需要習慣性地問自己這些問題：「哪些改變是團體促成的？」「團體中有哪些治療性和反治療性力量？」

帶領者負有教導參加團體的人如何去評量的角色，所以他們能評量自己團體的移動與方向。一旦團體完成一次聚會或好幾次聚會的評量，團體的成員們可以決定是否需要做改變。例如，在某一次團體快結束時，或許帶領者與其成員們同意團體做為整體卻未能如同它應該有的具生產力，帶領者可能會說：「我們每個人反映一下自己對團體的參與情形，以決定我們該為團體正發生的事所需負擔的責任；我們當中的每一個人可以做怎樣的改變，使這個團體更加成功？」

結束（terminating） 團體帶領者需要學習何時及如何與個別成員及整個團體做結束。帶領者需要發展告訴成員們團體何時該結束、當一個人已經準備好離開團體、和當一個團體已經完成它的任務的能力；帶領者也要學習處理這些不同型式的結束。當然，在每一次團體快結束時，帶領者若能創造一種，鼓勵成員們在兩次聚會中約定持續工作自己的議題的氣氛是有幫助的；也對協助成員們在聚會快結束時，建立他們所需的結束技巧有幫助。帶領者在協助成員們聚焦在每一次聚會的結束，成員們也準備好最後一次團體的結束。

協助成員們將結束帶至特定團體經驗的技巧包括：(1) 建議成員們將他們在團體所學的移轉到他們必須返回卻沒有團體持續性支持的環境；(2) 協助他們準備好在離開團體時可能需面對的心理調適；(3) 安排一個追蹤的聚會；(4) 告訴成員們在哪裡可以尋求其他的額外治療；(5) 在團體結束時，提供個別諮詢的相關事宜。假如帶領者想知道該團體的效能，追蹤和評量活動就變得特別重要。

帶領者審視他們自己失落的歷史，以及留意可能引發他們在團體結束階段可能觸發的一些議題是重要的。在第 9 章我們探討帶領者催化團體成員以正向及健康結束團體之某些有創意的方法。

帶領技巧的整合觀點

某些諮商教育的課程主要著重在發展諮商技巧與評估專業能力，然而其他的課程強調這些技巧下的個人品質。理想上，團體帶領者的訓練課程應該同時著重這兩個面向。在第 3 章討論訓練團體諮商師的專業標準，我們對團體帶領者所需特定領域的知識與技巧將做更詳細的探討。

當你考慮到有效帶領團體時需要的所有技巧，你多少會感到難以承受。記住以下的情況將對你有幫助，就如同在你生活的其他領域，假如你嘗試同時著重所有領域的所有層面，你將感到挫折。你可以期許逐漸地調整你的帶領風格，以及從有效地運用這些技巧中獲得自信。

協同帶領模式

協同帶領的基礎

許多教育或訓練團體的帶領者，喜歡有協同帶領的團體實務模式，這樣的模式在所有考量上有許多好處：團體成員們能從兩位帶領者獲得不同的觀點；帶領者可以和協同帶領者在團體之前後做帶領團體的協商，以及相互學習；督導在協同帶領者訓練過程中能與協同帶領者一起密切地工作，以及能對協同帶領者提供回饋。

我們偏好有協同帶領者，是為了催化團體與訓練以及督導團體帶領者，而且我們經常以團隊的方式工作。雖然我們每一個人擁有各自的專業參與（包括有時候單獨帶領一個團體），我們享受協同帶領的方式，持續地從彼此相互學習，以及向與我們一起工作的同事學習。儘管如此，我們無意造成協同帶領是唯一可被接受的團體帶領模式；有許多的人獨自有效能地帶領團體。如同我們先前討論的，團體帶領者在準備面對他們的首次團體時，經常會經驗到自我懷疑與焦慮。假如他們能找到能信賴與尊重的協同帶領者帶領團體，這些懷疑與焦慮將會少很多。

在訓練團體工作者運用協同帶領模式時，我們發現這對於我們觀察受訓練者與協同帶領者一起帶領團體很有幫助。因此，我們可以與受訓練者共同討論當他們在催化團體時實際做了什麼。然後在我們對他們提供回饋時，我們經常邀請他們對彼此談論他們共同帶領的感受，以及表達他們對於剛帶領完團體的想法。兩位協同帶領者彼此間的回饋，可能既是支持性也同時具挑戰性，而交換彼此對團體覺知的歷程，則可協助協同帶領者提升有效運作的能力。

有些錯誤是學生在剛開始協同帶領時常犯的錯誤，包括：

- 彼此不交錯而不持續性地與他們的協同帶領者保持眼神接觸
- 對團體目標有計畫，但未與他們的協同帶領者討論
- 占了太多空間或與協同帶領者競爭
- 以公開或隱蔽的方式宣稱自己的權力高於協同帶領者
- 藉以讓協同帶領者是錯的來顯示帶領者是對的
- 用輪流帶領而非用協同帶領的模式或參與對方的介入
- 保持安靜且讓協同帶領者完成大部分的工作

這些行為可成為新的協同帶領者之間討論的主題或在督導時段中被討論。

選擇協同帶領者是重要的。假如兩位帶領者並不相容，他們帶領的團體就會受到負面的影響。例如，兩位協同帶領者間的權力爭鬥，將影響團體的分裂。假如協同帶領者間的衝突不斷，他們對團體提供不佳的人際關係連結的示範，也影響團體的歷程。這樣的衝突常導致團體中未表露的想法和感受，此將妨害團體有效進行工作。當然協同帶領者不時會持有不同的意見。以尊重與直接的方式解決彼此間的衝突，將提供協同帶領者一個機會去示範人際衝突的因應方式。假如團體中發生衝突，這些衝突就應該在團體中被解決。

未能選擇合適的協同帶領者是令人挫敗的。假如你發現你與協同帶領者的關係未具有生產力，請考慮以下步驟：

- 審視你的協同帶領者困擾你的特定特質與行為，以及檢查為何這些特質與行為對你造成困擾。
- 尋求督導與諮詢，讓你能解決這些困擾的議題。
- 以開放及非評判性的方式與你的協同帶領者溝通你對他的感受，以及討論你們需要發展怎樣更有效能的工作關係。
- 增加你與你的協同帶領者，準備與討論帶領團體的時間。
- 假如你、你的協同帶領者或你的督導認定，你和你的協同帶領者間的衝突可能對團體成員造成傷害，考慮更換協同帶領者。

Luke 和 Hackney（2007）摘述了協同帶領的可能問題及在帶領者間關係困難相關的問題：人際的衝突、帶領者間的競爭、過度倚賴協同帶領者，帶領者間未解決的衝突。假如這些問題受到重視，且能由帶領者共同解決，就可強化他們的關係，對團體也將有正向的幫助。假如協同帶領者間無法解決他們關係的困擾，以及對他們不同的面向有所理解，他們在催化團體上將是無效能的。

為了避免對團體有負面的影響，Riva、Wachtel 及 Lasky（2004）指出協同帶領者需要分享他們對團體基本架構的觀點，也需要討論他們的工作關係。協同帶領關係的一個重要部分，包括在團體中可能導致他們之間競爭、表現焦慮、權力與控制的覺察。若他們關心團體的福祉，協同帶領者必須承諾去探索並解決衝突或任何在他們之間升起的困難。

在選擇協同帶領者所考慮的一個重要因素包括相互尊重。兩位或更多位協同帶領者在一起工作時，在帶領風格上當然會有所差異，而且他們對團體的知覺和詮釋上未必經常一致。假如他們能夠相互尊重與信任，他們在工作時就能共同合作以取代相互競爭，他們也能夠感覺安全，不需要經常證明自己什麼。

你不需要成為你的協同帶領者最好的朋友，但是你需要有良好的工作關係，這可以透過彼此溝通來建立良好的工作關係。雖然我們對本身個人與專業的關係滿意，我們也樂意參與需要努力工作以成為一個成功的團隊，此關係反映了我們的信念，亦即協同帶領者經常聚在一起，討論任何可能影響他們工作團隊相關事宜是必要的。我們鼓勵共同帶領的協同帶領者，在每次團體前後花時間討論，他們對於在團體中發生了何事的看法與感受，以及他們身為協同帶領者的工作關係。

協同帶領模式的優點

基於我們對協同帶領團體的偏好與認知，我們提供運用協同帶領模式主要優點的摘要：

1. 採取與協同帶領者共同帶領團體可以減少耗竭的機會。假如你帶領會讓你經歷枯竭的群體時，這情況會特別明顯。例如，嚴重心理困擾者經常從團體裡站起來然後離座，他們在團體中可能會妄想；還有一些可能在團體中會退縮或表現情緒及行為乖張。在這樣的團體裡，一位帶領者可以處理問題行為，另外一位協同帶領者可以帶領團體繼續運作。
2. 假如有一名或有較多的成員們表達較強烈的情緒，一位帶領者可以留意這些成員，另外一位帶領者可以環視與留意其他成員的反應，在稍後可邀請這些成員分享他們的感受。假如合適的話，協同帶領者可以找到讓其他成員們參與協助這位成員。當協同帶領者能敏感地及和諧地與團體一起工作，進行成員們的連結，催化成員間的互動，並讓團體像交響樂流暢地演奏是相當可能的。
3. 協同帶領的同儕督導有明顯的益處。協同帶領者可被視為「共鳴板」，來確認客觀性，且能提供有用的回饋。在此情況下，對於打破保密並不會是個問題，因為協同帶領者也一同在團體裡。然而，我們還是需要特別強調帶領者需要表達與處理好自己在團體中本身的情緒，特別是在團體情境中產生的情緒。假如你覺察到你經常對團體中某位成員的行為感到心煩，你可能需要將你的心煩當作團體事件處理；這時一位得以勝任且為你所信賴的協同帶領者就特別重要。
4. 另一個協同帶領重要的優點是，當團體中的一位協同帶領者受到團體中某位成員某種程度的影響時，也就是說發生了反移情。反移情會扭曲一個人的客觀性，因此會干擾帶領的效能。例如你的協同帶領者對某個看起來有問題的成員感到心煩，或有其他強烈的感受；你也許最好與這名成員接觸，而且成為主要與這名成員工作的人。你可提供重要的協助來讓你的協同帶領者談論這件事，甚至如陪同一名個案一樣，解決此問題。

同樣地，若一個團體帶領者成為團體成員們生氣或挫折的目標，協同帶領者可以協助催化團體成員們與帶領者間的討論。儘管雙方都有問題的情況並非不可能，且在解決的方法中，不必同時擔任所有角色是有益的，而擁有一個協同帶領者來協助這個過程是有益的。

5. 另外一個協同帶領模式的好處是與文化、種族、宗教／心靈導向或性取向的權利與特權的差異有關。假如一位帶領者表現出以特定方式，影響團體成員們的某種權利或特權姿態，另一位未擁有同樣權力或特權的帶領者，可以協助此狀況並協助團體進行下去。

協同帶領模式的缺點

即使你自己挑選協同帶領者，他也是你所尊重與喜歡的人，但是在某些時候你們還是會有不同的觀點。這些不同的觀點或意見不須被視為缺點或是問題；相反地，這對你們兩者都是健康的，因為你能透過建設性的挑戰與差異，保有你專業的警覺。在協同帶領團體時，大多數的缺點是來自於未好好地選擇一位協同帶領者、隨機分派另一位帶領者，或兩位帶領者無法定期見面。

1. 假如協同帶領者間很少見面就會產生問題，這樣的結果可能使團體的帶領欠缺同步化，甚至朝向交錯的目標，而非朝向共同的目標工作。帶領者需要花費時間來討論他們的差異。例如，我們觀察到問題發生，當某團體的一位帶領者認為所有的處遇應該是正向的、支持的與成員是受邀請的方式進行，然而另外一位帶領者假設團體的方式運作是成員需要被推進與直接面質，以及困難的議題應該被帶到團體。團體因為這些不相容的領導風格而變得散亂與極端化。
2. 另一個相關的議題是競爭與對抗。例如，一位帶領者擁有位居團體中心位置的莫大慾望，隨時都掌控團體，而且希望被視為是控制整個團體的人。顯然地，團體協同帶領者間的關係對團體一定會有負面的影響。在某些情況下，成員們通常會發展出負面的情緒和行為反應。這樣的結局是，他們在帶領團體時只有不斷地衝突以及爭奪權力。
3. 假如協同團體帶領者未建立信任與尊重的關係，或者他們不重視彼此的能力，他們可能不會信賴彼此的介入；每位帶領者可能會堅持他或她自己的想法，並且深信另一位協同帶領者的想法沒有什麼價值。

4. 一位帶領者可能與某些成員一起對抗另一位帶領者。例如，假設成員 Alta 帶著強烈的負向反應面質一位男性帶領者，而他的協同帶領者（女性）加入 Alta，也表達了她的反應，並且邀請團體成員們對協同帶領者做回饋。這樣的做法將會分裂團體，讓某些成員選擇站在對的一邊。當一位帶領者在過去從未對另一位帶領者表達負向的反應時，以及運用這樣的情境發洩情緒時，這會是一個大問題。

5. 協同帶領之間如果彼此涉入親密關係，若他們使用團體的時間來處理他們本身的關係議題，可能會帶給團體某些問題情境。雖然某些成員可能支持在團體中處理協同帶領者間的關係議題，但大多數的個案可能會怨恨這些協同帶領者放棄了他們的領導功能。

我們認為重要的是兩位帶領者以一個團隊形式工作時都有決定權，否則對團體成員們與協同帶領者都可能造成傷害。仔細地選擇協同帶領者並花費時間見面討論是必要的。

從研究導向到實務導向的發展

Barlow、Furhriman 和 Burlingame（2004）追蹤在團體諮商與治療的研究趨勢發現，有一系列可辨識的因素——如富有技巧的帶領者，合宜地轉介團體成員，界定團體目標——將能創造正向的團體結果。團體治療已經被證明與個別治療一樣有效，在某些情況下，甚至更有效（Barlow, 2008）一個超過 40 年的研究提供了關於團體取得在不同情境下與個案的進步有關的充足證據（Barlow et al., 2004; Burlingame, Fuhriman, & Johnson, 2004a）。「團體心理治療在研究文獻中已無法否認地被證明了」（Barlow et al., 2004, p. 5）。

Balow（2008）指出團體治療不再被視為治療的第二選項，而被視為改變的重要資源。實務工作者需要能夠判斷個案是否在團體中會較個別治療得到較好的服務。實務工作者需明白團體的可用性及對特定個案的適用性。

研究如何能強化你的團體實務工作

如同短期治療中所強調的症狀消解以及解決個案的困擾，團體工作領域的研究已經逐漸變成實務工作中重要的部分，團體結束後的持續追蹤以及與團體成員們進行個別的會談，這些研究資料將提供你關於團體進行的成功與失敗的相關因子，而讓帶領者對所帶領的團體成效有更好的了解。身為一個實務工作者，團體帶領者必須讓團體歷程與成效以可研究的形式來評量，呈現研究的成效。研究方法的運用可幫助帶領者在團體治療中淬鍊出更精熟的團體進行方式，且協助帶領者了解影響團體成效的可能干擾因子，讓下一次的團體更具成效。

結合研究與實務的挑戰

理想的情況下，理論提供你實務工作的訊息，實務工作可以精鍊出你的團體工作取向。結合研究與實務需要相當的知識背景跟臨床技巧，但他仍然可以各自獨立運作。研究發現對於臨床工作有很大的助益，而臨床工作也可以解釋驗證研究（Stockton & Morran, 2010），結合團體臨床工作以及研究能力已經是個必然的需要，若你無法具備足夠的時間或者進行研究的經驗，你可以透過整合其他人的研究發現，將這樣的研究發現應用在自己的團體實務工作，因此而獲益。Yalom（2005b）提出雖然只有少量的實務工作者有足夠的時間、經費贊助，或機構的支持來進行大規模的研究，但其實有多數的實務工作者可進行單一個案的密集研究或單一團體的研究，且所有的實務工作者必須閱讀這些團體的臨床研究發表」（p. 529）。

Yalom（2005b）建議實務工作者在「做研究」上可考慮採取不同觀點：與其思考長期嚴謹的實證研究，實務工作者可思考替代傳統科學研究的方法。例如，系統性觀察與評量可成為團體實務工作的基礎部分。

團體工作者是否在所帶領的團體進行研究呢？事實上他們是否願意隨時接收團體工作的研究資訊且運用在團體實務工作，更為重要。至少，團體諮商師必須能跟上最新的研究發現，將這些研究發現或意涵運用在實務工作上。 Yalom（2005b）認為接受團體訓練的人，需要知道哪裡可以找到最新研究訊息，如何學習等，比知道如何在團體中使用技術更為重要。依照 Yalom 的觀點，一個具有研究觀點的團體治療師，可以在他們職涯中保持彈性，並能即時以新的研究發現調整工作。不具研究觀點的實務工作者，將對團體工作領域的隨時更新的發展，缺乏批判的評估基準。倘若實務工作者缺乏一個穩定一致的架構，去評量此領域成效進步的證據，實務工作者將面臨對最新的團體工作發展做出不合理的回應之風險。

在學習如何成為團體實務工作者時，學習者需要依照階段，從新手進步成為有技巧的實務工作者。相同地，提供團體發展的取向，對於教導學生了解如何參與團體研究的過程相當有幫助。 Rex Stockton 是發展學徒模式的擁護者。當學生透過實務、諮詢、督導與大師及同儕討論，提升他們的臨床實務技能。相同的，透過實務工作的直接接觸、練習、督導，以及與從事研究者的合作，他們可以變成具有洞察力的研究者（Stockton & Toth, 1997）。

在團體諮商的研究與實務之間存在很大的落差，而要克服這落差包含克服幾個主要的障礙。一個關鍵的問題是研究者與實務工作者缺乏合作。研究者並不是經常真正了解他們可以從實務工作的經驗學習到什麼，而實務工作者則是認為研究與實務工作無關，僅有很少比例的團體實務工作者以持續的態度，運用研究的發現或從事自己本身的研究。研究發現無法整合臨床實務的關鍵原因在於實驗研究的限制，該限制侷限了研究結果應用在真實世界情境的適用性。儘管實驗性研究可能有內容效度，它們對團體工作者而言可能只有少量的實務價值。如果我們能搭起實務和理論間的橋梁，那實務工作者和研究者需要發展出彼此能提供對方一些東西的相互尊重，而且他們必須學習一起合作工作（Stockton & Morran, 2010）。實務工作者將能從研究者那裡獲得由他們的實驗對象所帶領團體之效能的有用資訊。研究者從與實務工作者合作獲益，並因而進入真實世界中可以被研究的各種團體。

提升學生對研究的正向態度可以刺激他們成為好的研究消費者及研究團隊的臨床成員。Stockton 和 Morran（2010）發現大部分申請碩士學程的學生僅接受基礎的研究訓練，且因此覺得未準備好去了解研究文獻，或去應用研究結果在他們的實務工作，或參與研究計畫。他們建議在碩士學位的學程裡，應包含更多的研究課程工作及研究團隊的參與。

重點摘要

團體實務工作者的概念與指引

- 性格與特性是有效能團體帶領者最重要的變項。技術無法彌補欠缺自我知識的帶領者缺陷，這些帶領者無意願去做他們要求團體成員們去做的，或者這些帶領者未曾受良好的訓練。思考你的個人特性，以及你身為團體帶領者擁有哪些資產，以及哪些是你的不利條件。
- 有效能的團體帶領者要對團體動力以及運用領導技巧具備充分的知識。使用本章最後的自我評量表，做為思考你可能需要改進及發展之技巧的方法。
- 身為團體帶領者，你需要決定在團體裡所發生事情的責任，有多少是歸屬於團體成員們，以及有哪些是歸屬於你；團體要結構化到何種程度，以及以何種型式的結構化對團體最有幫助；何種自我揭露最有幫助，你將扮演何種角色與發揮怎樣的功能；你如何整合支持與面質技術於團體實務工作中。
- 在治療的團體裡，團體的參與者能學習更了解自己、探索他們的衝突、學習新的社交技巧、得到他人給自己的回饋、自己的回饋對他人的影響，以及嘗試新的行為。團體為社會的縮影，在團體裡成員們能夠學習到以更有效的方式與他人相處。依照團體的不同型式，由不同年齡、性別、性取向、文化背景、種族，以及不同哲學觀點組成。
- 發展行為指引以及對團體成員們教導這些指引。某些你需要強調的是對團體內的一些活動保密、尊重團體成員們特徵的差異、對自己負責、在團體裡努力的工作、傾聽，以及表達個人的想法與感受。
- 團體應被教導成為一個治療的選擇而非幫助人們改變的次要選項。
- 當你領導團體時，尋求有意義地結合研究的面向與你的團體實務工作。

練習活動

我們鼓勵你在開始帶領團體前完成這些練習活動，以及在學期即將結束前再重新做一遍。這前後兩次填答之比較，將可提供做為你的態度和想法，如何隨著你的經驗進化的參考基準。

團體帶領態度問卷

此問卷並沒有標準分數，它是在協助你澄清你對團體帶領的態度。與你的協同帶領者分別完成，然後比較你們的結果，可以讓你們對於團體更加了解，且提供你們共同帶領團體的豐富討論。閱讀下面關於你們身為團體帶領者的角色與功能的敘述，以及使用下面的記分方式，標示你對每一個敘述的意見的態度：

1＝非常同意　2＝有些同意　3＝有些不同意　4＝非常不同意

____ 1. 在形成團體規範時，積極的工作是帶領者的責任。

____ 2. 帶領者應該教導成員，當團體展開時要如何觀察自己的團體。

____ 3. 帶領者最好的運作方式，就是成為參與團體的成員。

____ 4. 帶領者在團體中，揭露自己個人的生活或個人的困擾，通常是明智的。

____ 5. 一位團體帶領者的主要任務就是做為一名技術專家。

____ 6. 好的帶領者擁有明確的理論架構以決定在團體裡如何運作，這是相當重要的。

____ 7. 一位團體帶領者的功能就是引導成員參與團體，以及確定沉默的成員參與了團體。

____ 8. 團體帶領者透過示範對團體成員造成的影響，更甚於他們所使用的技巧。

____ 9. 帶領者最好賦予團體成員一些責任，但也保留一些。

____ 10. 帶領者的工作之一就是讓團體聚焦在團體進行中的此時此刻。

____ 11. 讓成員討論過去或討論團體以外的事件是不明智的。

____ 12. 將大部分的責任賦予成員決定團體的方向是最好的。

____ 13. 帶領者限定自己對團體所發生，而且必須處理的事件做自我揭露是最好的。

____ 14. 假如團體帶領者基本上是開放的，且能揭露他們自己，成員的移情就不會發生。

____ 15. 一位經驗到反移情的帶領者是無法勝任帶領團體工作的。

____ 16. 團體帶領者可以被期望，透過擷取許多的資源，發展個人的帶領理論。

____ 17. 為了有效能，團體帶領者必須認知到他們想成為帶領者的理由。

____ 18. 團體帶領者的部分工作就是為團體參與者決定特定的行為目標。

____ 19. 一位團體帶領者的理論模式，對於成員在團體裡的實際互動很少有什麼影響。

____ 20. 假如團體帶領者已經精熟某些特定的技巧與技術，他們就不需要運用某一個理論架構的技巧與技術。

____ 21. 擁有個人力量的帶領者通常主控團體，而且會以他的權力恫嚇成員。

____ 22. 在帶領團體的時候，沒有太多的空間傳達幽默，因為團體工作是嚴肅的。

____ 23. 團體帶領者不應該期望團體參與者，去做一些他們不願意去做的事。

____ 24. 團體帶領者有責任保存摘要自團體聚會的紀錄資料。

____ 25. 協同帶領者彼此間要有效能地工作，他們擁有同樣的領導風格是重要的。

____ 26. 在選擇協同帶領者時，考量價值觀、生活的哲學以及生活經驗的相似性是很好的構想。

____ 27. 假如協同帶領者彼此不尊重或不信任，這對團體會有潛在的負向影響。

____ 28. 擁有協同帶領者共同帶領團體的人，他們在技巧、經驗和階級上，應該大致相等。

____ 29. 協同帶領者間永遠不應該在團體中彼此表達不同的意見，因為這樣做會導致團體的分裂。

____ 30. 團體一定會受到協同帶領者提供的示範之型式影響。

在你完成這份問卷的填答之後，我們建議你的班級分成幾個小組討論這些題目。這些問卷內容提供了許多與協同帶領者討論的議題。

團體帶領技巧自我評量

在本章我們描述了成為有效能團體帶領者所需具備的許多技巧，下面的自我評量問卷協助你辨識身為團體帶領者的優勢與劣勢領域。先閱讀每一個技巧的簡短敘述，然後對你在每一個面向做評量思考。列在每一個技巧下面的問題是設計用來協助評量你目前運用這些技巧功能的層次，以及辨識你能夠增進每一個特定技巧的方法。

你能透過在團體前後回顧這份問卷而獲益，假如你與你的協同帶領者一起工作，他或她可以提供你另外一份獨立的評量。量表的問題也可提供給你與你的同學、你的督導或教師做為探索你自己技巧發展的層次之架構。

你在下列技巧表現的程度為何？（第一個欄位是你在學期初對自己所做的評量，另一個欄位是你在學期稍後的評量）請針對每一個技巧以此三點式量表對自己做評量：

3＝我具備此技巧的高度能力且在大多數的時候使用此技巧

2＝我具備此技巧的足夠能力且在某些時候使用此技巧

1＝我具備此技巧的較低層次能力且只是偶爾使用此技巧

____ ____1. **積極傾聽**。聆聽與了解細微及直接的訊息，並將此態度及行為傳達給與你溝通的對象。

a. 我傾聽成員的情形如何？

b. 我對非語言行為的專注情形如何？

c. 我是否能夠聆聽到外顯的及細微的訊息？

d. 我是否應該教導成員們如何聆聽及反應？

____ ____2. **反映**。能擷取或感受到對方所說的話之底層含意，以及以非機械式一成不變的方式表達。

a. 我對對方所說的是否能以非機械式一成不變的方式回應？

b. 我的敘述是否增添了團體成員所說的內容？

c. 我是否與成員們一起確認我所做的反映之正確性？

d. 我是否能對想法及感受都做反映？

____ ____3. **澄清**。聚焦於底層的議題與協助他人對他們所思考或感受的事物以獲得較清楚的圖像。

a. 我所做的澄清陳述是否能協助他人找出他們衝突的感

受？

b. 我是否有能力聚焦於底層的議題與主題？

c. 成員們是否較能聚焦在他們所思考與感受的事物？

d. 我做的澄清是否可以引導成員做較深層次的自我探索？

____ ____4. **摘要**。辨識團體中主要的成分與共同的主題，以及提供團體聚會進行的整個方向跟藍圖。

a. 我的摘要是否提供聚會的方向？

b. 我是否能在一次團體聚會中統整幾個重要的主題？

c. 我是否在聚會結束時，能充分地專注以做摘要？

d. 我是否鼓勵成員們去摘要他們在團體所聽到的？

____ ____5. **催化**。協助成員們在團體中清楚地自我表達以及採取行動。

a. 我是否能協助成員們克服障礙去做溝通？

b. 我鼓勵成員互動的程度為何？

c. 我在教導成員們關注自身上是否成功？

d. 我是否能引導成員們討論此時此刻的反應？

____ ____6. **同理**。採用成員的內在參考架構。

a. 我不同的生活經驗，是否可以做為我了解成員們的基準？

b. 當我同理他人的同時，是否能保持我獨立的認同？

c. 我是否能讓他們了解我理解他們主觀的世界？

d. 我是否能增進我在成員們中同理的表達？

____ ____7. **闡釋**。以某理論架構解釋行為模式的意義。

a. 我的闡釋是正確的與適時的？

b. 我是以直覺的方式來做我的闡釋？

c. 我是否鼓勵我的成員們為他們的行為提供意義？

d. 我是否會避免做獨斷的闡釋？

____ ____8. **質問**。使用問句來刺激想法及行動，但避免帶領者與成員間以問／答的方式互動。

a. 我是否過度使用詢問做為帶領方式？

b. 我是否以「什麼」與「如何」的詢問替代「為何」的詢問？

c. 我是否透過詢問來隱藏自己？

d. 我是否使用開放式的詢問來導引加深自我探索？

____ ____9. **連結**。增進成員對成員的互動與催化團體裡共同主題的探索。

a. 我的介入增進了團體成員們間的互動？

b. 我是否塑造了成員對成員，以及帶領者對成員互動的規範？

c. 我是否協助成員們找到與他人互動聯結的方法？

d. 我是否能協調成員們間的互動，讓許多的成員們能在同一時刻一起參與工作？

____ ____10. **面質**。挑戰成員們去查看他們某些行為的某些層面。

a. 我是否示範了關心及尊重的面質？

b. 成員們通常對我的面質有何反應？

c. 我是否能以不評斷的方式面質某些特定的行為？

d. 在面質他人時，我是否讓他們知道我受到他們行為的影響？

____ ____11. **支持**。在適當的時機提供某種型式的正增強，此型式的增強具有催化的效果。

a. 我是否能辨識成員們的進步？

b. 我是否能從成員們所做中建立力量與從中獲益？

c. 我是否能平衡挑戰與支持？

d. 我所提供的支持在某些時候是否阻礙了成員的工作？

____ ____12. **阻擋**。在團體中的處遇可以阻止窒礙的行為或保護成員們。

a. 在必要的時候我能以不攻擊他人的方式介入？

b. 我是否能阻止成員對團體有危害的行為？

c. 當有必要的時候，我是否能覺察以及保護某成員避免遭受其他成員的傷害？

d. 我是否能有效地阻止窒礙的行為？

___ ___13. **評估**。以無須對成員貼標籤的方式對成員們有更清楚的了解。

a. 能以無須使用貼標籤的方式了解成員的問題？

b. 我是否能協助成員們評估他們自己所困擾的行為？

c. 我是否能發現可能不適合團體的成員們？

d. 我是否能創造出符合我所做評量的處遇？

___ ___14. **示範**。在團體之間以及團體之中，對成員們表現你期望他們表現的行為。

a. 我在團體中示範了何種類型的行為？

b. 我是否能示範有效的自我揭露？

c. 我是否能示範帶著關心的面質？

d. 我在團體中做示範通常得到怎樣的效果？

___ ___15. **建議**。提供訊息或可能的行動建議，以及協助成員們進行獨立決策。

a. 我是否能區分建議與診斷？

b. 我的建議是否能鼓勵成員們主動積極參與？

c. 我是否傾向給予太多的建議？

d. 我如何決定何時該給建議，以及何時該避免？

___ ___16. **開啟**。在團體的適當時機表現主動處遇的方式。

a. 我通常能以有效的方式開始團體聚會嗎？

b. 我是否採取主動的方式，以避免團體以非生產性的方式進行？

c. 一旦某成員的工作告一段落時，我是否能與其他成員開始新的工作？

d. 我是否教導成員們在團體中，如何地開啟他們的工作？

____ ____17. **評量**。評量正在進行的團體歷程，以及個別的與團體的動力。

a. 我採用何種準則以評量我的團體的進步？

b. 我會建議成員們以怎樣的問題評量他們在團體中的獲益，以及評量他們對團體的貢獻？

c. 我是否持續地努力協助成員們評量團體的整體進步？

d. 我在團體使用了何種型式的評量工具？

____ ____18. **結束**。創造出鼓勵成員們在團體後持續工作的氛圍。

a. 我是否協助成員們做好團體結束的準備？

b. 我是否留有足夠的時間做為團體的結束？

c. 我是否協助成員們將他們在團體所學的運用於日常生活中？

d. 我是否採取步驟，協助成員們整合他們在團體中的學習？

一旦你完成這份評量問卷，請圈選出你認為最需要改進的題目，任何你評量為「1」或「2」的題目，圈選評量問卷中你認為最有意義的題目裡一些單字，以及一些你認為需要留意的題目。想想你認為你自己最不熟練的技巧，並為這些技巧設計出可以改進的策略。至少做兩次這份評量表是個不錯的想法，第一次在本課程開始時完成，在稍後再做一次。

問題討論

1. 你已具備哪些帶領團體的技巧？哪些特定的技巧是你需要習得或增進的？
2. 你認為你的哪一項個人特質是你有效帶領團體的主要資產？哪一項個人特質最可能阻礙你成為有效的團體帶領者？
3. 你認為你因為擔心犯錯而妨礙你有創意催化團體的程度為何？
4. 當你想要設計與帶領團體時，你預期主要可能遭遇的問題為何？你會如何處理這些挑戰？

5. 在帶領不同型式的團體時，你可能面對的主要挑戰為何？對於帶領來自不同文化背景成員們的團體，你對於自己帶領團體的能力之自信的程度為何？
6. 當你和文化上與你不同的團體成員們共事時，你的哪些知識與技巧最需要加強？你可以採取哪些步驟使自己具備多元文化的能力？
7. 你如何在團體中修正你的團體技巧，以滿足不同文化背景成員的特殊需求？你如何判定你對多元文化背景團體所使用技巧的效能？
8. 你的理論取向如何影響你在團體中所帶入的不同處遇？
9. 對於團體的成員們與協同帶領者而言，團體協同帶領的利弊為何？
10. 在選擇團體協同帶領者時，你會特別考量哪些特性？

Chapter

3

第三章
團體諮商的倫理及法律議題

導論

團體成員的倫理議題

保密

帶領者的價值觀在團體中所扮演的角色

團體諮商中處理多元議題的倫理考量

團體諮商的社會正義取向

關於性取向的特殊議題

使用團體技術的倫理考量

團體諮商員的專業能力與訓練

倫理與法律實務指導原則

重點摘要

練習活動

在你協同帶領一個為期十週的大學生團體的一次聚會中，知道有一位成員的同事是你的朋友。這位朋友即將結婚，你和那位成員都被邀請參加婚禮。在這樣的情況下，你需要考量哪些關鍵議題？為了反映出你可能會做什麼，請思考以下的問題：

- 你有沒有告訴個案你們有相同的朋友，並且都被邀請去參加婚禮？
- 你有沒有對邀請你及個案的朋友說過些什麼？假如有，你說了些什麼？假如沒有，你的理由是什麼？
- 假如你要去參加婚禮，你會考慮帶你的另一半或是你會自己一個人去？
- 你會在婚禮中和那位團體成員聊天嗎？
- 你會在那個場合吃喝東西嗎？
- 在這些情境中，你會如何去解決倫理衝突呢？

導論

本章我們將會討論倫理、法律、臨床及文化議題。**倫理議題**（ethical issues）是關於管理專業人員的規範。這些規範可在各種專業組織的倫理守則中發現。**法律議題**（legal issues）定義了社會可容許最低限度的規範，而這些規範是由地方、州立或聯邦層級機關依法律規定強制執行。例如，心理健康專業人員有通報疑似兒童虐待的法定責任。所有的倫理守則包含一項條款，聲明實務工作者必須遵守聯邦與州立法令及政府規定。實務工作者必須能辨認工作時產生的法律問題，因為在很多的情境中，他們遇到涉及倫理及專業判斷情況的同時，也具有法律意涵（Corey, Corey, & Callanan, 2011）。**臨床議題**（clinical issues）指的是運用你的專業判斷，行動時符合倫理及法律規定。例如，通報兒童虐待是涉及你的個案時，只遵守法律仍不足，你需要發展必要的臨床技巧來幫助個案。文化動力常在解決臨床議題時發揮作用。**文化議題**（cultural issues）是一些因子像是個人的種族背景、性別、性取向、宗教信仰、價值觀，或其他足以影響我們了解及干擾著個案的問題。文化議題須以臨床相關方法來進行管理。例如，以物易物來換取服務、收受禮物及在非專業的場所裡跟團體成員有互動等事情在某個文化中視為違反倫理，但在另一個文化中卻不然。我們專業的倫理準則無法考慮到所有的文化差異，你可能在你的專業生涯中處處遇到由臨床及文化議題而引起的倫理及法律進退兩難之困境。

對於準備成為團體的帶領者而言，必須具備周全的倫理基礎，就如同心理學知識與技巧一般重要。Brabender（2006）說道：「合乎倫理的團體心理治療師，一定要具備倫理及法律知識、專業技巧，以及能夠在心理治療實務中展現卓越道德品行的人格特質。若沒有知識和技巧，最用心的團體心理治療師也會犯嚴重錯誤。」（pp. 411-412）

本章的宗旨在於對團體工作者強調倫理議題的重要性。團體諮商的主要倫理議題呼應了 1980 年代以來文獻所見，包含帶領者的價值觀、對團體成員的篩選及定向、知後同意、自願及非自願團體成員、團體帶領者的準備與態度、保密、雙重或多重關係、差異性及多元文化、紀錄的保存及費用等（Rapin, 2010）。

專業人員及實習生必須知道專業領域中的倫理規範。他們必須學習進行倫理判斷，這樣的歷程可由團體歷程及實務督導的經驗中被教導。學習去思考批判複雜的倫理困境可以讓臨床工作者更能勝任臨床工作及更具有文化敏感度，而教導學員能有倫理的、法律的、臨床的及文化的思考，是一種社會正義。在努力的練習後，這種包容性的倫理及法律決定可以提升我們的專業效能。要成為一名具倫理實務的專業人員，所要了解的遠遠超過法律規範的基本知識；個人或是專業的實務上倫理要求，都需要高標準的覺察。

做為一名團體帶領者，需要學習如何將專業上已制定的倫理規範應用到實際的問題上。「最佳實務指南」（ASGW, 2008）包含規劃、執行及評估等對團體工作者有用的資訊，但像這樣的倫理規範及實務指南只是提供概括性的指引，身體力行才是成為一個倫理實務者的主要關鍵。檢視自己日常生活中及專業生涯中的倫理表現及目的是一個好的開始，覺知你在挑戰情境中你的個人偏見及你做決定的風格，可以幫助你避免在團體工作中有違反倫理的作為。

雖然團體擁有獨特的療癒因子，可在個案改變生命的旅程中賦予其力量，但團體也可能會傷害參與者。身為團體諮商員，你在團體工作中的技巧、風格、個人特質及能力，都會影響你帶領的團體成果與品質，故建立健全倫理及法律原則的團體，比未具備此想法的團體成效更高。

倫理決定是一個持續的歷程。部分的決定歷程包含學習在面對令人掙扎的倫理問題時，如何利用可取得的資源來做判斷。雖然你有做出倫理抉擇的最終責任，但你並非在孤立狀態中進行。在你成為帶領者的初期階段，可以徵求同事的意見、尋求持續的督導和訓練、留意最新趨勢，並且參加相關論壇和研討會。

剛成為團體帶領者的人，容易對自己有過高的期許，總認為自己在任何情況下都能夠正確處理事務。在多數情況中，都有空間可表達各種適當的反應。我們希望你針對本章提出的議題，逐步地琢磨出自己的定位，這個過程需要你維持開放的心胸，並採取質疑且負責的態度。我們認為這些議題無法立即全面解決，不過當你身為團隊帶領者的經驗逐漸累積後，就會對這些複雜的議題有更宏觀的看法。

團體成員的倫理議題

為了開始討論與團體工作相關的倫理，想邀請你仔細思考各節開頭的問題，以提升你對成員可能面臨之經歷的正確評價。希望這些自我反省的問題，將助你思考各項主題中你的立場為何。

知後同意

回想當你是一個團體成員或是開始一個課程時，你必須以公開的態度分享私人的訊息及探究人際間的動力。當你是團體裡的成員時，什麼會是你所考慮的？關於保密你有怎樣的疑問？在對團體成員及帶領者做個人揭露時，知道了什麼會讓你覺得更有安全感？

知後同意（informed consent）是將團體治療的基本資訊傳達給每個成員的過程，能讓成員針對是否參與及如何加入團體做出理性的決定（Fallon, 2006）。這是一項對團體成員提供專業揭露陳述的健全政策，該陳述包含了關於團體性質各種不同主題的資訊。這些資訊基本上涵蓋治療師的資歷、常用於團體中的技巧，以及參與團體的風險及益處。還有重要的是適時傳達一些其他主題，如替代團體治療的其他方式，約診、費用和保險等政策，及團體中保密的特性與限制等等訊息。當考慮參加團體的成員可以充分了解這些訊息，這個階段才算完成。此外，知後同意所含的訊息還包括個案之保密及保密限制的權利。

Fallon（2006）提出警告，冗長的過程會強化治療關係的教條式層面，而這樣的情形會以教條式架構取代協同合作關係。Pomerantz（2005）指出許多心理學家都認為一開始就應該告知部分資訊，如保密與付費政策。其他如治療的目標、療程的長短、團體帶領者的理論取向、團體成員的權利與責任、自願及非自願參與者、在團體中與參與者有關的獲益及風險，以及治療介入等，皆可以在開始治療後談論。在團體一開始就告知成員知後同意是持續的過程而不是單一的事件，這樣的方式是一個好的構想。雖然在團體的一開始就進行知後同意是基本安全的方式，但在團體的不同階段仍需不同方面的再次告知歷程。當知後同意能有效的進行時，可以幫助提升自主能力、鼓勵成員採合作方式，以及減少遭受利用或傷害的可能性（Barnett, Wise, Johnson-Greene, & Bucky, 2007; Wheeler & Bertram, 2012）。

ASGW（2008）的「最佳實務指南」建議提供下列書面資訊給潛在團體成員：

- 關於團體的性質、宗旨及目標之資訊
- 保密原則及例外
- 帶領者的理論取向
- 可提供的團體服務
- 團體成員及帶領者的角色及職責
- 帶領特定團體者的資格

成員可藉由此資訊決定其是否想參加特定團體。此議題之其他相關資訊可見於第 5 章（見公告團體與招募團體成員的指導原則）。Corey、Corey 及 Callanan（2011）對於知後同意有更完整的討論。

非自願成員

當你被告知必須加入一個團體時，你的立即反應爲何？你期待得到哪些資訊？

理想的情況是，加入團體是自願性的，但情況通常未必如此。尤其是當加入團體是強制性時，則必須花更多心力去清楚且充分地告知成員團體的性質及目標、將採取的程序、成員拒絕某些活動的權利、保密的限制，以及在團體中積極參與可能會影響成員在團體外的生活。關於此主題，美國心理學會（APA, 2010）有下列指導原則：「當心理諮商服務為法院判定或以其他方式依法要求執行時，心理學家在進行服務之前要告知個人預期服務的性質，包括該服務是否為法院判定或依法要求執行，及任何保密限制。」（3.10.c）

帶領一個團體是個挑戰，甚至當團體的參與者組成具有高度動機且成員有挑選過。帶領非自願成員團體的任務更為困難，且在團體歷程中會有新的動力需要去應對。主要是帶領非自願成員團體困難的原因，在於不允許某些成員的負面態度來汙染全體的團體經驗。有技巧的帶領者通常會引導非自願成員看到團體可以如何帶來針對個人的助益，而因此將他們轉變成自願成員（Schimmel & Jacobs, 2011）。

在我們擔任顧問的州立精神科醫院中，團體的基本形式是在治療「不具受審能力者」及「精神異常性侵害犯」。此外，可否出院有部分是取決於患者對治療的合作態度及康復情形，包括規律的參與團體治療。在這樣的情況下，帶領者需要去探究在團體歷程中的篩選或定位聚會時，得到成員的知後同意，也要小心地查明成員是否了解他們參加了什麼。還有告知必須參與團體治療的性侵害犯不遵守的後果也是必要的。成員應受到告知，假如他們參加團體但沒有參與，會被記載在他們的紀錄或臨床檔案中。

知後同意包含帶領者清楚告知成員身為團體參與者的權利及義務。因此，在強制性的團體或必須參與的團體中強調自我揭露及個人探索時，帶領者要特別地告知成員於團體中所涉及的事項。澄清非自願成員在治療處遇中缺少承諾的後果也是重要的。

有些機構對團體治療要求的政策是至少應該給與團體成員機會，表達他們對於規定的感受與想法。在某些精神醫療機構中，主要的治療媒介為團體治療，且所有病房的人都可能必須參加這些療程，有時一個禮拜參加數次。此種情形有些類似義務教育，所有人都被強迫出席而非學習。有時成員們因為對於治療的性質有錯誤的訊息或是刻板印象而勉強的參與，他們可能不信任團體帶領者或參與的過程。很多人對於要向其他人開放坦露感到害怕而有所保留，他們會擔心所揭露的事情會怎麼被人利用或傷害。

敏銳的帶領者會公開地處理這些議題。雖然團體帶領者無法讓成員們自行選擇退出團體，但是帶領者可以提供必要的支援，使成員們全力與其恐懼及抗拒搏鬥，而不會將此團體變成一個僅僅是在發牢騷的活動。團體成員可自由決定如何使用聚會時間。團體帶領者可以向成員們保證他們能自行決定想要討論的主題，以及他們想保有隱私的領域。換句話說，他們應被清楚告知其擁有和任何團體成員一樣的權利，只有不出席的權利除外。

帶領者在開始療程時不該存有一種設想，就是以為強制性團體皆由沒有動機的個案所組成，因為此種看法必定會對團體成員造成負面影響。相反地，任何成員最初的懷疑必須給予尊重，因為這對提升信任的探討是非常重要的。對參加強制性團體的人們，其人生可能會有著重大轉變。治療性侵害犯及依法參加的家暴團體之團體目標見第 11 章，這些團體的治療性獲益會一併討論。

退出團體的自由

在你帶領的團體中，若一位成員未告知就起身離開，你會受到什麼樣的影響？你會說什麼或做什麼？如果你是團體成員而不是帶領者，你會在哪些方面有不同的反應？

足夠的準備及成員篩選可降低成員貿然離開團體的風險。帶領者必須清楚關於出席的原則、預定留在團體進行聚會次數的承諾，以及假如成員們不喜歡團體正在進行中的活動而退出特定聚會的規定。退出團體的程序必須在最初的團體聚會時向所有成員解釋。理想的做法是，帶領者及成員們應相互合作，一起判斷團體經驗是否對每個人有建設性或不良的影響。雖然成員有權利退出團體，不過在做出最後決定前，重要的是必須告知團體帶領者及其他成員。帶領者最好先和成員討論貿然退出團體的可能風險。

假如其他成員使用不當壓力迫使任何成員留在團體當中，則團體帶領者必須進行介入。思考為何成員們會想離開團體是很重要的，很多時候我們看見成員在團體中表現的行為，即顯示出其在日常生活中所展現的作風。有些人不太能夠面對衝突或處理強烈的情緒，這種成員可能會談到想退出團體或是真的退出。有些參與者身在團體中，但心卻不在療程上。談論成員行為的原因是有必要的。假如你讓成員太快放棄，你可能會錯過該成員展現洞察力及個人成長的絕佳機會。

不論哪些情況，我們都不贊成強迫成員留在團體中。相反地，在成員篩選個別訪談及說明會時，我們會特別留意要告知未來成員關於團體的性質。在有時限及封閉式的團體中，我們也向參與者強調謹慎承諾實踐他們責任的重要性。我們十分重視成員們表達對於團體所持的任何疑問或憂慮，並反對成員們將這些想法藏在心中。成員們須了解，若要解決人際衝突或對團體的不滿，最佳方式通常是留在團體中討論。假如成員們再也不來參加團體，則很難發展出有效的信任感或建立團體凝聚力。

此外，假如有人未經謹慎考量並說明緣由就退出，這對其他成員及要退出的成員會產生負面的影響。有些成員會覺得背負罪惡感，且可能會責怪自己「說錯話」或「做錯事」而使該成員決定退出。而退出的人可能會有未表達清楚及懸而未決的感覺，這種感覺需要花一點時間討論才能消弭。若先同意討論退出的原因，每個相關人等就有機會表達及探討未竟事務。

偶爾有預料之外的情況，像是家中的緊急事件導致成員突然必須離開團體，可能是一段時間或是永久的離開。假如這個成員無法向團體解釋也不能連絡帶領者，帶領者可以主動接觸成員去詢問他的缺席。採用這樣的步驟不僅僅對必須離開的成員有用，也讓有為什麼那個成員不再是團體的一份子的疑問而感到奇怪的成員安心。

成員心理層面的風險

哪些特定風險會令身爲團體成員的你擔心？身爲團體帶領者，你在成員篩選面談時會對可能參加的成員探索哪些風險？

治療性團體中運作的力量很強大。這可能具有建設性，帶來正面的改變，不過在宣洩時總是需要承擔一些風險。期待團體沒有牽涉風險是不切實際的，知後同意歷程中說明團體潛在的獲益及風險部分是必要的（Fallon, 2006）。團體帶領者的倫理職責是確保未來團體成員了解潛在風險及防範風險，並且思考降低潛在風險的方式。

美國諮商學會（2005）倫理守則明確說明：「在團體環境中，諮商員必須採取合理的預防措施，保護個案不受到生理、情緒及心理創傷。」（A.8.b）。這包括討論可能的人生轉變所帶來的衝擊及幫助團體成員準備就緒去處理這樣的轉變，所以期待團體的帶領者至少能與團體成員們討論該團體的優缺點，例如他們會協助成員們準備好去解決任何從團體經驗中浮現的問題，及他們會對成員一些有所保留和可能存在但未說出口的恐懼保持警覺。成員若曾經發生傷害或口角衝突，可藉由學習新方式來解決和別人之間的不愉快，進而漸漸康復。他們對自己處理各種情緒的能力，也愈來愈有信心。

團體帶領者必須對團體中的運作力量有廣泛及深刻的了解，並且知道如何以合乎倫理的方式來驅動這些力量。除非帶領者很謹慎小心，否則成員們不只會錯失團體的益處，也可能因此心理受創。降低這些風險的方式包括了解成員們的限度、尊重其要求、發展與堅持己見及獨裁作風相反的邀請方式、避免攻擊性的言語對峙、描述行為而非批評，及嘗試描述直覺，而非強制對成員做解釋。在開始階段，應該和參與者們討論這些風險。例如，由遭受亂倫的女性倖存者所組成的團體中，帶領者可能會說：「當妳開始揭露痛苦的童年記憶及受虐經歷，有段時間妳可能會覺得自己比加入團體前更沮喪及憂鬱。在團體中討論這些感覺非常重要，尤其當妳有放棄的念頭時。」當成員對於將團體中所學移轉至日常生活感到不安時，團體帶領者也能幫助成員探討這樣的情緒。

在激烈的團體經驗之後，參與者可能易於做出輕率的決定，那不僅影響他們自己的生活，也影響他們的家人。例如，一位結婚 20 年的女士，開始覺察與丈夫的感情非常疏離，可能會帶著離婚的決心離開團體。團體帶領者可提醒她在經歷激烈的團體聚會後，要預防太快做決定。假如這位女士在團體中改變，她或許可以欣賞她丈夫的不同處；假如她太快採取行動，她就沒有給這樣的行為改變一個發生的機會。雖然帶領者的職責不包含影響成員們的決定，但是帶領者要負責警告成員們不要未經謹慎考慮後果就貿然行動。這也是提醒經歷重大宣洩的成員一個很好的作法，要抑制住離開團體後，對別人說出一切在治療情境中，對象徵性的重要他人所說的每件事。團體帶領者可協助成員決定他們最想溝通的事，並幫助他們找出最適當的方式來表達想法和感受，可以傳達關心又最能夠導向成功的人際關係。

有時候成員會想像在團體的經驗而感到不安且非常恐懼，例如，他們可能會認為假如放縱自己全然感受內心的痛苦，就會發狂或深陷於沮喪之中以致於無法跳脫出來。有些人相信如果他們放棄自我控制，則會無法正常活動。其他人則因為覺得會遭到拒絕而害怕讓別人了解自己。這類恐懼應早點被發掘，這樣成員們可以確定這些情緒的真實性，並決定如何在團體中對這些恐懼做出最好的處理。帶領者應該強調團體成員有權利為自己決定要探討什麼及探索的程度。帶領者必須留意團體壓力，並阻止成員企圖迫使別人做出不情願的事。

一個關於團體工作稍微不同的風險是，現實情況中成員們可以濫用團體的目的。例如，當我（Cindy）在大學幫助一個飲食疾患團體時，注意到成員們藉由分享燃燒卡路里及降低體重的祕密技巧，從彼此身上學到自我毀滅的行為。這樣的濫用並不常見，但可以注意到篩選團體成員時，決定他們是否進行個別諮商會比團體中更為適合。

我們會在第 6 章詳述這些議題的治療方式，並提供指導原則幫助參與者從團體經驗中取得最大利益。現在我們先概略地來看治療團體的一些可能風險。

1. 濫用權力（misuse of power） 是一項重要的風險因素。團體帶領者可做很多措施來防止損害團體經驗。Smokowski、Rose 及 Bacallao（2001）提醒我們，團體帶領者在其團體內擁有很大的權力、聲望及地位；然而，「許多帶領者無法有責任感的管理，甚至不了解其權力及影響力。」（p. 228）。在成員的康復過程及個人發展中具有如此影響力確實很令人陶醉。在另一方面，團體治療師由於他們的帶領權和專業化的知識與技巧之優點，也擁有合理的權力。理想的情況是，團體帶領者會運用其權力，藉由幫助團體成員發掘內在資源及能力，使成員獲得更大的力量。這項權力的用意是協助成員，而且可被分享，這就是所謂的合作關係。

2. 自我揭露（self-disclosure） 有時會被團體成員濫用。此團體規範有時會被曲解為揭露的事情愈多愈好。但是任意分享某人的私生活可能會侵犯隱私。雖然自我揭露是任何進行中團體的重要部分，但它是為了達到更充分自我了解的手段，而不是讚揚自我揭露其本身。在某些倫理及文化團體內必須記住自我揭露的禁令。有些成員也許曾被自我揭露傷害過，而其他成員可能猶豫是否要做出任何的個人揭露。有些團體成員可能會保持沉默並旁觀其他成員談話及接受輔導，來避開自己分內應做的事。

3. **保密（maintaining confidentiality）** 在每個團體中都是潛在的風險。有些在聚會過程中所做出的揭露，有可能會從團體中洩漏出去。團體帶領者必須持續不斷地強調保密的重要性。不過即使這麼做，有些成員仍有可能會不當地在外談論團體中所討論的事情。

4. **代罪羔羊（scapegoating）** 可能會發生。偶爾某個成員可能會被挑出做為團體中的代罪羔羊。其他的團體成員可能會「聯合」對付此人，並且使該成員成為敵意及負面面質的焦點。顯然地，團體帶領者應採取果斷的步驟來消除此種行為，並且探討團體中發生的事情。一般而言，在被當作代罪羔羊的人成為焦點之前，帶領者最好先探討成為代罪羔羊的人發生何事。 Moreno（2007）認為代罪羔羊若沒有受到探索，就具有破壞性。不僅會對代罪羔羊造成傷害，團體在運作的深度及進度上也會受到波及。

5. **面質（confrontation）** 是任何團體中相當重要且具影響力的工具，有可能會遭到濫用，尤其是以破壞性的方式進行時。強制介入、過度面質的帶領者策略，以及迫使成員跨越其限度，通常都會產生負面結果。因此，我們再度強調，帶領者（以及成員）必須防範可對團體參與者造成嚴重心理風險的行為。為減低無建設性面質的風險，帶領者可以塑造能關注特殊行為並避免批評成員的面質類型。他們可以教導成員如何有建設性地談論自己，以及針對特定成員某種行為模式該如何反應。

期待所有個人風險都被排除是不切實際的，而暗示風險可被排除會誤導未來的成員。然而，成員必須了解主要風險，他們必須有機會討論處理風險的意願及能力，且團體的結構必須納入更多的預防措施。

降低團體心理風險的方式之一就是簽署合約，帶領者在合約中詳述其職責，而成員在合約中承諾其願意在團體中探討及接受輔導。這類合約可降低成員被利用或退出團體的機率，並減少他們得到負面經驗的可能性。

保密

你是團體中的一員，而團體帶領者告訴你「在團體中所說的一切都不能洩露出去」。這種做法會消除你對保密方面的潛在疑慮嗎？

團體運作要發揮效用，基本條件之一就是保密。保密特別的重要，由於帶領團體時，你不只要保守成員們的祕密，也要使成員保守其他成員的祕密。你必須關心自己行為是否能合乎倫理，也必須回應在團體成員之間可能產生的倫理困境，即使有時會超出你的控制範圍。在團體治療中，似乎不太可能完全阻止某些成員洩漏團體中其他人的個人資料。在團體中，你較無法掌控團體聚會的進展、揭露的性質及程度，以及團體聚會間發生的事情，尤其是關於保密（Lasky & Riva, 2006）。

違反倫理的情形包含成員向團體外的人揭露其他成員的個人資料（如某人的性取向或關於他人個人經歷的細節）。違反保密更隱約的情形，是團體成員在工作上或學校中就已認識彼此。某位成員可能會在同事或同儕面前，向另一位團體成員說「屆時在團體見面」。這種偶然違反保密的情形也許不是故意的，但還是違反某些成員不想讓外界知道自己參加團體諮商的祕密。

Wheeler 和 Bertram（2012）提出諮商團體中的成員忙於社交時，違反保密的危機會增高。團體諮商員應該針對上網行為，經由知後同意且建議建立基礎規範來讓成員同意不要於網路上傳關於其他成員的照片、評論，或任何形式的祕密。關於團體的網路討論應該放在知後同意的歷程中，且去討論關於團體訊息僅在於團體內，對此發展出規範。

教導團體成員關於保密

帶領者最好時常提醒參與者在不知不覺中有不慎洩漏祕密的可能性。我們發現成員很少惡意談論團體其他成員的八卦，但他們可能在團體之外談論超出恰當的範圍且無意地透露不該洩漏的其他成員資料。教導成員關於如何可以避免非存心而違反保密是重要的。如果保密已成為令人關注的事項，則在團體聚會中就應該充分討論這個主題。若要避免因粗心造成的違反情形，教導成員關於潛在的打破其他成員祕密的典型方式及提供成員可以在外面討論他們的經驗而不會透露其他成員的身分的方法。一項實用的訣竅是告訴成員向團體外的人談論在團體中的感想及經驗是可被接受的。但是當他們談論到別人的經歷時，就是侵犯當事者的隱私及保密權利。我們告訴團體成員他們可以談論團體中的某事對他們的影響，但他們應避免以任何明確的方式談論團體中的何人或何事造成這種影響。團體計畫敘述於第 10 章及 11 章，於不同的團體類型中討論保密這主題的方法。

一份對團體中保密的文獻回顧，顯示缺少了對於保密概念的清楚了解，對團體成員與帶領者雙方面都會有所限制（Lasky & Riva, 2006）。對於保密的全面性討論是至高無上的重要，不僅是由於著眼於團體成員自主選擇的權利，更是因為可以影響整個團體經驗。團體帶領者要傳達保密的重要性，請成員們簽署同意保密的合約，甚至要對違規者施加某種型式的制裁。擁有保密的政策聲明是一項良好的做法，假如成員違反保密，帶領者就有責任採取因應行動。

於建立規範時示範保密的重要性讓成員們來遵守是十分重要的。假如團體成員意識到帶領者很重視保密，他們會更加關心這件事。雖然教導成員們保密及監督防範揭露是帶領者的職責，但成員們也有責任去尊重及保護其他人在團體中所分享的事。Lasky 與 Riva（2006）針對教導成員尊重團體參與者隱私之急迫性，曾扼要地闡明帶領者的角色：「當無法確保團體中的保密時，若帶領者能努力提供資訊、保護揭露事項並主動處理違反情事時，違反保密的傷害就會大大地降低。」（p. 473）。美國學校諮商學會（ASCA, 2010）清楚地陳述危機成員必須接受「專業學校諮商員於團體中建立清楚的期待，及清楚陳述於團體中保密不能被保證。」（A.6.c）

保密的倫理及法律面向

美國諮商學會的《倫理守則》（ACA, 2005）做出關於團體保密之聲明：「在團體運作中，諮商員會對加入的特定團體清楚說明保密的重要性及界限」（B.4.a）。

在團體工作中，所有成員的保密權利必須被保護。團體諮商員有倫理及法律上的責任去告知團體成員違反保密的可能後果。帶領者應說明法律特權（保密）不適用於團體治療，除非州法規定（ASGW, 2008）。在機構、機關及學校的團體中，成員認識而頻繁的互相接觸且在團體外有聯繫時，保密變得特別重要且也會變得更困難。例如在高中的青少年團體中，要特別留意確認聚會中所討論的事並未洩漏出去。未得到參與者的適當允許，團體帶領者必須避免與父母及老師討論。假如某些成員在團體外八卦團體中所發生的事，則團體進度會停滯不前。成員不會洩露其私生活的事情，除非他們很確定自己可以相信帶領者及成員會尊重自己的祕密。

我們了解成員會想對所重視的人討論自己的團體經驗。但是我們會警告他們不可在過程中透露他人的祕密。我們會提醒他們要小心謹慎，不要提及團體中的其他人，或談論其他人所說及所做的事。一般而言，成員談論他們在團體聚會中所學到的事時，並不會違反保密。但是在談論如何得到深刻的洞見，或談論團體中實際互動的方式時，他們就有可能違反保密。例如，Gerd 在團體聚會中覺察，他會吸引女性照顧他，但是憎恨她們把他當成小孩一樣對待。他可能想對妻子說：「我知道自己經常因我認為妳該做的事而氣妳。」這種揭露事項可被接受，但是描述團體中有幾位女性參與團體練習而使他產生這種洞察，就可能會違反保密指導原則。此外，在斷章取義揭露這些細節時，Gerd 冒著可能被妻子誤會的風險，而且他可能會不當地洩漏其他成員的私人事件。

有些團體成員可能會測試帶領者，例如，諮商員可能會告訴少年感化院的團體參與者不論他們談論些什麼，都會留在團體中。青少年可能不相信，且可能會以許多隱約的方式來測試帶領者是否可以信守承諾。因此團體帶領者不要對可能必須揭露的團體資料做出守信的承諾。

諮商員應在一開始向個案明確說明保密限制，在強制性團體中，他們應該告知成員任何他們必須做的通報程序。團體實務工作者也應該向成員說明，任何他們必須保管的文件或程序紀錄，都可能會影響保密性。美國諮商學會（2005）關於保密的指導原則如下：「未經個案同意或沒有法律及倫理上的正當理由，諮商員不可分享保密資料」（B.1.c）。

一般而言，持有執照的心理學家、精神科醫師、臨床社會工作者、婚姻與家庭治療師，以及在許多州持有執照的專業諮商員們，在法律上都享有溝通特權。**享有溝通特權**（privileged communication）此概念，意指這些專家不能洩露個案的祕密，除非：(1) 他們判斷個案有可能會嚴重傷害自己、其他人和／或有形財產；(2) 懷疑有虐待兒童或老人的情形；(3) 法院命令他們提供資料；(4) 他們在督導關係中為被監督者；或 (5) 個案給與明確的書面同意。但是當這些專家在帶領團體時，這項法律特權在多數州中並不適用。美國團體心理治療學會（AGPA, 2002）陳述「團體治療師有專業知識於溝通特權之界線，且他們會將界線應用於團體治療且告知團體成員」（2.2）。一般而言，法令無法保證或保護團體參與者之間的互動保密（Rapin, 2004, 2010）。團體諮商員需要知道他們的州是否保護團體的溝通特權。假如沒有特權沒有法律保護，團體帶領者需要向團體成員說明這特殊狀況。缺少溝通特權並沒有消除維持保密的倫理責任（Wheeler & Bertram, 2012）。雖然團體帶領者本身在倫理及法律上有保密的義務，但是團體成員洩漏其他成員祕密並不會面臨任何法律責任（Lasky & Riva, 2006）。

保密的多元文化面向

美國諮商學會（2005）針對文化脈絡的保密觀點指導原則如下：「諮商員應維持對保密及隱私之文化意義的認知及敏感度。諮商員尊重資訊揭露不同觀點。諮商員應與個案持續討論資訊如何、何時以及與何人分享」（B.1.a）。ASGW（2008）提出進一步關於保密於多樣性團體相互了解的複雜需要：「團體工作者對文化意義的保密與隱私保持警覺及敏感。團體工作者尊重揭露訊息的不同觀點。」（A.6）

文化可能會以下列方式影響成員對於保密的觀點：

- 有些文化認為治療是可恥的，只有精神病患才需要接受治療。為了減低任何違反保密的風險，假如成員與其家人同住，要避免電話留言或寄信至成員家中。
- 有些團體成員可能沒有法律地位或特定住所，且可能在提供個人資料方面受到看管。
- 尋求庇護或具有難民身分的成員可能有重大的信任議題，且可能提供假的個人資料以保護自己與家人。
- 某些文化提倡與家人分享所有個人資料，而成員會覺得被迫與其家人分享細節。
- 語言隔閡或閱讀障礙可能導致成員無法完全了解保密的重要性以及違反的後果。帶領者應確定所有成員完全理解這點及其他觀點的知後同意。

未成年團體成員的保密原則

確保未成年團體成員的保密是一項特別需要小心處理的問題。父母有權得知小孩在團體中揭露的資料嗎？此問題的答案，取決於我們是從法律、倫理或臨床的觀點去看。對於未成年的諮商的各州法律都不同。團體工作者必須了解執業所在當地州有關對未成年進行工作相關的法律，以及在學校環境中工作的地方政策。未成年尋求專業協助時是否可未經父母同意，已脫離父母監護之未成年的定義，或是父母（或法定監護人）是否有權取得未成年子女所受專業協助的紀錄，上述情況依據各州法律而有不同。

近來美國加州允許 12 歲及以上的未成年者接受諮商，假如實務工作者裁定未成年者足夠聰明成熟到參與門診治療或心理健康諮商。州法律要求父母（或法定監護人）參與未成年者的治療，除非治療師在與未成年者諮商後發現，這樣的參與狀況並不合適。治療師有責任記下個案的紀錄，是否他們企圖去接觸未成年者的父母或法定監護人，及是否這樣的企圖是成功或是失敗，或者是為什麼視為不合適去進行這樣的接觸。此法律保護青少年尋求治療的權利，像是來自移民家庭的青少年、無家可歸的青少年、同性戀，和來自不允許接受心理健康服務文化背景的青少年（Leslie, 2010）。

在任何未成年者加入團體之前，最好要求諮商員通知父母或監護人他們的孩子會參加（ASCA, 2010）。獲得父母或監護人的書面同意，即使沒有法律需求，仍是一個好的策略，特別是學校諮商員。此種聲明可能包括下列主題，如簡短說明團體目的、保密重要性是完成這些目的必要條件，以及同意遵守保密。雖然將子女資料提供給父母可能有幫助，不過可用不違反保密的方式進行。父母可能會詢問子女在團體中所談論的事，所以團體帶領者有必要預先告知他們保密的重要性。我們可告訴父母團體的目的，而且可給予他們一些關於其子女的回饋意見，但須留意切勿揭露子女所提及的特定事項。提供回饋意見給父母的一項方式，就是在父母其一或雙方、子女和團體帶領者皆參與團體聚會時提出。

在兒童及青少年的團體中，團體帶領者有責任採取措施提高保密的可能性。與父母及法定監護人合作以及取得青少年的信任是很重要的。我們建議，儘量使用未成年者可理解的字彙來教導他們關於保密的性質、目的及限制。事先告知並與未成年者討論其對保密的憂慮及保密方式，也是有助益的，尤其是在學校的環境中，教導未成年者關於保密限制是很重要的，這種做法可加強孩子對團體諮商員的信任。每當他們對保密有疑問時，帶領者要鼓勵成員展開對保密問題的討論。

假如父母堅持，輔導小孩的團體諮商員可能會對他們揭露某些資訊，或者由假釋犯組成團體的帶領者可能必須向成員的假釋官透露任何在團體中取得關於某些刑事犯罪的資訊。帶領者最好讓成員知道他們何時可能必須在法庭上對成員做不利的證明。

保密相關指導原則摘要

團體帶領者最好考慮保密的某些細節。以下是團體保密相關指導原則摘要：

- 保密對於一個團體是否能成功很重要，但帶領者很難保證保密政策會受到所有成員的尊重。帶領者只能確保自己保密，而無法確保團體中的其他人都會保密。
- 團體帶領者必須熟悉影響其執業當地的地方法令及州法。這點尤其適用於牽涉到兒童性騷擾、疏忽或虐待老人及孩童或亂倫的案例。
- 團體帶領者一開始就對所有個案說明角色和職責，以及保密限制（APA, 2010: Standard 10.03）。
- 應告知成員絕對保密在團體中是不可能達成的（Lasky & Riva, 2006）；應告知他們保密的限制，他們才能決定在團體中要透露哪些（及多少）個人資料。
- 帶領者必須幫助成員了解保密的重要性，這是對於保護其他成員個人揭露事項表示尊重的一種方式（Lasky & Riva, 2006）。
- 在受管理的醫療照護環境中，一旦有書面的治療計畫且保險預先授權經核准，則保密不再受到帶領者或機構的控管。團體成員必須被告知，使用保險給付需要保密棄權聲明（Rapin, 2004）。
- 要求參與者簽署合約是明智的政策，在合約中他們同意不會討論或寫下團體聚會中所說出的事，或是談論有誰出席團體聚會。

團體帶領者必須在團體發展的不同階段中，強調保密的重要性。此議題必須在個別審查訪談時提出，且應在初次團體聚會時說明清楚。在團體過程的適當時機，帶領者可以提醒成員不要討論到身分或特殊情形。假如任何成員在任何時候有未尊重保密的跡象，帶領者有責任立即與該團體探討此問題。

帶領者的價值觀在團體中所扮演的角色

身爲團體帶領者，你傾向去挑戰團體成員怎樣的價值觀，即使成員清楚地表示他們不想要去修改這樣的價值觀？假如有人質疑你的價值觀，你會如何做出反應？

你的價值觀是你這個人的基礎，且不可避免的影響你如何帶領治療性團體。你可以藉由對所擁有的價值觀、如何用隱約及直接的方式影響團體成員的覺察，來提升你擔任團體帶領者的效能。你當一名帶領者的職責是去挑戰成員，以發現對他們而言什麼是有益的——並不是說服他們去做你認為有益的事。當你協助團體成員在做決定的過程時，要記得的是，選擇行動方針是成員的責任，而且要承擔做決定的責任。假如成員承認他們所做的事，並不能使他們從生活中得到心裡想要的，則團體情境對他們而言是發展新行為模式的理想地點。

關於工作者的價值觀之倫理觀點

美國諮商學會（2005）的指導原則說明：「諮商員了解其本身的價值觀、態度、信仰及行為，並且會避免強迫別人接受與諮商目標不一致的價值觀」（A.4.b）。成員經常將有一些與價值觀相關的議題帶至團體中：宗教、精神性、性取向、墮胎、離婚及家庭紛爭。團體的目的是幫助成員釐清其信仰，並探討與其本身的價值觀系統最合適的選擇。團體諮商並不是一個帶領者將其價值觀強加在成員身上的論壇。

價值觀通常是以巧妙甚至不知不覺的方式傳達。例如，你可能深信有適合所有人的普世價值觀，如自治權、自主選擇的自由、關係上的平等及獨立性。但是某些團體成員可能會堅持不同的文化價值觀。影響其行為的價值觀可能是互相依賴、合作、對家庭的忠誠、對父母的責任及義務，以及將家庭福祉置於自我利益之上。假如你認為這些成員只要改變其價值觀就能讓情況好轉，你可能是幫倒忙。雖然你可能不會直接將你的價值觀強加在他們身上，但是你處遇的目的可能使他們去做你認為對他們最有益的事。舉例來說，假如你有個價值觀是，女性主要的責任應該是照顧小孩。你有名女性個案，她表示因為工作關係，沒有多花點時間陪伴小孩而有罪惡感。你可能會鼓勵她減少工作或待在家中來減少罪惡感。由於你的偏見，可能會錯失對她的罪惡感去探索更深一層的起源與意義，和是否對她而言離開工作或急忙返回工作會是最好的行動方針。

處理價值衝突

有時你可能會面臨一些倫理議題，對此，你自身的價值觀與部分團體成員的價值觀歧異甚大。例如，來自於一些文化團體的成員可能會使用體罰以確保子女服從並遵守某些文化價值觀。你可能會掙扎是否承認其處罰觀點在其文化中為合於規範的，或是介入並鼓勵更正面的教養方式。

我們主張對團體帶領者而言，對於像是墮胎、宗教、離婚及同性戀等議題時，並不適合公開他們的價值觀。我們與其執著於一個明確的結果，寧可與個案投注時間於過程中。並不是帶領者，而是團體成員需要與他們的選擇結果繼續生活下去。在一些情況下，或許比較適當及甚至容易去自我揭露，但我們告誡帶領者在揭露他們價值觀時要權衡輕重，是否代價是違反個案可能的利益。試問自己是否對自我揭露或是不揭露比較會感到遺憾。有沒有其他方法可以達到你要求的目標而不用直接做個人的自我揭露？

當帶領者在工作時遇到與自己價值觀不同，需要清楚自己的價值觀及保持客觀。假如團體帶領者揭露自己個人價值觀，空虛及依賴的成員可能會感到壓力而不惜任何代價想取悅帶領者，因此自動採用帶領者的價值觀。

思考此情境：一名年輕女性正在掙扎是否要繼續讀大學或退學去結婚。她告訴團體她的家人對於女性持有傳統觀念，在他們的文化中，她結婚比受教育更重要。她覺得很矛盾，因為她很想接受教育，但不希望她的家人對她感到失望。你和其他團體成員所持有的價值觀會影響你和她的關係及對她回應的方式，但是不應利用團體去說服她去做你（或他們）認為她應該做的事。你自身的價值觀可能會支持她無論如何都要讀大學的想法，或他們可能會支持她退學以順從家人的意思。重點並非是你以身為帶領者的角色為她做出決定，即便是她要求你這麼做。你的角色是提供一個情境，讓她可以檢視她自己的想法、價值觀及行為，然後最終達成一個她能夠接受的決定。這項挑戰在於支持這位個案，同時不會將她的家人或文化價值觀妖魔化。

其他要考慮的要素是，關於某些成員傾向對其他成員給予勸告及強迫推銷自己的價值觀。衝突常發生於團體成員間對價值觀的問題。當發生時，團體帶領者的責任在於介入，以使在團體中成員不能強迫他人接受自己的價值觀。

團體諮商中處理多元議題的倫理考量

Debiak（2007）堅決主張於團體心理治療中處理多元議題基本上是合適的團體實務：「當心理健康專業工作者中的多數承認他們嵌入異性戀、白人、中產階級世界觀，臨床工作中多元文化能力的重要性便浮現且為倫理考量」（p.10）。關心及處理多元議題是倫理要求，也是更有效的團體工作之途徑。

價值觀及對多元議題工作

帶領者帶到團體過程的價值觀，必須有意識地承認我們社會中人類多元性的現實。假如帶領者忽略人群之中的某些基本差異，那麼就很難做出符合團體成員最佳利益的事。ASGW（2008）守則指出，帶領者要覺察團體工作中的多元文化環境，正如團體實務的建議中所見：

> 團體工作者對個案差異具有廣泛的敏感度，包括但不限於種族、性別、宗教、性取向、心理成熟度、經濟階級、家族歷史、身體特徵或缺陷，以及地理位置。團體工作者持續的探索關於多元族群的文化議題之訊息，藉由與參與者互動及使用外部資源來進行工作。（B.8）

通常與團體參與有關的一些團體規範（group norms），可能與某些個案的文化規範（cultural norms）不相符。由於文化教養及環境因素，某人對分享的看法可能與另一人大不相同。每個人不必在相同價值體系中以相同的方式分享。帶領者必須提供一個環境，且在此環境中，成員相信他們會藉由參與團體受益，同時他們的學習可適用於日常生活。

有些我們在第 6 章所提出的團體規範包括下列：專注於當下、表達感受、要求自己想要的、坦率及誠實、與他人分享個人問題、使自己了解他人、願意冒險、改善人際溝通、提供個人的回饋意見給他人、學習在談話中採取主動、直接處理衝突、願意面對他人，以及為自己做決定。有些人可能難以表現出坦率，因為他們的文化重視迂迴的溝通方式。有些成員可能難以在團體中要求時間，主要是因為他們從其文化中學到這種行為很無禮、不周到，且以自我為導向。與其叫這些成員暢所欲言或期待他們主動進行自我揭露，不如要求他們在聽到特定成員談話時，考慮分享至少一種反應。你可以藉由提供某種結構，鼓勵成員以較不具威脅性的方式表達自己。在重視尊重權力及地位的文化當中，以特別而非一般語氣要求某人參與時，他比較可能會照做。

有些成員若未考慮整個家族的想法，就無法放心地為自己做決定。雖然有些團體的干涉是為了幫助成員更自在地表達感受，但是有些成員會覺得這種情形令人不愉快。由於其文化制約的關係，他們可能不會輕易坦率地表達情緒或自在地談論家庭內部問題。他們可能一直被教導要隱藏自己的情感，且公開表現出情緒反應是不恰當的。

我們輔導的一位團體成員表示，團體中的分享方式對她是不切實際的。她說要是在她自己的故鄉以這種方式說話，她的鄉親會紛紛走避。另一位團體成員從其他成員及帶領者身上感受到公開發表意見的壓力，並覺得十分挫折。她向團體解釋，為了使其他人了解她所說的話，首先他們必須了解她的沉默。這對團體而言是很有效的溝通。藉由尊重她保持沉默的理由，成員才能與她交流，並且更了解她在其文化中及參與團體時對沉默的重視。文化差異的探討未必會解決這些差異。然而，如果帶領者不夠重視或忽略這些微妙或更顯著的文化因素，就會降低成員加入團體的意願。此外，這表示我們並未實踐應具備的文化素養，來引導我們的工作。

文化多元性會影響成員在團體中提出的議題，以及他們是否準備好去探討這些議題的方式。身為團體諮商員，很重要的是你必須對成員經常提供的線索非常敏銳，其暗示著他們想要談論其文化如何影響他們參與團體的某種觀點。你必須與團體成員一同決定他們想要改變哪些特定行為。即使你重視坦率及果斷，但你的職責並非堅持成員接受你認為所謂適當行為的觀點。帶領者需要和成員一起工作來幫助他們確認他們希望從團體中獲得什麼。

準備與實務的倫理與標準

目前在多數專業組織的倫理守則中，都強調實務工作者必須對個案文化價值觀有普遍性的了解，這樣一來，其介入處遇方式才能符合個案的世界觀。在團體實務中遵守的多元議題能力的指導原則，是從各種不同的來源制定，其中部分來自美國諮商學會（2005）、團體工作專家學會（2012）、美國心理學會（1993, 2003）、DeLucia-Waack（1996）、DeLucia-Waack 與 Donigian（2004）、Arredondo 等人（1996），以及 Sue、Arredondo 及 McDavis（1992）。請再參考第 1 章的討論內容，以了解成為具多元性能力的團體諮商員應該具備哪些意識、學識及技術能力。諮商員在與具多元特性的團體工作時，必須注意他們依據其種族、民族或性取向對人所做的假設。團體的目標及過程必須符合團體成員的文化價值觀。團體工作者的一項挑戰，就是監督在對待他人時是否存有刻板印象。為了達成此點，團體帶領者首先必須覺察是否對年齡、殘障、民族、性別、種族、宗教或性取向存有偏見。如前面幾章所提及，檢視我們自身偏見的最佳方式，是從事需要批判性的思考及自我檢視的體驗式練習及其他有意義的經驗交流。對於多數人而言，自我發現的旅程多數發生於深刻的與他人的關係中，特別是在很多方面都與我們不同的人。假如我們繼續只與和自己想法、感覺及生活方式類似的人交談，那麼就很難將自身的偏見（及其他主張）連根拔除。

團體諮商的社會正義取向

社會正義（social justice）的概念是「基於社會給予個體及團體公平的治療及利益、資源及機會平等均分的想法」（Chung & Bemak, 2012, p.26）。如同一個小型社會一樣，團體提供權力、特權、歧視及壓迫等議題的環境。學校諮商員倫理守則（ASCA, 2010）提供規範關於社會正義要求：「專業學校諮商員要監控及擴充個人的多元文化及提倡社會正義之覺察、知識及技巧。學校諮商員為保護個人利益或價值觀而努力奮鬥的文化能力並不會強加於學生或其他的利益相關者」（E.2.a）。

團體工作，或許比起其他的諮商介入，更可能是進一步的社會正義待辦事項（Hage, Mason, & Kim, 2010）。MacNair-Semands（2007）要求團體工作者需要去探究擴展他們於處理社會正義議題能力的創新方法——因為在團體中經常地浮現。由於對差異的偏執，這些社會的不平等常常產生，導致歧視、壓迫、偏見及有時會有人與人之間的暴力行為。MacNair-Semands 相信團體帶領者有機會改變團體經驗且朝向康復，而不是持續不斷有害的互動。帶領者能協助團體成員擴大他們的觀點，以了解對多元文化成員互動的細微差異。

許多參與團體的人曾被歧視及受壓迫，因此他們對於參加團體可能會表現出健康的懷疑。藉由認清關於這些制度的風氣影響我們心理健康的方式，我們可以保證團體經驗不會變成另一個壓迫的力量。個體能被鼓勵去談論他們曾經遇到的痛苦及社會不公平。於團體中權力及特權動能運作，團體是可以處理及探索權力不均衡的地方。不管是誰有意或無意的位於能延續社會不公的權力位置。都可以確實地討論團體中這些權力動能的浮現。

對團體而言主要的目標在於提供成員一個安全的場所可以討論痛的、傷害的事件及有療癒經驗的機會。Anderson（2007）主張當差異存在於團體中及帶領者缺乏使用多元文化取向來評估、診斷及治療計畫時，重大的傷害是可能發生的。Anderson 說明，「多元文化團體工作者應該敏銳的覺知到可能會導致壓迫及犧牲或重現壓迫及犧牲的權力差別、地位及財富」（p.232）。

Anderson（2007）相信多元文化團體工作會成為最有力量的治療處遇之一，團體可以有療癒及發展的力量。同時，團體有壓迫的可能性：「壓迫——是團體工作中基本上倫理的違反，是允許團體歷程的力量成為傷害個案的工具」（p.231）。Chung 和 Bemak（2012）強調膽量的重要性：「進行多元文化社會正義工作的基礎是膽量。膽量是恐懼的藥物，恐懼於當今世界是永遠的存在」（p.266）。Singh 和 Salazar（2010c）相信團體工作提供社會正義議題「有膽量的會話」的討論場所。如同於團體中浮現出來的議題般，於許多團體中有機會去處理權力及特權動能和社會正義的議題。

由社會正義觀點來看諮商的目標，是促進社會中邊緣及受壓迫人們的增能（Herlihy & Watson, 2007）。團體諮商員基於實踐倫理理想，需要將自己捲入反對社會系統中所有形式的歧視及壓迫，和堅定的去挑戰固有的不公平。社會正義是「於社會中對所有人，無論種族、性別、能力狀況、性取向和宗教或心靈上的背景，公正和公平的分配權力、資源和義務」（Hage et al., 2010, p.103）。社會正義議題常呈現於當團體中參與的人們來自多元背景。團體具有社會正義主題知識及對多元社會身分的人增能。這些團體也藉由倡導而充權邊緣個體及社區來產生身分確認之環境（Hage et al., 2010）。

社會正義觀點涉及基於傳統框架之治療性事業及倫理的思考。引發團體諮商員去確認及處理社會特權及階級權力架構的議題，這兩者皆是團體經驗及日常生活中的一部分（Hage et al., 2010）。由於社會正義之需求來進行諮商是典範轉移。傳統協助範例著重於改變個體的思考、感覺及行為，而社會正義模式看來是跨越過個體，著重於其他於個案生活中有高度影響之因素（Chung & Bemak, 2012）。為了能夠轉換這典範轉移進入團體工作，必須獲得關於社會正義及倡導能力的位置。團體工作專家學會通過描述此類能力的有用文件：團體工作者的多元文化及社會正義能力指導原則（ASGW, 2012）。

社會正義的實務、訓練和研究是相互依存的。假如團體工作者希望了解及處理涉及社會正義具有複雜多元層面的團體工作，有效的訓練是必要的（Hays, Arredondo, Gladding, & Toporek, 2010）。回顧與分析諮商和諮商心理學程序以處理多元文化能力及社會正義議題過程，Pieterse、Evans、Risner-Butner、Collins 和 Mason（2009）發現，一般來說，指導者在訓練程序中試圖提供多元文化教導，其符合公認的覺察、知識及技巧之多元文化諮商能力典範。同時也明顯的試圖合併社會正義看法於多元文化諮商方向的工作上。

Hays、Arredondo、Gladding 和 Toporek（2010）討論將社會正義融合入團體工作的方法。為了有效地融合社會正義，必要的是團體工作者於團體內留心社會正義要素。Hays 提供於團體中融合社會正義的建議：

- 團體帶領者必須找尋促進公平、接近的機會、參與及和諧之發展團體的新方法。
- 帶領者必須藉由教導團體成員了解他們的權利並協助他們在實現社會變革方面發揮積極作用以促進平等主義。

- 帶領者有責任鼓勵討論關於自我發展歷程、文化影響及特權和壓迫，及這些因素如何影響團體歷程及團體成員。
- 帶領者應該聚焦於個案系統如何影響團體的歷程及結果，及進行所有團體成員的文化評估。
- 團體帶領者藉由建立個體團體成員的力量及團體做為一個整體的資源，來增能他們團體中的成員。

一個總體的題材是多元文化能力的核心，做為有效的社會正義導向團體工作的基礎。團體帶領者為了他們所帶領團體，獲得督導的訓練是必要的（Fernando & Herlihy, 2010）。為了加深帶領者對於社會正義為一個基礎價值觀的覺察，督導者有必要創造促進關於社會正義議題開放性討論的風氣。

關於性取向的特殊議題

美國諮商學會、美國心理學會及全國社會工作專業人員協會的倫理守則明確指出，歧視少數族群身分，不論種族、民族、性別或性取向，都是不道德且不被接受的。輔導女同性戀、男同性戀及雙性戀通常對觀念較為傳統的團體諮商員是一種挑戰。對於同性戀有負面想法的諮商員，可能會將自身的價值觀及態度加諸在團體成員身上。團體帶領者有權維持自身的價值觀及信仰，不過身為諮商員，我們並沒有立場和權利將這些價值判斷或信仰加諸在個案身上。男同性戀、女同性戀、雙性戀或變性人（GLBT）的團體成員來尋求我們協助時，通常已是內心傷痕累累或對被拋棄充滿恐懼。身為團體帶領者，我們不能帶有批評的眼光及可能的排斥感與他們會面。我們了解服務變性人社群及其成員的責任，可能會與某些諮商員的宗教、道德及倫理標準產生直接的衝突。如同我們個人的價值觀與道德責任衝突的所有情形一樣，實務工作者必須與督導及同事共同合作，找出方法將個人信念與對個案的責任隔離開來。

異性戀主義可能會以各種型式透露出來，從公然歧視到更為細微及隱密的反對訊息都有。不管冒犯的強度為何，結果都會對團體成員及你身為專業人員的形象造成傷害。有些治療師向個案表示他們不贊成其性別認同，且因為道德或宗教信仰之故而無法繼續輔導他們，許多屬於變性人族群的人都有種感受，就是一直覺得自己因性別認同受到精神科醫師的批評、嘲笑，令他們覺得丟臉，甚至壓力大到無法做自己。除非團體諮商員意識到自己的偏見、異性戀主義及對同性戀的憎惡，否則他們很可能會將自己的錯誤觀念及恐懼，以看似細微實際上卻又不細微的方式，投射到他們的團體中。因此，團體實務工作者必須願意嚴苛地檢視自身對於性別認同的個人偏見、迷思、恐懼，以及刻板印象。

雖然我們可以了解實習生及治療師必須面對由深刻價值觀衝突所造成的難題，但是底線總是相同的，畢竟治療是針對個案而非我們自身，我們應該優先考量個案的需求及福祉。這種關係並不平等，身為實務工作者的我們無須對個案的選擇感到不自在。我們以治療師的角色來服務我們的個案，且以最符合他們而非我們價值觀的方式，來幫助他們解決衝突、治癒及成長。假如我們不努力阻止我們的價值觀成為公然的批評或隱藏的議程，我們可能會違反我們專業職責所必須遵守的倫理守則及標準。

美國心理學會第 44 支分會（2000）已發展出一套針對女同性戀、男同性戀及雙性戀個案心理療法的指導原則。在許多方面，輔導男同性戀、女同性戀及雙性戀個案類似於輔導團體中的異性戀個案。然而，團體諮商員必須有心理準備，來處理男同性戀及女同性戀經常受到壓迫的特殊議題（Horne & Levitt, 2004）。任何輔導女同性戀、男同性戀、雙性戀、變性個案、性別認同個案或陰陽人個案的治療師，都有責任了解其特殊憂慮，且有道德上的義務去發展知識及技術以提供他們適當服務。

女同性戀、男同性戀、雙性戀個案之聯合專責小組委員會，對於女同性戀、男同性戀、雙性戀及跨性別議題的諮商學會（ALGBTIC, 2008）列出有效團體諮商員的特質：

- 諮商員敏感於即使是僅包括任何一種代表性的任何少數文化團體所發生的動力。
- 諮商員建立團體規範，並做出促進 GLBT 團體成員安全及融合的處遇行為。
- 諮商員努力建立團體規範，並創造讓 GLBT 個案願意自我認同及自我揭露的氣氛。

- 當其他成員明顯或隱約表達反對 GLBT 團體成員時，諮商員要採取主動積極的態度。

你有沒有任何的特定態度、信仰、假設及價值觀可能會妨礙到你有效輔導團體中女同性戀、男同性戀及雙性戀個案的能力？假如你在此時覺察某些個人限制，你會考慮做出哪些改變？你會如何挑戰自己對於這些指導原則的態度及主見？關於這個主題的更多資訊，我們建議閱讀 *The Handbook of Counseling and Psychotherapy With Lesbian, Gay, Bisexual, and Transgender Clients*（Bieschke, Perez, & DeBord, 2006） 以 及 *Casebook for Counseling Lesbian, Gay, Bisexual, and Transgender Persons and Their Families*（Dworkin & Pope, 2012）。

使用團體技術的倫理考量

專業能力團體技術可被用於催化團體運作及深入並強化特定的感受。儘管期待團體帶領者永遠知道一項處遇所可能產生的結果是不切實際的，他們必須知道如何因應意料之外的結果。對團體帶領者來說，特別重要的使用每一項技術都有清楚的理由，這是理論所能提供實務工作有效指引的領域。

團體技術可被濫用或以不符合倫理的方式使用；以下是團體帶領者可能以不合倫理的方式使用技術的幾種情況：

- 使用他們不熟悉的技術。
- 使用技術去強化他們的權力。
- 使用技術的唯一目的是因為團體帶領者需要有強烈感受，而在團體創造強烈的感受。
- 使用技術去對成員施壓，即使成員已表達不想參與一項活動的需求。

團體帶領者有責任謹慎地使用技術，尤其是這些會導致釋放強烈情緒的方法。團體帶領者有合適的訓練來因應因特定角色扮演活動而觸發的強烈情緒是十分重要的。例如，引導進入童年孤獨時期的想像或目的在於釋放憤怒的身體訓練會引發強烈的情緒經驗。若帶領者使用這些技術，他們必須準備好處理各種情緒的釋放。團體帶領者敏感於鼓勵宣洩以滿足他們自己的需求的可能性是重要的。有些帶領者鼓勵人們表達憤怒，且他們發展出帶出這些宣洩的相關技術。儘管這些是合理的感受，在團體中表達憤怒也許滿足了團體帶領者的個人議題多於團體成員的需求。這個問題應該常被提起：「誰的需求是首要的，而誰的需求被滿足了——團體成員的或團體帶領者的？」

另一個主要的倫理議題是關於使用團體技術以提供立即性的協助給任何在團體中或團體單元結束時呈現極度壓力的成員；尤其是這些被用來引發強烈情緒的技術。儘管有些未完成事件能帶來成長，團體成員不應該在團體單元結束時，因時間不夠而感受被遺棄。團體帶領者必須留心於保留足夠的時間以合適地處理在團體中因刺激而引發的反應。在沒有足夠的時間去處理後續的情緒，或在沒有隱私的環境下，或在物理性環境使用該技術而可能帶來某些傷害等等，而在團體中使用一項新技術是不明智的。

團體帶領者必須理解特定技術的潛在反向效果。其中一個方法是團體帶領者藉由參與團體而學習。藉由成為一個團體成員並率先經驗一定範圍的技術，治療師將可發展出一個健康的關於如何合宜地使用技術以滿足個案需求的觀點。在我們對團體帶領者的訓練工作坊中，我們鼓勵使用這些技術的自發性與創造性，但我們同時強調在創造性與不負責任中追求平衡的重要性。

團體工作的名聲已經因為一些不負責任的實務工作者而飽受批評，大部分是那些使用者沒有清楚的知識背景，或不理解可能的結果而隨機使用這些技術。若團體帶領者有強大的學術背景，有密集的被督導經驗，有參與他或她自己個人的治療或自我成長的經驗，且有基本對個案的尊重，他或她將較少可能去濫用這些技術。

團體諮商員的專業能力與訓練

團體帶領者必須僅僅提供並使用因為訓練與經驗而有資格提供或使用的服務與技術。行銷你的專業服務以準確地展現你的能力是你的責任。雖備合適的訓練及被督導才能帶領這些成員。如果你帶領的團體遠超出了你所準備的範圍，你的實務工作就是不合乎倫理，且有瀆職的風險。

能力評估

在團體工作中，主要的倫理議題之一就是能力。有些帶領者在缺乏足夠的訓練或經驗之下倉促成立團體，而沒有花時間篩選成員或準備好帶領一個團體。帶領者必須認知自己能力的界限，並且在受過訓練或經歷後，僅限在自己能勝任的團體中工作。許多實習生甚或一些專業人士都有可能會遇到一種情況，就是被要求帶領團體的時候，並無受過或僅受過一些訓練。團體帶領者必須釐清他們的限制。為了這個目的，他們也可能完整地問自己下列問題以當作自我檢測的基礎：

- 我有能力處理何種類型的個案？
- 我所專長的領域為何？
- 哪些技術我掌握得很好？
- 何時我需要向其他專業諮詢我的個案的問題？
- 何時我應該將我的個案轉介給他人？

不同的團體需要不同的帶領者資格條件。有資格帶領大學生的專業人士並非就是合格的兒童團體帶領者。例如，接受訓練來帶領心理教育性團體的專業人士，在針對門診病患的團體治療上可能缺乏必要的訓練或經驗。這當中基本的問題是：誰有資格帶領此類型族群所組成的此類型團體？

專業團體工作者知道自己的限制在哪裡。他們熟悉轉介的資源，且若個案超出自己能力範圍並需要特別協助時，他們不會試圖跟個案工作。ASCA（2010）表示：「專業學校諮商員發展專業能力，並在團體催化及針對其他特定主題團體繼續適當的教育、訓練及被督導」（A.6.e）。此外，有責任感的團體工作者會敏銳地覺察持續自我教育的重要性。即使是有執照且經驗豐富的專業人士也會參加會議及研討會、選修課程、尋求諮商及督導，並且會不時加入特別訓練計畫。AGPA（2002）指引中關於能力的描述為「團體心理治療師必須覺察於他／她個人的能力，而若個案的需求超過心理治療師的能力時，他／她必須尋求其他合格專業的諮詢或其他合適的資源」(3.1)。

專業能力並非只要取得之後就一勞永逸。專業的成長在你的職涯期間是一種持續性的發展過程。「最佳實務指南」(ASGW, 2008, A.8) 提供一些通用建議，能讓身為團體工作者的你提升能力水準：

- 藉由主動在職進修、專業督導，及參與個人與專業成長活動等，來保持並增進知識及技術能力。
- 當遇到妨礙團體帶領者的效能的倫理相關議題時，能尋求諮詢或督導以確保有效的實務工作。
- 遇到自己個人問題或影響自己專業判斷，或引導團體能力的衝突時，願意尋求專業協助。

真正優秀的團體工作者，在對團體提出建議活動時是有其緣由的。他們能夠向個案解釋團體工作背後的理論，並且說明該理論將如何影響他們的治療。他們可以清楚地告知團體成員該團體的目標，並且說明他們帶領該團體的方式與這些目標之間的關係。有效能的團體帶領者能夠將團體過程概念化，並將他們在團體當中所做的事與該模式連結。他們會基於自己的模式持續琢磨自身的技能。

團體諮商員的專業訓練標準

若要培育熟練的團體帶領者，訓練計畫就必須將團體工作列為首要之務。很可惜的是，在一些諮商研究所當中，甚至未將團體課程列為必修。在一些研究所當中，這類型的課程仍為選修課程。而將團體諮商列為必修的研究所中，基本上會有一門同時涵蓋團體過程之講授式和經驗式層面的課程。試圖在一門課程中充分訓練團體諮商員，可說是一項很龐大的任務。

「團體工作訓練專業標準」(The Professional Standards for the Training of Group Workers) (ASGW, 2000) 指出兩種等級能力和相關訓練。一套核心學識能力和技術能力提供專業化訓練的根基。訓練計畫至少應包含一門團體課程，課程設計上應幫助學生取得催化團體所需的基本學識和技能。這些團體技能在被督導的實作之下最能掌握，其中包含團體經驗的觀察及參與。

在 ASGW（2000）訓練標準中所述的核心能力，已被視為訓練團體工作者的基準。目前訓練團體帶領者的趨勢，著重藉由參與受督導的經驗來學習團體歷程。直接參與經規劃並受督導的小型團體，並在審慎督導下帶領各種不同團體的臨床經驗，才能充足團體帶領者在面對團體工作挑戰所需技巧的需求。

除了 ASGW（2000）團體工作者訓練標準之外，諮商與相關教育方案的認證理事會（the Council for Accreditation of Counseling and Related Educational Programs, CACREP, 2009）列出了一套諮商學生在團體工作領域所需發展的一系列能力：

> G.6. **團體工作**——同時提供在多元文化社會中，理解團體目標、發展、團體動力、理論、方法、技巧及其他團體取向理論與實務的學習，包括以下：
>
> a. 團體動力的原則，包括團體歷程的要素、發展階段理論、團體成員的角色與行為及團體工作的治療性因子。
> b. 團體帶領或催化的風格與取向，包括各種型式的團體帶領者及帶領風格的特徵。
> c. 團體諮商理論，包括共同性、特徵的區辨及適當的研究與文獻。
> d. 團體諮商的方法，包括團體諮商員的取向與行為、合適的選擇標準與方法及效能評估的方法。
> e. 學生成為一個被教育訓練課程認可的小型團體活動的成員的直接參與經驗，在一個學習的課程中，至少有 10 小時。

訓練與個人經驗

正如 ASGW 專業訓練標準的簡介當中所清楚描述，對於即將成為團體帶領者的人而言，有必要接受與將要帶領之一般團體的密集訓練。我們強烈建議在一個訓練計畫當中附加三種經驗類型：個別（私密）心理治療、團體治療或自我探索團體，及參與團體督導。

團體帶領者的個人心理治療（Personal Psychotherapy for Group Leaders） 對於受訓者而言，自己接受個別或團體諮商是很重要的。他們可藉此探索會阻礙他們看待個案的偏見、任何扭曲對團體成員認知的未完成事件、其他可促進或阻礙團體過程的需求、目前的矛盾衝突，以及可以完全認知並充分運用自己優點的方法。簡言之，團體諮商員為自己展現付諸行動的勇氣，以期許做為團體成員的榜樣。

有關心理治療師本身的絕佳並深入的心理治療，請參閱 Geller、Norcross 及 Orlinsky（2005a, 2005b）和 Norcross（2005）的著作。

團體帶領者的自我探索團體（Self-Exploration Groups for Group Leaders） 我們發現參與一個自我探索團體（或是一些互動式過程導向的其他類型團體），對於團體帶領者的實習訓練經驗來說，能產生極大的助益。新手的團體帶領者通常都會對本身的適任性以及與團體成員之間的互動常流於表面話題或過往未解決或現在經歷的問題，而感到某種程度的焦慮。一個治療性的團體提供了受訓者探索這些個人議題的機會。除了這種團體的治療性價值，它還可以成為受訓者十分有力的教學工具。

團體帶領者的團體督導（Group Supervision for Group Leaders） 與團體諮商員一起團體督導能提供受訓者許多學習團體歷程與發展的實務性機會。Christensen 與 Kline（2000）強調受督導者藉由參與和觀察，可以有許多的學習機會。他們的調查支持了團體督導的若干益處，包括增進相關知識與技術，在安全且支持的環境下練習技術的能力，對團體動力的模式有更豐富的認識，有機會測試個人的假設，經由與他們聯結而有個人成長，及自我揭露和給出及接收回饋的機會。經由參與督導團體，受訓者不只從帶領團體的督導身上學習，更能在團體其他成員提出的問題及後續的討論中獲益。

團體督導適合各種角色扮演的取向，將使受訓者覺得可能的反移情議題及獲得在與認為「困難」的團體成員工作時而有替代性觀點。當團體督導展現其他處理團體中出現問題行為的成員時，一個受訓者可以假設自己「成為」一個在他或她的團體的成員的角色而獲益。其他受訓者在督導團體可以為彼此假設成為其他角色，通常在扮演完一個情境後會帶來非常豐富的討論。角色扮演技巧常帶來生活中具體的情境。受訓者可以藉由扮演成員在此時此刻這些生活中關心的議題，而非只是和個案們「討論這些問題」。

儘管督導團體不是治療團體，它能帶來洞察與覺察。受訓者可以從批評的回應、本身的競爭力、對認同的需求、本身的妒忌心、對於能夠勝任與否的焦慮、對於所帶領團體當中某個學員的感覺，以及與協同帶領者或團體成員之間的權力鬥爭等等自己的反應中獲得廣大的學習。受訓者可以對本身個人動力有更深入的了解，例如反移情的潛在部分，這會影響他們是否勝任引導團體的能力。藉由辨識出會導致反移情的部分，受訓者可以在團體之外更進一步地進行自己的治療。

訓練團體諮商員的倫理議題

在培育團體帶領者方面，一項受爭議的倫理議題，就是經驗式及講授式訓練方法的結合。我們認為經驗式方法是教授團體諮商課程中的必要元素。帶領者常掙扎於是否信任一群陌生人、冒著暴露弱點的風險、接受他人的真心支持、與同儕發展良好的共事關係，以及受到質疑而檢驗個人行為對他人的影響等等，這些對於未來團體帶領者而言，都是十分重要的學習經驗。我們認為團體經驗對帶領者是不可或缺的，最主要的理由是它提供了解個案所面臨問題的最佳方式。

雖然團體工作課程一般都會結合講授式和經驗式兩種方法，不過這麼做會使教師必須強調幾項倫理上的考量。學生開始上課之前，有權利知道課程及計畫規定的特定性質。在經驗式訓練中，參與者要進行自我探索，並且在訓練團體中處理人際關係議題，以學習如何以最佳方式帶領團體。根據 Goodrich（2008）指出，經驗式訓練的潛在負向層面太被關注了。Goordich 認為團體工作文獻沒有支持雙重關係本質上是壞的假設。相反地，雙重關係對學生在他們個人及專業發展上是有益的，因為他們允許學生去修通這些倫理議題並學習如何管理訓練方案的二元性。我們的立場是認為經驗性教學方式，其潛在的危險被其明顯的優點抵銷了——參與者在經驗性團體工作經由個人地投入，而得以在補充團體課程中講授式教學不足之處。許多團體工作的教師都認為有必要使用經驗式方法，來協助學生取得必要技能以成為優秀的團體帶領者。

管理教育者的多元角色（Managing Multiple Roles as an Educator） 團體工作的教師必須處理多元角色，並且對他們的受訓者履行許多責任，包括擔任團體的引導者、教師、評估者，以及督導等。教導團體課程的教師在實際上並無法限於教學這個單一角色。許多時候教師可能教授團體過程的概念、帶領課堂上的示範團體、設計用以說明團體情境的處遇的活動，並且評量學生的作業。

雖然試圖利用經驗式方法進行訓練時有一些倫理上的問題，我們並不認為這就能斷言經驗式的方法是不適當或非倫理的。對於潛在性濫用的問題矯枉過正，對我們而言並非正當理由。在教導團體過程時，藉由讓學生個人親身參與，是讓他們學習最終如何建立並引導團體的最佳方式。我們同意 Stockton、Morran 及 Krieger（2004）的論點，他們指出在提供經驗式活動以及避免取得可以用來評估學生的資訊之間，有著一條微妙的界線。使用經驗式教學的教師經常必須平衡多重角色，這需要不斷地監控界線。Stockton 等人強調擁有更大權力者，需要格外謹慎，才能夠提供合乎倫理又有效的訓練機會。

經驗性團體訓練的益處

CACREP（2009）的標準裡要求學生至少要獲得在一個小團體當團體成員 10 個小時的經驗。這項要求符合成為在團體諮商課程中經驗式團體學習的課程結構。 學生有機會成為團體經驗的一部分並有時能催化這個團體的過程。Luke 與 Kiweewa（2010）發現這樣的參與除了提供一個學習團體過程的機會，更在個人成長及覺醒方面能有許多益處。學生參與經驗式學習必須願意投入自我揭露，在人際互動團體中變得主動參與，及他們自己情感及認知層面都將投入。

Ieva、Ohrt、Swank 和 Young（2009）回顧了一個碩士班學生參與經驗式個人成長團體的經驗而支持了以下的假設：

- 在個人成長團體中的經驗增加對團體的知識與帶領技巧。
- 在個人成長團體中的經驗加強學生給予及接受回饋的能力。
- 團體過程在訓練中是有益的。

Ieva 等人的研究建議參與個人成長團體的許多益處包括人際互動學習、團體過程的知識、自我覺察、對未來個案的同理，及有機會學習藉由行動去觀察團體過程。參與者對於催化一個團體的自信在有了成為團體成員的經驗後提升，並且學生們認為他們的參與協助他們發展自己個人化的帶領風格。

Shumaker、Ortiz 及 Brenninkmeyer（2011）建議經驗式團體包括一個詳細的知後同意過程並訓練學生學習在此類團體中合適的自我揭露是由何者組成。清楚的指引必須被建立，所以學生能知道他們的權利與義務。我們也附和這些文獻所討論關於提供一個徹底知後同意的過程的重要性。這項安排並不會對教師或學生施加更多壓力，它呼籲誠實、成熟及專業性。這些預防措施在團體諮商課程中日益被使用。此外，教師系統性的自我反思是促進正向經驗學習團體的一項重要成因。

這團體的焦點就是此時此刻的互動。即使當團體成員要討論的是自己如何被其他成員影響，以及自己和團體當中的其他人之間的互動為何，卻選擇不討論一些議題如童年往事，還是有很多可以談論的。如果成員敞開胸懷並誠實地學習如何與他人相處，他們在學習如何催化團體也會有很大的進展。

請務必記住，團體諮商課程的主要目的就是要教導學生帶領技巧，教導學生帶領技巧及提供說明團體過程如何有效的理解。雖然團體課程的主要目標並不是為學生提供個人的治療，但是參與這樣的團體可以也應該是一種治療和學習經驗。學生可以決定自己願意分享的個人問題，他們也可以決定透露個人資訊的深度。團體課程並非設計來取代密集的個人探索經驗，而是透過個人主動參與團體過程來學習如何加強團體功能。

倫理與法律實務指導原則

多數專業機構申明，實務工作者應知曉普遍的社群標準，及他們的實務若偏離這些標準會造成的可能影響。倫理及法律議題經常交織在一起，這使得團體實務工作者迫切需要不只遵守其職業上的倫理守則，也知道他們的州法及法律界限及責任。

輔導兒童、青少年及某些非自願族群團體的帶領者，則建議要學習規範團體工作的法律。諸如保密、父母同意、知後同意、紀錄保存、保護成員福利，以及機構收容病患之公民權利等議題，是團體實務工作者必須熟知的領域。由於多數團體工作者沒有充足的法律知識，因此最好先了解某些關於團體程序及實務的法律資訊。熟悉關於團體工作的法律權利及職責，不僅能保護個案，也能夠使團體工作者免於因疏忽或無知而引起不必要的法律訴訟。

業務過失的法律責任

團體諮商員若未善意執行應盡的關懷行為，會有民事訴訟的責任。帶領團體的專業人員，必須在其特定專業的倫理守則範圍內，執業及遵守法律標準。實務工作者若未正確執行業務或侵害他人權利，就可能負有民事責任。假如團體成員可以證明，其個人傷害或心理創傷是由於團體帶領者不論疏忽或無知而未提供適當服務而導致，則此帶領者很可能會招致業務過失訴訟。疏忽包括違反「照護標準」（standard of care）；即違反治療同業人士普遍可接受實務之義務，而導致對個案造成傷害。

此照護標準涉及仔細保存紀錄、在必要時進行諮詢，並記錄你的諮詢。在你團體中產生的所有倫理和法律議題及臨床意義，皆應諮詢且記錄。在多數情況下，最好是諮詢三位同事並確定你在案例筆記中引述每一次諮詢。在文件記錄及紀錄保存方面，要注意你工作環境中的指導原則及規定。做團體記錄的方式有許多種，有些帶領者會做團體過程記錄，且只會列出每位出席團體成員的名字；其他人會針對每位團體成員做個別的紀錄，並將這些紀錄存放在個別檔案中。Knauss（2006）指出，雖然做整個團體的紀錄也許會保存團體不同時刻的重要主題，但這些筆記會洩露個別團體成員的隱私及保密性。Knauss 建議團體實務工作者要做出每位團體成員的個別紀錄。不管是哪些紀錄方式，重要的是要有團體聚會、治療目標及結果的紀錄文件形式。

團體實務工作者之法律上的預防措施

避免業務過失訴訟的關鍵是堅守合理、一般性及謹慎的實務工作。下列的團體帶領者指導原則，可有效將合理（reasonable）、一般性（ordinary）及謹慎（prudent）等詞彙轉化成具體行動。

1. 花些時間針對團體潛在成員謹慎地篩選。
2. 提供團體潛在成員足夠資訊，以做出關於參與團體的明智決定，且勿欺瞞團體過程。在開始組成團體時，提出知後同意的書面資料，並確認你已與成員檢閱此資訊。此行為對於建立信賴的氛圍，有很大的幫助。

3. 與未成年人工作時，要取得其父母或法定監護人的書面同意。即使各州法令未做此規定，但這麼做可以避免不必要的困擾。
4. 團體聚會紀錄的保存皆要遵守倫理法則及機構政策。針對團體成員及每次團體聚會做相關的紀錄，尤其當特定成員有些問題時，一定要記下。
5. 知曉你在法律上必須違反保密的情況，向成員解釋保密限制，例如何時必須違反保密。
6. 依照你的學識、訓練及經驗，將實務範圍限制於你有能力諮商的個案族群。
7. 了解各州法令、規範你的實務之專業機構的倫理指導原則，以及你任職機構的政策。告知成員這些政策，並在這些法律及政策範圍內執行實務。
8. 每當有倫理、法律或臨床工作上的疑慮時，就諮詢同事或臨床實務督導。清楚記錄諮詢的性質。
9. 取得可應用於諮商服務的清楚照護標準，並向成員傳達此標準。避免法律責任的最佳預防措施，就是適當照護個案。
10. 記錄團體成員終止諮商及任何轉介的原因或給予之建議。
11. 請勿向你的團體成員承諾任何你無法履行的事情。幫助成員了解，他們努力及承諾的程度是決定團體經驗結果的重要因素。
12. 請勿與現在或以前的團體成員發生性關係。
13. 經常評估團體的一般進展，並教導成員針對其目標，評估其個人的進展。
14. 假如你受僱於機構或機關，簽署明確載明雇主對你專業職能之法律責任的合約。
15. 當團體參與者對自己或他人產生威脅時，學習如何評估及處遇，並且要記錄所採取的行動。
16. 辨識轉介團體成員進行另一種治療型式的適當時機。
17. 注意你個人反應可能會以何種形式來抑制團體過程，並監控你的反移情狀況。
18. 小心別為達成自己的需求，而對團體成員造成傷害。

19. 將建立的倫理標準納入你的團體工作實務中。遵循你的專業組織所依循的倫理標準精神是重要的。
20. 保護自己避免業務過失訴訟的最佳途徑是採取預防措施，例如不從事自己的能力範圍以外的領域，並與你的團體成員建立合作的關係。
21. 定期參與風險管理研討會，其目的為讓你熟悉目前的實務標準。
22. 清楚地認知不論能力多好或道德無瑕疵，你都不可能完全免於可能產生的索賠或法律訴訟，但是積極的風險管理策略可以降低索賠的可能性，請投保業務過失保險。

Kennedy、Vandehey、Norman 及 Diekhoff（2003）；Bennett、Bricklin、Harris、Knapp、VandeCreek 及 Younggren（2006）；以及 Wheeler 與 Bertram（2008）皆提供風險管理實務的實用資源，可應用於團體工作。

討論與團體工作相關之倫理及法律議題的目的，並非要增加你的焦慮或讓你小心避免冒任何風險。帶領團體是一種具風險性但同時對專業有益的冒險。你會犯一些錯誤，所以要願意承認錯誤並從中學習。藉由充分運用督導，你不只會從看似錯誤的事情中學習，也會減少傷害個案的可能性。若因擔心必須了解一切，或怕被捲入法律訴訟而害怕處遇，只會製造出更大的問題。若視團體成員很脆弱而從不挑戰他們，反而一點幫助也沒有。或許預防業務過失訴訟的最佳方式，就是真誠地關注於做出對個案有益的事。在你的職業生涯中要願意問你自己這些問題：我在做什麼，且我為何要這麼做？假如我的同事奉行我的專業行為時，情況會如何？〔如需倫理及法律議題更多詳細的相關討論，請參考 Corey、Corey 及 Callanan（2011）的著作。〕

重點摘要

團體諮商中的倫理和法律相關議題

你的挑戰是要採取關於你身為一個團體實務工作者的基本的專業問題。此處所介紹的指導原則，在你閱讀本書的後續部分時，可提供快速參考資料。我們介紹這些指導原則的目的，是要刺激你思考出一種架構，來引導身為帶領者的你做出正確決定。

- 花點時間思考你的個人認同。思考你的需求及行為風格，以及這些因素對於團體參與者的影響。清楚知道你在團體中的角色及功能，這樣你才能將其傳達給成員是十分重要的。
- 各種專業組織已制定倫理守則，且隸屬於該組織的人皆受其約束。請熟悉這些制定的倫理守則，以及可能會影響團體實務的法律。
- 清楚了解你所設計的團體類型，以及為何選擇團體類型為治療方式。要能夠表達團體的目的，及可加入團體的個案的特質。
- 在設計團體及使成員適應團體過程時，要注意文化多元性的涵義。
- 告知未來的團體成員對於他們的期待，並鼓勵他們簽署會提供他們動力以達到個人目標的合約。
- 使未來的參與者了解會使用到的技巧，以及他們可能被要求參與的練習。提供他們掌控團體活動的基本原則。
- 促進尊重團體情境內多元性的氣氛。
- 在團體開始組成時即闡明團體焦點為何。
- 避免進行超出你訓練及經驗範圍的計畫。製作自己專業資格的書面聲明，並提供給參與者。
- 在成員加入之前及整個團體進行期間的適當時機，指出團體參與的風險。這是你的職責來幫助成員發現及探討其處理這些潛在風險的意願，此外，降低風險也是你的工作。
- 請保護成員決定與團體分享事項及參與活動的權利。覺察任何違反個人自決權之團體壓力的型式，以及任何損害個人自我感覺之活動，如代罪羔羊或刻板印象。
- 提出使用團體練習的基本理由，並且能以言語表達。僅使用你可以勝任的技巧，最好是你當團體成員時曾體驗過的技巧。
- 將實務連結理論，並且願意在你的實務上結合多種取向。掌握關於團體過程之研究成果的資訊，並利用此資訊增加你實務工作的有效性。
- 準時開始進行及結束聚會。若要使團體聚會順利，請在不會分散注意力或受到干擾的安全隱蔽場所中進行。
- 注意你身為帶領者角色所擁有的權力，並針對活化團體成員的目的，採取相關做法來與團體成員分享這種權力。
- 在成員加入團體之前、在團體聚會期間有相關議題時及團體聚會結束之前，都對成員強調保密的重要性。
- 向團體成員解釋法律優先權（保密）並不適用於團體諮商（除非由各州法律規定）。
- 避免強加你的價值觀給團體成員；理解團體成員價值觀形成背

後的文化與社會化角色。尊重你個案為他們自己思考的能力，並確保團體成員彼此都給予相同的尊重。

- 對團體成員心理耗弱的徵狀敏感，其中可能代表該成員不應該繼續參與團體。將可用的資源轉介給需要或想要獲得更進一步心理協助的成員。
- 鼓勵成員討論他們在團體中的經驗以協助他們評量他們達成個人目標的程度。每次團體結束前都花一些時間讓成員表達他們對該次團體的想法與感受。
- 勿期望成員將團體中的學習會自動轉化至日常生活中。協助成員應用他們所學。為成員試著轉化團體所學至日常生活中時可能遭遇的挫折做準備。
- 發展一些決定你使用的一些步驟之效能的評量方式。即使非正式的研究工作亦能協助你對自己帶領風格的工作成效有非正式的評估。

練習活動

課堂活動

1. **面對八卦。**你發現所輔導的高中團體當中，有特定成員開始在傳播流言蜚語。你會私底下還是在團體裡與散播八卦者溝通？你會說些什麼？
2. **保密的限制。**你開始要輔導一個高中的諮商團體，而學校的政策就是，若任何教師或諮商員知道學生有吸毒情形，皆必須向校長通報。你會如何處理這種情況？
3. **應付家長。**你在家庭諮商所帶領兒童自我探索團體。你的團體當中一名孩童的父親與你會面，想要知道自己孩子的情況如何。你會跟他說什麼？你不會告訴他什麼？你會傾向讓這位父親帶著孩子一起會面嗎？若是該名孩童的父母離異，在相同的情況下，你要如何處理不具監護權家長的這個請求呢？
4. **組成一個團體。**你是一位私人執業的實務工作者，想要在週末共同帶領一個自我肯定訓練工作坊。你要如何發布工作坊的訊息？你要如何篩選可能的成員？你會將什麼人排除在工作坊之外，為什麼？
5. **對於抗拒團體成員的處理。**你在一家郡立療養院擔任青少年病房諮商員的工作。你的工作之一就是要帶領一群被要求加入輔導的青少年。你可以感覺到團體成員當中有人有抗拒的心理。這其中牽涉什麼樣的倫理問題？你如何應付這種抗拒？

6. **帶領非自願性團體。**你被要求要帶領一個非自願性的個案所組成的團體。由於他們的加入是強制性的，所以你想要按部就班清楚並完整地告知他們會使用到的做法、身為成員的權利和責任、你對他們的期待，以及如保密等事項。如果你要寫一封知後同意書，在這封簡短的信件裡，你最想要寫的東西是什麼？

7. **面對一名不快樂的團體成員。**你所帶領的團體當中有一名成員在一次團體之後來找你，並且對你說：「我下個禮拜不想來了，感覺一點進展都沒有，因為這裡的人總是互相批評。我不信任這裡的任何一個人。」她在團體中完全沒有提到這些，而且這個團體已經聚會五個星期了。你會說什麼或者做什麼？你會和她工作嗎？原因為何？

8. **帶領者的價值觀。**思考以下你的價值觀和團員的價值觀可能會有牴觸的情況。對於這些可能出現在你團體中的情形，你要如何做出反應？

   a. 一名成員透露對目前進行中的外遇感到很興奮，並且考慮是否要與原來的伴侶繼續交往。

   b. 一名文化背景與你和其他成員不同的女性表示，她很難表達自己的想法和表現自信（在這個團體以及在家裡都一樣）。她說她所接受的教育是要她為別人的利益著想，而不是著重在自己想要的事物上。

   c. 一名青少年表示沒有毒品的話，他的生活會很枯燥乏味。

   d. 一名 16 歲的懷孕少女掙扎是否要墮胎，還是將孩子送給領養機構。

   e. 一名長期憂鬱的男子有時提到自殺是脫離絕境的方法。

   f. 一名男子表示他的婚姻生活很不快樂，但是他又不願意離婚，因為他怕孤單。

   g. 一名文化背景和其他成員不同的成員表示，他在這個團體裡面有困難，因為他不習慣坦率又公開地談論自己的家庭問題。

9. **多元性的指導原則。**你在一個委員會中負責規劃準則以協助學生學習如何有效應付他們團體內的多元性。最需要提出來的議題為何？你會提出什麼樣的指導原則來強調這些議題？哪些經驗有助學生檢視他們對於多元性的態度及信念？你認為學生最需要的資訊為何，以及他們如何最方便取得這些知識？你對於帶領文化多元性的團體，有何發展性技巧的建議？

10. **知後同意。**針對團體設計一份你自己的知後同意書。有哪些部分是你一定會放在同意書裡的？你如何確定團體的成員了解同意書中的所有內容？
11. **經驗性訓練。**以小組討論的方式，探討你認為大學課程在針對經驗性訓練中應該要讓學生知道什麼？提出簡短的說明，指出學生應該在經驗性訓練的課程當中學到什麼？你如何確定學生在選修課程計畫之前就已經有這些資訊？
12. **聯絡團體工作專家學會（ASGW）。**如需訓練團體諮商員的指導原則、最佳實務指南，以及具有多元性能力團體工作的指導原則，請至下列網址列印。這些資料的第 2 章和第 3 章都可帶到課堂進行討論。有關團體工作專家協會（ASGW）的資料，可從網站首頁取得（www.asgw.org）。
    - ASGW 訓練團體諮商員專業標準：www.asgw.org/training_standards.htm
    - ASGW 最佳實務指南：www.asgw.org/best.htm
    - ASGW 團體工作者勝任多元文化與社會正義準則：www.asgw.org [ASGW Standards and Practices]

問題討論

1. 你會如何測量以確保你團體的保密性？當一個成員違反保密原則，你會如何處理？
2. 在何種情況下你會被迫違反諮商團體成員的保密原則？你將如何處理這種情形？
3. 你認為如何以最佳的方式獲得團體成員的同意書？
4. 當與由非志願成員組成的團體工作時，可能遇到的特定倫理議題為何？

5. 何種心理性危險與團體成員有關？你將如何最小化這些風險？
6. 多元文化考量如何與倫理性團體工作相關？
7. 在團體工作倫理的使用技巧上，你可能會採取何種準則？
8. 你個人的價值觀將可能以何種方式影響你和團體成員一起工作？
9. 你對於邀請學生參與經驗性團體做為他們成為團體工作者訓練中的一部分有何想法？
10. 在你設立一個團體時，哪些法律議題是你會考量的？

Chapter 4

第四章

團體諮商的理論與技術

你正在參加某個場域或實習工作的面試，在面試過程中，你被要求回應以下劇本：你是一個學校諮商員，跟 13 至 15 歲的懷孕青少女及她們的父母一起工作。在第一次團體，成員們詢問你的個人生活。她們想知道你幾歲時有第一次性行為，你文化背景的細節，及你是否已婚或有自己的小孩。面試者詢問你將如何根據你的理論取向來回應團體成員的問題？在初次團體你可能使用哪些技術？你的理論取向如何影響你回應這些問題？哪些理論最吸引你及為什麼？你使用的理論與你自己人格的適配性為何？文化因素如何影響你引用的理論？

導論

本章我們提供一些可應用在團體諮商的主要諮商理論。在每個諮商理論段落的最後，列出了我們認為特別有益的建議閱讀清單。為了形成你自己如何應用理論於實務團體工作的觀點，你需要對有興趣的每個理論，及你覺得有用的技術做延伸的閱讀。我們本章主要的目的是呈現一個如何在團體中應用技術及呈現如何聯結理論與技術的思考架構。

你也許想問為何理論是重要的及為何我們用了一個完整的章節來探討這個主題。一個理論提供你一個設計合適介入及評量整個團體及團體每位個別成員結果的結構。這是一個組織你從一個多次團體中獲得資訊的方法。我們認為要發展一個適合你個人的團體諮商實務工作的個人立場，同時又有足夠彈性去滿足團體成員的個別需求是十分重要的。

一個理論形成你催化一個團體，帶領你與成員相處，及定義你與成員們在團體中角色的方法。一個理論提供了解並評量個案的世界的參考架構，尤其是當要形成投契的關係、進行評量、定義問題及選擇滿足成員目標的合宜技術。當一個團體帶領者沒有清楚的理論而企圖介入並使用技術，就有如蓋房子卻沒有施工藍圖一樣。若你無法應用理論來支持你的處遇，你的團體將無法獲得最大利益。

理論並不是一組嚴格的結構，包括處置、步驟、身為帶領者的角色為何及如何運作。相反地，理論上是一個一般性的架構以協助你了解團體過程的面向，提供你在團體中做什麼及說什麼的方向的感覺，理論有助你思考你的處遇的可能結果。能夠明確表達你的理論立場對個案而言亦是有益的，因為它能協助定義團體成員的角色和期望。

以理論為路線圖

一個理論能導引你，就像地圖或是導航設備的功能一樣。從其中所得的一系列方向，能夠告訴你在哪裡為起點、希望哪裡是終點，與路途中的每條路的行進步驟。如果你沒有導航設備，你可能會迷路而耗時；即使你有直接的嚮導，還是有可能會繞路，也有著未知的後果。雖然你有計畫，你需要彈性地調整達到目的地的路徑。在本章，我們將描繪我們的整合取向、強調對人類行為中的思考、感覺與行動角色的重視，這些看法是從多數理論中萃取而來的。

有許多不同的理論取向可以理解團體歷程如何運作與團體改變如何發生。不同的團體帶領者，會使用他們自己的理論取向，使用多樣的方式去處理團體內所浮現的相同議題。一些帶領者重視感覺，相信成員們最需要的是指認與表達自身壓抑的情感。一些帶領者強調得到洞察與增加自我覺察。而一些帶領者強調在團體內促成新的行為練習，幫助團員們針對他們希望的改變，發展特定的行為模式。其他的，會鼓勵團體成員們評估對自己與對世界的信念；這些帶領者相信，改變會發生是因為透過重構信念與自我對話，排除與取代不精確的思考。這些思考背後的每一個選擇，都呈現了特定的理論導向，而不同的理論取向能像音樂會般的運作以增強你去理解團體運作的能力。

團體諮商員可能會重視以下的時間框架：過去、現在與未來。思考你如何看待過去、現在與未來是重要的，因為那會是團體工作中最常有的焦點。如果你相信團體成員們的過去經驗是必須探索的核心，你的介入可能在促成成員去理解他們的過去經驗如何連結當下的行為。如果你認為成員們的目標與嚮往是重要的，你的介入會集中於未來的層面。如果你強調當下的狀態，你的介入可能會強調成員正在思考、感覺與行動的此刻性。從以當下為中心的導向，你可能會讓你的成員將過去世界與未來想像同時帶到此時此刻裡。

我們的理論導向

我們有些時候會被詢問我們自身所跟隨的理論模式。可能沒有人會以一概全地說我們使用單一的理論取向。反而，我們會在一個整合的架構下去發展與調整我們的諮商工作。我們以現今大部分的治療模式去形成自己的概念與技巧，並將其適應我們自身的人格、治療模式與某個團體中的成員需求。我們假設人與諮商理論與技巧是同等重要的。縱然有些理論與技巧是被質疑的，當我們運用這些技巧時，我們能將其實踐與細緻化，而技巧的程度能因此精熟以增進我們的能力。雖然有效的使用技巧與技術是基本的需求——從一個理論去使用一系列的諮商技術也是一樣——然而這樣的能力並不足以構成完整的圖像。我們和個案所共有的諮商關係之品質，才是決定成敗的關鍵。我們所用的諮商方法與諮商理論的選擇是重要的變項，但是關係的因素才是有效團體工作的基石。我們用我們的技巧去增強團體成員間的連結。而建立這些連結關係，我們的概念框架會發展成思考人類經驗的思考、感受與行為三個重要向度。

一個團體諮商的整合取向　我們建議你學習所有當今的諮商理論，以決定你最想要整合到你的帶領風格的概念與技術。發展你自己的諮商理論是一個過程，而這個過程可能會用很多年的時間，然後讓你逐漸地細緻化你自己的臨場風格。每個理論自有不同的優點去理解人類的行為，但是沒有一個是「全然的真實」。

為了要發展與概念化你自己的諮商模式，當你選擇了一個最適合與個案工作的概念與技術時，同時思考你自己的人格特質、人際強項、生命經驗與世界觀。做一個有效的選擇需要你去涉入許多理論之中。保持對不同諮商理論開放的態度，能讓這些理論在某個時刻被整合，並且驗證你自己讓這些理論可以共同工作的假設。規律的得到團體成員的回饋，是一個最好的，可以評估團體介入的方式。

一個整合的取向涉入了從諸多系統中選擇概念與方法的過程，而整合的方式殊途同歸。最基本的兩種整合，是技術的整合與理論的整合。**技術的整合**（technical integration）重視差異、使用不同取向，並且有系統地選擇各種技術。這條路徑不必然採用某種理論，也不否定某種理論，而是綜合了諸家理論中的各種技術。相反地，**理論的整合**（theoretical integration）重視概念與理論的創新，而不是混雜特定的諮商技術。這條路徑的假設是兩個以上理論的綜合體相互截長補短，提供了更豐富的選擇性而不是受限於單一理論的概念。整合性的諮商是一個有意向性的過程，從不同的諮商系統中選擇了概念與方法。一個整合的方法可以成功的應用在不同團體不同成員的多樣需求。

知道何時與如何在一次團體時間中使用特定的治療介入，是一門藝術，也是一個從知識到實踐的成果。它從以下的問題開始：

- 團體從這個此時此刻到下個此時此刻正在發生什麼事？
- 我與團體中的成員正在發展出什麼樣的關係？
- 我在團體中承擔的角色是什麼？而這個角色如何影響團體歷程？
- 我正在應用的技術是什麼？我能夠解釋為什麼我正在使用不同的技術嗎？
- 如何評估我的個案的優點與資源、定義問題與解決方式，並且思考期待的成果？

這些問題的答案將會協助你開始形成一個圖像，讓你成為一個團體的帶領者。

我（Cindy）應用了許多的理論，但是我維持了一個連續性去思考我是誰、我怎麼理解個案的世界，與我怎麼介入個案的故事之中。我大部分被完形治療與多元文化諮商與心理治療模式所影響，但是我也應用著認知行為治療與系統化思考模式。我非常重視我與個案的關係。我相信他們與我建立關係的風格呈現了他們在外在世界行事的方式。我也使用我自己與我對個案的反映做為回饋，這來自於完形取向。例如，我可能要求個案去觀察特別的、他們想改變的想法與行為，這個認知治療的技術是根基於完形取向，意味著介入並不會是一個先被決定的作業，而是一個立即性的、此時此刻的、我與個案的互動。

此外，我經常發現我自己觀察個案的兩難狀態，是透過一個文化與系統的觀點，其中，我看到他們與他們所呈現的議題是一個鑲嵌在其他系統的問題。從女性主義的觀點，我形成了性別與權力的動力在團體中運作的價值觀點。再來，被女性主義治療影響的我，在我不知道文化、系統與動力影響時，會避免形成對個案的診斷。這樣的思考，協助我遠離責難受害者的權力角色，而個案也能看到自己的症狀經常自有其脈絡可尋。我發現這樣的思考會協助個案形成生命的改變，而不是從外力去製造挑戰與抗拒。

一個想法、感受與行為的模式　當帶領一個團體時，我們會注意團體成員正在思考、感覺與行動的是什麼，形成了認知的、情感的與行為的關注向度。成員們在思考的與這些思緒如何影響他們的感受與行為，是有來有往的互動。我們是如何行動也同樣影響了我們正在進行的感受與思考。將這三個向度結合，就形成了一個強大的具有理解力的諮商取向。從我們的觀點來看，這三個向度的任何一個如果被排除了，這個治療取向就不是一個完整的治療。

我們認為在認知向度，要強調成員們正在進行的思考或已經思考的歷程。我們經常挑戰成員他們自己所下的早期決定。我們注意成員們的自我對話：「成員們的問題是怎麼被他們自己的對自我、他人與生活的假設所導致？」「成員是怎麼用他們自己的信念系統創造了他們自己的問題？」「他們是如何藉由批判評估自己，重複給自己的句子而能更自我導向的生活？」我們所使用的團體技術很多是設計用來讓成員思考自己的思考歷程，去幫助他們反思生活事件並且反思他們已經怎麼詮釋這些事件，和探索他們的信念以致於他們能形成他們改變的方向。在初始階段，當我們在協助成員們確立他們參與團體的特別目標時，以及在結束階段，當我們協助成員去鞏固他們的學習與設計行動計畫以改善每日生活時，我們會用更多認知行為治療取向去形成這些目標。

情感向度重視團體成員的感受，在我們帶領的團體中，我們會協助團體成員指認與表達他們的感覺，如果成員們可以經驗他們情感的範圍並且談論到特定的經驗對他們的影響，療癒的歷程已然啟動。如果成員們感受到被傾聽、理解與接納，他們會更有可能表達他們的感覺。雖然團體成員們能夠從表達受壓抑的情感中得益，但如果要達到最大利益，一些認知的工作仍然是基本需進行的。所以我們整合認知與情感的工作在團體之中。我們邀請團員反映他們的情緒工作，並且討論他們的情緒經驗如何連結到他們對於自己、他人與生活事件的信念之中。

認知與情感的向度是治療歷程的基礎環節，但是行為向度（行動與做）就是改變歷程的核心。得到洞察與表達壓抑已久的心情經常是重要的，然而成員也需要涉入行為導向的改變計畫。團體帶領者可以問成員一些有用的問題，像是：「你正在做什麼？」「你現在的行為會讓你有合理的機會去獲得你要的，和帶你到你想去的方向嗎？」如果團體工作的目標集中在成員正在做的事情上時，成員們也會有更大的機會去改變他們的想法與感受。

除了重視思考、感受與行為的向度之外，我們協助團體成員鞏固他們正在學習的事物，並且鼓勵他們在每天的生活情境中，應用這些新的行為模式。一些我們所使用的策略像契約、家庭作業、行為計畫、自我監控技術、支持系統與自我導向的改變計畫等，都加強了成員的承諾角色，讓他們應用新的行為去遵從合理的計畫而改變自我，並且發展了應用方法讓這個計畫在每日生活中都被實踐。

我們需要了解影響團體成員的不同系統：家庭、社會群體、社區、教會與其他的文化力量。要讓一個團體歷程有效，就必須理解個人如何影響他們的社交環境與如何被社交環境所影響。有效的團體帶領者需要接納整體的觀點，並且涵納人類生存經驗的各種面向。

理解我們自身對於思考、感受與行為的強調是我們（Marianne 與 Jerry）從存在取向所得的哲學學習，因為存在取向強調了選擇與責任的角色在治療歷程的重要性。我們邀請成員觀視他們真的擁有的選擇，然而這些選擇被限制的地方，並且接受為自己所選擇的責任，所以我們會鼓勵成員們指認與澄清他們正在思考、感覺與行動的事物，以區隔他們去改變他們生命中他人的思考、感覺與行動。我們做的大部分是基於人有能力去改變自己生命的此一假設上，協助成員探索他們的內在資源，並且學習如何使用這些內在資源以解決自身困難。我們在團體中並不提供答案，但是我們促成一個過程，讓成員有更大的覺察知識與技巧以解決他們現在以及未來的問題。

有效的治療關係養育著富有創造力的靈魂，其重視發展增加覺察的技術，也讓團體成員改變他們的思考、想法與行動。經驗性的證據指出治療關係與治療師用的方法直接的關聯於治療的結果，研究者重複地探討正向的聯盟關係與合作的治療關係是治療成效的最好預測指標（Hubble, Duncan, Miller, & Wampold, 2010）。

治療關係的部分牽涉到傾聽個案對於治療過程的回饋。個案的回饋能被使用於告知、引導與評估處遇歷程。主動的團體成員與他們在團體早期的意義性改變，是形成正向改變最有力的促進因素。增進心理治療效益最好的方法，就是從個案引導的、結果告知的治療形式去形成治療方向（Duncan, Miller, & Sparks, 2004; Miller, et al., 2010）。

當我們介紹團體技術時，我們也同時思考個案的族群因素。我們思考著成員們的準備程度去面質他們自身議題，成員的文化背景與價值系統，與成員們對於我們的信任，以這些為團體的促進因素。一般性的目標引導我們的行動是協助成員們指認與經驗他們正在感覺的經驗，指認他們影響自己感受與行為的方式，與進行替代行為的實驗等等。我們有著團體操作意象讓我們得以使用技術，同時我們的介入一般來自於本章所述的，某些理論的取向。

這樣理論導向的討論提供的，只是一個對於本主題的簡單介紹。如果要更仔細地針對不同理論取向對於團體諮商的介紹，請見 *Theory and Practice of Group Counseling*（Corey, 2012）。針對諮商理論的工作我們建議 *Case Approach to Counseling and Psychotherapy*（Corey, 2013b）、*Theory and Practice of Counseling and Psychotherapy*（Corey, 2013c）、*Current Psychotherapies*（Corsini & Wedding, 2011）、*Contemporary Psychotherapies for a Diverse World*（Frew & Spiegler, 2008）、*Counseling Theory and Practice*（Neukrug, 2011）、*Systems of Psychotherapy: A Transtheoretical Analysis*（Prochaska & Norcross, 2010），以及 *Theories of Psychotherapy and Counseling: Concepts and Cases*（Sharf, 2012）。

發展你自己的團體諮商理論

你的理論需要切合於你個案的族群、情境與你所提供的團體型態，但並不是要和你這個人做區隔。嚴格來說，最有意義的取向是一個能延伸你的人格的取向，最好是這個理論形成了整合你這個人與你個人特殊性的一部分。在「最佳實務指南」（ASGW, 2008）中指出發展一個概念架構的重要性，在於它引導了實踐與提供了使用技術的合理性。

透過本書，我們認為面對你生命經驗的能力與個人的特質是一個強而有力的治療技術。尤其重要的是，去覺察與評估你是怎麼以自己的行為、人格、文化背景、地位，以及強化與阻礙你成為團體帶領者義務的位置等。一個對理論的透徹理解切合團體工作、技巧使用與督導經驗，提供了成為一名有效團體帶領者的基礎。然而，也必須誠實地回頭凝視你的人生，並檢視是否能做到在團體中期待成員進行的事。如果你現在是個正在受訓的學生，要發展一個統合的、完整定義的理論架構，需要額外的閱讀與數年的團體帶領經驗。我們建議你與其他團體工作者交換想法並且調整舊有的模式以應對新的知識，與時俱進。

在我的教學之中，我（Jerry）鼓勵學生們盡可能學習諸多理論，然後開始尋找能夠發展他們整合取向的練習。要看如何發展一個整合取向的療癒過程，可以參考 *The Art of Integrative Counseling*（Corey, 2013a）。

有效使用團體技術

技術指的是在團體之中帶領者欲促成行動的介入方式。實際上，團體帶領者所做的任何事都可以被視為一個技術，包括保持沉默、建議新的行為模式、邀請成員去處理衝突、提供成員回饋、解釋，與指派在兩次聚會間的家庭作業。一個**技術**（technique）表示一個帶領者對於一位成員的（或所有成員的）明確而直接的要求，以聚焦討論其物質上、強烈或誇張的情感、行為練習，或鞏固所得的洞察與新的學習。技術也包含當團體似乎要失去活力時，詢問團體成員們以澄清團體方向、邀請成員們分享一則重要的故事、指導某位成員在特定的情境下進行角色扮演、指導成員做行為的演練、邀請成員們將過去事件帶入此時此刻、鼓勵某位成員重複特定的話語或去完成一個重要語句、協助成員們摘要此次團體聚會的學習、與成員們合作設計團體的家庭作業指派、挑戰成員們的信仰體系，及致力處理影響成員行為的認知。

在催化一個團體，我們從許多理論模式中引用多種不同的技術。技術的使用是因應團體參與者的需要，我們考慮幾個因素：團體的目的和型態、成員們面對個人問題的準備度、文化背景、價值體系及對我們身為帶領者的信任。當決定一項適當的處遇時，我們亦須考慮團體成員之間的凝聚力和信任的程度，我們鼓勵參與團體的人要辨識並且經驗他們正在感受的任何東西、辨識他們的假設是如何影響對自己感受和行為的方式，及實驗替代性的行為模式。

我們亦認為，因為技術的這些程序旨在協助團體帶領者，獲得他們在團體中應追求的方向感。在許多團體型式中，最實用的技術是源於在特別的階段中，參與者們的努力及處理各種情況而衍生或修正發展出來的。技術是工具與處遇，用於催化團體的進行。例如，若團體成員保持沉默，團體帶領者可能會要求每個人完成一個句子：「現在讓我沉默的事情是……」。

使用技術的理由

由團體的參與者們努力及在特定團體聚會中因情況而修正所發展出來的技術是最有功能的。團體帶領者使用特定技術時，應考慮其基本原理並考慮該技術是否有可能促使個案的自我探索和自我了解。若督導或協同帶領者詢問你使用該技術的理由，你必須能夠回答這些問題：

- 你為何使用這項特定的技術？
- 藉由使用這項技術，你期望實現什麼？
- 你期望團體成員們將從你的處遇中學習到什麼？
- 你選擇的技術是依據什麼理論架構？

思考下面的案例，以做為回應在團體中進行處遇的理論根據基礎。Rebecca 是一名受訓者，即將帶領一個小團體，她被督導問到：「在團體能量似乎很低而成員們不願參與時，妳在團體中介紹這項活動的理由是什麼？」Rebecca 有點防衛地回答是依據她的直覺，認為團體需要的是一些輔助來推動團體繼續前進。當這位帶領者與 Rebecca 探索她的理論如何影響她的處遇時，她回答：「我不認為理論是必要的。我有一套技術，而且我有自信在需要時運用它們。我偏好順著團體的流動而非強加我的理論至團體中。」

督導向 Rebecca 解釋一套理論提供了一個整體架構，協助她了解團體中正在發生的事，並且理論提供一個方向指引她在團體中該說或該做什麼。Rebecca 堅持若試圖融入一個理論將限制了她的創意，並有可能導致機械性地處遇。Rebecca 不認為理論對於引導她的團體工作有何價值。她寧可依靠她的臨床直覺和「覺得正確」的創造性處遇。你對於 Rebecca 所言有何反應？

我們認為，相信你的臨床直覺同時也反映在你處遇的基礎上是有可能的。理論可以提示並提供一個表達你對團體中所發生事情之臨床印象與解釋的架構。若督導詢問你所偏好的理論，你能夠描述它嗎？在何種情況下，你認為你使用的技術必須有一定的理論依據？

熟悉了解所使用的技巧是很重要的，最好是那些你親身經歷或者已被督導過的技術。在實務中，我們使用下列準則以增加技術的，或任何我們會在團體中介紹的結構性活動的效能：

- 技術的使用有治療目的，並根植於一些理論架構。
- 技術（和活動）都以邀請的方式呈現；成員中擁有參與或跳過一個指定實驗的自由。
- 技術是以適時地和敏感的方式被介紹，而若它們無效則被摒棄。
- 技術為了適合於個案的文化和種族背景而調整。
- 團體參與者有機會分享他們對使用的技術或活動的反應。
- 個案的自我探索和自我了解是被培育的。

透過多元文化觀點來看團體

從所有人類的行為顯示，每個人都有著多重的認同及受到層層文化的影響。不論你的理論取向為何，多元文化的團體要能有效地運作，所有認同的面向包括年齡、性別、性取向、能力以及宗教信仰等都必須被考慮。團體帶領者需要經常意識到由團體成員賦予的權力，並意識到他們可能象徵壓迫成員們的一些機構。當引入活動或建議實驗時，重要的是，團體帶領者要留意於邀請的方式，而非濫用團體成員給他們的權威或權力強迫參與。

若未經過查證和了解種族主義和歧視的相關經驗，團體帶領者很難在有色人種和其他被壓迫的團體成員之間建立信任和彼此支持。團體成員所遭受的痛苦，必須在鼓勵他們以不同形式回應前先被處理。有些理論取向挑戰個案去檢視他們對生活事件的詮釋方式，並假設能控制他們的想法和感受。其他理論則會著重強調辨識和表達情緒。

或許有些文化團體的成員們會發現，情緒性表達的目標與他們的文化教養及性別角色規範是不相容的。例如，有一名男性團體成員被教導不可以在公開場合表達自己的感受，要介紹快速地將感受帶至表面的技術，可能是不適當且無效的。在這種情況下，重要的是先找出這名成員是否有興趣探索，從自己的文化中表達感受這件事情裡學習到了什麼。團體帶領者必須尊重成員們的文化價值觀和經驗，但在同時，他們可以邀請成員思考他們的價值觀、生活經驗、社會化和教養，是如何持續地影響他們的行為和所做的選擇。若成員們表明想討論他們的文化背景對於目前有何影響，則團體帶領者可以協助成員們檢視做行為改變的利弊與可能的代價。

西方治療模式反映出的價值觀，如選擇、個體的獨特性、自信、個人成長與明確的自我。治療結果包括藉由改變環境，來提高自信的應對技巧、改變一個人的因應行為和學習處理壓力。西方的治療模式，如認知行為療法和關係導向取向，是朝向個人改變導向；相反地，非西方的取向較注重相互依存，淡化個人的個性，重視集體利益，並強調在群體中療癒。非西方取向較強調社會架構而非個人發展。在一個日益多元化的社會中，帶領者有一個道德義務，要避免強制所有個案去適應一套可能不適合他們文化背景的標準。身為團體諮商員，我們需要知道我們的假設和基本理論取向如何影響著不同的個案工作。正如我們身為團體帶領者需要注意我們和個案的文化效益，而且，我們需要及制定使用的理論與技術，以符合成員的文化與種族背景。願意調整我們的方法以符合成員的需要，將能增加創造正向效果的機會。

理論與技術間的關係

有些技術跨越各種理論，其他則被連結到特定理論取向。以下各節呈現許多諮商理論的關鍵概念和技術，我們將這些理論分成四大類別：

1. **心理動力取向（psychodynamic approaches）**強調治療中的洞察（精神分析和阿德勒治療）。
2. **經驗與關係導向取向（experiential and relationship-oriented approaches）**強調感受和主觀經歷（存在主義、個人中心、完形治療和心理劇）。

3. **認知行為取向**（cognitive behavioral approaches）強調想法和行動的角色，為行動導向（行為治療法、認知治療、理情行為治療法和現實治療）。
4. **後現代取向**（postmodern approaches）強調理解個案的主觀世界，並挖掘個人中帶來改變的現有資源（焦點解決短期治療、敘事治療和女性主義治療）。

儘管我們已經將這些理論分為四大類別，這種分類仍是有點武斷。重疊的概念和主題，讓俐落地劃分這些理論取向變得困難。

在 *Groups in Action: Evolution and Challenges DVD and Workbook* 一書中，請參閱第三部分，包括了團體工作主要的理論取向的理論概述，並提供了許多應用於廣泛團體中的技術案例。這一個小時的課程計畫涵蓋本章所概略描述的四大理論的基本概念。

心理動力取向

首先，我們先介紹心理動力取向的團體諮商。**精神分析治療**（psychoanalytic therapy）主要是以洞察、潛意識動機及人格重建為基礎。精神分析模式對其他所有形式的心理治療有重大影響。我們認為有些治療模式，基本上是精神分析取向的延伸，有些則是對分析概念與程序的調整，而有些理論則是反對精神分析。許多諮商與心理治療的理論從精神分析借用並整合其原則和技術。

阿德勒治療（Adlerian therapy）在許多面向與精神分析理論不同，但它被廣泛地認為是源自心理動力觀點。阿德勒學派著重在意義、目標、目標性行為、自覺行為、歸屬感及社會興趣。儘管阿德勒理論是由研究兒童經驗的行為呈現來說明，它並不著重在潛意識的動力。

精神分析取向

精神分析治療關鍵概念　精神分析取向認為人們是被潛意識動機及早期童年經驗顯著地影響。因為行為的動機都隱埋在潛意識裡，團體治療通常包括一段對根植於過去內在衝突過程的漫長分析。長期分析團體治療主要是重新建構人格的過程，而這是比其他大部分治療取向更廣泛的治療目標。短期心理動力團體治療取向強調在有限的時間結構下達成更多合適的目標。

精神分析治療團體著重於過去對現在的人格功能影響。生命前六年的生活經驗是一個人目前問題的根源。然而，當代分析取向團體實務工作者對他們的團體成員的過去有興趣，但對他們交織著對現在與未來的了解。過去是相關的，只因為它影響著現在與未來，在這個意義上說這三者在團體治療中都具有重要的位置（Rutan, Stone, & Shay, 2007）。

精神分析治療的治療目標　一個基本的目標是使潛意識意識化，所以治療的目標是人格重建，而非解決立即性的問題。成功的精神分析治療結果，是取決於顯著地改變一個人的人格及特質結構。

治療關係　精神分析取向的團體治療師帶領風格各不相同，範圍從團體帶領者是客觀、溫暖、超脫和相對匿名的，到那些偏好與團體成員有共同合作關係的角色。精神分析取向團體治療的一項顯著發展，是人們日益認識到治療關係是最重要的核心。相對於傳統分析師客觀與超脫的模式，當代取向強調治療同盟。建立一份工作關係，在關係中，治療師與成員傳達關愛、好奇及涉入，是現在較被偏好的模式。

技術　主要技術包括保持分析架構、自由聯想、解釋、夢的解析、抗拒分析及移情的分析。這些技術都是為了提高覺察、獲得洞察及開始一段修通的過程以期重組人格結構。心理動力團體治療的兩個主要特點為在目前的團體情境下，移情與反移情都將被呈現。

團體提供了探索根植於先前關係而來的移情反應的許多機會。團體群體本身讓它自己形成了**多重移情**（multiple transferences），而提供重演過去未完成事件，尤其是當其他成員刺激了其中一個成員內在強烈的感受而使該成員（他或她）視其他成員為一些重要他人如父親、母親、手足、生命伴侶、配偶、舊情人或老闆的角色。心理動力治療團體的基本信條為團體成員們透過團體內彼此的互動，重新建立他們的社交情況，意味著該團體成為他們日常生活的一個縮影。團體帶領者的任務是協助成員發現，回應其他團體成員就彷彿是在回應他們的父母或手足的情形。精神分析團體提供了一個安全、中性的環境，在其中成員們可以表達自發性的想法和感受，而團體是有利重現過去重要事件的環境。例如，如果女性團體成員對一名男性成員有強烈的反應，可能會發現她是將從父親而來的舊傷投射在這個男性成員身上。若這兩名成員都願意去探索她的移情，她將會洞察到是她帶著與他父親過去的關係，至現今與特定男性的關係之中。

團體可以提供一個人們如何在團體外情境運作的動力性了解。藉由在移情的過程中重現過去，成員增加了對「過去阻礙著目前的運作」的理解方式。藉由解釋及修通他們的移情，團體參與者愈來愈意識到在過去事件干擾他們對評估和處理現實生活的能力。

成員移情的另一面為團體帶領者的反移情。在治療關係裡，團體帶領者對成員的感情可能變得糾結，阻礙了客觀性。Rutan 和他的同事（2007）形容反移情是「治療師從現在的病人中被引發的過去感受」（p. 249）。廣義來說，反移情包括團體治療師對成員的所有情緒反應。反移情發生在現在，團體治療師對團體成員的反應，有如治療師對自己原生家庭的重要他人。團體帶領者需要警覺他們未解決衝突的徵兆，因為可能會干擾他的帶領方式，並且形成習慣營造一個情境使成員們滿足他自己未實現的需求。例如，一個團體帶領者在個人生活中未必受他人賞識，也許會對於要求很高且未符合需求的成員感到難以工作。這些難以辨識自己的反移情和需求的反應，成為團體帶領者要去經驗個人治療的理由。個人治療的價值在於協助團體帶領者辨識到反移情的跡象，及發現個人的需要和動機如何影響他們的團體工作。重要的是，妥善的管理和應用反移情，能在與團體成員工作時帶來益處。當團體治療師詳查自己的內在反應，並運用它們以了解他的團體成員們，反移情可使治療工作大大受益。

精神分析取向的多元文化應用　本取向重點放在團體成員的過去經歷，是如何影響他們現在的性格。心理動力治療的簡短形式，是特別將個案的文化情境與早期經驗等，可以提供對於現在問題有全新理解的相關方法都列入考慮。在心理動力治療的簡短形式中，個案可以摒棄舊習慣而在他們現今行為裡建立新的模式。

要了解更多關於心理動力取向的團體實作，我們建議閱讀：*Psychodynamic Group Psychotherapy*（Rutan, Stone & Shay, 2007）。

阿德勒取向

阿德勒治療的關鍵概念　依據阿德勒取向，人主要是社會群居的，被社會力量影響及刺激。人的本質被認為是具創造、積極與決策的。本取向著重於個人的整合、了解個人的主觀想法及提供生活目標予行為方向的重要性。阿德勒認為，人們固有的自卑情結啟動了追求朝向生活中實現能有更高層次的掌控和能力的天性。每一個人的主觀決定，依著特定追求的方向形成了個人的生活方式（或個人風格）。生活方式是由我們對他人、對世界及對我們自己的觀點而組成；這些觀點導致我們在追求我們的人生目標時採取獨特的行為。我們可以藉由積極並勇於冒險及面對未知的後果，做出決定來影響我們自己的未來。個人不被視為「生病」，或受苦於心理病理異常且需要被「治癒」的。

精神分析和阿德勒取向團體常在許多方面複製原生家庭，而促使團體成員再次經歷源自於他們家庭的衝突。因為有了如家庭般的氣氛，團體提供了喚醒包括原生家庭與當前生活經驗兩者感受的機會（Rutan et al., 2007）。阿德勒學派視家庭團體為影響個人生活方式的關鍵因素，而團體是社會的再現，因為允許成員們看見自己家庭的動力在團體中呈現，而對自己的內在動力有更多體會。

阿德勒學派團體成員能將個人歷史帶入現有的團體。成員們可以藉由表現彷彿他們已經完成了他們渴望的改變，獲得學習新行為模式的練習。例如 Darlene 受苦於她的自卑感，無法在她的日常生活與團體中有效地表達自己。有趣的是，大多數成員認為 Darlene 極其亮眼，且能夠清晰地溝通——當她真的參與時。他們鼓勵她多說一些，因為他們喜歡她所表達的。團體帶領者建議 Darlene 能在一次團體聚會中進行實驗，表現出彷彿她擁有其他成員在她身上看見的所有特質。這個實驗的結果，Darlene 開始辨識並欣賞自己的天分。她被鼓勵持續一個星期在團體外的生活練習這項新行為，並對成員回報此經驗對她的意義。

阿德勒學派諮商的治療目標　阿德勒學派團體的一個主要目標是促進**社會興趣**（social interest），或催化與他人聯結的感覺。阿德勒團體帶領者希望團體成員能培養為他人福祉貢獻的渴望、加強辨識和同理他人的感受及加強在同一個團體的歸屬感。為了達成此目標，阿德勒團體帶領者在團體內營造了民主的氣氛。阿德勒學派並不為他們的團體篩選成員，因為這會與它們民主與平等的精神相違背。Sonstegard 與 Bitter（2004）認為篩選的過程本身在提供機會給那些最需要團體的人就已失敗了。他們相信篩選常是為了安撫團體帶領者而做，而非確保那些最能從團體受益的人可以入選團體。

諮商並不是一個專家治療師制定改變處方這麼簡單的事情。它是一個共同合作，由同團體成員和團體帶領者一起進行共同接受的目標。成員認清他們要為自己的行為負責。阿德勒學派主要關注於挑戰個案的錯誤說法和錯誤假設。在學員們改變認知觀點與行為的治療時，提供鼓勵與支持。

治療關係　阿德勒學派視治療關係為互助、相互信任、尊重、自信、合作及目標定位。他們特別重視團體帶領者真誠的溝通和呈現的示範，從團體開始，團體帶領者與團體成員之間的關係是合作的，其特徵是朝向具體且具共識的目標。阿德勒團體治療師致力於建立和維護平等的治療同盟及與成員有一個個人對個人的關係。

技術　阿德勒學派已發展出多種技術和治療方式。阿德勒學派並不限制遵循一套特定的程序；相反地，他們可以運用他們的創造力在那些他們認為最適用於每個個案的技術上。有些他們常用的特定技術是專注、同時提供面質和支持、摘要、蒐集生活歷史資料、生活方式分析、家庭及早期記憶的經驗解釋、建議、提供鼓勵、指派家庭作業及協助團體成員尋找新的可能性。阿德勒治療法具有心理教育的焦點，是現在及未來導向，並且是短暫或有時間限制的取向。

解釋是阿德勒團體諮商員的一項關鍵技術，其包括團體帶領者指出成員在此時此刻表現行為的潛在動機。解釋從不強加於團體成員上，但都以假設的形式呈現，如以下的例子所示：「有沒有可能你在團體中常覺得被忽略的反應，是與你小時候在家庭中未被注意有關？」「我有一種直覺，我想與你分享。」「在我看來，你在團體中，比起照顧自己，你更願意去幫助別人。」「也許你可以保留這個想法，直到團體最後才提你所關注的議題，而這將導致你苛責你自己。」「我得到的印象是，無論人們告訴你多少次他們想聽到你的聲音，你繼續說服自己你沒什麼可說的。」

解釋是以臨床直覺的開放語句呈現，而在團體聚會中被探討。最好是能在團體中共同合作做解釋，運用團體成員的直覺，了解其行為的可能意義。這個過程的最終目標是，參與者對於他們自己有更深的心理認識。其目的是使成員獲得對自己在創造一個問題時所扮演的角色、是怎麼持續這個問題及可以怎麼改善他們的生活情況等有更深的覺察。

在阿德勒團體（重新定位階段）的進階階段，成員們被鼓勵行動，就他們在團體裡所學的做基礎。團體因為促進成員之間的人際關係而成為改變的媒介，團體過程促使成員從他人所做的看到自己，並辨識出錯誤的自我概念或其所追求的錯誤目標。改變是由希望的出現催化而來。

在阿德勒團體的行動階段之中，成員們要做出新的決定並且修正他們的目標。為了挑戰自我設限的假定，鼓勵成員們要表現得彷彿（act as if）已經是他們想成為的人。阿德勒學派經常使用這種行動導向的技術，使成員們想想如何變得不同，以做為促進轉換個人觀點的方法。

要是有許多行為在團體裡重複出現，成員或許會被要求在一些無效的或造成自我挫敗的舊行為模式中「看穿自己」，但並不用口語表達。**看穿自己**（catching oneslf）的技術包括協助個人辨識與問題行為或情緒有關的信號。參與團體的人若希望改變，就需要設立目標並為他們的問題作出具體的回應。此外，將新的洞察轉化為具體行動的承諾是必要的。

阿德勒短期團體諮商在有限時間結構中應用了一系列的技術。此短期取向特徵包括初步建立一個治療同盟、辨識目標問題和治療目標核對、快速評估、積極和指導處遇、著重成員的優勢和資源及強調現在和未來。阿德勒學派在面對每位團體成員獨特的生活情況時，將靈活地採用他們的處遇策略。

阿德勒學派的多元文化應用　本取向提供了一個認知和行動導向的技術來協助人們探索在文化情境下他們的議題。阿德勒學派的興趣在於協助他人、社會興趣、在追求生命的意義、歸屬感和集體主義精神等，與團體過程相符合。本取向尊重家庭在人格發展為具影響力的角色，並強調社會聯繫和在社區中建立有意義的關係。阿德勒治療師往往把重點放在合作及社會取向價值而非競爭和個人主義的價值觀。阿德勒學派實務工作者靈活地調整其介入措施以符合每個個案獨特的生活情況。阿德勒治療法具有心理教育的焦點，是現在及未來導向，並且是短暫或有時間限制的取向。這些特點使得阿德勒取向團體諮商適用於與廣泛個案的問題工作。

提供一個學習更多關於阿德勒取向團體工作的優秀資源，請參考：*Adlerian Group Counseling and Therapy: Step-by-Step*（Sonstegard & Bitter, 2004）。

經驗與關係導向取向

治療常被視為諮商員與個案之間，一段深入個案所感知與經驗的世界的旅程。這段旅程在治療情境下，被人與人相遇的品質所影響著。治療關係的價值在所有的治療取向中是共同要素，而有些取向比其他取向更強調治療關係為療癒因子的角色。存在主義治療和個人中心治療將人與人的關係，特別顯著地置於最核心的位置。強調治療關係中人的品質，降低了團體諮商成為一個機械化過程的機會。並不是我們使用的技術帶來治療性改變，相反地，是與團體成員關係的品質帶來療癒。若我們的團體成員能夠感受到我們的存在及與成員們建立真實聯結的意圖，則為困難工作所建立的堅固基石將隨之而來。

關係導向取向（relationship-oriented approaches）（有時也被稱為經驗性取向）的基礎是以治療關係的品質為首要前提，而技術次之。在這個概念之下包括存在主義療法、個人中心治療、完形治療（Gestalt therapy）和心理劇。在經驗和關係導向的取向，團體帶領者並不侷限於一些特定技術。他們使用技術以拓寬團體成員在他們世界的生活方式。技術是協助成員們對所選擇及採取行動的潛能變得敏覺。

經驗性取向（experiential approaches）深植於以下的前提：治療關係促進了發明技術的創新精神，這些技術旨在提升覺察，使得個人能改變他們的一些思考、感覺與行為的模式。

所有經驗取向的一些共同關鍵概念，包括：

- 團體帶領者與成員間在治療情境中會心的品質，是帶來正向改變的催化劑。
- 著重在團體帶領者建立一種氣氛，可以促進成員間真實交流的能力。
- 我汝關係（一份真誠的人與人的聯結）使成員體驗到採取冒險行為所需要的安全感。
- 自我的覺察源於團體帶領者和成員之間真心相會的情境，或在可靠的關係脈絡中。

- 團體帶領者的主要角色是在團體時間與成員們同在，而團體帶領者適當的自我揭露是增加此種存在的方式之一。
- 成員們在團體帶領者真誠行為的示範下，可以被邀請展現其真誠。
- 一名治療師的態度和價值觀至少和他或她的知識、理論或技術一樣重要。
- 一名團體帶領者若不敏感於他或她自己對團體成員的反應，將可能變成一名技匠而非一個熟練的催化者。
- 在團體的基本工作是由成員們完成。一個團體帶領者的工作是營造一個氣氛，成員們願意嘗試新的存在方式。
- 關注於感覺是改變一個人的想法和行為的有效途徑。

採取關係導向治療為操作架構的諮商員，較不會對於使用「正確技術」感到焦慮。他們的技術大部分是設計用來增進個案經驗的某些面向，而非用來刺激個案去思考、感覺或以特定形式行動。

存在主義取向

存在主義的觀點（existential perspective）認為，由我們的選擇定義我們自己。雖然外界因素限制我們的選擇範圍，最終我們仍是生活的作者。因為我們有覺察的能力，我們本質上都是自由的。然而伴隨著我們的自由而來的，是我們做選擇的責任。我們的任務是建立一個有意義的存在。存在主義的團體實務工作者主張個案通常被「受限制的存在」概念引導著，而幾乎看不到處理生活情況的替代方法，並傾向於感到受困或無助。團體經驗能協助成員們認識到生活的陳舊模式和他們承擔改變未來的責任。舉例來說，若你在童年時期受苦於遭受很大的排斥，儘管許多團體成員接受你並宣稱他們佩服你，你可能堅持自己是不被接受的觀點。

存在主義治療的關鍵概念　存在主義治療的六個關鍵命題：(1) 我們有自我覺察的能力。(2) 因為我們本質上是自由的個體，必須接受伴隨著我們的自由而來的責任。(3) 我們有維持獨特性和身分的議題，藉由了解他人且與他人互動的關係來了解我們自己。(4) 我們存在的重要性和我們生活的意義，並非都徹底地固定下來，相反地，透過我們的計畫得以重新建立自己。(5) 焦慮是人類生存的一部分。(6) 死亡也是人類的基本條件，而死亡的現實加劇了我們最終的孤獨感。死亡的事實可以增進覺察，意即我們不能不斷地實現存在。對死亡的覺知，彰顯了活著的重要性。

存在主義治療的治療目標　存在主義團體的主要目標是協助團體參與者辨識並接受成為自己生活的作者所擁有的自由。團體帶領者鼓勵成員們檢視避開自由與隨之而來責任的方式。

存在主義團體代表了參與者的生活和功能所處世界的一個縮影。它假設隨著時間推移，在團體中與其他成員此時此刻的互動中，成員的人際互動和存在性的問題將變得明顯。此類團體的主要目的是藉著分享他們的存在議題，促使成員們發現自己。

治療關係　存在主義取向主要強調了解成員們的當前經驗，而非在使用治療性技術。治療關係是最重要的，因為我－汝的會心（團體中的人際關係），提供了一個改變的情境。存在主義的團體治療者崇尚完全存在，並致力創造與團體成員間的信任關係。治療是一個合作關係，在這關係中成員和團體帶領者雙方都進入了一段自我探索的旅程。

技術　存在主義治療反對視治療為一套明確定義的技術系統的說法；它肯定地聚焦於那些使我們之所以為人的獨特特點，並據此進行治療。存在主義的團體治療者可以依他們自己的人格與風格自由採取介入的處遇，如同注重每個團體成員的需要。存在主義的團體帶領者並不侷限任何制定的程序，且可運用其他治療學派的技術；然而，成為一個人所意涵的哲學架構指引著他們的處遇。

存在主義取向的多元文化應用　因為存在主義取向是建基於普世的主題，且因為它未規定看待現實的特定方式，在多元文化情境下工作時，本取向是高度適用的。一些主題，如人際關係、尋找意義、焦慮、受苦和死亡是超越文化界限的議題。在存在主義團體治療鼓勵個案檢視目前被社會和文化因素所影響的存在方式。存在主義取向與多元文化情境特別有關，因其並未強加特定的價值觀與意義；相反地，它研究成員的價觀值和意義。存在主義團體諮商員尊重構成成員生活哲學的不同元素。他們尊重每個個案在特定情況下的獨特性，且不強加自己的文化價值給成員。伴隨不同世界觀的了解，團體實務工作者所處的位置是和每位成員建立彼此同意的目標，這將帶來改變的方向。

你若有興趣學習更多關於存在主義取向團體工作，我們建議閱讀：

Existential-Humanistic Therapy（Schneider & Krug, 2010）、*Existential Psychotherapy*（Yalom, 1980），及 *The Schopenhauer Cure: A Novel*（Yalom, 2005a）。

個人中心取向

個人中心治療的關鍵概念　個人中心取向（person-centered approach）秉持的基本假設是我們有能力去了解我們自己的問題，並且有著內在的資源去解決這些問題。團體帶領者聚焦於促成個人內在本質與人性本善的建構上。在這樣的前提下，團體成員得以改變，不需要催化者高度的結構與方向。團體催化者提供理解、真誠、支持、接納、關懷與積極的關注。此項強調完全的經驗此時此刻、學習接受自己，並且自我決定改變的方向。個人中心取向重視團體中主動的角色與成員的責任。這是一個正向與樂觀的觀點，同時喚醒了對於個人內在與主觀經驗的思考。

個人中心治療的治療目標　主要目標是在治療的環境中提供一個安全與信任的氛圍，所以個案可以運用此治療關係進行自我探索，能夠覺察自我成長的阻礙。因為此取向強調個案與治療師的關係是一個必要與充分條件，它不使用太多直接的技術、解釋、問話、探查、診斷與個人史的蒐集。相信團體成員們可以辨認個人有意義的目標，並發現他們自己的方法，而不依賴來自於帶領者主動與直接的涉入。

治療關係　強調治療師的態度與個人特質的核心角色，此取向讓治療過程以關係為核心而非以技術為核心。催化者的品質決定了關係自身，包括真誠、非占有的溫暖、精確的同理心、對個案無條件的接納與尊重、關懷、以及對個案具有所有這些態度的彼此連結。

催化者的功能是創造一個接納與療癒的團體氛圍。最好是將治療視為一種「存在形式」而非「行動方針」。團體帶領者被稱做為催化者，反映團體成員與帶領者能力之間的互動，是協助成員表達自我的重要性。個人中心的團體催化者以他們自己為工具去促成團體的改變。他們的主要功能是建立一個治療氛圍，成員們在其中得以愈來愈真誠的彼此互動。

個人中心團體取向所強調特定的態度與技巧，在於催化者的風格：積極與敏感的聆聽、接納、理解、反映、澄清、摘要、分享個人經驗、回應、與其他團體成員交心和互動、順著團體的流動行動而非指導團體進行，及肯定成員自我決策的能力。個人中心取向所擁抱的治療關係的品質及態度，包含經驗的承接、聯繫與承諾、治療同盟、真誠對話、了解個案的經驗，以及樂觀的重視個案面對關係的能力（Cain, 2010）。

技術　個人中心治療有著多樣、發想、有創造力與個人化的實踐方式（Cain, 2010）。在新發展的個人中心取向之中，團體催化者有更高的自由度去參與個案的治療關係、分享他們對彼此的反應、以關懷的方式去面質個案，還有積極的參與治療歷程（Kirschenbaum, 2009）。當前此取向強調治療者帶入更多自身於此時此刻的反應，以面對團體發生狀況的重要性。如此可激勵成員去做更深度的自我探索。從 Carl Rogers 最初對於諮商員的觀點來看，現今的改變是鼓勵更多樣的方法與相當多元的治療型態。治療者需要展現出人性，而不是去呈現治療技術的編排腳本。然而，請記住，有效的團體催化者需要的是一名具治癒性的個人，同時必須要有能夠幫助成員們在團體中達到目標的知識與技能。

團體治療人員能夠以個人中心取向形成他們的自我信念與治療風格、整合自己的人生經驗與想法到團體工作之中。整合成功的個人中心治療師本身有各自基本的人生哲學，然而他們為促進團體動力，可能混合了存在主義取向、完形取向與經驗性取向的概念與方法。

Natalie Rogers（2011）卓越的貢獻了個人中心取向的應用方法，她整合了表達性藝術並以其為媒介在團體中進行個人探索。個人中心表達性藝術治療（person-centered expressive arts therapy）使用了不同的藝術型態：活動、素描、油畫、雕刻、音樂、寫作與即性表演等，促成自我成長、療癒與自我探索。這是一個多樣的團體取向，整合了身、心、情緒與靈性等內在資源。在口語上表達自我有困難的成員，可以有新的機會去進行多樣的、非口語型態的自我探索。

個人中心治療的多元文化應用　個人中心取向對普世與核心價值的強調，提供了多元的世界觀。同理心、活在當下與尊重團體參與者的價值，在面對團體中不同文化背景的成員是很重要的態度和技巧。這樣的態度並不限制在單一文化團體，而是在文化的轉化上。個人中心的諮商員對多元的形式與價值，傳達了深深尊重，並以接納與開放的方式理解個案的主觀世界。此取向的一個潛在限制，是有些成員希望在團體中解決急迫的問題。來自於某些文化中的成員，可能會期待一個直接的帶領者，扮演著專家和權威的角色，會提供忠告並建議具體的行動。這樣的成員可能會經驗到困難，因為帶領者並非以他們想要的結構去幫助他們。

若需要更多有關於個人中心取向的資訊，我們建議閱讀：*The Creative Connection for Groups: Person-Centered Expressive Arts for Healing and Social Change*（N. Rogers, 2011） 與 *Person-Centered Psychotherapies*（Cain, 2010）。

完形治療

完形取向（Gestalt approach）是一種存在主義取向與現象學取向的方法，其假設在人對自身行為的理解，必須透過其與當下環境持續發展的關係脈絡而得。因此團體治療師的任務就是去協助團體成員探索現實知覺。基本的協助成員形成此探索方式，就是去形成個人內在世界（人際間的）的覺察，與個人外在環境的接觸。改變會自然的發生在覺察「什麼是……」增加的時候。如此更敏感的覺察，會更通達的整合團體成員對於現實所未知與破碎的片段。

完形治療的關鍵概念　本取向重視此時此刻、直接的經驗、覺察、將未竟事務由過去帶到現在及處理未竟事務等。其他的概念包括能量與能量的阻塞（block）、接觸（contact）及專注在非語言的訊息上。團體成員辨識他們自己的未竟事務，透過重新經驗過去的情境，讓過去的經驗在此時此刻重現的方式，讓成員了解過去的未竟事務何以影響了當下的功能。

完形治療的目標　完形治療的首要目標是促成覺察與更大的選擇。覺察包括去覺知環境與覺知自我、接受自我，然後得以形成接觸。輔助團體成員專注於覺察的過程，因此他們能夠負責與做出選擇。

治療關係　與其他存在主義取向相同的是，完形治療所重視的不是在治療師的技巧，而是治療師成為一個人的個人特質與此治療關係的品質。關鍵因素在於治療師的此時此刻、真誠的對話、舒適性、直接的自我表露，及對於個案經驗的尊重與信任。在團體中進行完形治療可以有不同的風格，但是這些風格有著共同的本質：直接的經驗與實驗，並且關注於何與如何（what and how）以及此時此刻。

技術　相對於團體的帶領「技巧」，完形取向的帶領者考慮的是「實驗」的操作。雖然治療師的功能往往是一個導引者和催化者，但是呈現實驗內容和彼此觀察這些工作的分享，往往是團體成員自己形成的基本功課。團體帶領者不強迫成員改變，而是在一個此時此刻的架構下去設計一個在團體中進行的實驗。這些實驗，意味著經驗學習的基礎。完形治療運用實驗，激勵成員們可以從敘說到行動然後去經驗。假如有一位成員說著自己和朋友的關係有些狀況，他的團體帶領者可能會邀請這位成員符象化地假想帶著這個朋友進入團體，假想朋友坐在一把空椅上而對他說話，或是假想另外一個團體成員是這位朋友而與之對話。因為強調個案與治療師之間的關係，創造力的思考靈魂會賦予在治療師的建議、發明與形成實驗，並導向促成自我覺察的可能性。

縱然團體帶領者建議實驗的進行，但是團體本身依然是一個群體的工作，由成員所共有。完形的實驗有許多種形式：比如說設定一場團體成員與重要他人的對話、透過角色扮演只認出關鍵的人事、誇張化一個手勢、動作或是非語言的態度表現；或是讓一個人心中的兩個衝突想法能彼此對話。要讓完形治療的應用具有效果，基本的前提是讓個案準備好面對這些實驗。

敏感地停留在一位團體成員的經驗流動中，需要專注在成員個人身上，而不是求使用技巧的工具性功能以造成特定的效果。當完形的帶領者已經真正的整合他自身的取向，就可以彈性地應用他們的方式在不同的人身上。他們對於完形理論與實踐有著精實的訓練，這樣的訓練讓他們可以設計實驗以深入個案的內在工作。他們努力幫助成員們能在當下經驗最完整的自我。

完形治療的確對於個人的覺察具有著整合的導向。從完形的觀點來看，感覺、想法、身體感受與行動是一個通達的路徑，讓個案可以在每個時刻了解什麼是意識的中心。無論團體成員的覺察為何，覺察的中心是一條讓個案可以去了解內在世界的理想道路。透過專注在語言與非語言的線索，一個團體帶領者往往可以找到探索個案內在世界的起點。

完形治療的多元文化應用　有許多的機會可以有創意的應用完形實驗在不同的個案族群中。完形實驗可以修改其使用方式，以求適用於個人認知與解釋自身文化的獨特方式。實驗得以形成是因為與個案及其文化背景共同合作而得。雖然大部分的團體諮商師都有著或多或少的偏誤，完形取向的帶領者卻可以沒有先入之見的，以開放的方式接近每一位個案，這在與不同文化背景的個案工作時尤其重要。他們會考量這些如何將不同型態的背景成為核心或是圖像，及個案對這些圖像賦予的意義。

因為完形治療是運用現象學的態度，治療師多少會對他們的個案涉入其個人的價值與文化的標準。如果處遇得有彈性和適時的，完形治療可以具有活力的及敏感的運用在多元文化的族群。使用完形實驗的優點之一，是可以修改其使用方式，以求適用於個別成員認知與解釋其文化的獨特方式。在介紹完形過程之前，團體成員們能夠適度的讓自己準備好是基本的前置作業。完形的團體工作者，重視了解人而非技巧的使用。完形實驗透過與成員的合作得以進行，也透過嘗試了解成員文化背景才得以進行。

如果想知道更多有關於完形取向的團體諮商，我們建議以下兩本書：*Beyond the Hot Seat Revisited: Gestalt Approaches to Groups*（Feder & Frew, 2008）與 *Gestalt Group Therapy: A Practical Guide*（Feder, 2006）.

心理劇

心理劇（psychodrama）主要是一種行動的取向，用團體諮商的方式讓個案透過角色扮演的方式去探索問題、用情境重建的形式形成戲劇單元以形成洞察、同時探索他們自己的創造力與發展行為技巧。即使有其緣起的過去或參與的時機，這些情境都在一個好像在此時此刻發生的狀態下被演出來。使用心理劇時，個案會演出或將過去、現在或涉入的生活情境與角色戲劇化，以得到更深的自我理解，也因此可從探索情緒感受得到情感的釋放，而發展出面對問題的新方法。在心理劇中，生命中的重要事件被演出，團體成員也可以因此接觸自己尚未覺知與表達的情感，而形成了可以完整表達這些情緒與態度的通道，得以擴展了自己角色的生命腳本。

心理劇的關鍵概念　如同完形治療一樣，心理劇的主要概念在於鼓勵個案在當下工作。有時團體成員在談到過去事件或未來期待的情境時，會遠離與防衛自我的感受經驗。藉由重新創造這些困難的情境，歷歷在目的真實境遇會因此被帶到當下的意識。當主角（正在進行其工作的主要成員）踏入敘說的過程或是開始談（說）一個問題時，心理劇的帶領者會帶領主角至更具體的行動上，他可能會說：「不要用說的，將它演出來，就好像現在這件事在這裡發生一樣。」當一個問題在此時此刻被演出，成員因此得以遠離抽象與知性的討論，而進入自我。關鍵的概念是，重新體驗與重新經歷過去的情境，會讓成員有機會重新檢視這個過去經驗如何影響自我，與有機會在現在以不同的方式與態度去處理它。藉著處理這個「彷彿」在現在發生的過去事件，個人會因此能賦予此事件新的意義。透過這個過程，個人因此可以修通未竟事務並重新框架此過去情境。

心理劇的治療目標　心理劇著眼於培養以個人、團體，最終在以文化為整體的共同工作。其中的一個目標，是去催化被壓抑的情感、提供洞察，並且協助團體成員發展更多更新的有效行為。在團體的情境之中，情緒傾向被釋放，這就是以經驗取向為主的治療常常伴隨的宣洩（catharsis）效果。雖然宣洩是心理動力過程中很自然的一部分，但宣洩本身並非治療的目標。只重新探索埋藏的情緒，並不會產生療癒效果，必須整合情緒然後才可以修通過去。對失去情緒底層覺察能力的人來說，情緒釋放可能形成洞察，或是更敏感的覺察自身問題與其情境。至於其他心理劇的目標，包括鼓勵個案活在當下，並且能立即的行動。心理劇主要的目標是開啟未探索的可能性，然後解決衝突，因此可以活得更自在。

治療關係　心理劇的假設與存在主義治療、個人中心治療和完形治療的基本哲學理念是一致的，這些都強調理解和尊重團體成員的經驗和治療關係為療癒因子的重要性。雖然心理劇實務工作者被假設為一個積極和指導的角色，這些技術則是在團體諮商員採用個人中心的精神時最為有效。真誠的實務工作者，能與成員聯結、能夠在心理上存在、展現同理，並對他們的團體成員表現出高層次尊重和積極關注，這些是實施一系列的心理劇技術最有效的方式。

技術　像角色扮演這樣的主動技術，在許多不同種類的團體來說是非常有幫助的。這些方法讓團體成員得以直接經驗內在衝突，遠比以故事述說者的角色說自己的經驗更為直接。直接經驗的形式可以將情緒從深層帶到表面。在團體中，一個成員的深度情緒工作往往會引發其他成員的情緒迴盪。成員間的工作在一次團體中可以連結到許多尋常的情境之中。當重新經驗這些情感迴盪時，成員們也會被鼓勵去反思自我的信念與早期決定。心理劇的技術希望人可以更全面的表達自我，表達內在心理動力的衝突與外在人際的問題，因此可以獲得饒具建設性的回饋；成員們因此能更自在地接近他人，減少隔離感，並且得以實驗不同與重要他人接近的方法。

　　心理劇使用許多特別的技術去強化感受，澄清隱藏信念，增加自我覺察與練習新的行為模式。其中一個最有效的工具是**角色替換**（role reversal），讓團體成員去扮演他人心理劇中的角色。透過角色替換，成員可以在自我框架之外演出自己鮮少表露於外的自我。此外，透過重要他人的角色替換，個體可以重新形成情緒與認知的洞察並應用在自己的人際關係之中。此技術也同時創造了得以同理他人的重要位置。

許多人會應用**未來投射**（future projection）的技術在不同形式的團體之中，去幫助成員表達與澄清未來的感受。在此技術中，一個參與經驗會被帶到當下並且將之演出。處理對於希望與期待的關切、對於明天的恐懼與害怕，以及提供一些人生方向。成員會夥同其他團體成員，創造一個未來的時間與空間，帶領這個未來的事件到現在的當下，然後獲得新的觀點。成員們會演出一個他們希望問題得以理想解決的版本，或是最糟下場的版本。當成員在此時此刻演出這個未來事件，他們也形成了自己具有的選擇權的覺察。此未來遭逢的排演，合併著其所伴隨的回饋，將更有見識性且真實的協助成員發展與重要他人的關係。

不過，要小心使用心理劇的技術。稱職的心理劇帶領者用很長的時間去學習以發展自我的技巧，同時也在專業臨床工作者的督導下接受整套的訓練。心理劇的工作最好在受過專業判斷與接受不同取向的臨床工作者共同進行。一個心理劇的工作者必須知道心理劇的特定技術是不被完整的法律約定所約束的，所以使用上必須注意。

心理劇的多元文化應用　在團體中，如果談心中深層的個人部分，讓情緒在眾人之前表露，可能會讓一些成員覺得不舒服，因此一些心理劇技術有可能是不適合的。許多心理劇相關的技巧被應用於問題解決取向，並採用認知與行為的準則。因此在文化歧異的成員背景之中，結合教導與經驗的方法在結構性團體是可行的。角色扮演的技術能夠有效果的應用在結構情境中，然後去嘗試新的行為模式的處理。這樣形成了心理劇技術與認知行為取向的整合可能性。

一份易懂的心理治療文獻是*Acting-In: Practical Applications of Psychodramatic Methods*（Blatner, 1996）；我們也建議閱讀：*Foundations of Psychodrama: History, Theory, and Practice*（Blatner, 2000）。

認知行為取向

主要的**認知行為團體取向**（cognitive behavioral group approaches）包含：行為治療法、認知治療法、理情行為治療法以及現實治療法。儘管認知行為取向相當多元，但它們有以下共同特質：

1. 團體成員和治療者之間為合作關係。
2. 前提為心理上的痛苦主要是認知過程混亂的作用。
3. 聚焦於改變認知以產生在情緒及行為上所渴望的改變。
4. 是一種聚焦當下的模式。
5. 普遍是一種有期限且聚焦於明確及結構化目標問題的教育處遇。
6. 是一種依靠學派概念與技巧在經驗上確認的模式。

認知行為取向是以結構化的心理教育模式為基礎，且強調家庭作業中的角色，給予團體成員在團體期間或團體外採取主動角色的責任，並制定種種的認知與行為技術以帶來改變。

認知行為取向的基本假設是，最有問題的行為、認知與情緒都是學習而來的，而且可以透過新的學習被修正。團體成員是在教與學的過程中，被教導如何發展一個學習方法的新觀點，鼓勵他們嘗試較有效的行為、認知與情緒。問題的發生是因為欠缺技巧──尚未學習適合的行為或認知策略──且團體成員能透過參與這個教育性的經驗而獲得因應技巧。例如：為想要正視害怕的社會恐懼症者提供社交有效技巧。

認知行為取向的長處在於有各種類別的技術，可以使參與者將他們的目標具體化，以及發展達到這些目標所需要的技巧。認知行為取向的具體化特性，可協助團體成員將模糊不清的目標轉化為具體的行動計畫，並使成員能夠保持這些計畫明確地對準目標。

認知行為治療法（簡稱 CBT）可以應用於各種不同背景的諮商團體。認知行為團體治療法對於處理大範圍的情緒與行為問題很有效。CBT 在團體中已經被證明對於處理特殊的問題有所助益，例如：焦慮、沮喪、恐懼症、肥胖、飲食失調、雙重診斷以及解離症。

CBT 可適用於處理不同背景的個案。一些因素使 CBT 在處理不同的個案非常有效，這些因素包含：為每一個個體量身訂製的治療方法、滿足外部環境的角色、積極且指導的治療者角色、重視教育、信賴以經驗為依據的證據、聚焦於目前的行為以及簡潔扼要的方法。

行為治療法

行為治療（behavior therapy）的基礎在於治療過程一開始時對特殊目標的確認，並可做為監視與測量團體成員進步的方法。由於治療是以底線資料的評估為開始，所以可以依據底線資料所選擇的團體中任何一個時刻，透過對照團體成員們在規定範圍內的行為，來評價團體成員們進步的程度。團體中的參與者會時常被要求回答問題，例如：「此時此刻我們正在做的是能幫助你改變慾望的嗎？」成員能處於最佳的狀態來決定個人目標被實現的程度。

行為治療法的關鍵概念　應用於團體工作的行為治療法是一種有系統的方法，以個人決定目前功能程度的全面性評估為開始，做為設定治療目標的前奏。在團體成員建立清楚具體的行為目標之後，治療者會代表性地建議最適合達成以上所述目標的策略，評估被用於判定步驟與技術運作得如何。由於此方法是以實證基礎實務為根基，故選擇經驗性的支持技術來處理特殊問題。實證基礎實務是在廣泛方法上及包含臨床醫師專家評價的最佳設想，是最可利用的研究調查，也是對個案的特徵、文化與偏好的評估。即使是行為治療，治療關係仍是結果的主要重點及關鍵。

行為治療法的治療目標　行為治療法的一般性目標是增加個人的選擇以及創造新的學習環境。目標之一便是要消除適應不良的行為並以具建設性的榜樣來取代。個案和治療者協同合作以具體的、可測量的及客觀的條件敘明治療目標。目標一定要清楚、具體、能被理解以及獲得團體成員與團體帶領者的同意。在整個治療過程中，行為治療者與團體成員可依據需求改變目標。

治療關係　有效的團體治療要能發生，一個好的工作關係是必要先決條件。熟練的團體諮商員可以將問題概念化，並使用一系列特定的行為技術，以及利用治療關係引起改變。團體諮商員的角色在於透過提供指導、示範與回饋表現，來教導具體的技巧。團體帶領者傾向主動且具指導性，並發揮諮詢者及問題解決者的功能。團體成員則必須從頭到尾主動參與治療過程，而且在治療期間及治療之外，皆共同合作執行治療活動。

技術　對治療計畫決定的評估，是於團體治療開始時完成。團體帶領者透過持續不斷收集處遇之前、處遇期間及處遇之後的所有資料，來密切注意團體成員的進展，這樣的方法提供團體帶領者與團體成員關於治療進展的連續性回饋。行為處遇則是針對不同團體成員所經歷的特殊問題，進行個別化的量身訂製。

任何被證明可以用於改變行為的技術也可以合併於治療計畫，例如：鬆弛法、角色扮演、行為演練、教練、引導式練習、示範、給予回饋、正念技巧、認知重建、系統減敏感法、實境減敏感法、洪水法、問題解決以及家庭作業指派等技術，不論理論方向為何，都可以被涵蓋在任何團體諮商員的實務工作中。而其中一些技術，皆可由團體帶領者及團體中其他成員雙方來展現、驗證，舉例來說，帶領者與成員雙方都可以提供像是如何恭敬對待他人、到舒適圈外冒險，以及對他人表達同理心等情形的示範；在角色扮演的情境中，成員與帶領者雙方都可以透過建議替代方案以及較具生產力的對話來發揮教練的作用；帶領者與成員雙方都可以給予他人有幫助的回饋。

行為治療處遇是針對不同團體成員所經歷的特殊問題，來進行個別化的量身訂製。行為團體的實務工作者會使用有研究支持，可用於處理特殊問題種類的策略，這些實證策略被用於促進行為改變的類化與維持，許多依據研究的行為處遇則可以與其他治療法有效地融合。

行為治療法的多元文化應用　當與文化迴異的個案族群諮商並發展出特定文化程序時，行為取向可以適當地融入諮商。在為不同文化的個案設計改變方案時，有效的實務工作者會實施問題情境的實用分析，這項評估包含問題行為發生的文化脈絡、對個案及個案所處的社會文化環境的影響、環境中能促成改變的資源，以及改變可能對個案周圍他人所帶來的衝擊。行為取向強調教導團體成員了解治療的過程與改變特殊行為時的壓力。個案藉由發展問題解決技巧，學習如何在他們的文化架構中，以具體的方法來處理實際的問題。行為團體的實務工作者一定會花一些時間使成員準備好參與團體歷程，團體過程是去除神祕因素的，而且團體規範被清楚制訂。行為取向正適合訴諸於對團體經歷的價值有疑問，但又有興趣學習實務方法來解決眼前問題的個案。

為了更進一步討論行為團體治療法，我們推薦 *Cognitive-Behavioral Therapy in Groups*（Bieling, McCabe, & Antony, 2006）一書，此書對於如何建構與帶領認知行為團體有相當的見解，以及敘述種種在團體中有幫助的認知與行為策略。

認知治療法

認知治療法的關鍵概念　根據**認知治療法**（cognitive therapy，簡稱 CT），心理的問題起源於平凡的過程，像是不完美的想法、以不充分或錯誤的資訊為基礎做出錯誤推論，以及無法辨別幻想與真實。CT 認為人容易學習不正確的、自我挫敗的想法，但他們也能捨棄這些想法。人們透過他們持有的信念以及自我對話，使他們的困難永遠存在。藉由刺破及修正這些認知錯誤，個人可以創造一個更加自我實現的人生。

自動化思考（automatic thoughts）是被獨特的刺激所觸發的個別化觀點，並且會導致情緒性的反應。例如：一個團體成員（Brenda）的自動化思考可能是「我很笨，因為我不能跟上團體中其他人正在說的事情。」Brenda 的負向自動化思考相當自然地出現，而且當這個情形發生，她會感到相當焦慮與尷尬。認知團體治療者對幫助 Brenda 識別自動化思考，以及教導他們如何以結構化的方法評估他們的思考很感興趣，以識別與檢驗成員的錯誤想法與假設的方法為治療技術。認知治療者持續主動且謹慎地與團體成員互動，團體帶領者則努力吸引成員在團體歷程各時期的主動參與及合作。

認知行為取向重視團體帶領者能發揮教師的作用，來鼓勵團體成員學習處理生活問題的技巧。重點在於改變特定的行為以及發展問題解決技巧，而不是表達感受。認知治療者教導團體成員如何透過評估來識別不正確和不正常的認知。團體帶領者協助成員形成假設並加以檢驗，這就是我們熟知的**合作經驗論**（collaborative empiricism）。團體帶領者鮮少直接挑戰成員的信念，取而代之的是與成員共同合作，來檢查可靠信念的證據、測試這些信念的效度以及尋找更多適合的思考方法。因此團體成員可能會說：「一旦人們開始認識我，他們就會拒絕我。」這個假設的效力可以在團體的脈絡中被質問並探究。藉由回饋的過程，這位成員可能會發現團體中的許多成員被他所吸引，而且對他表達好感。這個回饋可以幫助他評估他的假設的功過為何。

透過協同合作的努力，團體成員學會區辨他們自己的想法與實際發生的事件有所不同，學習到認知對他們的感受、行為、甚至對環境中的事件皆有所影響，尤其是他們已習得的扭曲的認知。

認知重建（cognitive restructuring）在認知治療法中扮演重要的角色。由於團體成員總是想著處境中最極端負向的觀點，故有時會埋首於災難性思考。當成員因想像中最糟糕的可能結果而卡住時，團體帶領者可以透過問以下問題來協助成員察覺這些時刻：「最糟糕可能發生什麼事？」及「假如它發生了，是什麼造成這麼不好的結果？」團體參與者藉由傾聽他們的自我對話、學習新的內在對話以及學習行為改變所需的因應技巧，進而能夠做出改變。在團體情境中，教導成員們能夠認識、觀察及監控他們自己的想法與假設，尤其是他們的負向自動化思考。一旦成員們發現他們所深信的信念並不準確，他們也被鼓勵在團體內與日常生活中，試行不同的信念與行為。

認知治療法的治療目標　認知行為治療法的目標在於能透過識別個案的自動化思考，來改變個案的思考方式，並開始採用認知重建的觀念。信念與思考過程的改變，容易導致人們感受與行為的改變。團體成員學習實用的方法來識別他們潛藏的錯誤信念、批判性地評估這些信念以及以建設性的信念取代之。

治療關係　團體帶領者將同理心、敏覺力與專業能力結合，用於與成員們建立關係。治療同盟是認知團體治療法必要的第一步驟，尤其是對於難以觸及的諮商團體成員。團體帶領者則必須有案例的認知概念化，要具創造力與活動力，且能夠透過蘇格拉底式的發問過程來吸引個案，以及在認知與行為策略的使用上能有見識且熟練。認知治療的實務工作者持續主動且謹慎地與團體成員互動，幫助他們以可測試的假設形式，來建構他們的結論。

技術　認知治療法是以現在為中心、心理教育的以及是有時限的。在團體中，認知治療法強調**蘇格拉底式對話**（Socratic dialogue），以及幫助團體成員發現他們對自己的錯誤想法。在團體成員能洞察不切實際的負向思考正如何影響他們之後，他們會被訓練透過檢查與衡量證據，來檢驗這些違反事實的不正確想法。這個檢驗的過程是透過主動參與各種方法，以經驗為依據來檢驗他們的信念，例如：和治療者參與引導式發現（或蘇格拉底式對話）的過程、批判性地評估信念準則、實施指派的家庭作業、蒐集作假設的資料、保持活動紀錄，以及形成替代方案。透過**引導式發現**（guided discovery）的過程，團體帶領者發揮催化和引導的功能，幫助成員了解他們的想法、感受和行動之間的關聯。藉由提問，團體成員能獲得新資訊，以及獲得不同的思考、行動與感受的方法。蘇格拉底式提問與引導式發現的認知策略，對認知治療法相當重要，而且他們也很常被使用於認知取向團體。

帶領者教導團體成員如何當他們自己的治療者。這指的是教導團體的參與者關於他們問題的本質與進程、認知治療如何運作以及他們的想法如何影響情緒與行為。認知行為實務工作者發揮教師的功能，團體成員則獲得更多種可以用於處理生活問題的技巧。這項教育性的焦點，對於學習實用、有效且能造成改變方法感興趣的個案而言，很有吸引力。認知治療法經常使用家庭作業，家庭作業是針對成員的特殊問題來量身訂定的，而且是從合作的治療關係中產生。家庭作業通常是以實驗的方式呈現，而且鼓勵團體成員創造他們自己的自助任務，以期能繼續投入在團體期間所提出的議題上。教育的過程包括為個案提供目前問題與**預防再發**（relapse prevention）的資訊，這些資訊中應包含當個案將所學應用於日常生活中，卻經歷無可避免的挫折時之處理程序。

認知治療法的多元文化應用　由於認知治療法是運用個人的信念系統或世界觀，做為自我改變方法的一部分，因此認知治療法易有文化敏感。治療者專注於這些信念對個案的適合程度，且不會將他們的信念強加於團體成員身上；更確切地說，治療者幫助成員評定哪一個特定的信念，培養出情緒上的幸福感。認知治療法協同合作的本質，給予團體成員許多人都想要的結構，然而，團體諮商員仍然努力募集個案主動參與治療過程。

一些有助於學習更多關於認知治療法的資源，包含：*Cognitive Behavior Therapy: Beyond the Basics*（Beck, 2011）以及 *Cognitive Therapy for Challenging Problems: What to Do When the Basics Don't Work*（Beck, 2005）。

理情行為治療

理情行為治療關鍵概念　從理情行為治療（REBT）的觀點來說，我們的問題是被我們對於生活情境與自己的思考所影響，而不是被情境本身、不是被他人、也不是被過去事件所影響。自我攻擊的想法導致了情緒與行為的問題，而改變這些想法，是我們自己的責任。REBT 認為人們會從外在資源去統合失功能的信念，然後去操作它形成了錯誤的思考模式。為了克服這些非理性的信念，治療師使用主動且積極的治療方式，包括教導、建議與給個案家庭作業。REBT 在團體之中強調教育，而團體領導人在其中會像是一位老師而團體成員是學習者的角色。雖然 REBT 教導而直接，其目標是讓成員去思考、感受、並且為自己而行動。在一個 REBT 的團體之中，成員被一致的鼓勵力去行動一個持久而具體的行動。

REBT 的團體實務工作者有著主動的角色，去鼓勵成員為自己許下承諾，並且在每天的生活情境中練習團體中所學習的事物。這些團體帶領者認為在團體中發生的事同等重要，但是他們理解在團體療程之間的工作或治療後的工作若停止將發生更關鍵的影響。

理情行為治療的治療目標　REBT 的目標是終止生活中自我攻擊的觀點，並減少不健康的情緒反應，與接納更理性與彈性的哲學觀。REBT 提供團體成員實際的方法去指認他們潛藏的錯誤信念，批判地評估這些信念，並且以建設性的信念取代它。團體成員會學習對他們自己的需求找到代替的選擇機會。

治療關係　REBT 實務工作者會無條件的接受團體成員，並教導他們無條件的接受他們自己與他人。團體帶領者並不責怪與譴責成員；然而，他們會教育成員避免將自己劃分等級與譴責自我。REBT 的帶領者接受他們個案的不完美，並且願意協助他們有更好的認知、情緒與行為的技巧。

技術　REBT 以大量的認知、情緒與行為方式協助團體成員。這個取向將技術混合在個案自己的思考、感受與行為模式上。其技術被設計在引導個案批判地評估其當下的信念與行為。REBT 強調特定技術以改變成員在具體情境的自我攻擊思考。除了調整信念之外，REBT 協助個案看到他們自己的信念怎麼影響到他們的感受與行動。

在 REBT 的團體中會被教導一個認知的技術，叫做**應對的自我聲明**

（coping self-statements）。團體成員被教導錯誤的信念能被引導為合理且合宜的自我聲明。這些團體成員被要求監控自己說話的態度，寫下與分析他們所使用的語言的內容。例如，某成員可能告訴自己：「我一定要表現好，一定要完美。其他人會認同我是因為我是完美的，同時我非常需要這樣的認同，這讓我覺得有價值。」當從內在與外在的語言覺察到了這樣的需求內容，這個成員就可以學習到，他告訴自己的話反而設定了什麼是失敗。他可以取代這些自我攻擊的聲明，而用另一種應對的說法：「即使我不完美，我仍然可以接受我自己。」

在 REBT 團體之中，**錯誤思考**（faulty thinking）是會被面質的。例如，當 Jeffrey 說：「我是一個失敗的爸爸，而且我認為我的孩子永遠不會原諒我所鑄下的錯。」Jeffrey 可能會被邀請與每位成員演練他對孩子所做的錯誤。帶領者會要他去告訴一些成員他怎麼下這個結論，然後說出他已經搞砸的事。Jeffrey 接下來可能會被這些成員批判地評估他所下的結論，是因為他相信他是失敗者來自於他所做的錯事。不理解 Jeffrey 的歷史，是難以知道這個他失敗而且孩子不會原諒他此一結論的精確程度。探索 Jeffrey 搞砸父子關係的細節能幫助他轉移到更自我接納的態度，而不是專注在他已經失敗的不完美上頭。

REBT 的多元文化應用　一些因素讓 REBT 能有效的應用在不同的個案族群中，這些因素包括個別化的處遇、焦點在當下行為與簡潔有效的方法。REBT 團體實務工作者的功能像一位老師；成員接收了廣泛的技巧讓他們可以處理生活的問題。這樣的教育焦點對許多想要學習有效與實用方法的團體成員來說是有幫助的。REBT 重視個人與家庭、社區與其他系統的關係。這樣的取向，與個案成為自我與社區中一員的歧異性與獨立性，有著一致的價值。

要理解 REBT 在不同個案族群的使用脈絡，可參見 *Rational Emotive Behaviour Group Therapy*（Dryden & Neenan, 2002）。

現實治療

現實治療的關鍵概念　選擇理論是基於一個假設，在於人類被內在的動機所驅動與行動，所以去控制自身所在的世界。**選擇理論**（choice theory）為現實治療的背後哲學觀，提供了人類行為的原因與歷程。**現實治療**

（reality therapy）就是基於此背後的假設，認為人類被兩種情境所驅動：(1) 當他們認定現在的行為沒有辦法得到他們想要的，與 (2) 當他們相信他們能選擇其他行為得到他們想要的。

現實治療的團體帶領者會期待團體成員評估當下的行為以決定他們所思所做是否能得到生活中所想要的事物價值。團體成員被鼓勵去探索他們的知覺，分享他們的想要，然後為此諮商下一承諾。因為比起控制感覺的功能，個案更能直接的控制行動與思考功能，在團體中因此更重視個案的行動。團體成員探索他們當下行為的方向，並且評估他們正在進行的行動。然後他們會產生行動計畫去形成他們想要的改變。現實治療與選擇理論的關鍵概念是，無論結果多麼可怕，我們永遠都保有自己的選擇權。現實治療強調個人的責任與現實當下的處理。

現實治療的治療目標　此一取向的一般目標是協助成員們發現更好的方法，去生存、去愛與歸屬、得到權力、自由與樂趣。行為裡的改變會導致基本需求的滿足。團體中的許多工作集中在讓成員探索他們達成需求的程度，與決定更好的方法去達成他們為自己與為生命中他人的需求。

治療關係　團體成員必須知道，他們的帶領者很關心他們對自己的接納，並且願意幫助他們在現實世界中實現他們的需求。與團體成員的共同涉入與關切在整個團體中被帶領者所演練著。當這樣的治療關係被建立，帶領者會去挑戰成員們的現實觀與行動的結果。團體帶領者避免批評，不接受個案的藉口，也不接受模稜兩可的計畫，也不輕易放棄個案。帶領者協助讓個案在一個連續的過程評估成員當下行為的有效性與合理性。

技術　現實治療團體能最妥善地被概念化於諮商的迴圈中，有兩個主要的構成因素：(1) 諮商環境與 (2) 導致行為改變的特定療程。現實治療是主動、直接與教導式的。團體帶領者協助成員形成計畫去改變對他們現實生活無用的行為。有技巧的問話與多樣的技術能協助成員促成這樣的自我評估。

Robert Wubbolding（2011）發展了現實治療的特定療程。這些療程簡稱 WDEP **模式**（WDEP model），有以下的策略：

W = 想要（Wants）：探索想要、需要與知覺。

D = 方向（Direction）與做（Doing）：集中在個案正在做的事與做這件事的方向上。

E＝評估（Evaluation）：挑戰個案要個案去形成總體行為的評估。

P＝計畫（Planning）與承諾：協助個案形成合理的計畫並且形成履行計畫的承諾。

在團體之中，成員探索他們想要、他們所有，以及他們還未得到的事物價值。現實治療團體的基石是協助成員對自己當下的行為進行自我評估。這樣的自我評價會形成改變的基礎，並且會讓成員降低他們的挫折。一些有效的問句可以協助個案找到他們的「想要」，像是：「你想要成為什麼樣的人？」、「如果你可以如你所願的生活，你想要做什麼？」、「這個選擇有最好的短期與長期的優勢嗎？它跟你自己的價值是一致的嗎？」這些問句是協助成員轉移被外在控制的理解，到可以內在控制的理解。這些問句也設定了現實治療過程的不同應用階段。

創造一個**行動計畫**（action plan）是現實治療團體的基本工作。執行計畫可以讓人獲得對生活的控制感。治療最好直接提供成員新的資訊並協助他們探索更有效的方法，以得到他們想要的事物價值。治療時間中會有一大部分在形成計畫並檢視這些計畫的執行性。在團體中，透過與其他成員與領導人的相互溝通，成員學習怎麼合理與負責的進行計畫。鼓勵成員們進行新行為模式的實驗，並且嘗試不同的方式達成目標，並履行一個行動計畫。有效的計畫在一開始是謙遜的，有清楚的說明要做什麼、什麼時候做與用怎麼樣的頻率去做。簡言之，計畫意味著鼓勵，讓成員得以轉化他們所說所想到實際的行動之上。

現實治療的多元文化應用　現實治療假設基本需求（生存、歸屬、權力、自由與樂趣）是普世的，然而這些基本需求所表達的方式卻因文化而有著不同的脈絡。當跟不同文化的個案工作時，帶領者必須能悅納成員用自己不同的行為達成這些基本需求。現實治療示範對於個案文化價值的尊重，並且幫助個案探索他們當下的行為何以滿足他們自身與他人。在團體後，成員形成自我的評估，他們指認這些生存區域對他們無用的可能。然後成員會在合於自身文化價值的基礎上，在一個特別的位置上進行合理與特定的計畫。

想多了解現實治療，我們建議閱讀：*Reality Therapy: Theories of Psychotherapy Series*（Wubbolding, 2011）。

後現代取向

後現代取向（postmodern approaches；焦點解決短期治療，敘事治療及女性主義治療）挑戰了許多傳統治療取向的假設。後現代主義是建立於沒有單一真實的前提。後現代觀點的特點是接受多元真實並主張是個人創造了他們自己的現實。其基本前提是人們是充滿資源的、有能力的、健康的、具彈性的，且有能力去發現足以改變他們生活方向的解決之道。每個人都是他們自己生活的專家。後現代取向有個共同的假設，我們自己形成的故事，是我們對自己及所處世界所形成的意義。

焦點解決短期治療從討論問題移轉至討論解決方案，並著重在保持治療簡單及簡短。藉由討論對問題的期望，團體成員能夠克服呈現的主要問題。成員學習注意在何者有效，並多做有效的方法。改變是一定且必然的，且小改變將會帶來大改變。較少關注在病理學的或給人診斷性的標籤。

敘事治療討論的重心在於一個問題如何破壞、主導並勸阻這個人。人們因為學會將他們自己與他們的問題切割而感到被增能。一個團體的參與者學到他們本身並不是問題——問題才是問題。團體帶領者協助團體成員解放他們原本充滿問題的故事，並開啟共同創造替代性故事的空間。在本質上，團體成員重新撰寫關於他們自己及他們關係的故事。治療是一個共同冒險，其目標在於協助團體成員建構一個有意義的目標以朝向更好的未來。團體成員被要求去尋求足夠的證據以支持有足夠能力脫離問題主導的新觀點，並被鼓勵去思考一個全新產生有能力的人會期望怎樣的未來。

焦點解決短期治療與敘事治療兩取向的治療師都與傳統取向治療師一樣，認為自己在診斷與治療上是專家的角色扮演不同的角色。焦點解決短期治療與敘事治療的治療師採取一個「不知道」的位置，並相信他們團體的成員才是他們生活裡真正的專家。藉由強調人類經驗的正向層面，個案變得主動地投入於解決他們的問題。創造改變的發生，後現代觀點的實務工作者傾向創造一個能促使個人利用他們自己的資源去創造建設性改變的了解及接納之氣氛。

女性主義治療包括一個相較於大多數治療師較寬廣的觀點：重視男人與女人兩方被邊緣化的聲音。成員在由女性主義原則所建構的團體，將會被期望比單純問題解決更多。他們必須準備好他們看待他們所處的世界的觀點人會有重大改變，改變發生於他們如何覺察他們自己及人際關係的轉變。

焦點解決短期治療

焦點解決短期治療的關鍵概念　**焦點解決短期治療**（solution-focused brief therapy, SFBT）團體的主要概念包括一個從談論問題轉向談論並創造解決方案的轉變。是對每個問題的期望，並藉由談論這些期望，團體參與者能在短時間之內克服呈現的主要問題。

焦點解決短期治療的治療目標　焦點解決模式強調團體參與者建立他們自己的目標及偏好的角色。團體過程中大部分都是包括成員思索他們的未來及他們希望自己的生活如何不同。團體帶領者致力於清楚、特定、可觀察、微小的、實際的且可達成的改變而能帶來額外的正向改變。因為成功往往建立在成功之上，適度的目標被視為改變的開始。

治療關係　SFBT 是一場共同合作的冒險；治療師著力在與個人一起著手治療，而非對一個人進行治療。不同於創造改變，團體帶領者傾向創造一個能允許個人發掘他們自己的資源去創造建設性改變的了解及接納之氣氛。團體帶領者不假設自己比個案更了解他們的生活。團體成員是他們自己經驗的主要解釋者。團體成員與帶領者一起建立清楚、特定、實際及具個人意義的目標，而這目標將引導整個團體歷程。這共同合作的精神將開啟現在與未來一系列改變的可能性。

SFBT 團體諮商員都與傳統取向心理衛生實務工作者認為自己在評量、診斷與治療上是專家的角色扮演非常不同的角色。在治療過程中，同理且合作的夥伴關係在治療歷程中較評量或技巧來得重要得多。焦點解決團體諮商員傾向避免使用內含診斷、評量及處遇的語言；取而代之的，他們相信談論問題與解決方案的方式將會帶來改變。語言的使用在問題如何被概念化中擔負重大的意義。

關心、興趣、具尊重的好奇心、開放、同理、接觸甚至魅力等概念都是關係的必需品。團體帶領者創造一個相互尊重、對話性、詢問與肯定的氣氛，在此氣氛下，團體成員可以自由地創造並共同撰寫他們不斷發展的故事。因為焦點解決諮商設計為短期的，團體帶領者有保持團體成員在解決方案而非問題的軌道上的任務。假若成員專注於討論他們的問題，要將他們移向正面方向則是困難的。

技術 焦點解決治療師使用一系列的技巧包括面談前的改變、例外問句、奇蹟問句、刻度問句、回家作業及摘要回饋。有些團體實務工作者要求成員去外化他們的問題並著重在力量或未使用的資源上。其他人則挑戰團體成員去發現可能有效的解決方案。技巧重著在未來及如何最妥善地解決問題而非了解問題的成因。

焦點解決短期治師經常在第一次會談詢問個案：「在你打電話來預約之後，你做了什麼來使你的問題有所不同？」詢問關於**面談前的改變**（pretherapy change）傾向鼓勵個案較不依賴治療師而依賴他們自己能達成他們目標的資源。

詢問（questioning）是主要的處遇。焦點解決團體帶領者使用詢問技巧在於更了解團體成員的經驗而非單純收集資訊。團體帶領者並不因為他們認為知道答案而提出問題。問題在一個尊重、真實、好奇、真正感興趣及開放的狀態下被提出。詢問問題使成員們能夠用他們自己的語言描述事情。與其呈現給成員們封閉、審訊式的提問，開放式問句將藉由供成員空間去被聆聽及去反映未來的可能性，如：「告訴我多一點你的疑慮」「你認為在工作上要變得好一點必須發生什麼事？」「當事情好轉時，你第一個通知誰？他們會有什麼反應？」

例外問句（exception questions）引導成員們回到他們問題還不存在的時光。探討例外提供成員們機會去發現資源、獲得力量，並創造可能的解決方案。焦點解決團體諮商員注意地聆聽先前的解決方案、例外及目標。例如，Randy 說：「我大部分的時間都覺得疲憊與憂鬱；我幾乎每天都對我孩子沒有完成的事生氣。」例外問句包括：「何時這些問題不存在或不明顯？」「在上次團體結束後，有任何事變得較好嗎？」一旦例外被發現，團體帶領者可以探索例外的相關條件並鼓勵成員去複製這些條件。「昨天當你覺得較不憂鬱時，有什麼不同？」「要使憂鬱不靠近你需要什麼？」焦點解決介入的意圖是帶領 Randy 根據先前成功的經驗而能自我選擇其方向。Randy 可以被詢問他問題的例外經驗以更常克服該問題。

例外問句相關的介入包括改變個案正在做的事。例如，團體帶領者也許會詢問 Chuck 在他下次感到憂慮和焦慮時，是否願意去做一些不同的事。當聽到 Chuck 說他大部分的時間都感到憂慮且他已試了許多方式都不成功，團體帶領者也許會邀請 Chuck 在早上安排 10 分鐘憂慮時間足以好好憂慮他所掛慮的事情。若 Chuck 實行這項實驗，他也許會發現藉由在特定情境下改變他正在做的事，他會有控制自己感覺的感受。

奇蹟問句（miracle question）允許團體成員描述沒有問題的生活。奇蹟問句常以以下方式呈現：「若奇蹟發生而你的問題一夜之間消失，你如何知道問題已經解決了？而什麼會變得不同？」團體成員則被鼓勵去行動「什麼變得不同」而非覺察問題。這個問題包括了聚焦於未來以鼓勵團體成員去思考一個不同型態的生活而非被特定問題主導。奇蹟問句聚焦個案尋求解決方案及辨識朝向他們目標的細微進展。

刻度問句（scaling questions）要求團體成員將進展以特定面向由 0 至 10 的量表指定出來。這項技巧促使個案能看到特定的步驟與程度的進步。焦點解決治療師在人們經驗的改變不易被察覺時使用刻度問句，例如感覺、心情或溝通。例如，一位團體成員表達在社交情境裡感到焦慮將會被詢問：「在 0 到 10 的量表，0 表示你第一次來這個團體的感覺，10 表示當奇蹟發生而你的問題消失了的那天，你認為你現在的焦慮是多少？」即使團體成員僅從 0 移向 1，她已經進步了。她如何做到的？她需要做什麼才能移向量表上的另一個數字？刻度問句促使個案著重在他們正在做什麼及他們能如何做以朝向他們渴求的改變。

治療師也許會提供真誠感受或指出個案已呈現的特定力量的**摘要回饋**（summary feedback）。焦點解決實務工作者特別在每次團體時，允許成員們彼此分享回饋。團體帶領者在成員們描述他們正在進行的改變時予以肯定，如：「你是如何做到這些改變？」「你的家人現在對待你的方式跟以往有什麼不同？」「關於你自己的部分，這些改變教了你什麼？」「新的你和舊的你最大的差別是什麼？」這些問題鼓勵成員們獲得對他們所做的努力所應得到的肯定。這類的問題與回饋協助成員將他們在團體所學應用至日常生活中。

焦點解決短期治療的多元文化應用　焦點解決短期治療的治療師從他們個案對他們自己經驗的世界學習，而非迫使個案接受一個先入為主的世界觀。焦點解決實務工作者採用非病理性的位置，不著眼於個案哪裡有問題，而是著重在強調朝向創造性的可能性。不同於強調讓改變發生，SFBT 實務工作者傾向創造一個了解與接納的氣氛，允許不同的人能利用他們的資源來創造建設性的改變。Murphy（2008）宣稱在焦點解決諮商中，強調力量與資源對不論是何種種族或文化背景的個人，都能提供勝任跨文化的服務。焦點解決諮商足以在勝任跨文化工作的一些特定面向包括：(1) 視每一個個案為一個獨特的個體，(2) 在諮商目標上共同合作，(3) 為每個個案調整服務，(4) 持續地從個案處獲取有效處遇，並據此隨時調整。

為了更了解 SFBT，我們強力推薦下列書籍：*Solution-Focused Counseling in Schools*（Murphy, 2008）及 *Solution-Focused Group Therapy: Ideas for Groups in Private Practice, Schools, Agencies and Treatment Programs*（Metcalf, 1998）。

敘事治療

敘事治療的關鍵概念　**敘事治療**（narrative therapy）是基於檢視人們訴說的故事並了解他們故事的涵義。對說故事的個人來說，每一個故事都是真實的；但沒有絕對的真實。敘事治療的某些關鍵概念包括討論一個問題如何破壞、支配、勸阻這個人。治療師傾向將個案與他們的問題分開，所以他們不會對他們的自我認同採取一個固著的觀點。邀請團體成員從不同的觀點檢視他們的故事，最終是要共同去創造一個替代性的生命故事。要求他們尋求足夠的證據去支持有足夠能力脫離問題主導的新觀點，並鼓勵思考當他們是一個有能力的人會期望怎樣的未來。

敘事治療的治療目標　敘事治療治療師邀請團體成員用新的語言去描述他們的經驗，而這新的語言能開啟可能的新遠景。治療過程的核心是從敘事治療的觀點，包括識別社會的標準和期望是如何內化成個人以受縛且狹隘的生活方式。敘事治療師與團體成員合作，協助他們體驗到一種個人效能的提升來面對這個世界。

治療關係　敘事治療師並不認為他們對個案的生活擁有特別的知識。團體成員本身是經驗初級翻譯者。在敘事取向，治療師旨在了解每一個團體成員的生活經驗。藉由仔細地聆聽、加上好奇、堅持及尊重的詢問等系統性的過程，團體帶領者與團體成員合作，一同探討問題的影響及他們做什麼以降低問題的影響。團體成員於是與治療師共同建構充滿生氣的替代性故事。例如，團體帶領者與 Leilani 一同探索關於她的勇氣、她決定性的能力、她願意面對不確定性的風險，及直接處理她生活經歷的恐懼。在這討論中，當 Leilani 臉上出現了恐懼，她的勇氣也同時被辨識出來。這些包括決定追求諮商碩士學位、冒險離開令她感到窒息的工作，和追求對她而言有意義的社會行動方案的能力。這個團體經驗提供 Leilani 創造一個改變自我認同的機會和招募觀眾，在她追求想要的故事時提供支持。

技術　敘事療法強調治療性關係的品質，並在這種關係中創造性地使用技術。敘事治療最鮮明的特點如下列語句所呈現：「個人不是問題，是問題才是問題。」敘事治療師與個案進行**外化對話**（externalizing conversations），旨在將問題從個人的認同裡分開。團體成員學會他們不再固著於他們的充滿問題的故事，而能夠發展替代性和更具建設性的故事。

敘事治療師使用的問題，做為產生經驗而非蒐集訊息的方法。問話的目的是逐步發現或建構個案的經驗，使個案對想去的方向有概念。治療師是以一個不知道的位置提問，意味著他們提問時，不認為自己已經知道了答案。藉由詢問的過程，治療師提供個案探討生活情況中不同面向的機會。

敘事治療師傾聽個案的故事，他們著重在故事的細節，提出個案有能力對抗壓迫性問題的證據。問題不被視為是病態的表現，而是日常的困難和生活的挑戰。在敘事治療的實作中，沒有處方、沒有固定的議程，亦沒有公式來遵循，以確保理想的結果。

敘事治療的多元文化應用　敘事治療師在一個前提下操作，即問題是在社會、文化、政治和關係背景下被界定的，而非存於個人之中；這使得本取向尤其適用於諮商不同文化背景的個案。敘事實務工作者所關心的是考慮性別、種族、民族、殘疾、性取向，社會階層、靈性和宗教等特殊性做為治療的議題。對問題做社會政治化概念，對那些統治性和壓迫性的敘述的文化意涵與實務有所了解。在實務工作者解構或拆解，所謂文化的前提其實是個案問題情境的一部分。做為團體經驗的一部分，團體成員得以了解壓迫性的社會實踐是如何影響他們的，而這份了解允許了創造替代故事的可能性。

為了進一步了解敘事治療的療癒，請參考*Narrative Counseling in Schools: Powerful and Brief*（Winslade 及 Monk, 2007）。

女性主義治療

從一開始，女性主義治療團體積極致力於建立為受虐婦女、強暴危機處理中心，和婦女保健及生殖保健中心提供庇護。建立社區、提供真實相互同理的關係、創造社會意識感，並強調社會變革是此取向團體工作所有顯著的優勢。

女性主義治療的關鍵概念　**女性主義治療**（feminist therapy）聚焦於多樣性的問題、性別歧視的複雜性，及理解性別議題的核心社會情境。女性主義治療師挑戰男性為導向關於何者為心理健康的人的假設。女性主義取向實務工作者強調自出生起，性別角色的期望深刻影響我們的認同。因此，團體諮商的任務是將社會化的性別角色如何深植於成人的人格特質帶入個人的意識之中。

一個女性主義治療的關鍵概念，是宣稱社會性別角色訊息影響個人如何看待自己和其行為。透過治療，這些社會化模式的影響會被辨識出來，因而個案能夠批判地評估和修改這些早期訊息，而有適當的性別角色行為。當代女性主義治療的做法，是建基於性別的問題不能與種族、民族、階級和性取向等其他的認同領域分開的前提上。了解症狀的一個關鍵概念，是有問題的症狀將被視為是因應或生存策略，而非做為病理證據。儘管不會因為失功能的社會環境引起個人問題而被責備，他們仍有責任創造改變。

改變的第一步為開始意識到社會如何影響了我們的信念和行為，特別是有關性別角色的觀點。團體成員有機會辨識出他們關於性別角色認同的偏見。這可以是一個微妙的學習，但它可以帶給我們如何與他人聯結的顯著改變。例如，在我們的團體裡的一名男子再三提及，在辦公室為他工作的「女孩們」。團體中有幾位女士讓他知道，因為他的員工們是成熟的女性，她們認為他的言論是不適當的。他的回答是他不認為稱呼這些女士為「女孩」是個「大問題」，最後他能理解自己的言下之意。

在我（Cindy）私人執業中，曾與很多受苦於產後憂鬱症症狀的婦女工作，並找到了一個理解此複雜問題極有幫助的女性主義觀點。許多和我曾一起工作的女性，在試圖平衡工作與成為一個新手媽媽兩者時，她們很少或幾乎沒有來自男性親友的支持。即使她們有相愛的丈夫及伴侶，在子女照顧責任及家務分工上的不平等是令人吃驚的。這些婦女自己完成所有的事，並納悶為何她們感覺不足、無法自我實現、孤立的及憂鬱。當從女性主義的角度檢視，產後憂鬱症被視為一個系統性的議題而非個人的疾病。女性主義治療師朝向角色期望的重新審視，及子女照顧和其他家務責任等工作的分配，而非以藥物治療的這些憂鬱婦女。這些女性個案所經歷的症狀是從她們關係情境的角度去理解。她們的責任在她們的伴侶未能提供相對應的支持時卻大幅地增加。

女性主義治療的治療目標　女性主義治療的主要目標是增能；團體成員努力追求自我接納、自信、自尊、快樂和自我實現。其他治療目標包括增進人際關係的品質、幫助女性和男性兩方做有關角色表現的決定、並協助團體成員理解來自文化、社會和政治制度對她們現狀的影響。強調在獨立性和相互依存間的平衡、社會變革，並重視和肯定多樣性。女性主義治療師並未視單單治療關係就足以產生改變。洞察、內省和自我意識是行動的跳板。個人改變和社會變化都是治療的基本目標。在個人層次，治療師協助婦女和男性確認、承認並擁抱他們的個人力量；就一個自覺的政治性事業來說，另一個目標則是社會轉型。

治療關係　女性主義治療師以一個平等主義的方式工作，並運用依每個個案而訂的增能策略（Brown，2010; Evans, Kincade, & Seem, 2011）。他們意圖要為個案增能，能根據自己的價值觀並依賴內在掌控（而非外在或社會性）的軌跡來決定何者對他們而言是對的。女性主義取向的團體帶領者關注世界上一般的權力關係。團體帶領者和團體成員扮演積極而平等的角色，共同工作以決定團體裡成員所追求的目標。

團體實務工作者致力於將治療過程去神祕化，並在治療過程中將每一個成員視為積極的夥伴。和團體成員合作將帶來與成員們真誠的夥伴關係。當成員們不了解治療過程的本質時，他們就被拒絕了積極參與團體經驗的機會。當實務工作者做了關於為個案而作，而非和個案一起做的決定時，他們搶奪了個案在治療關係裡的權力。

女性主義治療師與阿德勒治療師有個共同點，在於強調社會平等和社會興趣。此外，和阿德勒取向相似，女性主義治療師相信治療關係應該是一個非階層、個人對個人的關係。如同個人中心治療師，女權主義治療師傳達他們的真實並致力於個案與治療師之間互相的同理。女性主義者和其他後現代取向的共同點是，每個成員是他或她自己生活的專家。

技術 女性主義治療沒有規定任何具體的處遇；相反的，女性主義團體治療師為成員的力量量身訂定其處遇。女性主義實務工作者從傳統取向借用相關技術包括使用治療性契約、家庭作業、閱讀療法、治療師自我揭露、賦權、角色扮演、認知重建、重新框架、重新標籤及自信訓練。他們通常在團體中使用認知行為取向的技巧。此外，Enns（2004）描述了女性主義治療師已發展出如性別角色分析與介入、權力分析與介入及社會行動等一些獨特的技術。**性別角色分析**（gender-role analysis）探討性別角色期望對個人心理幸福感的影響，並借鑑這些訊息來做出修改性別角色行為的決定。**權力分析**（power analysis）旨在幫助個人了解權力與資源的使用不平等如何影響個人的實際情況。團體帶領者和成員一同探索不公平或體制上的限制，如何侷限了自我的定義和福祉。**社會行動**（social action）是女性主義治療的一個明確特徵。隨著個案變得對女性主義有更深入的理解，治療師可能會建議個案參與如在社區健康中心擔任志工、遊說國會議員，或提供社區性別議題的教育等活動。參加此類活動可使個案感受到是有能力的，並協助她們看到她們個人經驗和他們所居住的社會政治情境之間的關聯。

女性主義治療的多元文化應用 女性主義治療與多元文化觀點有共通之處。女性主義在權力關係的觀點，是基於理解因種族和文化因素而造成權力的不平等的應用。「個人即是政治」的原則可同時適用於婦女諮商和諮商多元文化背景的個案族群。無論女性主義治療或多元文化的視角都不著重個人的改變。相反地，這兩種取向都強調社會變革的直接行動是治療師的角色的一部分。許多社會行動及政治策略都有相同的關聯性，即呼籲關注被壓迫族群在女性及其他被邊緣化的群體。女性主義治療師和多元文化治療師都致力建立一個能減少各種類型的歧視的政策——性別、種族、文化、性取向、能力，宗教和年齡。

為了進一步了解女性主義治療的療癒，請參見 *Introduction to Feminist Therapy: Strategies for Social and Individual Change*（Evans, Kincade, & Seem, 2011）和 *Feminist Therapy*（Brown, 2010）。

整合取向

整合取向（integrative approach）的團體諮商是一種基於從各種理論取向而來的概念與技術。現今在助人歷程中傾向整合取向的其中一個理由，是因為理解把所有類型的個案及他們特定的問題全部一起考量時，沒有任何單一的理論足以解釋人類行為的複雜。

大多數臨床工作者承認他們根據單一的理論體系而進行實務工作時的限制，並對整合各種治療取向的價值採取開放的態度。這些臨床工作者對整合取向採開放態度，可能發現幾種理論在他們個人取向裡扮演關鍵的角色。每個理論有其獨特的貢獻和自己的專業領域。藉由接受每一種理論都有其優劣，根據其定義，與其他理論不同，實務工作者有一定基礎以發展一個適合他們的諮商模式。

我們鼓勵你對每個諮商理論固有的價值保持開放的態度。所有的理論都有其獨特的貢獻及限制。學習所有當代理論，以決定哪些概念和技術，可以整合成為你個人取向的團體工作實務中。你將需要各種理論系統的基本知識及在各種情境下能有效與不同個案族群工作的諮商技術。僅使用一種理論也許無法提供你在許多團體中需要創意性地處理多樣且複雜的情況時所需的治療彈性。

每個理論皆呈現一個看待人類行為不同的角度，但沒有一種理論涵蓋所有真理。因為沒有「正確」的理論取向，先尋求一個適合你自己本身的取向，然後再致力於強調想法、感覺和行為的一種整合取向，是非常合適的方式。為了發展這種整合取向，你需要徹底地深入一些理論，開放的思想，對這些理論在某些方面是一致的觀點保持開放的態度，並願意持續地測試你的假設以確定它們如何有效。

對於剛開始從事諮商生涯的你們，選擇最接近你的基本信仰的主要理論可能是明智的。徹底地盡你所能地了解此一理論，而同時檢視其他理論可以提供何種幫助保持開放的態度。若你一開始即以特定理論的概念工作，你將有一個穩定的理論錨點，由此將能建構你自己的諮商觀點。但是，不要簡單地以為因為你追隨於一種理論，你就可以使用相同的技術和你所有的個案工作。即使你堅持遵循單一的理論，因為你的團體中有各式各樣的成員，你仍需在應用根據理論而來的技術時，保持靈活的方式。

若你現在正是一個在受訓的學生，期望自己已有一個整合並定義清楚的取向是不切實際的。整合取向是大量閱讀、學習、督導、臨床實作、研究及理論化的產品。隨著時間及反思性的研究，你可以從多樣技術中選擇適合你的技術為基礎，然後以發展出一個一致性概念的架構為目標。發展能帶領你實作的個人化取向是需要終生的努力並隨著實務經驗而修正的。

重點摘要

團體諮商的理論與技巧

這裡有一些關鍵概念要記住，之後許多章節都建立在這些基本概念之上。

- 有一個理論基礎去協助你理解團體發生了什麼是很重要的。花些時間了解幾個理論取向，然後從中選擇一些概念以形成你自己的個人工作風格。
- 在團體過程中，能夠概念化何者為你正在嘗試實現的。
- 花些時間來思考你的治療風格及其對你的團體的過程與結果的影響。並能夠清楚地描述你的風格的主要特徵。
- 一個一般的理論架構將協助你更有效地理解團體過程的許多面向，提供你一個能以創意及有效的方式介入的地圖，及提供一個你介入結果的基本評估方式。
- 團體諮商的心理動力模式包括精神分析和阿德勒取向。
- 團體諮商的經驗和關係導向取向包括：存在主義治療、個人中心療法、完形療法及心理劇。
- 認知行為模式包括行為治療法、認知治療、理情行為治療和現實療法。
- 後現代觀點包括焦點解決短期治療、敘事治療、女性主義治療和多元文化觀點。
- 一個整合取向結合了人們行為的思維、感覺及行動的各種面向，並提供了許多優點多於僅採用單一的理論架構。

練習活動

問題討論

1. 若你正在申請一個諮商團體帶領的工作，你會在面試時如何回答這些問題？「在設計及帶領一個團體時，何種理論取向會引導你？」「你如何成立一個團體？」「你如何看待自己做為一個團體催化者的角色？」
2. 以單一理論觀點進行諮商實務的優勢為何？缺點為何？你是否看見從多種理論觀點中擷取概念與技術的整合取向的價值？在整合不同理論模型的元素時，有哪些潛在的困難？
3. 在一個小團體中，探索你可能有一個主要的理論並從一些其他理論的借鑑而擴大你的取向的方法。在這一點上，何者會是你的主要理論，你選擇它的理由為何？其他模式的哪些觀點會是你身為一個團體諮商員，而希望將其納入你自己的取向之中？
4. 在一個小團體中，討論你個人諮商實務取向的某些面向。下列問題可以幫助你澄清你的理論立場。
   a. 你的世界觀是什麼，它是如何影響你所理解的世界、世界中的人們及你和他人的互動？
   b. 你對改變是如何發生的有何想法？
   c. 你認為人們如何被療癒？在何種情境人們被療癒？什麼是必要存在，人們才能被療癒？何種方法對協助人們被療癒是有效的？
   d. 對你而言，個人的諮商經驗是什麼？其中什麼是有益的或什麼是無益的？
   e. 個案與諮商員的關係，各自的角色或重要性為何？
   f. 在你的觀點裡，個案與諮商員的角色是什麼？
   g. 你如何定義問題、問題情況和問題行為？
   h. 你可能使用何種技術來協助個案與他們的個人議題？

第二部分
團體歷程

發展階段

團體的發展階段通常不像此部分各章節所描述的順序那樣有條理和可預測的。事實上，各個階段之間偶有重疊，當團體邁入進階階段，停滯在學習高原或暫時退回到先前階段也是常見的事；同樣地，在團體中達成了某些特定任務，也不代表不會再發生新的衝突。團體歷程是起伏消長的，成員們和團體的帶領者都必須注意影響團體進行方向的因素。除此之外，並非所有團體參與者的進步情形都是相同的，個人化歷程與團體歷程同樣是需要練習和技巧的催化。

了解團體在不同階段的典型模式能提供你寶貴的觀點，幫助你預測問題並採取適當和及時的處遇。有關團體重要轉折點的知識，可做為你用來幫助參與者們動員本身的資源以成功面對每個階段任務的指導原則。雖然我們將以團體的發展歷程來討論這些階段，包括團體前階段、初始階段、轉換階段、工作階段和結束階段。但請記住，成員們可能在單次的團體聚會中就經歷許多階段，從開始的討論到簡短的轉換，緊接著是具生產力的工作，最後以反省成果來做為結束。

團體前階段（pregroup stage）包含了許多形成團體的所有因素，在事前能多花點時間考慮實務上的情況，並謹慎地思考和規劃，包括設計團體方案、吸引成員、篩檢成員與定向過程等，對奠定團體的穩固基礎是必要的，這會增加團體具有生產力的機會。

初始階段（initial stage）是團體定向與探索的時刻，成員們傾向呈現被社會認可的自我。這個階段的特徵是成員們對團體的結構會有一定程度的焦慮和不安全感。成員們之所以會躊躇不定，是因為他們正在對一些限制做探望與考驗，想要知道自己是否被他人接納。通常成員們會將某些期待、關切與焦慮帶進團體，允許他們公開表達這些感受是極為重要的。當成員們彼此認識和了解團體的功能後，他們會發展出管理團體的規範、探索與團體有關的憂慮和期待、確認個人目標、澄清想要探討的主題，以及確認這個團體是否為安全的場所，故帶領者處理成員們反應的方式會決定團體信任感的發展程度。

在成員們能夠做深度互動前，團體通常會經歷有點挑戰性的**轉換階段**（transition stage）。在這個階段，帶領團體的任務是協助成員們學習如何開始處理參與團體的原因，而成員們的任務則是觀察記錄自己的思想、情緒、反應與行動，並學習以口語來表達。帶領者可以協助成員們了解和接納自己的害怕與防衛，同時協助他們修通自己的焦慮和所經驗到的抵抗。成員們可以決定是否冒險說出隱藏的事，因為他人可能會另眼相待，也因此團體帶領者必須了解和尊重成員們所經歷的憂慮，並鼓勵他們探索在參與團體中所產生的任何抵抗。

具生產力的工作會發生在團體的所有階段而非僅限於工作階段，但是工作的品質與深度會隨著團體發展階段而呈現不同的型式。**工作階段**（working stage）以生產力為特徵，建立在初始階段與轉換階段的有效運作上。在這個階段，相互關係與自我探索會增加，而團體也會致力於行為的改變。團體實際進行時，轉換階段和工作階段會相互融合。例如在工作階段，團體可能會返回先前對信任、衝突和抵抗的議題；唯有團體接受新挑戰，才有可能達成更深層的團體信任。新的衝突可能隨著團體逐漸發展而產生，因此共同承諾處理此困難的前進工作是必要的。但並非所有成員們都能以相同強度的功能在團體中運作，某些人的狀況可能仍然停留在團體外圍、退縮、更害怕冒險，換言之，成員們在團體的每個階段的確是有個別差異的。有些團體可能永遠無法達到工作階段，但每個人仍然會有所學習並能從團體經驗中獲益。

結束階段（final stage）是進一步確認所學並決定如何運用新學習於日常生活的時刻。這個階段的團體活動包括終止、摘要、整理所學並整合與解釋團體經驗。團體尾聲的焦點在於概念化和結束團體經驗，在終止過程中，團體會處理分離情緒、未竟事件、回顧團體經驗、演練行為改變、構思行動計畫、確認故態復萌的因應策略，以及建立支持網絡。

第五章 團體的形成

Chapter 5

試想一下，你是一位中學輔導員，被指定要為一群父母離異的孩子組一個團體。你將需要招募團員、進行團體前的篩選，並安排每一次的團體聚會。此外，你需要確認能取得孩子的家長或監護人的許可。你會如何形成這個團體？什麼樣的支持或諮詢是你想要的？你曾有哪些處理這類個案的個人或專業經驗，而且預期你會怎麼和團員們走在一起？面對這些團員們，有哪些信任的議題是你要面對的，而你又會如何處理呢？你預期在形成團體時，會有哪些重要的臨床和倫理議題呢？為能有效地帶領這個團體，你有可能會接受這個領域中必要的教育嗎？

導論

要給成員們有個成功的團體經驗，我們就不得不強調審慎地關切團體形成的重要性。思考你想要帶領何種類型的團體，並為你的領導角色與功能做好心理準備是有益處的，愈能清楚說明你對團體的期待，你就愈能做好規劃，參與團體的人愈有可能獲得更有意義的經驗。然而，某些團體形成的情況並不理想，可能會限制你做充分準備與事先規劃的能力，即使在這種情形下，請思考本章的訊息，這些訊息對你在如何建立成功的團體經驗上是有幫助的。

發展團體計畫

許多傑出的團體發展與執行構想並未實際的執行，有時導因於缺乏資源或訓練，有時則是因為團體帶領者缺乏足夠準備所致。你、協同帶領者以及團體參與者可以仔細思考下列問題。在全體成員出席的初始團體聚會中，做合適的團體規則和準則的討論，可以藉此增加成員在團體歷程中的歸屬感。

- 你要籌組何種類型的團體？是長期的或短期的？
- 團體對象是誰？在確認特定的群體後，你知道這個群體的發展需求為何？

- 如何招募成員參與你的團體？你會想從這個特定團體中排除任何人嗎？
- 這個團體有何文化相容性？團體的形成涉及何種文化相容性？
- 你對團體歷程和提出的團體內容都熟練嗎？倘若不熟，有督導或支援可以協助你催化團體嗎？
- 團體是由自願或非自願成員所組成？假如是強制團體，你強調的特殊考量為何？
- 團體的一般目標與目的為何？成員們從參與團體中可以得到什麼？
- 你將使用何種篩檢與挑選成員的程序？使用這些特殊程序的理論基礎為何？
- 團體有多少成員？在何處聚會？多久聚會一次？每次聚會的時間長度為何？當團體開始後，是否允許新成員加入？或這是「封閉式」團體嗎？
- 如何讓成員為團體經驗做好準備？開始時你將建立何種基本規則？
- 團體將具備何種結構？使用什麼技術？為何這些技術是適當的？你如何彈性運用技術以滿足多元文化個案群體的需求？
- 你會怎麼處理任何人參與團體時多少需要冒險的事實？你會做什麼來保護成員避免不必要的冒險？對於某些未成年的參與者，你會採取任何特別的預防措施嗎？
- 你將如何處理成員受到酒精或藥物影響而來參與團體的情況？
- 你規劃的評量程序為何？追蹤程序為何？
- 團體將探討什麼主題？

下列這五項領域可以做為形成團體計畫的準則：

1. **理論基礎（rationale）**。你的團體是否有明確且令人信服的理論基礎？你能回答與團體需求有關的問題嗎？
2. **目標（objective）**。你清楚最想要達成的目標與達成的方法嗎？你的目標在指定的時間內是否具體、可評量且能實現？

3. **實際考量**（practical consideration）。成員資格是否明確？團體的聚會次數、聚會頻率與團體期間是否合理？
4. **程序**（procedure）。你已經選擇特定程序來達成既定目標嗎？這些程序對該群體是否恰當與實際？
5. **評量**（evaluation）。你的團體計畫是否包含評量既定目標之達成狀況的策略？你的評量方法是否客觀、實際與切題？

不論你期望籌組何種類型的團體，親自提出一份令人信服的書面計畫是化思想為行動的關鍵要素。第 10 及 11 章呈現十三個可以應用於學校及社區情境的團體方案範例。當你檢閱這些為不同團體所設計的計畫時，請思考可能適合你所服務的群體與工作情境的特定團體，看看你能從每份團體計畫中汲取何種觀點以符合你的需求。

在體制內工作

倘若你希望你的計畫被機構督導與想要參加團體的成員們所接受，你需要發揮能在體制內工作的必要技巧。你想讓團體開始運作就需要機靈地與機構相關人員協商，因為在所有診所、機關、學校和醫院中，權力議題與現實的政策扮演著重要的角色。你可能很興奮地籌劃團體但卻遭到同事或行政主管的抵制，例如，你可能會被告知只有心理學家、社工人員和精神科醫生才有資格帶領團體，其他的同事們可能會譏諷你在工作環境中進行團體諮商的可能性；或者你也可能會被告知，課堂教學比讓孩童花費時間在團體中處理情緒或個人問題更為重要。有時候同事或體制會阻礙你的努力，但你卻無法完全理解他們如此做的原因。

在某些情況下，有關團體對個案的潛在價值與實際限制部分，機構主管可能需要接受再教育。如果你能夠預期行政和機構主管對你的提案會有的重要考慮，那麼對你的計畫的付諸實施將會是有幫助的。舉例來說，假設你嘗試要在公立高中籌組團體，行政主管可能會擔心家長的抱怨與可能的法律訴訟，若你能體恤他們的擔憂，並直接提到有關的倫理與法律議題，你的計畫被接受的可能性就會提高；假如你並不清楚自己希望透過團體工作達成的目標是什麼，或你將如何帶領聚會，那麼盡責的行政主管可能不會支持你的提案。藉著向你的組織主管提出上述議題，你就有機會和你的督導與機構帶領者一起合作設計適宜的行動計畫。

吸引與篩選成員

一旦你的團體計畫成功地被接受後，下一個步驟就是找到實用的方法，公告你的團體給可能會想要參加的人知道。團體的公告方式會影響想要參加的人對團體的接受度以及哪種人會參加團體。雖然專業標準應該優先於商業做法，但我們卻發現，與可能想要參加的人做個別接觸是招募成員最好的方法之一。

公告團體與招募團體成員的指導原則

公告團體與招募成員涉及專業議題，「最佳實務指南」（ASGW, 2008）指出，潛在成員應該得到下列有關團體的相關訊息（最好是書面）：

- 專業的公開聲明
- 團體目標與目的之聲明
- 有關參加和退出團體的政策
- 對團體參與者的期望，包括自願與非自願成員
- 管理委辦團體的政策與程序（相關的）
- 成員及團體帶領者（們）的角色期望
- 團體成員和帶領者的權利與義務
- 文件記錄的程序和對他人的訊息揭露程度
- 團體外接觸或成員間彼此涉入的可能影響
- 團體帶領者與成員之間的諮詢步驟
- 團體帶領者的教育、訓練與資格
- 費用與時間的規範
- 具體聲明在特定團體結構內可以提供和不能提供的服務
- 參與團體的可能衝擊

這些原則可以幫助你形成團體知後同意（informed consent）的文件，在撰寫團體公告時可以準確描述團體，並避免對團體結果做承諾，以免引發不切實際的期待。如同前述，在印發團體公告後，最好的方式是直接接觸最有可能從團體獲益的群眾，這些個別接觸包括分送印刷資料給有興趣者，藉以減少人們誤解團體目的與功能的可能性。

在為團體宣傳與招募的同時，通知機構的同事們也是很重要的，他們除了可以轉介適合的個案到你的團體，還可能進行初步的篩檢工作，包括提供團體書面資料給接觸過適合團體的人，所以你在籌組團體的每個階段應該盡可能邀請同事們參與。

篩檢與挑選的程序

在公告團體和招募成員之後，下一個重要步驟是安排篩檢和挑選組成團體的成員們。ASGW（2008）「最佳實務指南」指出：「團體工作者要篩檢成員們是否適合所提供的團體類型，在挑選適當的成員之後，團體工作者必須再確認成員們的需求和目標是與團體目標相一致」（A.7.a）。這項原則揭示了幾個問題：應該要做篩檢嗎？如果是，適合團體的篩檢方法是什麼？你如何確定誰最適合團體、誰對團體歷程會有負面影響，或誰在團體經驗中可能受到傷害？你如何以最佳方式通知那些基於某種原因而未能選入團體的申請者？

考慮納入有潛在困難的成員是很重要的，因為他們可能就是最能從團體經驗中獲益的人；有時帶領者基於個人好惡或反移情的問題而排除某些人，即使這些人可能是適合團體的個案。然而，團體帶領者喜歡或不喜歡這些人並非恰當的理由，篩檢之目的在於避免個案受到潛在的傷害，而非藉著建立有同質性成員的團體而讓帶領者的工作較為輕鬆。有些團體篩檢成員是依個案的問題特性，也符合一般團體成立之目的而來，例如在第10章，Teresa Christensen 描述在一個受虐兒童的團體進行成員篩檢時，她發現孩子們準備好參加團體的各種互動活動是項必要的條件。此外，她所篩檢的孩子們已經完成或持續進行個別的或家庭諮商，因此她要相信孩子能從團體中獲益，才會是她篩檢的重要決定。而在第11章所描述的亂倫倖存者的女性支持團體中，Lupe Alle-Corliss 會篩檢一些已經準備好能公開處理亂倫傷痛的個案。她的團體成員們大部分正在接受她或其他治療師所做的個別治療，若有成員接受其他治療師的服務，她會要求他們提出轉介單，這樣她可以和這些治療師們諮詢和合作。在這兩個範例中，都是以個案是否準備好了及適合團體治療做為篩檢的決定。

當你要挑選你的團體成員們時，你或許會將一些有共同經驗的成員們聚集在一起，然而他們之間仍有許多差異也是需要關注的，因此你需要考量多元差異的議題。透過這樣多元的團體互動，常有機會消弭對彼此的刻板印象與誤解。倘若成員的組成是審慎考慮與維持平衡的，那麼，成員將有機會彼此建立關係和相互學習。

最後，帶領者應以團體類型來決定要接受什麼特質的成員們。例如，在教導社交技巧或壓力因應的短期結構團體中能夠運作良好的人，有可能無法適應於深度治療型態的團體。雖然嚴重失調者可能被諮商團體排除在外，但他仍可以從心理健康中心每週的門診病患團體中獲益，因此有必要謹慎地評估你的篩檢過程，確認能適合你的團體。我們需要考量的問題是：這個特定的人應該在這個時候參加這個團體帶領者所帶領的這個特定團體嗎？

預備的篩檢聚會　我們贊成篩檢程序包括申請者和帶領者之間的私人聚會，在這聚會中有協同帶領者在場，兩位能和每位準備要參加團體的人晤談是最理想的。當準備要參加團體的人被兩位帶領者晤談時，某些明顯的好處是可以查看這個人同時面對兩位帶領者的反應。這種做法可以提供兩位協同帶領者了解某成員在團體情境下的可能反應。帶領者或協同帶領者在個別晤談期間，可以搜尋此團體會對想要參加團體的人有益的證明，例如此人的改變動機如何？是他選擇加入團體或是別人決定的？為何是這個特定團體？他了解團體目標是什麼嗎？有任何跡象顯示團體諮商在此時對此人是不合宜的嗎？

鼓勵想要參加團體的人與團體帶領者和協同帶領者在他們的私人聚會中晤談，並邀請他們對團體的程序、基本目標和其他方面提出問題。提問的重要性不僅能夠獲得訊息，也能發展出對團體帶領者或協同帶領者的信任感，這對於團體能有生產力是必要的。這些想要參加團體者所提出的問題，可以幫助他們做好參與團體的準備，也反映了他們對團體歷程的好奇及其人際型態。我們認為最好是將篩檢視為一種雙向歷程，也鼓勵想要參加團體的成員們能形成對團體和帶領者的個人評價。藉著充分提供有關團體的資訊，成員就能判斷是否要參加團體。

從我們的觀點來看，篩檢與挑選的程序是主觀的，而帶領者的直覺和判斷才是重要關鍵。我們關心那些在團體中可能的受益者，但我們更關切可能受到心理傷害或過度消耗團體能量者。某些成員們可以保護自己不受團體的影響，但卻在具生產力工作的團體階段中耗損團體的能量，尤其是具有敵意者、壟斷者、極端攻擊者和衝動者，納入這些成員們的潛在好處必須與團體整體的可能損失相權衡。基本上，團體諮商不適合自殺、極度紛亂或嚴重精神疾病、反社會、面臨劇烈危機、高度偏執或非常自我中心的一些人（Yalom, 2005b）。

帶領者必須發展有系統的方法來評量想要參加團體的人從團體經驗中獲益的可能性，其中需要考量的因素包括：帶領者的專業訓練層次、團體既定的結構、團體環境以及團體的基本性質。舉例來說，帶領者最好不要接受高度防衛者進入持續進行的青少年團體中，理由是團體對如此脆弱的人可能太過威脅了，使他產生更多的防衛與僵化，或者適得其反地阻礙了團員們想要工作的努力。

在某些可能無法進行個別晤談的狀況下就必須使用替代方法。倘若你在政府機關或州立醫院工作，你可能被指派帶領一個團體，並且沒有篩檢團員們的機會，這些成員們的分派是依據他們的診斷或病房位置而定。縱使你無法為團體挑選成員，但你至少可以做簡短的個別接觸，使他們準備好來參加團體。你也必須在初期的聚會中花時間做這項準備，因為多數成員們對自己為何在團體中或團體對他們有何價值，可能毫無概念。在「開放式」團體中，當某些人離開而新成員加入時團體成員就會變動，此時對新進成員們實施個別晤談，是一項很好的定向做法。

若你無法為團體篩檢成員，但只要你提供某種型式的引導，使成員了解何謂團體與如何有效參與，你仍然可以擁有成功的團體。你愈能協助成員熟悉團體歷程，團體發揮效果的機會就愈大。

評估與選擇成員　我們經常被問到以下的問題：「你如何決定誰最適合團體，誰能從中受益最多，而誰則可能會被團體經驗所傷害？」「如果你決定從團體中排除某人，你如何以尊重和治療的態度來處理？」身為團體帶領者，你最終要對特定個案做出錄取或不錄取的決定。由於我們提供的團體多半具有自願的性質，我們在晤談時要尋找的一項重要因素，是這位想要參加團體的人其改變的意願和參與團體的努力程度，也會思考這個團體是否是他們能達成期望改變的適當處遇，特別是在他或她得到有關團體的資訊後，我們會更慎重權衡他們有多麼想成為這個團體的一員。

有好幾次是我們並未讓一些很想參加的人進到團體來，如同前述，對某人的考量確實會有我們的臨床直覺，所以直到最後的分析，我們的篩檢與挑選過程都會是主觀的。排除某人的作法可能有很多臨床的理由，但不論我們的決定是什麼，都會一一地和準成員討論。有些時候在討論我們所關切的事情後，我們的看法會有所改變，而其他時候，我們則會秉持良心就是不能同意納入某人。帶領者在為團體選擇成員的決策上，必須思考對所有成員最好的是什麼，而非僅是針對某成員。

如果我們不接受某些人，我們傾向強調這個團體可能不適合他們。我們會盡力地以誠實、直接、尊重和靈敏的方式宣告這個消息，同時建議其他可能的選擇。符合實務上的倫理做法是：提供這些想要參加團體的人處理其未能被團體接受的反應上所需的支持，同時建議參加其他的團體。例如，我們可能會考慮對人際關係感到十分驚恐而有高度防衛和極端焦慮的人，能在被安置於團體情境之前可以先從一系列的個別諮商中獲益。我們會解釋我們的理由並鼓勵他們考慮接受適當處遇類型的轉介。換言之，我們不會毫無解釋就將被團體排除者拒於門外，也不會傳達因為他們有些內在問題而無法被特定團體所接受。

當我們為不同機關和機構的團體帶領者進行在職訓練工作坊時，許多帶領者告訴我們，他們不為團體篩檢成員。他們舉出許多理由，例如，他們沒有時間；他們對選擇團體成員沒有發表意見的權力，因為這些人是被指派的；他們並不清楚如何判斷某人在團體經驗中是否會受益或有負面影響；他們不相信篩檢是重要的；或他們不想因為拒絕可能從團體獲益者而犯錯。當個別篩檢不可行時，我們鼓勵實務工作者設計一些替代的策略，例如，一次同時對幾位可能的團體成員們進行篩檢與定向，以取代個別篩檢；如果此法也不可行，至少在開始聚會前簡短與團體成員會面也是個好主意；另一項替代方法是將團體初次聚會做為定向與取得成員們承諾的時機。

團體形成的實際考量

團體組成

究竟團體要有同質性的成員或異質性的成員，端視團體目標與目的而定。通常，對於有指定需求的特定目標群體而言，團體完全由這個群體的成員們組成會比異質性團體更為適合。想像一個完全由年長者組成的團體，我們可以完全專注於一些發展週期的特定問題，例如寂寞、孤立、缺乏意義、拒絕、財務壓力、身體衰弱等。成員們的相似性可以引發高度的凝聚力，促使他們開放且熱絡地探討人生危機，可以表達平時隱藏的情感，而其生命境遇也會使他們更緊密地連結。縱使成員們可能分享共同的問題，但他們的生活經驗卻各自相異，此種現象為同質性團體帶來另一層面的多元化。在第 11 章有幾份是老人團體方案的範例，如「成功的老人團體」、「老人喪親團體」及「適合安置機構老人的處遇計畫」，每個團體都有不同的目的和焦點，因此團體的一般性目標就會影響到成員的篩選。

有時候我們期望團體能夠呈現外在社會結構的縮影，在此情形下就必須尋找多樣化的成員，例如，個人成長團體、歷程團體、人際團體和某些傾向異質性的治療團體，成員可以在象徵現實生活的團體情境中，經由多元回饋的協助嘗試新行為與發展人際技巧。大學的諮商中心也提供很多適合大學生的團體，像是定向輔導或是人際焦點等，有些團體會有特定的主題，同時具有教育性和治療性功能的是心理教育性團體，部分的範例在第 10 章有簡潔的說明。

團體規模

理想的團體規模為何？答案取決於幾個因素：個案的年齡、帶領者的經驗、團體的類型，以及要探討的問題。舉例來說，由小學生組成的團體可能維持 3 ～ 4 人，青少年團體 6 ～ 8 人，而發展性的團體輔導課程則可以多達 20 ～ 30 名兒童。至於每週持續進行的成人團體，8 人左右是最理想的，這種規模的團體，大到可以提供充分的互動機會，卻又小到可以讓每位成員投入且擁有「團體」的感覺。

聚會的頻率與時間

團體應該多常聚會？一次聚會為時多久？應該每週聚會兩次，每次 1 小時，或每週一次，每次 1.5 ～ 2 小時比較好呢？為配合兒童與青少年的專注力時間，團體聚會可能以時間較短且聚會較頻繁的方式為宜，倘若團體是在學校內舉行，聚會時間可以配合正常的上課時間。對功能相對較好的成人團體，每週一次 2 小時的聚會是較適合的，2 小時的聚會長度足夠進行某些密集的工作，卻又不至於長到使成員感覺疲乏。你可以依據你的領導風格和團體成員的類型，來選擇適合的聚會頻率與聚會時間。對於功能較弱的住院病人團體，由於成員的心理障礙，他們可能無法保持較長時間的注意力，每天聚會 45 分鐘是適當的，即使對功能較好的住院病人團體，一週聚會數次也是一項好的措施，只是聚會時間可以排定為 90 分鐘（Irvin Yalom（1983）的著作 *Inpatient Group Psychotherapy*，針對功能較好和功能較弱的住院病人治療團體，提供相當出色的說明）。

團體持續的時間

團體持續的時間應該多久？就多數團體而言，結束日期可以在開始時宣布，好讓成員們對參與團體的期限有清楚的概念。我們的大學生團體通常為期約 15 週——也就是一學期的長度，同樣長度對高中生也是適宜的。這個長度足以發展出對團體的信任感並產生行為的改變。

我們有位同事在其執業的私人診所中進行幾個為期 16 週的封閉式團體，經過數次聚會後，他為這些團體安排一次全天的聚會，他發現這樣的聚會能大幅提升團體的凝聚力。在團體即將結束時，那些有意願加入新團體的人可以選擇再參加新的團體。這種安排的優點是：這個時間長度足以促使凝聚力與生產力工作的發展，成員們可以繼續和新的團體成員們演練新習得的人際技巧。這種時間限制團體的主要價值在於激發成員們了解自己只有有限的時間來達成個人目標。在為期 16 週的團體中，成員們必須挑戰檢視個人與團體的進步狀況，如果他們對自己的參與或團體的進行方向感到不滿意時，他們有責任做些事來改善這種景況。

當然，某些由相同成員們所組成的團體可能維持數年的聚會，如此的時間結構允許他們深入處理某些議題並提供使生命改變的支持和挑戰。然而，這些持續進行的團體確實有可能助長依賴性，因此帶領者與成員們都必須有所覺察。

團體聚會的場所

團體聚會應該在哪裡進行？許多地方都可以，但是隱私性非常重要，成員必須確定他們的分享不會被隔壁房間的人聽見。團體運作常因物理環境而失敗，如果在令人分心的大廳或病房舉行，將不可能發生具生產力的團體工作。我們喜歡不凌亂且能布置舒適座位的團體空間，我們更喜歡可以使團體圍圈而坐的環境，這種安排讓所有參與者能夠看見彼此，並且允許足夠的行動自由做自發的肢體接觸。協同帶領者坐在帶領者的對面是個好方法，如此所有成員們的非語言動作都能被其中一位觀察到，也能避免「彼此互相對立」的氣氛，同時讓協同帶領者和帶領者更容易了解彼此的狀況。

開放式與封閉式團體

開放式團體（open groups）的特徵是變動的成員人數。當某些成員們離開了，新成員就加入，團體繼續進行。**封閉式團體**（closed groups）基本上有時間限制，團體聚會次數是預先確定的，通常，成員們被期待留在團體中直到結束，此種類型的團體不會增加新成員。團體應該是開放式或封閉式的問題視某些變數而定。

當有人離開就吸收新成員的開放式團體有幾項優點，其中之一是增加成員們與不同類型的人有互動機會，這樣更能精確反映出一般日常生活中不同的人會在我們的人際關係中進出。開放式團體的潛在缺點是成員們的迅速變化可能導致缺乏團體凝聚力，特別是同時有多位個案離開，又有多位新人進入時。因此，當團體出現缺額時，最好一次加入一位新成員。引導新成員學習如何有效參與，對開放式團體而言是一項挑戰，因此，帶領者教育新成員有關團體歷程的方法是提供講解團體規則的影片，隨後再做面對面的接觸。某位在機構協同帶領開放式團體的同事強調要和每位新成員檢閱團體規則，他認為與其使用團體時間向每位新加入的成員做解釋，不如在接案晤談時就先行處理。此外，他還會要求其他成員們教導新成員一些原則，嘗試讓他們為自己的團體承擔更多的責任。倘若帶領者能夠靈敏地處理成員的離開或加入，那麼，成員人數的變化不盡然會干擾團體的凝聚力。

在某些情境，如州立醫院的心理健康病房或某些日間治療中心，團體帶領者無法在開放式或封閉式團體間做選擇，因為團體成員幾乎每週都在改變，因此很難達成各聚會間的連貫性與團體內的凝聚力。對住院病患的團體治療師而言，即使成員們僅參加數次，團體仍然可以有凝聚力，只是高層次的活動仍需仰賴治療師的催化。這些帶領者們必須組織團體並讓它動起來，他們可能需要拜訪某些成員、主動支持成員，以及親自和參與者們互動（Yalom, 1983）。

倘若你正在籌組一個開放式團體，你必須對成員的更換比例有些概念，一位成員會參與團體多久可能無法預測，因此你在設計處遇時心裡必須思考許多成員也許只會參加一或二次的聚會。在帶領開放式團體時，你要提醒所有成員們，這可能是他們唯一與眾人共聚的時刻，而你的處遇措施也必須符合這個目標。例如，你不會想催化成員們去探索無法在該聚會內充分處理的痛苦憂慮，你也有責任在單一聚會中催化成員的互動以引導出某些問題解決，這包括預留充足時間與成員討論在此次聚會中有何學習，以及他們在每次離開團體時的感受等。

我們的一位同事經常在社區心理健康機構帶領開放式團體，儘管成員們在經過一段時間後仍然會有些變動，但他發現信任感和凝聚力依然會在這些團體中發展，因為有一群穩定的核心成員們存在。當新成員加入時，他們同意至少要參加六次聚會，同時，連續缺席兩次且無充分理由者將不被允許繼續參加，這些做法可以增加團體發展連續性和信任感的機會。

團體前聚會的運用

團體前準備的價值研究

許多研究檢視個別和團體心理治療之治療前準備的價值，結果獲得壓倒性的共識，即治療前的準備對個案初期的治療過程與後續的改善，均呈現正面的影響（Burlingame, Fuhriman, & Johnson, 2004b; Fuhriman & Burlingame, 1990）。團體前準備（包括設定預期目標、建立團體規則與程序、角色的準備、技巧的加強）和凝聚力、成員的滿意度，以及對團體的舒適感有正向的連結（Burlingame et al., 2004b），團體前準備可以提升出席率、增加自我揭露，並促進團體凝聚力（Yalom, 2005b）。

團體前定向對於短期治療團體的成員們是一項標準做法，這些個案們需要這個引導聚會的原因是：典型團體中成員們的多樣性、個人關切議題的範圍、不同的團體情境、時間限制團體的架構，以及不熟悉團體的型式。團體前定向的內容反映出帶領短期團體治療之帶領者的觀點，完善的引導能為後續的帶領者與成員間，以及成員與成員間之治療關係的發展做好準備（Burlingame & Fuhriman,1990）。

成員們了解他們被期望表現何種行為時，在團體中的表現會比較成功，當成員們一開始就了解團體的目標、角色要求與行為預期時，治療工作的進展會更有效率，而事先告知成員們有關的團體規範也可以降低非生產力的焦慮。有效的研究結果顯示，團體前的準備訓練會增加成功結果的機會，因為它會減少參與者在開始聚會時所經驗到的焦慮，並提供了解團體歷程的架構（Riva et al., 2004; Yalom, 2005b）。

成員的定向與準備

我們先前建議過，當個別晤談不可行時，有效的做法是為所有考慮參與團體者舉辦一次預備性聚會，如此的團體前聚會提供很好的方式，促使成員們做好準備並熟悉彼此，同時也給予成員們更多的訊息以協助他們決定是否願意承諾面對自己所期待的。倘若個別晤談或與所有成員的團體前聚會是不可行的，那麼，在第一次團體聚會時，可以處理我們在本章所討論的議題。基本上，我們偏好在所有參與者的團體前聚會之後，分別進行個別篩檢和定向聚會。

在開始聚會或團體前聚會時，帶領者必須探索成員們的期望、澄清團體目的和目標、給予有關團體歷程的訊息，以及回答成員們的提問。這是專注在個案的知覺、期望與關切的好時機，這個過程不一定要對成員們演講，可以鼓勵成員們彼此互動並和帶領者互動。這項準備的互動模式會呈現個人與「團體性格」之動力狀態的有趣訊息，而這些型態從團體聚集起就開始成形了。團體的結構化包括詳細的程序與規範，會在整個團體的初期完成，而有些結構化可以在個別接案聚會中執行，之後的結構化的延續則是第一次團體聚會的焦點。團體諮商師可以自行建立或要求團體來建立團體規則，理想的情況是，團體規則是由帶領者與成員共同發展的，為團體歷程的一部分。

在帶領團體前準備時，我們謹慎避免在預備聚會中提供過多的訊息，許多有關參加團體的問題可以採用書面形式給與成員們，並鼓勵他們在閱讀資料後提出任何問題或關心的事情。在整個團體經歷的過程中，有許多關鍵時刻，帶領者可以運用結構化和教導的技術，協助成員在團體歷程中積極參與。

多數沒有奠定良好基礎的團體在早期發展階段就會卡住，被標記為

「抗拒」的結果可能導因於帶領者未能充分解釋團體是什麼、如何運作，以及成員們應該如何積極參與等。若延長準備的做法不可行，至少也有個簡短的準備工作，因此，除了讓成員們準備好參加團體外，另一個好方法是帶領者要帶領成員們定期回顧如何善用團體時間的指引，這會增加團體成為具凝聚力之自發群體的機會，並能促使個人致力於生產力的工作

澄清帶領者與成員的期待

團體前聚會是鼓勵成員們表達他們對團體期望的好時機，通常我們會以詢問下列問題做為開始：「你對團體有什麼期望？」「在你報名登記時心裡有何想法？」他們的回答提供我們一個參考架構，用以了解成員們如何接觸這個團體、他們想從團體中得到什麼，以及他們願意做什麼使團體成功運作。

藉著給成員們一些我們為何要設計這個團體、希望達成什麼、身為帶領者的自我期許以及對成員們的期許等，我們同樣的分享我們的期待。這是再次強調和澄清你對團體的責任為何，並進一步討論成員的權利與責任的適當時刻。你也可以說明在此特定的團體結構中，你實際上可以提供或無法提供像是私人諮詢或追蹤聚會的服務。

團體前準備的目的

Yalom（2005b）在其團體前準備系統中強調團體治療的合作本質，不只是在增進成員們的人際關係，也協助他們能預期挫折和沮喪，包括預測參與者可能會遭遇的障礙。Yalom 所說的團體前準備之目的，在於能深入淺出地為個案解釋治療過程。

身為帶領者，在篩檢聚會和團體前聚會期間，重要的是澄清在團體內何種需求是可以被滿足或無法被滿足的。例如，如果你不視自己的角色為提供解答的專業人員，想要參加團體的人是有權利知道這個情形，好讓他們判斷這個團體是否為他們想要的。對某些團體，同時對你而言，致力於教導成員們團體的目標與功能，可能是適當且有用的。邀請你的團體成員們，口頭說明他們的參加團體理由是很重要的，然而關鍵是你也願意在初始聚會期間探討這些期望。此外，鼓勵成員們提出有關團體之目的與目標的問題、確認和談論他們最希望從團體獲得什麼，以及開始規劃他們的個

人目標等，這也是有益的做法。你會努力想要在成員們參加團體的目的與你在設計團體之整體目標間取得一致，允許成員們談論他們來到團體的反應和思考團體能給他們增能的方式，可以預防成員們不必要的焦慮。

建立基本的團體規則

團體前聚會是建立催化團體歷程之程序的適當場合，某些帶領者偏好以非權威方式呈現自己的政策與程序；而某些帶領者則將主要責任交給團體成員，讓他們建立可以幫助達成個人目標的程序。無論採取何種方法，團體規則的討論是有必要的。

在制定管理團體的程序時，重要的是帶領者藉由明確定義保密的意義、重要性以及執行的困難，來保護成員們。理想的狀況是在個別晤談期間討論保密原則；但是在整個團體經歷中，你必須定期聲明，這對團體運作極其重要。在團體前聚會中，說明保密並非絕對且有其限制是一項很好的做法。帶領者無法保證所有成員的自我揭露都會被保留在團體中，成員們有權利知道在何種情況下，帶領者會因為倫理和法律理由而必須打破保密的約定，例如，亂倫、兒童虐待、年長者和眷屬的虐待，或危及個人、他人與／或物質財產者，這些案例必須違反保密原則。限制性的保密原則特別適用於兒童與青少年團體、假釋團體，以及由非自願群體組成的團體，例如囚犯和醫院或診所的精神病患。這些人應被告知他們在團體中的言論可能會被記錄在他們的病歷中，而其他同仁也可以調閱資料；再者，還要告訴這些人，如果他們出席團體聚會卻沒有參與，這也會被記錄。讓團體成員們知道何種資料會被記錄，以及誰會接觸這些紀錄是一項很好的做法，如此成員們才有依據決定他們要揭露什麼與揭露多少。這種對保密的誠實在建立信任感上有很大的幫助，而信任感也是有效能的團體工作不可或缺的。請回顧第 3 章關於保密原則的進一步探討。

帶領者要覺察特別與工作情境有關的附加團體規則與政策，並且提出來與成員討論，這是很重要的，因為，你無法在一或兩次聚會中就能充分討論你認為會促使團體順利運作的重要政策與程序。建立對這些事情的基本立場，將有助於在團體發展的任何時刻處理這些特定的議題。

建立團體工作的評量

如果你在社區機構或機關帶領團體工作，你可能需要展現你的處遇之有效性。聯邦和州政府的經費授與通常以績效為評量的條件，因此，在多數情境中，設計評量程序以評定個案從團體經驗的受益程度，對你而言是絕對必要的。我們建議你在團體計畫中，納入你想要用來評量個別成員和團體成效的程序（在第 2 章詳述了研究融合於實務的發展）。

不要害怕將研究精神融入實務工作中，也不需要排除嚴格實徵研究的思考，各種質性研究方法都適合用來評量團體活動，這些方法可能比單純依賴量化研究的技巧較不讓人畏懼。評量研究是相對於傳統科學方法的另一種選擇，它能夠提供改善團體內部結構的有用資料。實施團體方案的評量對績效的目的而言是有用的程序，同時也能幫助你強化帶領技巧，讓你可以預先看見日後在團體型式上想要做的修正。我們深受來自於成員們評量回饋的影響。

團體形成的協同帶領者議題

我們已經強調讓成員們準備好接受團體經驗的價值，而協同帶領者為了團體也必須準備好自己。當協同帶領者和帶領者在團體形成前會面時，他們可以探討彼此的哲學觀與領導風格並促進相互的關係，這會給團體帶來有益的影響。根據 Luke 與 Hackney（2007）的觀點，協同帶領者間的關係若不是促進團體歷程，就是使它更複雜化。Luke 與 Hackney 在文獻回顧後指出，協同帶領模式比單一領導模式能提供不同且可能更好的帶領動力。然而，有效的協同帶領關係需要協同帶領者本身有良好的工作關係（Okech & Kline, 2005），當有關協同帶領的議題出現在他們的夥伴關係時，帶領者間要有持續處理那些相關議題的承諾（Okech & Kline, 2006）。

倘若團體帶領者有充分的預備，他們就更能有效地幫助成員們，為有意義的團體經驗做好準備。假如你正在協同帶領一個團體，在團體的形成與帶領上，你和協同帶領者負有相同的責任，你們都必須清楚團體的目的、在既定時間內希望達成什麼，以及如何實現目標等。你和協同帶領者間的合作與基本共識是讓你們的團體有好的開始的要素。

這樣的合作努力可能從你們聚集研擬團體計畫開始，而理想的狀況是你們一起將計畫呈交給適合的管理機構，這樣做能確保團體的設計與構想並非單一帶領者的職責。這項籌組團體的共有責任在本章概述的各項任務中是持續進行的，你和協同帶領者在下列事務中將是一個團隊，例如，公告與招募成員；舉行篩檢晤談並同意納入誰與排除誰；協商基本的團體規則、政策與程序並告知成員們；讓成員們準備好參加團體並為團體歷程加以引導；以及分擔在團體形成中必須處理的實際問題。

雖然兩位帶領者都能與想要參加團體的人面談是很理想的，但是由於時間限制往往不可行，未必總是能平均分攤所有的責任。任務可能必須有所劃分，但兩位帶領者應該在團體形成過程中盡量參與，倘若某位帶領者的工作分擔不成比例，那麼團體開始時，另一位可能在帶領關係中發展出被動的角色。

協同帶領者要花時間規劃團體與相互了解，這會大大地影響你們一起工作的成功性，並促使你們往樂觀積極的方向前進。在你們開始一起帶領前，花點時間了解彼此的個性及專業。以下是你與協同帶領者在開始聚會前可以好好討論的一些建議：

- 談談你們的理論取向與對團體的看法，你們各自有過何種類型的團體工作經驗？你們的理論與領導風格會如何影響團體的進行方向？
- 討論你們的文化和種族背景以及這些如何影響你們在團體中的表現和相處方式。誠實地談論你們的不同背景是極為重要的，你們的差異性如何能成為工作關係的優點？或是成為必須要處理的挑戰？
- 你們對彼此的協同帶領有所保留嗎？處理彼此的問題時存在何種障礙？如何在團隊中有效運用個人的才能？帶領風格的差異如何互補並促進團體的發展？
- 談論彼此的優點和缺點，它是如何影響你們的協同帶領？有了這些認識，你們就可能預先防範某些潛在的問題。
- 在倫理實務工作上，你們的觀點是相同或相異？請討論本章和前兩章有關的倫理議題。

- 團體中何種類型的成員或可能出現的情境，將對你們的個人與專業形成最大的挑戰？
- 身為協同帶領團隊，你們如何處理衝突與爭論？
- 你需要從協同帶領者得到何種支持？從前你曾經感受到協同帶領者或同事的支持與不支持的方式為何？

雖然這些建議未能完全呈現協同帶領者在了解彼此時會探討的所有範圍，但是它們確實提供了聚焦重要議題的基礎。

重點摘要

成員的功能

成員們在決定某個團體是否適合他們的過程應該是主動的，因此，想要參加團體的人需要掌握必要的訊息以做出有關參加團體的知後決定（informed decision）。下列是此階段有關成員角色的議題：

- 成員們可以期待對團體本質有適當的認識，以及了解團體對他們的可能影響。
- 鼓勵成員們探討他們的期望與關切，以確定這個團體的這個特定帶領者在這個時刻是適合他們的。
- 成員們需要參與決定是否要加入團體，而非被迫加入。
- 成員們可以藉由思考他們希望從團體經驗中得到什麼與如何達成目標，來為即將開始的團體做好準備。
- 成員們必須了解他們參加團體的目的，可以運用前測，無論是標準化測驗或由帶領者設計的方法，來評量成員們的價值觀、知覺、態度和個人的問題。

帶領者的功能

下列為團體帶領者在團體形成期間的主要任務：

- 發展明確的團體形成書面計畫。
- 將團體計畫呈交你的督導，使構想得到認可。
- 團體的公告和推銷，用以通知可能的參與者。
- 針對篩檢與定向的目的進行團體前晤談。
- 提供必要的相關訊息給想要參加團體的人，以利其做出有關參加與否的知後選擇（informed choice）。
- 進行有關選擇成員與團體組成的決策。
- 組織必要的實務細節以開始一個成功的團體。
- 如果需要，取得家長的同意。
- 為帶領工作做好心理準備並與協同帶領者會面（如果有）。
- 安排團體預備聚會的目的在促使成員彼此熟悉、引導團體規則，以及為成員的成功團體經驗做好準備。

・評估團體前的準備情形，因為研究證實這樣的準備，可以提升成功效果的機會。
・在社區機構中制訂成效評估的作業規定。
・在團體開始前和協同帶領者會面，以相互了解對團體整體架構的規劃。

練習活動

團體計畫

花點時間瀏覽一下在第 10 及 11 章裡關於學校及社區機構運用團體的計畫範例，挑幾個你有興趣的範例，並想像一下當你要帶類似的團體時會注意的事情。描述一下你的團體（心理教育性、諮商或其他）、對象及情境，然後回答以下你正在設計或帶領團體的問題：

1. 你最希望在團體中發生什麼事？簡單且具體地陳述你的目標。
2. 你的團體的重點為何？
3. 人們需要具備何種特質才會被納入團體？理論基礎為何？
4. 你在團體中使用何種程序與技術？程序實用嗎？它們與團體目標和成員群體有關嗎？
5. 你以何種評量方法來確定處遇取向的有效性？評量程序適合團體目的嗎？

晤談

1. 篩檢晤談。邀請班級中某人扮演團體帶領者的角色，為特定類型的團體進行成員的篩檢晤談。團體帶領者與想要參加團體的人（由另一位學生扮演）進行 10 分鐘的晤談。準團體成員告訴團體帶領者他（她）的感受，以及團體帶領者對他（她）有何影響；團體帶領者則分享他（她）對準成員的觀察，並告訴準成員是否被團體接受的理由。與另一位學生／成員重複這項練習，使團體帶領者可以從回饋中受益，並嘗試新的構想，然後，提供其他學生體驗晤談者與受訪者角色的機會。在每次晤談練習後，全班學生都可以提供回饋和改進建議，如果學生要提升進行篩檢晤談的技巧，這樣的回饋是必要的。

2. 團體成員晤談。我們建議準團體成員在參加團體前，應該對帶領者做批判的檢視。這項練習與前者類似，但改由團體成員詢問帶領者，成員試著了解有關帶領者與團體的訊息，以助其對是否參加團體做明智的決定。10分鐘後，帶領者分享其觀察和反應，然後，成員再說明他（她）是否會參加這個帶領者的團體並解釋任何的理由。同樣地，邀請全班學生進行觀察。

團體課程

如果現在你的團體課程包含一個實驗性質的團體，或者你被要求參加某個歷程團體做為團體課程的一部分，請你觀察書中所學與實際發生在實驗團體間的平行歷程。你的團體課程可能會經歷同樣的團體形成階段，與你的書中所學相同。例如，團體課程的開始可能進行緩慢，學生既焦慮又擔心，然而，在學生開始發展信任感時，他們通常會確認和探索某些個人議題並朝特定目標前進，最後，學生會評估團體經驗並互道別離。你會被要求針對團體發展階段的每一章節（第 5 ～ 9 章）進行這些平行歷程的思考，並於團體課程的實施過程中省思你的團體經驗和撰寫日誌。

Chapter

第六章

團體的初始階段

導論

初始階段的團體特徵

建立信任：帶領者與成員的角色

確定與澄清目標

初始階段的團體歷程概念

有效的治療關係：研究發現

幫助成員從團體經驗中得到最大的受益

初始階段的帶領者議題

重點摘要

練習活動

你剛完成了一個性虐待受害者團體的第一次聚會，有幾位成員們從頭到尾非常的安靜，而其他人則顯得高度的焦慮。有位成員想要干預這次的活動，她一直打斷其他人的談話，還常將話題轉移到她自己身上，並說這些事情跟她的關聯是什麼。

信任和焦慮是初始階段的一般性議題，對這個似乎會瀰漫在團體裡的問題，你會怎麼處理？你認為有什麼可以幫助沉默的成員們覺得是安全到可以分享？你會怎麼幫助這些焦慮的成員們？要處理掌控題議討論的成員，你有什麼想法？一名很會講話的成員，他的行為對於團體動力有什麼「功能」呢？上述的成員中，對你最有挑戰的是哪一種？

導論

本章包含許多教導成員們有關團體如何運作的範例。我們描述團體初始階段的特徵、討論信任感的產生是團體基礎的重要性、探索在團體初期建立目標的話題、商議團體規範的形成與團體凝聚力的開始、解釋有效治療關係的研究發現，以及提供協助成員們從團體得到最大受益的引導原則，同時我們也建議一些開始與結束團體聚會的領導指導原則。

請想像你自己是團體參與者會是怎樣的情形？如果你曾經有過團體經驗或是這個課程的體驗部分，請思考當團體開始時你的感覺為何？在尚未參加團體之前，你有何想法和感受？團體提供何種訊息？是否有你想知道卻未能得知的訊息？我們鼓勵你盡量以個人的觀點來學習這些章節的內容，我們相信你的個人省思會協助你更貼切地，為他人設計團體計畫以及催化團體的進行。

初始階段的團體特徵

團體初始階段的主要歷程是定向與探索。此階段成員們開始熟悉彼此、學習團體如何運作、發展管理團體行為的明言和未明言規範、探索與團體有關的擔心和希望、澄清對團體的期望、確認個人目標，並確定這個團體是否安全等。這個階段的特徵是成員們對團體不僅表現憂慮和猶豫，同時也懷抱希望與期待，帶領者如何處理成員的這些反應會決定團體信任感的確立程度。

初期聚會的關切事項

在團體的初期階段，成員們會裹足不敢投入於團體是普遍的現象，成員的謹慎態度是可以預期且為合理的反應。參與者們可能對帶領者感到害怕，多多少少會用懷疑的眼光來看帶領者，某些人對諮商團體能夠協助他們解決問題的真正價值感到疑惑。有些人可能不相信他們可以自在地談他個人的事情，而坐在團體的後面靜靜地觀察，像等待發生什麼事情。

在前面幾個聚會中，參與者們對於希望從團體經驗獲得什麼，通常是猶豫和模糊的。多數成員們並不確定必須遵守的團體規範和應該表現的期望行為，因此會有沉默與尷尬的時刻。某些成員們可能感到不耐煩，想盡快開始運作；某些則表現躊躇或缺乏參與；還有某些人可能只想找到解決自己問題的快速解答。倘若你的領導風格結構性極低，成員們可能會因為模糊的情境導致高度焦慮，因而猶豫並請求指導方向。成員們會問：「我們應該做什麼？」或說：「我實在不知道我們應該說些什麼。」若有人在此時自願提出討論的問題，其他成員們可能就會致力於問題解決；有些人則提供建議和自認有用的勸告。雖然此時團體互動的表象看似有所進展，但經常給予建議是忽略了在團體中，要讓個人去探究問題和發現解決方法的必要性。

在前幾次的團體聚會中，成員們會觀看帶領者的行為並思量團體的安全性。帶領者如何處理衝突或任何開始表現的負向反應會減損或增加團體的信任感。成員可能會有這樣的內在對話：「我要冒險地說出我的想法，然後看看在場的帶領者和其他人如何回應，倘若他們願意聽我說我所關切的事，或許我就能夠以較深的情感來信任他們。」面對團體初期聚會的現象，帶領者的任務是覺察這些討論事項的試驗本質，並以開放和接納的態度來看待負向評論。

團體初期的疑慮與文化考量

文化因素也可能會影響個案參加團體的準備度。在日常生活中，有些人是被鼓勵著要隱藏他們真實的感情以避免傷害到他人，而有些文化也不鼓勵他們公開地表達自己的情感、和不了解的人談論自己的問題或是說他們對彼此的看法。當他們忠於自己的文化傳統或性別角色規範時，在團體情境中會顯得比較保守和「隱瞞」，故認為一個小心謹慎的行為代表了不合作的態度是不正確的。有些成員們相信要公開地談自己的私事是很不愉快的，其他成員可能覺得揭露個人問題或表達情感是軟弱的象徵。有些成員們因為他們的文化告誡著不可談論他們的家庭，而在涉及象徵著與父母對話的角色扮演中顯現抗拒。他們可能因為擔心他們的揭露會更加深既有的刻板印象與偏見，而不想透露自己的特定掙扎。在團體中，來自特定種族、文化與民族群體的成員會從強勢族群成員的身上，學習到快速的自我揭露是一種健康的偏執行為。這些成員傾向以壓抑經驗和謹言慎行來讓其他成員了解他們，也藉此確定團體中誰才是安全的，我們得從上述的文化脈絡來了解他們的行為反應。

我（Cindy）曾經領導過一個由白人、拉丁裔和非洲裔女性組成的愛滋預防與教育團體，讓這些女性討論關於個人的性觀念和性行為議題是一項挑戰。我設計用第一次聚會來處理成員間的差異，並催化有關女性異同方面的討論，將這個主題擺在檯面上，促使這些女性們分享她們參與混合女性團體所關心和擔憂的。這樣做是為後續的團體聚會設定基調，並讓團體成員們能夠以開放的心態談論她們的文化認同對其生活與性行為所造成的影響。

身為團體帶領者的角色，你可以邀請成員們討論他們能以何種方式參與團體而不會牴觸其文化規範和價值，藉以將成員們的抵抗減到最小。倘若你了解團體成員的文化脈絡，你就有可能一方面欣賞他們的文化價值，同時也以敬重的態度鼓勵他們面對參加團體的原因。帶領功能的重要性在於協助成員了解，個人對開始要進行自我揭露的猶豫某些可能與其文化制約有關；除了成員們所經驗到的文化制約外，同樣重要的是社會角色也會對某些成員造成壓抑，而使其在團體中保持沉默或表現拘謹。這些社會因素可以幫助帶領者從不同的角度，來解釋某些團體成員們對進行自我揭露的抵抗現象。

不論何種團體類型，成員在初始階段對團體存有某些疑慮是正常的，縱使渴望參與團體的成員也是一樣。這些疑慮會以不同型式呈現，而成員們實際上所談論的，較他們在團體所隱瞞的真正擔憂還不重要。由於謹慎的行為往往源自擔憂的期待，因此，帶領者應立即確認和討論這些疑慮，如此對整個團體才是有益處的。帶領者對焦慮的成員說：「在這裡你不用擔心，沒有人會傷害你。」是沒有幫助的，而你也無法誠實地做出這樣的承諾。由於某些成員可能對他人給予的回應會倍感傷害，因此，帶領者要讓成員知道當他們感覺受傷時，你希望他們說出來，而你絕對不會拋棄他們，這是非常重要的。

辨認與探索團體成員常見的疑慮

成員們會先試探他們的關切是否被嚴肅地看待，同時也測試團體是否為表達想法和感覺的安全場所，倘若無論他們的正向或負向反應均受到尊重和接納的傾聽，他們就會擁有開始處理自己更深層問題的基礎。帶領者藉著傾聽成員們的擔心和鼓勵其充分表達關心的事，是處理成員們關切和疑慮的好方法。以下是一些參與者常見的疑慮：

- 我會被接受或被排斥嗎？
- 別人能夠了解我嗎？
- 這個團體和我曾經驗過歧視、壓抑與偏見的其他團體有何差異？
- 我擔心被他人評斷，尤其當我和他們不一樣時。
- 我會感受到揭露深刻個人事件的壓力，而且是被迫去做嗎？
- 倘若我的朋友或家人詢問我在團體中說些什麼呢？
- 我擔心被傷害。
- 如果團體抨擊我呢？
- 假如我感覺我的文化價值未受到尊重或了解呢？
- 倘若我發覺無法應付有關自己的事時，怎麼辦？
- 我擔心我會有所改變，而那些我所親近者卻不喜歡我的改變。
- 我擔心我可能會崩潰痛哭。

我們會在初始的階段中，開始要團體成員們去辨認並且探索他們所害怕的事情。有時候為幫助建立信任的氣氛，我們會要求成員們分為兩人一組，然後再形成四人小團體。藉此機會讓成員可以選擇和其他成員分享期待、彼此認識、談論他們的擔心或隱瞞等。對多數參與者而言，先與一人交談再合併其他人比直接面對整個團體的分享較不具威脅性。這種區分次團體的做法是很好的破冰方式，當整個團體再次聚集時，成員們通常會有較大的互動意願。

剛開始時，團體成員們通常會有所保留，但是有些成員們可以全力投入不會這麼拐彎抹角。這又是另一種焦慮的樣子，有時候這樣的成員們需要帶領者幫忙放慢速度，不要那麼快地分享太多的事情。

隱藏的議程

團體中常見的抗拒型式與出現**隱藏議程**（hidden agenda）有關，這是指沒有被公開承認和討論的議題。如果帶領者並未鼓勵面對這些議題，團體歷程就會以封閉、拘謹和防衛的規範來取代開放的規範，因而使團體運作陷入泥沼。當團體出現未明言的反應時（來自某成員、幾名成員或整個團體），就會顯露某些共同的特徵，例如，信任感低、人際間產生緊張、人們警戒而不願意冒險、帶領者似乎比成員們更努力工作，以及有一種就是無法令人理解的曖昧感等。

在某團體中有位成員說：「我不喜歡這個團體裡的某個人。」之後，整個團體都受到這個評論的影響，有幾名成員表示他們感到納悶想知道自己是否就是那個被討厭的人。一直到該成員願意直接處理和某位參與者的衝突時，團體氣氛才得以完全明朗化。另一個由青少年組成的團體，許多成員們對在團體中的談論表現極其抵抗的現象，隱藏的議程顯示出成員對已發生之謠傳的擔憂，關切團體保密性的成員們因為擔心分享的後果，而不願意表達他們的感受。

對成員們多數為基本教義宗教背景的團體而言，也深受隱藏議程之苦。某些成員在最後揭露對參與團體的猶豫，他們擔心如果在團體中透露任何對信仰的掙扎，他們自己和其教派將會遭受不利的評斷；同時，面對相同或相異信仰者的反應也使他們感到焦慮。帶領者唯有在處理他們害怕被評斷的憂慮之後，團體才有可能繼續前進。

在某個團體裡，有位成員（Roger）在團體中表達了許多的情緒，此情形抑制團體後續的信任程度。有許多成員們似乎受到這位成員的影響，團體在接下來的階段中瀰漫著一股靜默的氣氛。在帶領者戳破這個現象後，成員們終於揭露之所以會躊躇的顧忌，原來有些成員們是被 Roger 深度的情緒給震懾嚇到，不確定對這樣的反應他們應該怎麼做；有些被深深地打動會想要投入討論個人問題的成員們，卻不想打斷 Roger 的情緒；有些人會悄悄地轉開，深怕知道後會像 Roger 一樣「失去控制」；其他成員們則是因為 Roger「懸」在那裡感到生氣，他們不了解這麼做對他的好處，也就不回應他的問題。仍然有些人終於坦誠他們為了「表現焦慮」（performance anxiety）感到沉重的壓力，因為他們在想要怎麼表現出夠強烈的情緒是團體可以接受的。如果他們不哭，他們擔心其他人可能會認為他們是很膚淺的。

如果團體成員們願意將這些反應帶進討論，它們也有可能成為具生產性互動的元素。藉著完全地表達和探索這些反應，成員們可以真誠地發展出信任的基礎；相反的，若成員們掩蓋了他們的反應，這個團體會失去了它的活力，往往這些未被討論的團體議題，幾乎總是會發展成一個隱藏的議程，讓人停滯也粉碎了團體的信任。

在我們舉辦的訓練與督導工作坊中，我們有時會產生所有參與者都是志願的錯誤假設。在一些機構的案例中，由於某些成員是因上司施壓而參加，因此，團體初期有極高的抗拒現象。參與工作坊的成員們常想要了解，他們要揭露關於自己的什麼訊息，才能用於團體之外。這是知後同意過程的一個重要部分，我們會鼓勵他們提出對於工作坊的任何問題，同時表達任何他們所關心或忿恨的。帶領者在團體開始時就著手處理團體內的抵抗行為是一項很好的做法，假使帶領者能夠跟隨團體的能量並催化團體內的直接表達，那麼成員就比較不會被卡住。縱使我們無法去除他們被迫參加的壓力，但藉由我們所展現的傾聽意願以及尊重所言的態度，確實能夠幫助他們克服對參與的抵抗。倘若我們並未鼓勵他們探索自己的情感，那麼他們在團體中學到的東西就會非常有限。

在講授結合教導與經驗取向的團體諮商課程時，我（Jerry）發現也會出現隱藏議程的問題。我通常會提供學生們在班級結構中有協同帶領小團體的機會，在團體經驗的開始，小團體內可以聽見有關學生們對自我揭露的保留以及彼此坦承的隱瞞等，這種現象並非是罕見的。但在課程結束後，這些班級的多數學生陳述他們感激在團體中的所學，他們不僅學習到如何催化團體，同時也認識了自己的人際風格。學生參與同儕團體，他們對自己的表現與能力程度通常會感到焦慮，假使帶領者並未帶領探討這些隱瞞，那麼，隱藏議程就可能發展成學生對團體投入的阻礙。

身為團體帶領者要完全了解會出現在團體的潛在隱藏議程，基本上是你無法承擔的負荷，但是你可以就特定團體的性質來預測可能會引發的隱藏議程。你要思考這些議程的存在方式，並找到協助成員確認和清楚表達未說之擔憂的方法，這是十分重要的。一旦團體成員們了解有某些因素在影響團體歷程，隱藏的議程就比較不會妨礙團體歷程的運作，屆時成員們可以接受挑戰，決定要如何處理他們所關注的問題。

除非隱藏議程被揭發並且充分討論，否則團體無法有所進展。這個過程通常需要帶領者的耐心，同時願意持續和成員們檢視他們是否說了想說的話，因為使團體陷入困境的並非成員所說的話，而是他們未說的話。儘管帶領者處理這些團體內的暗流會感到不舒服，但是以尊重和堅定的態度，來挑戰成員表達出現在團體中的反覆思緒和感覺，對團體而言是非常有意義的。

盡快處理團體衝突

衝突會發生在團體工作的任一階段，然而在轉換階段是最為常見的。在團體中開始發生的衝突必須適當地處理，否則可能會阻礙團體凝聚力的發展。通常團體發生衝突時，成員會敏銳地覺察到它的存在，同時也會觀察帶領者所採取的行動。帶領者要回應團體的衝突並盡力催化解決衝突的方法，使團體可以繼續運作，這是非常重要的。

讓我們來檢視衝突如何浮現在第一次的團體活動中：

帶領者：當你環顧團體空間時，你意識到什麼？

Elijah：我需要在有強壯男人的團體中，而且我不認爲這個團體適合我。

Travis：這是攻擊的評論！只因爲我是同性戀，你就認爲我不是強壯的男人！

Elijah：這不是我的意思，你誤會了！

Travis：我知道你就是這個意思！

帶領者：Travis，請你談談你對 Elijah 的反應，以及他的評論對你有何影響。

這樣的互動立即在團體空間中形成緊張氣氛，如此的評論對某些成員而言，不僅觸動舊傷口也同時開啟新創傷。如同文化議題所引發的衝突一般，帶領者必須面對和處理上述的衝突，使團體對於每個成員來說都是安全的場所。針對前述範例，帶領者可以運用多元方式來加以處理，其一是邀請 Elijah 說明對他而言與「強壯男人」在一起的意思，這點對他的生命有何重要性，以及對現在有多麼重要？在強壯和虛弱的連續線段中，他如何看待自己的位置？帶領者可以詢問 Travis 以及其他成員，Elijah 的評論對他們有何影響，團體內的男性成員可以有所回應，而 Elijah 和其他成員也必須聆聽他們的看法。帶領者的目標在於探索因為 Elijah 的評論而引發的移情反應；另一個目標則在幫助 Elijah 看見他的評論可能會冒犯某些人，而如此不敏感的評論也觸動了某些特定成員像是曾受到恐同者（homophobic）言論的傷害。

由於這個衝突出現在團體初始階段，帶領者在此時要教導成員適當的規範和有效的面質，這是十分重要的。倘若帶領者對衝突未加處遇而採取規避、忽略或掩飾的做法，那麼成員就會感覺團體不安全而表現拘謹的行為。因此，團體內未解決的衝突，很容易對團體空間中的能量形成負向影響並且阻礙團體的進展。

聚焦自己與聚焦他人

團體開始時，多數成員的特徵是傾向談論他人，以及聚焦團體外的人與情境。團體中的過度說話者可能有下列原因：

- 他們與自己的感覺隔離，停留在理智層面以迴避感覺。
- 他們難以和別人建立關係或取得支持，因此藉著說話拒人於門外。
- 他們可能有高度的焦慮，不知道該說什麼或做什麼，所以就一直說話。
- 他們可能在進行試驗，評估什麼才是安全的。
- 他們可能來自這樣「閒聊」是一種連結關係與獲得信任的方式的文化。

很會說故事的參與者有時候是自我欺騙，他相信自己真的投入在團體工作中，但事實上他們是在迴避談論和處理自己的感覺。他們可能會訴說自己的生活景況，但卻傾向聚焦因他人的行為而導致自己所遭遇的困境，熟練的團體帶領者會協助這樣的成員檢視自己對他人的反應。

在團體的初始階段，帶領者的主要任務是讓團體成員聚焦在自己身上，當然，成員對團體的信任是這項敞開行為的先決條件。當成員們以聚焦他人而迴避自我探索時，你的帶領任務就是引導他們回來面對自己，你可以說：「我發覺你談論許多關於你生命中的重要人物，他們不在現場而我們也無法與他們一起工作。但是，我們卻可以處理你對他們的感覺和反應，以及他們的行為是如何影響你。」基本上，帶領者要覺察適當的處遇時機是很重要的，但同時還必須考慮個案是否已經準備好接受特定的解釋或觀察。你不僅要熟練地協助成員了解聚焦他人的現象可能是一種防衛行為，而且還要鼓勵他們表達自己的感覺。並非所有聚焦他人的行為都具有防衛性，對某些成員而言，在他們的文化中避免聚焦自己可能才是恰當的。帶領者唯有經由探索成員們的行為，才能理解成員們會聚焦他人的根本意涵。

聚焦此時此刻與聚焦彼時彼刻

某些團體將基本焦點放在當時團體空間內所發生的事，團體探討的話題主要來自現場成員與成員之間的互動，而討論的題材就是在這些接觸邂逅中產生；然而，有些團體則主要聚焦在成員們帶進聚會中的團體外問題，或是處理特定的探索話題。就如你在第 4 章所看到，經驗和關係取向的理論強調此時此刻，認知行為取向主要關注於目前中心的焦點，而心理動力取向則是彼時彼地的。我們的團體融合了此時此刻與彼時彼地的焦點，是因為成員們通常要能夠先行處理在團體空間內彼此的互動之後，才會準備好面對團體外與其生活有關的重要議題。成員們在團體中需要先感受到安全與信任感，然後才能對個人問題進行有意義的探索。

在初期聚會中，我們會邀請成員們嘗試連結現實世界的個人問題與其團體經驗，舉例來說，倘若某成員揭露她在生活中感覺孤立，我們會邀請她覺察自己在團體情境中是如何自我孤立；假如某成員分享因為關心別人，使他的生活透支而難以照料自己，我們會詢問他這個現象將會如何成為他參與團體的問題；如果某成員說她覺得自己在團體中像個局外人，我們會傾向詢問她在日常生活中是否常有這種感覺。這些成員們在團體聚會中可能呈現感到孤立、自我透支，以及感覺像個局外人等問題，帶領者在處理這類此時此刻事件的同時，也可以做為協助該成員探索更深層個人問題的跳板。保持聚焦於團體裡正在發生的事情，可以幫助成員們辨識他們想要改變的具體行為。

聚焦此時此刻的互動對團體而言具有高度的重要性，因為成員們在當下團體脈絡中的行為表現同時也反映其在團體外如何與他人互動。由於團體的獨特價值在於提供成員們人際學習的機會，而帶領者藉以了解成員們人際風格的最佳方法之一就是注意他們在團體情境中的行為表現。成員們經由觀看自己在團體聚會中的人際互動型態，可以從中體會許多有關他們在現實世界的人際運作狀況。

帶領者指導成員們覺察此時此刻之經驗的處遇，通常會加強團體成員互動的情感品質，我們並非只是讓成員們以報告形式談論他們的問題，同時也持續鼓勵成員注意自己在團體當下的經驗感受。倘若成員們想要探討日常生活的某個問題，我們通常會幫助他們將關切的事件帶到當下的團體脈絡中來討論，做為處遇的方式。雖然團體參與者們經常有迴避此時此刻的自我保護傾向，然而團體催化者的主要任務之一是持續挑戰他們專注於團體當下的思想、感覺與行動，因為成員們愈能沉浸在團體的此時此刻，他們就愈有機會提升日常生活的人際關係品質。

此時此刻的團體工作觀點有其優點與限制。藉著聚焦在團體空間內所發生的事，你可以幫助成員們修通他們的問題，而此時此刻的溝通也能促使團體歷程的進展，並且讓每一位成員無論經驗到什麼，都有參與的機會；然而，當某人正在談論從前的配偶虐待或創傷等重要議題時，帶領者若太快嘗試要讓成員聚焦在此時此刻，你就可能干擾了需要被慎重處理的悲傷工作。此外，假如你以不適當的方式提出問題或進行處遇，你也可能會有冒犯或錯估成員經驗的風險，在種族議題上尤其如此。如果某成員說到因為過往的經驗而無法信任白人時，而你太快詢問：「那麼這個團體空間內的白人怎樣呢？」是不合宜的，因為，你在努力幫助他對問題獲得新看法的同時，也貶低了他先前的生活經驗。一般來說，在做處遇之前最好能確認成員的經驗並讓他討論這些經驗的衝擊，較不會讓成員感到被貶抑或誤解。

信任與不信任

倘若團體在開始時未能建立基本的信任感，我們能預期日後將可能發生嚴重的問題。信任感的發展，像是成員們能夠表達任何情感而不會擔心受到譴責、決定自己要探索的特定目標與個人領域、聚焦自己而非別人，以及願意冒險揭露自己的隱私等。信任的建立需要安全感，但對個人而言並不見得是舒適的。成員們常說他們在團體聚會中感到不舒服，此時帶領者要教導成員明白，當他們在談論個人的重要事件時不見得會感到舒服，了解這一點是很重要的，我們盼望他們會願意忍受這種和冒險相連結的焦慮與不適。

相對地，團體潛伏著憤怒與懷疑的暗流，而成員們也不願意談論這些感受，反映了對團體缺乏信任。其他的情形像是：參與者們藏身於抽象或過度理性中，並且對參加治療團體的收穫期待模糊不清。在團體信任氣氛建立之前，團體的現象是：成員傾向等候帶領者為他們決定應該檢視什麼、任何的自我揭露趨於表面化且會事前演練，以及低度的個人冒險等。當成員們視團體為從事有意義之自我揭露的安全場所時，他們才有可能催促自己積極投入團體。唯有透過成員們的冒險才能創造團體的安全感。

建立信任：帶領者與成員的角色

示範的重要性

你能否創造團體內的信任氣氛，與你是否預備好自己和準備好成員有關。就如第 4 章所述，大部分的經驗和關係取向的團體諮商，帶領者的部分是重要的關鍵。要成為一位有效能的帶領者，你必須在心理上出席團體，同時是真誠的。在行為治療裡，帶領者的示範被視為是在團體裡建立信任的基礎。在團體初期分享你自己對於團體的期望，同時示範真誠、尊重和自發性的人際互動。

倘若你已經詳細思考為何組織這個團體、希望實現什麼，以及如何達成目標等，那麼，你在激勵成員信心的機會上將大為增加。成員們會把你對團體的顧念視為你關心他們的跡象；此外，如果你做了充分的團體前準備工作，例如，告知成員們他們的權利和義務、花一些時間教導團體歷程、探索成員們的文化價值與期望行為之間的一致性，以及為成員們有成功的團體經驗做好準備等，成員們會感受到你很認真在工作並且關心他們的福祉。

不論帶領者的理論取向為何，建立信任是團體初始階段的核心任務。在團體初期聚會中，帶領者透過行為所傳達的示範和態度是極為重要的。請思考當你身為帶領者角色時可以問問自己的問題：

- 運作這個特別的團體，我有什麼感覺？
- 我覺得自己有什麼能力可以帶領這個團體？
- 我會怎麼相信運作的過程及團體的成員們？
- 我覺得可以幫助團體成員們彼此間建立起信任感嗎？
- 我有多信任和相信我的協同帶領者？
- 我要怎麼身處在這個團體裡？

你整個人，特別是透過你在聚會中的行為對團體工作和個案所展現的態度，是建立信任社群的重要因素。（請參閱我們在第 2 章對有效能帶領者之人格特質的討論，同時看一下第 4 章裡關於經驗及關係取向理論對於身為帶領者的討論。）

倘若你信任團體歷程並且相信成員們具有顯著改變的能力，他們將會看見團體的價值並視其為促使個人成長的途徑；假如你可以不防衛和尊重地傾聽，並能傳達對成員們主觀經驗的重視，他們就能從你的示範中領會到積極傾聽的力量；如果你真誠樂意做適當的自我揭露，你的示範將會增進成員間的誠實與揭露行為；倘若你真的能夠接納他們的本相，避免把你的價值觀強加諸在他們身上，你的成員們將會學習到接納的寶貴功課：人們有不一樣的權利和做自己的權利。總之，你在團體中的示範行為是教導成員彼此，如何建設性且深入互動的最有力方法之一。

我（Cindy）的班上學生們告訴我，他們很看重我所分享的個人經驗，而且我這麼做也幫助他們和我互動，鼓勵了他們更加開放。雖然我的自我揭露常是自發的，其目的和意義是有助於催化團體成員們工作。舉個例子，我可能會談到我曾遇到的人際困境，以幫某位正經歷相似情形並感到羞愧的成員。有時候我做揭露的目的是要讓某位成員知道這經驗是很普遍的，同時增進成員們之間的分享，事情若是真的發生了，他們也比較不會感到孤單。我相信帶領者做自我揭露時都會很小心，所以我們不會從團體成員們的焦點和興趣，轉移到帶領者身上。

假如你正在協同帶領某個團體，你和同事會有充裕的機會來示範能夠提升團體信任感的行為樣式，舉例來說，倘若你們彼此能以自發的相互遷就來和諧運作，那麼，你們倆的同在會使成員們更感受到對團體的信任；假設你和協同帶領者的關係具有尊重、真實、靈敏與直接的特徵，成員們就會學習到關於這樣的態度和行為的價值；再者，你們與成員的互動方式會增進或減損其對團體的信任程度。例如，某協同帶領者和成員說話的典型方式是銳利、暴躁和諷刺的，成員們很快就會感受到這位帶領者對他們的不尊重，因而行為會傾向變得封閉或防衛。所以，協同帶領者的明智做法是，在團體外私下會面時主動檢視與討論彼此的互動風格。

身為帶領者或協同帶領者，對團體信任感的發展與維繫自認負有全部的責任是錯誤的想法。團體的信任程度是藉由你的態度和行為所引發，但它也有很大的部分取決於成員們的投入狀況。假如成員們有：不期望尋求自我、不願意盡力分享讓別人認識他們、只是被動等候你「讓信任發生」、在聚會中不願意冒險等現象，團體的信任感將會緩慢地發展。透過你的帶領風格所形成的團體基調，會影響成員們在自我揭露和採取建立信任之必要步驟的意願。

請看第 11 章裡一所社區機構以遭受亂倫為對象之婦女支持團體的例子，那是一個團體實務者如何在團體初期階段建立起信任感的很好例子。這位治療師相信在團體的早期階段發生的一些事情，對於團體之後的發展是很重要的。在第一次的團體聚會中，她強調按時出席、準時、保密、時間的限制及將任何未解決的議題帶來團體而不是在團體外處理的重要性。當成員們彼此對於亂倫這難以分享的事情表達了同理時，她們很快地凝聚在一起。當成員們了解她們有個共同的經驗後，她們分享得更深且發現得自於團體的支持是相當有意義的。藉著分享遭到亂倫的經驗，成員們釋放了自己，去處理亂倫對她們生命的影響。

信任的議題不會一次就能做好，它會持續地以不同的型式在團體裡出現，所以成員們要能持續對彼此信任，有必要不斷地注意信任的議題。成員們需要學習，隨著開始探索的題材而來的威脅愈多，信任的議題愈是成為核心的工作，藉著談論是什麼因素造成難以信任，成員們要有意願承認他們缺乏信任和一個自在的地方，這是很重要的。當然，信任的脆弱性一直是任何團體在早期階段關注的焦點。

導致信任的態度與行動

帶領者的某些態度與行動會促進團體的信任感，這些因素包括專注和傾聽、了解語言和非語言行為、同理心、真誠、自我揭露、尊重以及關懷的面質等。這些關於團體帶領者態度的部分，更顯個人中心理論應用於團體諮商之重要（見第 4 章）。

專注和傾聽 用心注意他人的語言和非語言訊息對團體信任的產生是必要的。倘若缺乏真誠的傾聽與了解，成員之間就沒有連結的基礎；假如成員們感覺被聆聽和深刻了解，他們就更可能相信那些人是關心他們的。

帶領者和成員們都可能以不同的方式表現缺乏專注力，以下是某些常見的情況：(1) 沒有聚焦發言者，只思考接下來該說些什麼；(2) 詢問許多封閉式問題以探究無關和細節的訊息；(3) 說太多，傾聽太少；(4) 太快地提供建議而非鼓勵發言者探索掙扎；(5) 只注意人們明說的事而錯失其非語言的表達；(6) 做選擇性傾聽（只聽他想聽的）；(7) 沒有注意個人肢體語言的表達，或並未邀請他說出身體所經驗到的。

團體成員們並不是都擁有良好的傾聽技巧，也不盡然能有效地回應他們的感受，因此，教導基本的傾聽和反應技巧是建立信任過程的主要部分。帶領者要注意團體呈現良好傾聽的程度，倘若成員們感覺未被傾聽，他們就不可能談論深層或私人的事，他們為何要對那些不感興趣者揭露自己呢？

了解非語言行為 缺乏經驗的團體工作者常犯的錯誤是只聚焦成員們所言，而忽略更微妙的非語言訊息。由於人們的非語言行為常比語言行為更誠實地表達自己，因此，覺察語言和非語言行為之間的不一致是一項需要學習的藝術。個案呈現這種不一致差異的實例包括：談論痛苦經驗卻面帶微笑；輕聲細語地宣稱無人傾聽他；語言表達正向感覺但身體卻十分僵硬；訴說自己真的很想在團體時間內工作，但總是等到聚會快結束時才談論她所關切的事；宣稱自己在團體中感覺自在且喜歡成員，但卻坐著，雙臂交握，眼睛直盯地板；以及在透露臉部表情和手勢後，卻否認自己有任何的反應等。

雖然這些姿勢可能看來相當容易解釋，但是帶領者也不宜太快地闡明。舉例來說，團體有一名男性成員常常在說到有關情緒性的話題前，會清他的喉嚨，我（Cindy）在想這是他和想要表達的，能在情緒上保持距離的一個方法，於是我把這件事提出來談，剛開始他的反應是「只是一個壞習慣」而否認。我繼續地在他要清喉嚨的時候牽引他去注意，他終於將這個行為和他要表達情緒的不舒服感覺連結在一起，這點讓別人了解他是如何遏制著情緒。如果我很快地做了詮釋，或是將他最初的防衛挪開，他可能還不能得到洞察。無獨有偶的，當這位成員可以開放地分享他的情感時，這個「壞習慣」似乎不見了。

即使你可能認為自己很清楚非語言行為的意涵，最好的方法還是先修整你對成員的某些印象，待團體展開而行為模式也顯明後再來處理。當你要和某位成員探詢他非語言的行為，最好像這樣敘述：「我注意到你在微笑，然而你卻在談論痛苦回憶且淚水盈眶，你有覺察到嗎？」當你敘述行為時，比較不是在做分析，在你敘述你所見之後，邀請該成員對這個非語言的意義提出看法。有時候你會誤解非語言訊息甚至將它標記為抗拒，因為非語言行為有可能是文化告誡的表現。例如，帶領者角色扮演 Javier 的父親，並要求 Javier 在與他說話時要保持視線接觸，即使帶領者多次邀請，Javier 在與象徵父親對話時仍然注視地板。帶領者沒有覺察到 Javier 可能覺得直視父親或某權威者是不尊敬的，倘若帶領者能以尊重的態度鼓勵 Javier 在聚會中注視父親，那麼就有可能進一步在團體中探索這個情境。

另一項協助個案充分表達情感的方法是要求他注意自己的身體經驗。舉例來說，假如你的個案話很多但情感卻與內容脫節時，你可以詢問她現在對身體哪個部位的覺察最為明顯，她可能說：「我覺得我的胸部很熱。」這樣的做法可能為你開啟一條全新的道路，藉以協助她連結自己的感覺並用更為統整和完全的方式來表達情感。

總而言之，帶領者對成員們的經驗應該避免妄加揣測，這是很重要的，取而代之的是協助成員們認識和探索他們的非語言行為與身體經驗之間的可能意義。倘若你誤解或忽略非語言訊息或不夠敏覺地面質這項行為，那麼團體的信任程度可能會因而受損。帶領者不要擔心點出你對成員的觀察，但應以尊重為前提，提供成員們機會來探索他們所經驗到的。

同理心 同理心是能夠感受他人主觀經驗和透過其眼睛來看世界的能力。當人們經歷沒有批判評斷的了解時，他們就有可能透露自己心裡更深層的事情，因為他們相信別人會了解和接納他們的本相，這種非批判的了解對建立團體信任感是非常重要的。

你的帶領功能之一是藉著指出妨礙非批判的了解行為以幫助成員發展更多的同理心。這些產生不良後果的行為範例包括：以陳腔濫調的語詞回應他人、對他人完全沒有回應、不當提問、告訴他人應該如何做、以批判評斷來回應，以及變得防衛等。

同理心是展現支持的一種途徑，例如，當他人能夠了解 Judy 時，她就能從團體中受益。在她談論極為痛苦的離婚經歷，Clyde 可以讓她知道他感同身受，同時也了解她的傷痛，雖然他們的景況不同，但他同理她的痛苦並願意分享，當妻子離開他時所感受到的拒絕和遺棄。Clyde 願意告訴 Judy 他的掙扎而非提供快速解答，這對 Judy 才是有幫助的。他對她的最大幫助是藉由分享他的掙扎和痛苦，取代告訴她過去做了什麼或是提供保證。

真誠 真誠意指個人內在經驗與外在表現之間的一致性。應用於帶領者的角色中，真誠意味當內心不想接納時不會假裝接納，也不會依賴可以用來獲得稱讚的行為，同時避免隱藏在帶領者專業角色的背後。透過真實的你所提供的示範，可以激發成員在互動中展現真實的自己。

仔細思考幾個案例，在這些情況下，你可能被挑戰要提出真實而非期待的反應。例如，一名剛進入團體的成員可能自發地詢問你：「你對我有什麼看法？」你可能禮貌性地回覆：「我覺得妳是位很好的人。」而更真誠的回答可以像這樣：「我對妳的認識尚不足以給妳有力的回應，當我更認識妳時，我會分享我對妳的看法。」你或許會想詢問她會這麼提問的原因，然而卻意外發現，原來她對你在團體的地位感到害怕，需要你即時地再保證。藉由協助她確認提問的理由，你可以幫助她對你更感到真實。另一個例子是某成員在你們的衝突過程中對你說：「哦！請給我一個擁抱，我不喜歡我們之間的緊張關係。」此刻你可能並不想擁抱他，因此，對他的請求給予誠實的回答是很重要的，你可以說：「我現在正和你有爭執，我想繼續把它修通，倘若我現在擁抱你，這和我目前對你的經驗會是不一致的，然而，這並不意味之後我不會想要擁抱你。」

自我揭露　你的真誠會在你適宜的自我揭露時展現。身為帶領者，你可以藉由透露你對團體內進行事件的想法和感覺，來邀請成員們讓別人認識他們自己。假如你是誠懇且適當地自我揭露，同時也避免自我隱藏，那麼，你的行為將會鼓勵其他成員們開放地表達他們的關切。有時候團體參與者會挑戰你，他們會說：「我們告訴你我們的所有問題，但卻對你的問題一無所知。」你有可能臣服於這種壓力之下，為了證明你的「真誠」而向成員們告白，但是這種被迫做揭露未必是團體之福。比較合適的回應可以是：「是啊，在這個團體中，由於我的角色的緣故，我可能知道你們的問題性質多於你們知道我的私人問題，但這並不意味我的生活中沒有困難。倘若你和我是另一個團體的成員，我預期你會了解我更多。雖然我不太可能將個人的外面問題帶進這個團體中，但我卻很樂意讓你們知道我在這些聚會中怎樣受到影響，同時也會透露我對你們的反應。」

個人在自我揭露的決定上與其文化束縛和價值負荷有關。在某些情況下，帶領者願意從事自我揭露是符合文化與促進信任的方式，對某些成員而言，對帶領者的私事全然未知好像蠻奇怪的；然而，某些成員卻對知道帶領者的個人訊息感到非常不自在。因此，重要的是探討團體成員們的需求差異和成員們的文化如何影響對帶領者的期待，這樣做的目的在於了解成員們想要從帶領者身上得到什麼以及決定如何達成的方法。舉例來說，當我（Cindy）和來自蘇丹的難民工作時，我分享有關我家族的某些訊息，而它對團體產生的重要性卻使我感到震驚。因為在他們的文化裡，對不熟識的家庭與不知來自何處者討論私人話題是未曾聽聞的事。我分享這項訊息並非是帶領團體的典型做法，但我感覺和來自蘇丹的年輕人分享我的訊息是必要且合宜的，如此，他們就能夠敞開心懷地談論自己在內戰和成為難民的經驗。倘若我始終保持「不允許私人自我揭露」的立場，我懷疑信任的連結在我們之間會有發展的可能性。

團體成員們可能因為不同的理由而詢問帶領者私人問題。臨床實務者需覺察分享對其個人及成員們的得失與限制。多數治療師會先回應個人問題（關於他們的年齡、重要關係及過去的經驗等），然後再詢問成員聆聽後的看法。

尊重　尊重是透過帶領者和成員們的實際行為表現，而非僅是他們的所言。展現尊重的態度和行為包括：避免批判的評斷、避免貼標籤、超越自己或他人所強加的標籤、真心表達溫暖和支持、表現真誠與願意冒險，以及承認他人有權利和你不一樣等。例如，當某成員揭露他對孝道（為其文化的公認規範）的強烈感受時，團體的其他成員以努力了解來表示尊重，而非評斷他的忠誠和取悅雙親的需要。倘若人們能夠獲得這樣的尊重，那麼他們嘗試以敞開和有意義的方式在團體中談論自己時就會得到支持。

Nina 表示害怕被他人評斷，並訴說因為擔心被批評而不願意說話。當成員們太快保證他們就是喜歡她的本相而且不會評論她時，他們並未尊重她。藉由鼓勵 Nina 探索過去曾在哪裡被他人評斷，她可能會發現被評斷的感覺，是她將內心的感受投射到他人身上所致。即使團體成員們可以向 Nina 保證，只要她一離開團體，內在的評斷就會再次湧現。所以鼓勵她探索過往的情境與現在的團體被評斷的恐懼，對她會比較有幫助。

關懷的面質 面質的方式對團體信任感的發展，不是增長就是阻礙。面質可以是一種關懷的行動，帶領者以邀請的方式讓成員們檢視他們的言行間，或所言與表現之非語言線索間的不一致現象。你可以教導成員們率真且敏覺，這樣他們會看見可以用關懷卻誠實的方式來進行面質。然而，某些成員們可能連最關懷的面質都有困難，會將它解釋為人身攻擊，儘管本意並非如此，帶領者要和成員們一起檢視他們是如何接受面質的，以及在你進行處遇後他們會如何做，不要因為成員的外表看似很好，就認為他或她的感覺也很好。

當面質的進行是以唐突、「打帶跑」方式，或帶領者允許語言暴力時，團體信任感會受到極大的抑制。攻擊性的評論或侵犯性的面質會讓人變得防衛，但關懷的面質是以尊重面質對象的方式來進行，甚至能夠協助成員學習表達負向的反應。舉例來說，Claire 很樂於訴說並且持續地將自己的事情擺在他人的工作上，一個無效能帶領者的面質是：「我要妳保持安靜，讓其他人有說話的機會。」而有效能帶領者的面質為：「 Claire，我很感激妳樂意參與並談論自己的想法，可是，我所關心的是我很少聽到團體中其他人的聲音，我也希望聽聽他們的看法。」

維持信任 在本節所描述的態度與行為對建立團體內信任感的層次有重要關聯。雖然信任在團體發展的初始階段是必須達成的主要任務，但不要認為一旦信任建立後就會持續到團體結束，這樣的假定是錯誤的。信任是會興衰起伏的，當團體進入更深層的親密時就必須建立新層次的信任感。基本的安全感對於團體跨越初始階段而邁向展開是不可或缺的，但信任感部分卻會隨著團體的發展而不斷地受到考驗，並會在後續階段以新的面貌來呈現。

確定與澄清目標

帶領者在初始階段的重要任務，是協助成員們確定與澄清影響他們參加團體的特定目標。帶領者對團體目標和成員們的有意義目標缺乏清楚了解時，對團體或個人而言會產生許多不必要的掙扎，成員們也可能會難以進展，直到他們了解為何參加團體以及如何充分運用團體以達成目標時才會有所突破。

設定目標的過程對於要開始一個新的團體、團體在每個階段的展開，以及目標已實現時是很重要的。基本上對團體而言，建立團體目標和個人目標是不可或缺的。有關一般團體目標的範例包括：創造信任與接納的氣氛、促進有意義的自我揭露，以及鼓勵冒險等。成員們在團體早期對這些目標（和規範，我們稍後會討論）要能明確陳述並且了解與接納，這是必要的，否則衝突和困惑可能會在後續的團體階段中層出不窮。以下是多數治療團體常見的一般目標以及特殊團體的目標範例。

團體成員的一般目標

雖然成員們必須自己設定團體經驗的特定目標，但下面也列出一些涵蓋不同團體類型的共同目標：

- 覺察個人的人際風格。
- 增加對妨礙親密的覺察。
- 學習如何信任自己和他人。
- 覺察個人的文化如何影響其決定。
- 增加自我覺察能力以提升選擇和行動的可能性。
- 挑戰和探索那些不具功能的早期決定（很可能是在童年時期形成）。
- 意識到他人也有類似的問題和感覺。
- 澄清價值觀並決定是否修正與如何修正。
- 開始可以獨立與互賴。

- 尋找更好的方式以解決問題。
- 面對特定的人能夠更為敞開心胸和誠實。
- 學習在支持與挑戰之間取得平衡。
- 學習如何要求他人以滿足自己的需要。
- 敏覺他人的需求和感受。
- 提供他人有益的回饋。

成員們一旦縮減他們所表列的一般目標後，團體帶領者就有責任監督團體的進展以達成這些既定的團體目標（ASGW, 2008）。我們的伙伴，Gerald Monk（聖地牙哥州立大學教授）建議以下問題以協助個案確立他們的諮商目標：

- 如果我的生活可以是我想要的那樣子，我的感覺和表現會有什麼不一樣之處？
- 有助於我實現這些情緒和行為改變的步驟是什麼？
- 有哪些內在和外在的障礙會干擾我實現目標？
- 有哪些支持系統我可以用來實現目標？

幫助成員訂定個人目標

不論帶領者所憑的理論為何，形成清楚的目標是很重要的，尤其是在認知行為取向特別會強調。舉例來說，在認知治療中，帶領者會努力與團體成員們營建一個合作的伙伴關係；在行為取向的團體治療中，界定明確的目標對於評估與處遇是很基本的工作。關於帶領者的理論取向如何影響目標建立的過程討論，請見第 4 章。

不論何種型態的治療性團體，參與者通常只能以概括語辭說明他們希望從團體中獲得什麼，在此情況下，帶領者的工作是幫助成員轉換含糊的想法為明確和切實可行的個人目標。例如某位成員的泛泛目標可能是「我想要多愛自己一點」，那明確的目標應該是「我要做一些像是運動、文藝、多花點時間和朋友們相處和旅遊等的事情，給自己帶來喜樂」。另位成員 Ebony 可能會想要「與他人有更好的關係」。帶領者的提問應該協助她使目標更為具體化，例如，她和誰的相處有困難？倘若答案是她的父母，導致他們產生問題的原因為何？她如何被這些問題所影響？她希望與父母的關係有怎樣的改變？帶領者有了這些訊息，對如何與這位成員繼續工作，就會有清晰的概念。

以下案例呈現帶領者如何對不同成員進行處遇，使總體目標更為具體化：

成員 A：我想要探討我的情緒。
帶領者：你對何種情緒感到困擾呢？
成員 B：我想處理我的憤怒。
帶領者：在你的生活中，你對誰感到憤怒？你以何種方式來表達你所不喜歡的憤怒？你最想對這些讓你憤怒的人說什麼？
成員 C：我是個低自尊的人。
帶領者：請列舉一些你貶低自己的方式。
成員 D：我很難與他人親近。
帶領者：在你的生命中，你與何人無法親近？你的哪些行爲可能阻礙你所想要的親密？
成員 E：我不想要有被邊緣化的感覺。
帶領者：你對被邊緣化有何經驗？你在這個團體中也有感覺到被邊緣化的問題嗎？

ASGW（2008）指南中聲明，帶領者的責任在以合作的方式協助成員們發展他們的個人目標。定義這些目標是一個持續的歷程，並非做一次就能完成。帶領者在整個團體過程中要幫助成員評估個人目標的達成程度，如果適當的話也要幫助他們修改目標，這是很重要的。當成員們獲得較多的經驗後，他們就更能明白自己想從團體得到什麼，同時也會辨識能引導他們參與團體的附加目標。他們對其他成員之問題的投入，可以促其思考能從團體經驗獲益的方式。

建立契約是讓成員們去澄清與達成個人目標的一項好方法。基本上，契約是參與者對想要探索的問題和願意改變之行為的一份聲明。在契約的形式中，團體成員們採取積極和負責的立場；同時，契約也是開放式的，以便適時加以修正或替換。本書所探討的多數團體均適用契約，但廣為被認知行為取向的團體治療實務者採用。

契約和家庭作業可以有效地結合。在 Ebony 的案例中，她在契約的開頭要承諾每次與父母相處感到困難時會進行觀察和記錄，倘若她發現自己通常會在衝突當下一走了之，她可能要再簽訂附加契約，保證自己會停留在某個衝突場景中而非逃避。

以另一名個案為例，假設有位參與肯定訓練團體的成員，他決定要花更多時間在感興趣的活動上。他可能會訂定一份契約要求多做些自己想做的事，也會分配在團體經驗期間內需要完成的特定活動。他要在整個團體過程中報告執行的結果，並以這些結果為基礎，決定自己想改變多少和用什麼方式來改變。

初始階段的團體歷程概念

團體歷程如前所述，涵蓋團體可能經歷的階段，每個階段都會有特定的感覺與行為特徵。團體開始，當成員們彼此認識後會有焦慮的感覺，通常每個人都在等待別人先開始，緊張與衝突也隨之產生；然而，如果事情進行順利，成員們會學習到相互信任與信任帶領者，同時也能夠開始公開表達情緒、思想和反應。典型**團體歷程**（group process）的活動包括：建立規範和團體凝聚力、學習合作、確定問題解決的方法，以及學習公開表達衝突等。現在我們將深入探討在開始階段中，兩項特別重要的團體歷程概念：團體規範和團體凝聚力。

團體規範

團體規範（group norm）是針對使團體有效運作之期望行為的共同信念。協助團體達成目標的規範和程序會在初始階段開始發展，但倘若管理團體行為的標準含糊，則會失去寶貴的時機，而成員在適當和不適當行為間的拿捏也會形成緊張的關係。規範是可以明確陳述的，但是許多團體仍然會存在內隱（未明言）規範。

內隱規範（implicit norm）的發展導因於對團體發生的事件有先入為主的想法。舉例來說，成員們可能假定團體是一個必須說出一切且毫無隱私的場所，除非帶領者要成員們注意在自我揭露時又能保留隱私是有可能的，否則成員們可能將敞開心胸和誠實的規範誤解為完全坦誠、毫無祕密的政策。另一種內隱規範的實例是要經驗情緒宣洩與哭泣的壓力。在我們多數深度的治療團體中，常會出現哭泣和表達被壓抑的情緒，我們必須很謹慎地處理，避免因為那是由宣洩組成「實境」的建議，而強化了情緒的表達。也有許多進行深層自我探索者會進行少許的情緒宣洩，成員們不但能從認知和行為探索中學習，而且能從情感表達與探索中學習。

帶領者的示範也可能會發展為內隱規範。倘若帶領者言語粗魯，成員們就可能在團體互動時採取這種說話模式，即使帶領者從未明確鼓勵成員以這種方式說話。內隱規範的確會影響團體的運作，不論是正面的或負面的，倘若能被明確指出就會減少對團體的不利影響。

以下是多數團體中常見的**明確規範**（explicit norm）或行為標準：

- 成員們被期待要規律出席且準時出現。當他們只是偶爾參加聚會時，整個團體都會受到影響，規律參與的成員們對未出席者的缺乏承諾會感到不滿。
- 成員們被鼓勵呈現自己和分享有意義的層面，在團體中與他人直接溝通，並且成為主動的參與者。
- 成員們被期待彼此給予回饋。唯有他人願意說出自己是如何受到影響的，成員才能夠藉此評估自己的行為對他人的影響性。對成員而言，不要保留自己的知覺和反應是很重要的，他們應該讓其他人知道自己的感受。
- 成員們被鼓勵聚焦在團體內此時此刻的互動。成員們藉著表達和探索團體內的衝突，而聚焦在直接的互動上。當聚會中發生未表達的思想和感受時就需要直接的溝通，特別是這些反應可能會不利於團體歷程時。因此，你的領導功能之一是提出以下的問題：「現在的團體看起來像什麼呢？」「在團體中你認同誰？」「你會默默對自己一再訴說哪些事呢？」「在這個團體室裡你最注意誰？」你也可以邀請成員們分享團體在每個時刻所發生事件的想法和感覺，藉以引導成員經驗此時此刻。
- 成員們被期待著他們願意將個人問題和關切的事情，帶入團體聚會中討論。他們被期待在聚會前花點時間思考想要探討的事，通常未明言的規範會在這個部分運作。例如，某些團體成員們會認為除非他們將日常生活的個人問題帶進聚會中討論，否則他們就不是好的團體成員。成員們可能會有這樣的印象，聚焦在團體此時此刻的問題是不被接納的，他們應該專門處理團體外的問題。

- 成員們被鼓勵提供治療性的支持。理想的狀況下，這種支持會促進個人的工作和團體歷程，而且不會讓成員在自我探索時分心，但是某些帶領者可能以暗示的方式「教導」要過度支持；或是藉由他們的示範呈現一種會阻斷成員嘗試修通痛苦經驗的支持型態。面對強烈情緒（例如和過往記憶連結的憤怒或痛苦）會感到不自在的帶領者，可能與成員們串通，透過假冒支持的氣氛來制止成員完全經驗和表達任何性質的強烈情緒。某些團體非常有支持性以致於排除了挑戰和面質技術，有這種隱藏規範的團體只能陳述正向和善意的反應，倘若此種做法成為一種模式，成員們可能難以聽到並且認為表達任何的回饋都是不被接納的。
- 支持性規範的另一面是提供成員們檢視自我的挑戰，成員們需要學習如何面質他人又不會激起對方的防衛。舉例來說，我們在團體初期就建立一項規範，不接受以評斷和貼標籤的方式來反駁他人，比如說「你太武斷了。」取而代之的是，我們教導成員直接和靈敏地表達他們的憤怒情緒，同時避免謾罵和審判。成員們被要求陳述他們憤怒的來源，包括是什麼激起他們的憤怒情緒，舉例來說，倘若 Ann 對 Rudy 說：「你很自我中心並且漠不關心。」帶領者可以邀請 Ann 讓 Rudy 知道他是如何影響她，以及他的什麼行為讓她感覺漠不關心，同時，Ann 也被鼓勵表達導致她評斷 Rudy 的積聚反應。相對地，假如帶領者示範了嚴厲的面質，成員們很快就會學習到這項未表達的規範，就是攻擊別人是在團體中與他人互動的適當方式。
- 團體可以根據探索個人問題的規範或問題解決的規範來運作。例如，在某些團體中，當成員們提出他們想進一步了解的處境時，可能會迅速得到如何「解決」這些問題的建議，但事實上這些解決建議通常是行不通的，此時成員們最需要的就是訴說的機會。當然，問題解決策略對教導成員新的因應困難的方法是有用的，但是在建議解決辦法之前讓個案有探索關切問題的機會是更為重要的。理想上，這個探索機會可以讓成員們開始看見向他們敞開心胸的可能範圍，以及在尋找解答時可以追求的方向。通常讓個案找到自己的解決之道比遵循他人的建議更為有用。

- 教導成員們不做迅速反駁和變得過度防衛的傾聽規範。雖然我們並不期待人們只是單純接受所有他們得到的回饋，但是我們確實要求他們真正傾聽別人對他們說的話並認真思考這些訊息——特別是重複出現的訊息。

團體規範在整個團體歷程中都需要受到注意，許多團體會陷入泥沼是因為成員不確定對他們的期望是什麼或團體規範是什麼。舉例來說，某成員在帶領者處理另一位個案時想要介入並分享看法，但她卻因為不知道是否應該打斷帶領者工作而覺得束縛；另一名成員可能在某成員經歷痛苦或悲傷時想要給予支持但卻克制住，因為不確定他的支持是否會減損該成員的經驗。很少參與的成員可能會保留她的感覺、思想和反應，因為她不確定透露出來是否恰當，如果她能被告知表達她的反應是有幫助的，她可能對團體會更為開放心胸，而能以個人的方式更頻繁地參與。

倘若團體規範被清楚呈現，而成員們也了解這些規範的價值並且決定配合遵守，規範將會成為塑造團體的強大力量。團體規範在理想上可以盡量以合作方式來發展而非由帶領者來決定，部分的引導過程包括確認和討論以發展團體凝聚力與生產力為目的之規範。

如果成員們努力遵守團體規範，那很適合做為團體及評估這些規範是如何建立和運作的討論。若成員們不願意遵從團體的規範，有可能是因為少了合作或帶領者的示範及指導的角色所致。所以，規範的建立要能適合團體成員年齡、情緒和社交智能，以及成員們為改變的準備程度而發展是很重要的。

在大學研究所課程中，我（Cindy）很熟悉學校政策及共識決策的外顯規範。我們盡可能打破階層，這樣的「共同體」是由學生團體和帶領者（教職員）共同做了一些決定，並發現有不同方法可以達成適合整個社群的決定。這種合作的模式可以增進團體的凝聚力，但是在過程中常造成來自於比較是階級化或個人主義背景學生們的挑戰。學生們常要努力適應一個並非建立於「少數服從多數」概念的方法，如此運作的複雜性常引領團體成員們有了最大的學習，而在我們的經驗中，它也引導學生們更有力量去改變機構及社區帶領者。

團體凝聚力

團體凝聚力（group cohesion）是一種團體內的親密或共同體之意識。有凝聚力的團體是指成員會們有動機停留在團體中並分享歸屬感與連結感。在團體早期階段，成員們尚未彼此熟識到足以形成共同體的意識，當成員們逐漸熟悉時通常會有尷尬時期。雖然成員會談論自己，但是他們展現較多的公眾自我而非深層的私人自我。真正的凝聚力通常在團體經歷過衝突、有彼此分擔的痛苦，並且個人盡力冒險後才會建立，只是凝聚力的基礎在初始階段的期間就早已成型。凝聚力是團體自開始到結束極為重要的一面，它是成員們承諾積極參與及促成營建一個安全且接納的環境之成果。我們在此所介紹的凝聚力是初期階段的規範，我們在第 8 章說明工作階段的治療性因素的運作時，又會回到這個主題做更深入的討論。

某些初期階段的凝聚力指標為：成員們之間的合作、願意準時出席聚會、努力使團體成為一個安全的地方，包括談論缺乏信任或害怕信任的情緒、支持和關懷，從願意傾聽他人與接納他人的本相來證明、願意在此時此刻的團體互動脈絡下，表達對他人的反應和看法。真正的凝聚力並非自動達成的固定狀態，而是一個經由成員們彼此冒險，齊心協力地持續進行歷程。團體凝聚力能夠以多種方式來加以發展、維持和增加，下列為一些提升團體凝聚力的建議：

- 倘若團體成員們分享自己有意義的層面，他們就能同時學會冒險和促進團體凝聚力。例如，透過示範——分享他們對團體內發生事件的反應——帶領者可以鼓勵冒險行為，在團體成員確實冒險後，他們會因為團體的真誠認可與支持而得到增強，因此增加他們與他人的親密感。
- 團體目標和個人目標可以由團體成員們與帶領者共同決定。倘若團體沒有明確陳述的目標，可能會產生敵意而導致團體的分裂。
- 凝聚力能夠透過邀請所有成員們成為積極的參與者而增加。鼓勵沉默或退縮的成員表達他們對團體的反應，這些成員們可能因為某些理由而採取觀察且無口頭參與，這些理由可以在團體內被有效地檢視。

- 凝聚力可以透過與團體成員們分享領導角色來建立。在專制團體中所有決策都取決於帶領者，但倘若成員們是被鼓勵要開始討論他們想要探索的議題時，這樣就比較可能發展為合作團體。帶領者除了促進帶領者與成員間的互動型式外，也要提升成員與成員間的互動，這可以藉由下列做法來達成：邀請成員們給予彼此回應、鼓勵回饋與分享，以及盡量搜尋能讓更多成員參與團體互動的方法等。
- 衝突在團體中是不可避免的。團體成員們要能意識到衝突的來源並在衝突發生時公開處理，這才是合乎需要的，團體可以因為接受衝突和誠實修通人際緊張而被鞏固。邀請成員預測他們會如何處理在團體內發生的衝突，並談論他們處理衝突的典型方式，然後再看看他們是否願意以更有效的方式來處理團體內的衝突。在我們（Marianne 和 Jerry）領導的團體中，我們詢問成員們有關他們管理衝突的風格，某成員說如果她生氣了，她會起來離開團體；另一名成員說他會保持沉默且停止說話。藉著讓成員們說出在衝突情境下的典型行為模式，我們就能夠與他們簽訂契約，並約定在下次團體發生衝突時以不同的方式來處理，至少成員們可以口頭說明他們所經驗到的，並且注意自己是如何以習慣來反應。就這兩名成員的案例可能意味著：「我非常生氣，我要起身立即離開。」或「我對這個衝突感到非常不舒服，我只想停止。」當團體參與者大聲訴說他們的感受時，帶領者就有機會處遇與成員一起工作並思考管理衝突的新方法，促使他們超越衝突的景況而非身陷其中。
- 團體吸引力和凝聚力是息息相關的。團體對成員的吸引力愈大，凝聚力也愈強。倘若團體處理成員感興趣的事、假如成員感覺受到尊重、又如果團體具有支持氣氛等，那麼團體就有很好的機會被視為是有吸引力的。
- 鼓勵成員們揭露他們對團體內發生事件的想法、情緒和反應。正向和負向反應的表達都應該受到鼓勵，倘若如此進行，團體就會產生誠實的交流，這對團體歸屬感的發展是很重要的。

有效的治療關係：研究發現

治療師和個案間的正向關係是增進個案正向改變的因素，其重要性在研究結果上已經獲得相當多的證實（Burlingame & Fuhriman, 1990）。在團體處遇上有三項關鍵概念描繪了治療關係的本質：團體氣氛、凝聚力和同盟（Burlingame, Fuhriman, & Johnson, 2002）。團體帶領者在創造正向的團體氣氛上扮演重要的角色（Dies, 1994），藉以鼓勵成員與成員之間的回饋和參與並做為主要的團體規範，這樣的氣氛確實常被視為團體處遇的基本治療因素。

支持與面質

鍛造有效的團體需要在支持與挑戰之間獲得適當的平衡。有些團體會強調面質是去除成員們防衛行為的必要條件，卻導致更多的防衛性互動。在描述團體負向結果的研究回顧中一致指出，攻擊性面質是風險最高的領導型態（Yalom, 2005b）。當團體帶領者過度面質和不斷否定時，成員們會感覺不滿並且可能受到團體經驗的傷害（Dies,1994）。Dies 建議帶領者應該避免高度面質的處遇，直到他們與成員建立起信任的關係，一旦人際信任的基礎被建立後，團體成員對挑戰的行為將傾向更為開放。

我們同意太快地進行面質是有危險的，帶領者需要以靈敏、及時與謹慎的方式和成員們一起工作。嘗試嚴厲地面質防衛行為時，會導致成員們強烈的抗拒，並在團體內引起憤慨和不信任。但是，如果是以靈敏和尊重的態度來進行面質，即使是在團體的初始階段也是適當的。事實上，帶領者的關懷面質常是鞏固團體信任感的基礎。從團體的早期階段開始，帶領者就必須示範提供適當支持與面質的方式，同時還要避免在早期階段挑戰團體，當團體有所需要時則應將成員們視為是脆弱的。在我們看來，團體不論是具有限制互動及支持的明顯或內隱規範，都不具備助人們挑戰自己去冒險的力量。

帶領者挑戰成員們的方式對團體基調的設定有很大的影響，成員們會傾向仿傚帶領者的方式來進行面質，若面質是根植於惻隱理解的，成員們將會接受這樣的互動方式。此外，帶領者應該要清楚面質在其理論取向的角色，對有些人有用的方法，未必適合其他人，並沒有唯一正確面質成員們的方法。我們也要確信身為帶領者的角色並相信面質是諮商的一部分，當我們挑戰他人的風格似乎無效時也願意修正。

創造與成員之治療關係的指導原則

在本節中我們以 Burlingame、Fuhriman 及 Johnson（2002, 2004b）與 Morran、Stockton 及 Whittingham（2004）的研究摘要為基礎，為團體帶領實務提供進一步的指導原則：

- 帶領者藉由和成員真誠、同理與關懷的互動來努力參與團體，而冷淡、分離和評斷的帶領風格則會阻撓信任感與凝聚力的發展。
- 發展以適當和催化的自我揭露為特徵之理性開放的治療型態。帶領者要願意分享自己的反應和情感經驗，尤其當它們是和團體內事件與關係相連結時。
- 請記住，帶領者的自我揭露對團體歷程和結果的影響是具建設性或有害的，端視團體類型、團體的發展階段，以及揭露的內容和方式等特定因素而定。
- 協助成員們充分運用有效的角色示範，特別是那些表現出期望行為的成員，並要鼓勵成員們彼此學習。若你有協同帶領者，就和你的夥伴示範開放的行為。
- 提供適當的團體結構化技術，特別是在團體的早期階段，但要避免控制型態的領導方式。
- 藉由教導成員們在團體歷程中積極參與的技巧，提供所有成員充分運用團體資源的機會。
- 在需要的時候願意去面質成員們來展現你的關懷，但是請以提供成員靈敏面質的良好示範來執行之。
- 設立和加強明確的規範是建立團體凝聚力的一種方法。
- 如有必要，竭力保護團體成員並努力提升安全感。
- 在成員以非建設性的面質、嘲諷和間接對話來阻礙他人運用團體資源時要進行處遇，以幫助成員們用直接和具建設性的方式來面對彼此。

我們要強調我們的信念，就是你可以藉由直接、誠實和尊重的方式對成員做回應，以此鼓勵成員們卸下某些防衛。成員們在團體中會更容易發展出開放的態度，因為他們對團體的知覺是安全的，而你的示範對創造這樣的治療氣氛有很大的關聯性。

團體帶領者常常要同時在關懷、面質、示範及文化能力之間取得平衡。例如，有位團體成員（Kim）屢屢表達對她的文化裡刻板的性別角色，有種被困住和被扼制的感覺。她描述了她處在無望的情境裡，沒有什麼事情可以改變她的生命。我（Cindy）身為帶領者對於要如何挑戰她，並對於她的兩難困境能保持文化的敏察，覺得不太容易處理。在挑戰 Kim 的時候，我必須盡可能的坦率，讓她知道我是很關心她的，同時我也了解到在她的文化環境裡，任何她想要改變的各種可能的後果。我花了很長時間與耐心處理 Kim 的問題，我還是可以挑戰她，因為她相信我同時在關心她及她的文化。在此同時，我也被其他有不同文化背景的團體成員們觀察，因此，示範文化的敏察並讓團體成員們更加注意我的處理，這對於我能成為一位可以被信任的帶領者而言是很重要的。

幫助成員從團體經驗中得到最大的受益

某些行為和態度能夠提升團體的凝聚力與生產力，就是成員在團體中發生有意義的自我探索，以及給予和接受誠實與適當的回饋。我們在預備聚會中就會開始對成員們進行定向和準備的工作，但是我們發現，這個時間通常只能容許我們向成員介紹從團體經驗受益最多的方式而已。因此，在團體進展的初始階段，我們會花費一些時間來教導成員關於團體歷程的基礎概念，特別是他們如何能成為主動的參與者。我們強調成員們不論在團體中或是將聚會所學運用於團體外，他們從團體經驗的獲益與其投入團體的程度是成正比的。

我們不會在一次聚會中以演講方式向成員們呈現團體的指導原則，我們也不會用超越一次能夠吸收的訊息量來壓垮成員。我們會先提供成員們有關他們參與團體的書面資料，當話題在聚會中自然產生時，我們會撥時間來討論這些主題，這種做法可以增加成員們樂於思考他們如何能以最佳方式來參與團體的可能性，同時，我們也持續在團體的不同時間點以即時的方式提供成員訊息。我們鼓勵你運用這些指導原則做為催化劑，以思考你為成員做準備的方法。省思這些資料將協助你發展適合你的個性和領導風格的取向，同時它也會適合你所帶領的團體。下列是以帶領者觀點所撰寫的建議，對象是成員們。

針對成員的帶領者指導原則

學習協助建立信任　我們確信保密對於成員們在團體中是否感覺安全是不可或缺的，即使無人提出有關保密之本質和限制的問題，我們仍然要強調尊重團體內互動之保密性質的重要性，並且告誡成員們它是如何會被打破，我們解釋保密有多麼容易被破壞，即使你並不想這麼做。我們向成員們強調藉由提出他們對自我揭露會如何被看待的關切，就能持續讓團體空間成為一個安全的場所，這是他們的責任。倘若成員們覺得其他人可能會在聚會外談論，這種不確定性一定會阻礙他們充分參與的能力。

在我們的團體中我們經常告訴成員們，在沒有安全感的根基上就快速敞開自己是不合理的。創造這種安全與信任環境的方式之一，是團體成員們願意在早期聚會期間訴說他們的害怕、關切和此時此刻的反應。每位成員可以決定要將什麼帶入團體中，以及對這些個人主題要探究多深。通常參與者會等待他人先冒險或做某些信任的表示，但矛盾的是他們可以經由揭露對信任的害怕來挑戰這個現象，成員們會從這種容許發展真誠信任的開始討論中有所收穫。

案例：Harold 比多數的團體成員們年長，他擔心他們因爲不能用同理心看待他而將他排除在活動外，並且視他爲局外人——父母形象。在他揭露這些害怕後，許多成員們讓 Harold 知道他們有多麼欣賞他願意透露自己的恐懼。他的揭露與對它的反應刺激其他人表達他們的某些擔心，藉由這個分享，成員們了解表達害怕是合宜的，因而激發了整個團體的信任感。Harold 感受到接納與讚許而非被拒絕，因爲他願意讓團體中其他人知道自己內心的重要想法。

表達持續的感覺　有時候成員們會隱藏冷漠、憤怒或失望的感受不讓團體其他人知道，但很重要的是，與團體歷程有關的持續感覺應該被公開表達。我們經常告訴成員們，例如：「倘若你感覺疏離和退縮，請讓大家知道」或「假如你體驗到對團體中其他人的長期憤恨或惱怒，請不要隱藏你的感覺」。

案例：在一個每週聚會一次，爲期 10 週的青少年團體中，直到第三次聚會時 Luella 才透露，她既不相信成員也不信任帶領者，她很氣憤因爲她對參與團體感覺有壓力，而且她眞的不知道對她身爲團體成員的期待爲何。她從開始聚會起就體驗到抵抗，但並未說出她的反應。帶領者讓 Luella 知道透露這種對不信任的持續感覺對她而言有多麼重要，因爲這樣才能加以探索和解決。

慎防濫用術語　在特定團體中，人們學到使自己遠離直接經驗的新語言。舉例來說，他們可能學到這樣的句子「我可以真正地與你建立關係」、「我想要更接近我的感覺」、「我感覺與你有所連結」、「我想要停止與自己玩所有的遊戲」等，假如建立關係、更接近以及有所連結等語詞，未被明確定義且對特定情境有所保留時，溝通的品質就會很不好。我們通常會藉由詢問「有所連結」的真正意思，或邀請他們澄清真正想要表達的感覺，來建議成員使用描述性的語言。

和濫用術語有關的是成員們使用語言的方式，有時會使他們疏離自己和他人，例如，當人們說「我不能」而非「我不要」或在講話時使用許多修飾詞（「可能」、「或許」、「但是」、「我猜想」）時，我們會請他們覺察自己是如何透過所選擇的語詞來增加自己的無力感。這個練習也應用在意思是「我」但卻用概括的「你」或「人們」來表達的情況上。當成員們愈能為自己的言語負責，就愈能恢復因為使用非關個人的表達方式所喪失的力量。

案例：「人們通常不敢在團體中公開談論」，Valerie 說。「他們感到威脅和恐懼」。帶領者處理的方式是請 Valerie 覆述她剛說的一切，但是以「我」取代非關個人的概括語詞「人們」與「他們」。帶領者詢問她是否使用「我」會更接近她眞正想要傳達的，畢竟，她有權利說出自己的感覺，但是關於別人的感覺，她不可能是專家。

決定自己要揭露多少　團體成員們有時候會被引導相信他們揭露愈多愈好，雖然自我揭露是團體歷程中重要的工具，但是要透露他或她生命的哪些層面是由每位參與者自行決定的。這項原則非常重要，因為成員們必須「說出一切」的想法會導致許多人抗拒成為團體的參與者。

最有效的自我揭露是表達了現在的關切，而且還可能涉及一些風險，因為當參與者們對團體敞開心門時，他們會擔心其他人將如何看待他們所透露的。倘若某位成員告訴大家他很害羞，常常靜默，並且不敢在團體中講話，那麼其他成員對他在團體中缺乏參與的解釋和反應就會有更為準確的參照架構；假如他沒有說出來，帶領者和其他成員未經預演的，都有可能誤解他的行為。

成員們應該注意，關於藉由努力透露最大祕密來「支付會費」的危險性。自我揭露並非「說出每一件事」和讓自己心理裸露的歷程。帶領者要一再讓成員們知道，在日常生活有關的衝突上，他們有責任決定要透露什麼、透露多少以及何時透露。

案例：在一個每週聚會的團體中，Luis 很早就透露自己是同性戀者，在團體工作中他一直不願意公開談論自己的性取向，雖然 Luis 願意和團體分享自己身爲拉丁裔同性戀者的許多掙扎，但是他說他還未準備好要談論自己在關係中所經歷到的困難。Luis 在現在的生活中對自己的性取向感到羞愧，特別是對他所尊重的大家庭。雖然對他而言，在團體中談論自己身爲同性戀者的感覺是有困難的，但是 Luis 分享了自己某些最深刻的關切，做自我的挑戰以信任他人。不與他人談論個人私事是他成長環境的文化價值之一，雖然他對談論他的伴侶關係感覺不舒服，但是 Luis 願意與團體分享許多他對自己不被接納的困惑、害怕和焦慮。Luis 不想終生活在

謊言中。其他成員們尊重Luis願意探索身爲同性戀者的掙扎，尤其是他對評斷和拒絕的害怕。由於他從其他成員身上感受到了解，因此，Luis能夠在團體中分享他的生命遠比團體外的任何人都多。

成為積極的參與者而非觀察者 有的參與者可能會說：「我不是健談型的人，對我來說，要組織我的思考是很困難的，而且我擔心無法好好地表達自己，所以我在團體中通常都不說話，但是我會傾聽別人說話，我是透過觀察來學習的。我真的不認為一定要講個不停才能從這些聚會中有所收穫。」雖然成員們的確可以從觀察其他成員的互動和非語言反應中得到學習，但是他們的學習會很有限。倘若成員們採取不對團體有貢獻的態度，別人將永遠無法認識他們，而且他們也很容易因為成為別人錯誤觀察的對象，而感覺受騙和憤怒。

某些成員們藉著不斷訴說：「我現在的生活並沒有真正的問題，所以我沒有什麼可以貢獻給團體的。」將自己保持在團體活動的邊緣，而其他成員們則保持被動，認為不需要重複其他成員所表達的，因為他們也覺得是這樣。我們嘗試教導這些成員們分享他們對團體經驗的反應，並且讓別人知道他們是如何受到影響，選擇不分享團體外事件的成員們也可以藉由敞開自己接受其他成員的影響而積極參與。帶領者要協助那些認為自己無可貢獻的成員們了解，至少他們可以分享自己對他人說的話的反應，藉此來增加團體的凝聚力。

案例：當Thelma被詢問想從團體中得到什麼時，她回答說：「我尚未好好想過，我想我會順其自然並且靜觀其變。」帶領者讓Thelma知道有時候別人的事可能會引發一些她的問題，這時她就可以自發地反應；帶領者也提醒她，重要的是她要思考並且提出當初使她來到這個團體時所關切的事。隨著聚會的進行，Thelma的確學會讓其他成員們知道她想從他們那裡得到什麼。她開始採取主動，不再當個沒有任何明確目標，只是滿足於等待事情發生的觀察員。她表示想談談自己有多麼孤獨、多麼絕望、經常感覺缺乏信心、多麼害怕被男人傷害，以及多麼擔心面對每天的生活。

當她學會聚焦在她的所需時，她發現她就能夠從每週的聚會中受益。

預期在你生活中會有某些干擾 治療團體的參與者應該要得到一些警醒，就是他們的參與可能會使他們的團體外生活變得複雜一陣子。由於團體經驗的緣故，成員們會傾向認為在他們生活中的人也會準備好做重大的改變，當成員發現其他人認為他們過去那樣是「還不錯」時會感到震驚，而所造成的摩擦則可能使個案想要修正的熟悉模式更顯困難。因此，很重要的是讓成員們準備好，面對並非每個人都會喜歡或接納某些他們想要做的改變。

案例：Ricardo 在離開團體時覺察到他很害怕他的妻子，他持續克制對她表達他的需求，他們的關係就如同她是保護他的母親一般。倘若他對她表現得自我肯定，他擔心她就會離開他。在團體中他不僅厭煩自己的依賴風格，而且決定平等對待妻子，並放棄希望她成爲他的母親的想法。然而，相較於 Ricardo 勇敢地嘗試改變他們關係的本質，但是他的妻子並未配合。他變得愈自我肯定，他的家庭就愈不和諧。在他嘗試變得獨立時，他的妻子就愈是要使他們的關係維持現狀，她不願意以不同的方式來回應他。

預期發現自己所不熟悉的面向 通常團體中的人會開始了解到，他們可以控制自己的生活面向比自己過去所認為的還要多。當成員們在團體中探索強烈的痛苦情緒時，他們會逐漸了解到這個未被確認和表達的痛苦，阻礙他們活出真正喜悅的生命。在修通這些痛苦經驗之後，他們會開始找回自己喜悅的層面，例如，許多參與者經驗到內在的力量、發現真正的智慧和幽默、創造動人的詩詞或歌曲，或是第一次勇於表現對自己和對他人隱藏之具創造力的自我層面等。

案例：Finn 表達正向的團體經驗，他說：「我以前認爲我所說的並不重要，而我也無法貢獻什麼，透過我與這裡的人的互動，我逐漸了解到我所感覺和訴說的對其他人具有意義，有時甚至是很有價值的。」

仔細和區辨地傾聽　可以教導團體成員們仔細傾聽其他成員談論有關他們的話，既非全盤接受也非徹底拒絕。建議成員們要盡可能敞開心門，但也要有區辨地傾聽，確定何者適用而何者不適用。在他們做回應之前可以邀請他們先安靜，完全理解別人對他們說的話並注意自己是如何受到影響。成員們通常在別人還對他說話時就忙著構思反應，假如他們沒有專心傾聽，那麼，他們就無法充分理解所傳達的是什麼。

案例：在一個青少年團體中，成員們告訴 Brendan，他們很難傾聽他的許多故事。雖然他的故事有些很有趣，但這些故事並未與他的掙扎本質相關，而這些掙扎正是他參與團體的原因。其他成員們告訴他，當他談到自己時，他們比較容易聽他說話，Brendan 因此變得防衛和憤怒並否認他的行爲是這樣。帶領者便要求 Brendan 觀察自己在團體內與團體外的生活情形，在嚴厲拒絕回饋之前，先思考這些回饋對他有何影響，並思考成員對他說的話。

注意一致性的回饋　成員們會學習到回饋是有價值的訊息來源，他們可以用來評估他們在團體中所做的和他們的行為對其他人有何影響。成員們可以仔細傾聽他們所接受到的一致性的回饋，某人可能在不同團體中從許多人那裡得到類似的回饋，卻仍然不當一回事。雖然區辨是很重要的，但同樣重要的是，明白從不同人那裡得到相同訊息可能代表某種程度的可靠性。

案例：在一些團體中，Liam 聽到人們告訴他，他似乎對於他們要說的話不感興趣而且顯得有距離和疏離。雖然 Liam 本人在團體室內，他卻經常望著天花板嘆氣，他把椅子移開團體的圓圈，並且呵欠連連。成員們十分疑惑他是否對他們感興趣，還說他們很難親近他。Liam 對這些回饋相當驚訝，他堅持他在團體中的行爲與團體外生活的行爲有很大的差異——在團體外他感覺與人親近，對人感興趣且積極參與。然而，一個人似乎不太可能在兩個領域中有如此大的差別，因此，帶領者以這個方式進行處遇：「你可能在這裡與在外面有所不同，但你是否願意注意團體外的人對你的回應，並且敞開心門注意是否有任何給你的回饋是類似的。」帶領者的回應消弭了誰對或誰錯的不必要立論與爭辯。

不要將自己分類　在團體的初始階段，成員們常常會在他人面前依其角色來呈現自己，這個角色通常是他們不喜歡的但似乎又緊捉不放。例如，我們聽過有人稱自己為「團體的母親」、「用牆隔開而無法被看透的人」、「無法忍受衝突的脆弱者」，與「在這個團體中無人喜歡的人」。重要的是人們不要宿命地為自己貼上標籤，團體也不可以實現這些期待，使成員更加相信他們就是自己所害怕的這種人。對團體帶領者可能有幫助的是提醒自己和成員們，有些參與者可能會被貼上如「壟斷者」、「講故事者」、「理智者」、「退縮者」、「強迫症者」等標籤，而對成員們的協助，是讓他們查看這些標籤在阻礙他們以及使他們成為那個樣子的方式。雖然在團體內扮演某個角色有其限制但也有其功能，帶領者在期望人們放棄他們的角色之前，請先協助成員們探索這個角色對他們而言，在過去或現在的情境中有何功用。一般來說，人們可能會展現使自己具有某種特徵的行為，在團體期間面質這些行為是適當的，而執行這樣的面質也不會讓人們陷入固執且難以掙脫的模式中。

案例：Rosie 在團體面前表現得退縮和脆弱，當她被詢問希望有何不同時，她說她希望自己能夠更頻繁且更有力地發言。她願意簽訂一份要求她發言和至少表現得強壯的契約。帶領者以這樣的方式讓 Rosie 可以挑戰她緊捉不放的舊形象，同時也讓她能夠試驗不同作風的行爲。

給團體成員們的其他建議　我們在團體早期談到給團體成員的某些額外指導原則，在這裡簡要地列出似乎是恰當的：

- 願意在團體的前後做功課，考慮記錄日誌做為團體經驗的補充，並將家庭作業當作你實踐團體所學於日常生活的方式。
- 發展自我評量的技巧做為評估你在團體中進步的方法，詢問自己這些問題：「我對團體有貢獻嗎？」「我滿意聚會中發生的事件嗎？如果不滿意，我可以怎麼做？」「我有運用團體所學在我的生活中嗎？」
- 花費一點時間用以檢討你在聚會中想探索的特定議題來澄清自己的目標，最佳的做法是思考你想要在生活中做的特定改變，以及決定你願意在團體內和團體外做什麼來得到這些改變。
- 在團體中面對他人要能專注於做個人的和直接的陳述，而非給建議、做解釋和詢問非關個人的問題。不要告訴別人他們是怎樣的，而是讓別人知道他們怎麼影響你。
- 了解參與團體的真正成果是涵蓋了你在團體外的實際作為。將團體視為達成目的的方法以及花點時間思考你會如何運用所學，預期會有某些挫折並意識到改變可能是緩慢且不易察覺的。不要期待只有一個團體就能夠改變你的整個生命。

避免過度的教導

即使我們一直強調幫助成員們對團體運作要做好準備的價值，但是要注意過度強調團體歷程的教導可能會有負向的影響。倘若成員們被告知太多期望且不允許自我學習時，所有的自發學習都會從團體經驗中被排除，此外，還可能會助長依賴帶領者提供之結構和方向。

我們希望隨著團體的進展，成員們可以在帶領者極少的處遇下逐漸發揮功能。團體在提供過多的結構化和無法提供足夠的結構與訊息之間有一種微妙的平衡關係，或許特別重要的是帶領者在任何時刻都要注意到團體凝聚力、團體規範與團體互動等因素。有了這樣的覺察，帶領者就能夠決定何時探討此時此刻發生的特定行為才是及時且有效的。

如同前述，團體整個過程的每一個階段並非被僵化地定義而是流暢且有點重疊的，我們教導成員們什麼是團體歷程的方式，對於團體可能演變的層次有很大的關聯。Burlingame 與 Fuhriman（1990）、Yalom（2005b）指出與團體不同階段相連結的特殊治療特徵，開始階段的重要因素是認同、普遍性、希望和凝聚力；在中間階段，宣洩、凝聚力、人際學習以及領悟力是不可或缺的；而接近結束時則會呈現存在的因素。了解這些團體特徵將協助你決定要教導成員多少以及何時教導。

做為團體聚會輔助的日誌寫作

團體成員藉由參加團體外的日誌寫作練習可以增加其團體經驗。方法之一是請成員們每天在日誌中記錄行動過程的特定感覺、情境、行為和想法，即使只是花幾分鐘時間；其他方法是請成員們回顧和撰寫他們生命的特定時刻，例如，他們可以拿出自己的童年照片和這個時期的其他提示物，然後將腦海所浮現的自由地寫在日誌上。像這樣自由流暢且無審查的寫作型式，對成員聚焦在感覺上有很大的幫助。

成員們可以將日誌帶到團體並分享造成他們問題的特殊經驗，然後他們與團體一起探索他們如何能以不同的方式來處理這個情境。一般而言，這些日誌會幫助成員提升在聚會中的個人聚焦，例如，成員們針對自己所寫的資料可以決定要如何做。

另一種使用日誌的方法是做為日常生活中與他人接觸的準備。例如，Jenny 在與丈夫的溝通上有極大的困難，她大部分時間對他所做的和未做的事都會生氣，但她擱置這個憤怒，並對他們沒有花時間在彼此身上感到難過。Jenny 通常不會向他表達她的難過，也沒有讓他知道她對他沒有參與子女生活的不滿。為了解決這個問題，她可以寫一封詳細且毫無保留的信給她的丈夫，信中指出所有讓她感到憤怒、受傷、難過和失望的狀況，並且告訴他她有多麼希望他們的生活會有所不同。我們並非建議她將這封信給她的丈夫看，然而，撰寫此信的目的在於澄清她的感覺並為她在團體中的工作做準備，團體工作可以幫助她清楚她想要對丈夫說什麼以及她想要怎麼說。這個工作的過程以下列方式來進行：Jenny 在團體中和另一位成員談論有關這封信件的重點，而這位成員可以角色扮演她的丈夫，然後，其他人表達他們如何體會 Jenny 以及如何被其說話方式所影響。透過這種回饋的幫助，她可能會找到向丈夫表達感覺的建設性方法。

還有一種方法是讓成員們在日誌上自發地記錄他們在團體中的反應，

特別是剛開始的幾次聚會，然後在團體即將結束時再回顧這些想法。回答下列的問題有助於成員了解他們的團體經驗：

- 我在這個團體中如何看待自己？
- 我覺得在這個團體裡怎麼樣？
- 我注意到自己對團體中其他人的反應為何？
- 在這個團體裡，我最初的擔心或關切為何？
- 我最想要怎樣運用團體的聚會時間？
- 在我離開這個團體時，我最希望學習或經驗的是什麼？

如果參與者能寫下他們的反應，他們就有可能在團體聚會中說出來。若成員們擔心別人可能會以負向方式評斷他們而不敢在團體中公開時，將它寫在日誌中，可以讓成員們準備好在團體聚會中能以口語來表達這些擔心。

寫作對團體進展和早期階段是很有用的，在聚會與聚會的週間，成員們可以花點時間撰寫對團體某個時刻的感覺、他們如何看待自己到目前為止的參與情形、他們在團體外做了什麼以達成目標，以及如果團體現在就結束他們的感覺為何。藉著在團體中討論這些日誌寫作的陳述，參與者被挑戰要重新評估他們的承諾程度，同時也會激勵他們增加對團體的參與度。

初始階段的家庭作業

將團體經驗之價值擴展到最大的好方法，就是設計能讓成員在團體內和團體外執行的家庭作業。團體帶領者可以藉由產生一個討論的議程、設計家庭作業、教導技巧和新行為等，來向成員示範積極的參與和合作。

許多團體實務者會將家庭作業做為增進行為改變的工具（Kazantzis & Lampropoulos, 2002），成員們願意在治療情境外投入愈多的時間處理個人問題，他們就愈可能有正面的收穫（Ledley, Marx, & Heimberg, 2010）。在第 4 章我們曾討論家庭作業是一項認知行為的策略，但是，不論帶領者的理論基礎為何，家庭作業都能運用於任何的團體。Kazantzis 與 Deane（1999）指出在聚會間使用家庭作業能夠提供一個寶貴的機會，用以增強和擴展成員們在聚會期間所完成之工作的效益。他們認為家庭作業在改善成員們的問題上具有綜合性與持續性，且能創造治療的正向效果。Kazantzis 與 Deane 提供在治療上有系統地運用家庭作業的建議，雖然他們是針對個別治療而寫的，但是他們的建議也同樣適用團體工作的初始階段：

- 提供作業活動的理由。家庭作業如何能夠幫助個案達成他們的治療目標？
- 提供個案在作業活動或其他完成功課之方式的選擇，讓他們決定哪些任務是與他們相關的。
- 詢問個案能夠完成家庭作業的信心有多少。
- 評估和記錄個案每週的家庭作業表現從而監督進步狀況。
- 在下次聚會時務必討論作業的完成進度與功課的執行結果，如果未完成家庭作業，詢問個案他們在執行作業中遇到了什麼困難。

在我們的團體中，我們強烈鼓勵成員參與規律的日誌寫作，用以做為家庭作業的一部分。依據團體的需要，我們可能會提出一些未完成語句，不論是在團體聚會結束時，或做為在家撰寫日誌的資料，讓成員自發地完成。

下列是對團體初始階段很有效用的未完成語句作業：

- 我最想從這個團體中得到……
- 我最希望在我們最後一次聚會中，我能夠說我做到的改變是……
- 當我想到未來有 12 週要在這個團體中時，我……
- 我對身為團體成員的擔憂是……
- 我希望能夠提出的個人關切或問題是……
- 到目前為止我在團體中最明顯的反應是……
- 對我而言，我最想要改變的面向是……

未完成語句的技術幫助成員們聚焦在早期聚會之特定層面的經驗，而且這些問題中有幾項提問與成員的目標有關。寫下個人目標及描述自我的反映練習是一個很好的方法，用以澄清成員想要的是什麼以及如何有效地得到他們所想要的。倘若你對學習更多運用家庭作業的方法感興趣，我們建議你可以參閱下列文獻：Kazantzis 與 Deane（1999）、Kazantzis

與 Lampropoulos（2002）、Ledley、Marx 與 Heimberg（2010）、Rosenthal（2001）以及 Tomkins（2004, 2006）。

初始階段的帶領者議題

在整個團體發展的早期，特別重要的是思考成員們和帶領者（或協同帶領者）間的責任平衡問題，以及對團體而言最理想的結構化程度。若你與一位協同帶領者一起工作，討論這些議題是非常重要的，因為意見分歧會對團體造成傷害。舉例來說，假如你認為帶領者應該承擔讓團體進行的主要責任，但是你的協同帶領者卻認為你們幾乎沒有任何責任，這樣子成員們就必須自己決定在團體時間裡要怎麼做，在這種情況下，成員們會意識到你們的分歧並且感到困惑。同樣地，假使你在團體高度結構化時可以運作得最好，而你的協同帶領者卻相信任何的結構化都應該來自成員們，這樣的意見差異也會對團體造成不利的影響。選擇一位與你的領導哲學相配合的協同帶領者雖是明智的，這並不意味你們必須有相同的領導風格，通常有效能的協同帶領者會有彼此可以互補的差異性。

當帶領者之間的差異導致兩人的衝突時，它會成為成員們和帶領者的焦慮來源，若處理得當，帶領者會為團體成員們示範健康的面質和衝突解決。示範非防衛性以及彼此願意挑戰和被挑戰的行為，對成員們來說是一個寶貴的學習機會，有可能某些團體成員家庭中的「父母」或「權威」人物是以破壞或辱罵的方式爭吵，當團體成員看見帶領者能夠妥善處理衝突時，對成員而言就是一個治療經驗。另一方面，未能妥善處理的衝突或面質會對成員形成不公平的負擔，在極端的情況下甚至可能會傷害團體歷程和團體成效。帶領者之間的議題是要在團體成員面前處理或是兩人私下解決比較好，這一切都取決於帶領者本身。事實上，這兩種取向各有正反雙方的看法，但是假如成員已目睹衝突時，我們寧願在團體中解決之。

責任的分配

你必須考慮的一個基本議題是團體方向和團體結果的責任。倘若團體被證實是沒有生產力的，這樣的失敗是導因於你缺乏帶領技巧或這是團體成員的責任呢？

將帶領者責任這個議題概念化的方式之一，是以連續線的觀點來思考，在線一端的是為團體方向和團體結果承擔大部分責任的帶領者。這樣的帶領者傾向認為，假如他們沒有高度指導，團體將不知所措。這些帶領者會積極地處遇使團體朝向他們相信會具有生產力的方式來前進，這種帶領型式的缺點是它剝奪了成員們決定團體方向的責任。

帶領者幾乎承擔全部的責任不僅損害成員們的獨立性，同時也增加自己的負擔。如果有人離開了團體而沒有改變，這樣的帶領者傾向視之為自己的過錯；假如成員們依然疏離且未形成凝聚力的群體，這些帶領者往往認為這個結果是他們缺乏帶領技巧的反映；如果團體令人失望，這些帶領者也會感到失望並因此責怪自己，相信他們做得不夠以致於沒有創造出一個動力性的團體。這種帶領風格會使人精力耗竭，使用它的帶領者終究會喪失帶領團體所需的能量。

在責任連續線的另一端，是對團體中發生事件承擔極少責任的帶領者。我們認為帶領者對團體歷程和團體成效確實扮演重要的角色，這樣的帶領者藉由否認對團體結果的責任，導致低估他們在採取行動上的角色，而這個角色可以建立和維持一種氣氛，好讓生產力的工作在團體中發生。

我們認為以直接處遇的方式來建立團體的特定規範是我們的責任，所以通常在團體開展的初期會十分積極。我們的目的並非要增加成員們對帶領者的依賴，而是要教導成員們藉由成為這個團體的一分子，他們如何可以獲得他們想要的。我們鼓勵成員們以積極的角色在團體歷程中監督他們的想法、感覺和作為，並且注意他們在團體中可能從事無益於自己的行為之時。

理想的做法是，你能夠發展取得帶領者和成員之間責任平衡的帶領風格，我們鼓勵團體帶領者運用日誌寫作，來澄清他們對整個團體運作所承擔的責任。當我們訓練團體帶領者時，我們要求他們在帶領或協同帶領團體時，記錄關於他們自己和他們內在被激起的反應。這項紀錄不僅是單純描述團體的成員動力，我們建議他們要聚焦在特定成員們對他們個人所造成的影響。以下是我們建議團體帶領者可以在日誌中處理和撰寫的一些問題：

- 當我在帶領或協同帶領團體時，我對自己的感覺如何？
- 我對這個特定聚會的結果承擔多少責任？

- 今天我最喜歡團體哪個部分？
- 對我而言，在這次聚會中最引人注目的是什麼？
- 我自己如何受到每位成員的影響？
- 我有多麼投入這個團體？倘若我的投入不如預期，我願意採取什麼特定步驟來改善這個情形？
- 有任何阻礙因素使我無法有效帶領團體嗎？

這項針對團體帶領者的日誌技術，提供了型塑團體的絕佳記錄模式，而寫作的練習也是一項有用的催化劑，促使帶領者聚焦在自己生活中需要持續注意的部分。如果你願意的話可以使用這些問題，做為與協同帶領者或督導在處理和討論你的團體經驗的催化劑，花點時間想想和表達你的經驗，將有助於精煉你身為帶領者的有效性與發展性。

結構化的程度

這項議題不在探討團體帶領者是否應該提供結構化，而在於應該提供什麼程度的結構化。結構化與責任一樣是連續線，帶領者的理論取向、團體的類型、成員的母群，以及團體的階段等是決定使用結構化的程度和類型的若干因素。以個人中心團體來說，帶領者的結構性會有程度上的限制，這是因為諮商師們對於團體成員們及團體過程的本身有個信念：若帶領者強加一些結構性，就會使團體往一個建構性的方向而破壞了團體的信任感；相反的，多數的認知行為團體的諮商師們會在每個階段都有一個清楚的結構，所以團體帶領者對每次聚會都要有一個清楚的計畫，甚至帶領者會尋求團體成員們共同討論在聚會要怎麼運作。

初始階段的平衡　成員們在團體初始階段因為不清楚被期待的行為而感到焦慮時，帶領者提供治療性的結構化就顯得特別重要。結構化對團體的發展具有助長和抑制的作用，結構化太少會讓成員們變得過度焦慮，雖然說有一點焦慮是具生產力的，但太多焦慮則會抑制自發性。在團體的早期階段鼓勵成員們能逐漸承擔責任是很有幫助的，然而，過多的結構化與指導會增加成員依賴帶領者的態度和行為，成員們不會主動決定他們想要從團體得到什麼，因而導致等待帶領者讓事情發生而非成員自己採取主動。

許多研究指出，團體開始的結構化在建立支持性的團體規範和強調成員們之間的積極互動上，是具有正向的價值，在整個團體過程中，帶領者們必須詳細監督這個具治療性的結構化，它最有價值的地方是提供了解個人經驗和團體過程的連貫架構。Dies（1994）回顧 51 個處理帶領者在團體聚會中之活動程度的團體研究時指出，在 78% 的研究回顧中顯示較積極、具指導性與結構化的帶領者有較佳的團體結果。

Yalom（1983, 2005b）認為團體帶領者的基本任務是提供充分的結構化以給予成員們整體的方向，但要避免促使成員依賴的危險。他給帶領者的訊息是以促進每位成員自主運作的方式來進行團體的結構化。助長成員依賴帶領者的實例，是帶領者只有在邀請成員們發言時才鼓勵他們說話；相反地，帶領者可以鼓勵成員們在未被邀請時就能參與互動。

我們並不建議採取非指導性的團體帶領風格，我們不會只是等待而讓團體漫無目的地隨意進行，使用結構化的目的在於減少團體運作的不必要困難並讓成員們能充分參與。我們藉著教導參與者一些能從團體受益最多的方式，以及藉由提供一些結構讓團體成員們有機會去實驗新層次的覺察，並從這個覺察中建立新的行為型式，來達成結構化的目的。在初始階段，我們的結構化目的在於幫助成員們確認和表達他們的害怕、期望與個人目標等，就會經常使用兩人一組、四處走動與開放式提問等，來促使成員更容易彼此談論目前生活中的問題。在和許多人有一對一交談的基礎後，成員們會發現對整個團體公開談論自己的問題變得比較容易。我們提供的帶領活動在於幫助成員聚焦在自己和其最想在團體中探索的問題上。

許多短期心理教育性團體都是針對一系列的主題來加以結構的，舉例來說，在學習有效能教養技巧的團體中，聚會是由這些主題所引導的，例如，良好的傾聽、設定界限、學習表達尊重，以及給予沒有懲罰的訓練等。團體帶領者有時候會僵化固執於結構化的練習或某個主題的討論，而擱置另一個需要被迫切注意的事件。一旦在團體中出現衝突，重要的是帶領者應該先暫緩主題或練習，直到衝突處理好；假如衝突被漠視，那麼討論的主題將有很大的可能性會變得表面化。成員們也有時候可能會自發提出不相干的關切，導致帶領者很難讓團體以有意義的方式聚焦在主題上。帶領者和團體成員們需要探索，主題的轉移是源於他們對這個議題感到不安，或是出現了更有意義的主題，倘若轉移主題是一個逃避的手法，那麼負責團體催化的帶領者應該要指出目前的動力是什麼。這門藝術包括學習如何幫助成員們以有意義的方式將主題與自己連結，以促使團體互動和團體學習的發生，而有效能的帶領者會提供足夠的引導，讓團體成員們能夠負起責任來定義他們自己的組織結構。

團體聚會的開始與結束

我們在這裡要討論團體聚會的開始與結束，因為你必須從一開始就覺察到團體帶領這個重要的面向。這些技巧在整個團體歷程中都很重要，我們建議當你閱讀後續的團體階段時再返回這個討論中。我們在這裡所描述的處遇並非唯一「正確」的，還有許多有效的處遇方式，端視你的理論取向或帶領風格，以及你所帶領的團體類型而定。我們發現下列的指導原則是有用的：

開始每次團體聚會的指導原則 有時候接受帶領者訓練的人並不注意如何開始團體聚會，他們傾向聚焦在第一位發言者並在他身上花費太長的時間、很少嘗試連結這次與上次的聚會，以及帶領者也沒有與成員確認他們想如何運用這次的聚會時間等。倘若聚會是突然開始的，要讓多數成員有生產力地參與那次聚會可能會有困難。因此，開始處理問題之前的暖身活動是不可或缺的。在我們（Marianne 和 Jerry）的訓練工作坊裡，有時會被詢問是否有參與報到的過程，倘若我們腦中有某些與團體相關的事情，我們可能會在報到時提及，特別是我們有邀請成員說明他們想在這次聚會中說什麼或探索什麼的時候，我們是經常參與的。

對於定期聚會的團體，如每週一次，我們建議以下列程序來有效地開始每次的聚會：

- 要求所有成員們參與報到過程，簡短說明他們想從聚會中得到什麼。在報到時間內，我們的目標是聽聽成員們對上次聚會還記得什麼以及他們想要說什麼。快速地輪流發言就可以讓成員們確認他們有興趣探討的議題，以這樣的方式就可以發展出基於某些共同關切的團體議程。在我們完成報到程序之前，我們通常不會停留在某位成員身上，因為我們希望所有參與者都有機會表達他們帶了什麼來參與這次的聚會。若你停留在第一位發言的成員身上，就會形成第一個說話的人常常是團體階段焦點的規範。因此，報到的程序提供一個基礎，用以確認開始聚會時的新主題。倘若你並未發現成員帶了什麼議題來參與這次的聚會，你將會失去很多重要的資料。

- 給予成員們簡短的機會分享上次聚會後，他們在團體外做了什麼練習。倘若成員們使用日誌寫作和家庭作業，聚會開始是讓成員簡短說明某些他們的反省、撰寫，以及家庭作業之成果的好時機。某些人可能會想談談他們將團體所學轉移到日常生活時所經驗到的問題，這些困難可以成為這次聚會的工作基礎。
- 詢問成員們對上次聚會是否有任何事後的想法或未解決的感受。倘若成員們沒有提出這些關切的機會，那麼隱藏議程就可能會發展而阻礙有效的工作。然而，帶領者要避免在報到時處理這些問題，而是讓成員承諾在報到後再提出他們的關切。
- 在開始聚會時，讓團體知道你在這一週對於團體進展的想法。這種做法特別適用在你看見某些問題出現或你認為團體卡住時，你的自我揭露會引導成員們公開回應聚會中已發生和未發生的狀況，尤其是假如你以不責怪的方式來說明你的反應時。
- 在開放式團體中（每週的成員都會有些變動）介紹任何新成員時，不是讓新成員成為注意的焦點，而是請持續參與的成員們能將他們在團體裡的學習做個簡短的整理分享。帶領者要指出有些成員可能只參與幾次聚會，然後詢問他們在短暫的團體時間內最期望得到什麼，我們有時候會詢問這個問題：「倘若這是你唯一參與的聚會，你最希望達成什麼？」

雖然我們不建議你記住特定的台詞來開始聚會，但想要建議一些能夠傳達重要資料的精神進入聚會的意見，將這些台詞當作催化劑，使它們成為你帶領風格的一部分。我們在不同的時候以下列台詞來開始聚會：

- 在你們來團體之前的想法和感覺是什麼？
- 在我們開始今天的聚會之前，我想邀請你們每個人花費幾分鐘的時間，安靜地回顧這一週並思考是否有想要告訴大家的。
- 你們今天來到團體中最注意到誰？
- 你們來這裡是因為你想來嗎？
- 有誰在回去之後，對於上週的聚會有任何的想法呢？

- 在此刻，你們最常注意到的人是誰？為什麼？
- 在這次聚會結束前，你們最想要說的是什麼？
- 什麼是你們願意說出來且想要得到的？

結束每次團體聚會的指導原則　結束每次聚會的方式與開始聚會的方式是同樣重要的。帶領者常常只是簡單宣布「今天時間到了」，而未對團體過程做總結和統整，也沒有鼓勵成員練習特定的技巧。我們的做法是會訂一個規範，就是在每次團體聚會結束前，期待每位成員都能參與一個簡短的檢視過程。有些時候，即使只有 10 分鐘，也該讓成員們有機會反省他們對這次聚會有什麼喜歡或不喜歡的、提出他們希望這一週在團體外想做的事，以及表明他們如何經驗此次的聚會等，能注意結束聚會的方式就能夠確保學習的鞏固。

若團體是每週聚會一次，那麼在結束前可以摘要該次聚會的重點，像有些時候在聚會的中途暫停一下，說道：「我注意到我們今天還剩下 1 個小時，我想詢問你們每個人今天到目前為止對所做的有何感覺？你有如你所預期的投入嗎？你在聚會結束之前有什麼想提出的嗎？」這話是蠻有用的。也不需要固定這樣做，但是有時候在聚會期間做這種評估可以幫助成員們專注聚焦在問題上，特別是當你注意到他們沒有提到曾經說過需要解決的事。

在結束每週團體聚會時請思考下列的指導原則：

- 讓個案帶著沒有解答的問題離開聚會是一件好事。並非每個人的感覺是舒服的，或是認為關心的問題能夠充分地被處理。團體成員們可以反映他們在聚會所經驗到的事情，並在下次聚會時能帶進來討論。
- 讓成員們說說自己能量投入的程度也蠻有效的，例如有成員們覺得沒有投入，你可以問他們願意做什麼來增加對團體的投入：「你的缺乏參與是沒問題的嗎？還是你想要改變這個情況呢？」
- 請成員們簡要地告訴團體，他們透過與其他成員的關係學到了什麼，然後讓參與的人也簡短地指出自己改變了哪些行為，做為對這些領悟的回應。若成員們發現他們想要做更多的行為改變，這是一個確認在下次聚會前所採取之具體步驟的很好時機，可以鼓勵他們發展特定的計畫或家庭作業並在下次聚會前完成。

- 若成員們提出的家庭作業好像不太實際，帶領者可以協助他們研擬實際可行之家庭作業。
- 詢問成員們是否有想要在下次聚會中探討的任何主題、疑問或困難，這樣的探詢可以連結前後兩次的聚會，不僅督促成員思考即將開始的聚會，同時也間接鼓勵他們遵守這週間所約定的事。
- 讓成員們彼此給予回饋，特別有幫助的是成員們對他們實際所觀察的有了正面的回應。舉例來說，倘若 Doug 的語氣變得更有安全感，其他人可以讓他知道他們觀察到這個變化。當然，針對阻礙成員力量之行為的回饋也是非常有幫助的。
- 若你的團體成員是不斷變動的，在一週之前就要提醒成員們有幾位即將離開團體，這不僅是將要離開的成員們需要談談他們在團體的所學，同時其他成員們也可能想要分享他們的反應。此時，很重要的是分配時間讓成員可以確認任何的未竟之事。

如同我們在開始聚會時所做的，我們提出一些意見讓你思考如何結束團體聚會。當然，並非一次就要問完所有的問題：

- 今天你在團體裡的感覺是什麼？
- 對你影響最大的是什麼？而你學到了什麼？
- 有哪些學到的新技巧，是這週你願意在團體外練習的？
- 我希望大家快速地輪流發言，針對到目前為止的團體狀況說幾句話，以及是否有什麼改變的建議？
- 你從團體中得到什麼或沒有得到什麼？
- 若你對團體的情況感到不滿意，你可以做什麼來加以改變？
- 在我們結束之前，我想要和你們分享一些我對這次聚會的反應與觀察。

藉著發展開始和結束聚會的技巧，你增加了聚會間之連貫性的機會。這樣的連貫性有助於成員將團體中的領悟和新行為轉移到日常生活中；同時，藉由帶領者的鼓勵和指點，可以幫助參與者持續評估他們對每次聚會的投入程度。

倘若你與一位協同帶領者一起工作，如何開始和結束聚會是你們應該討論的主題。以下是一些探索的問題：

- 通常由誰開始這個聚會？
- 你們兩位對何時與如何結束聚會的意見相同嗎？
- 在聚會剩下 5 分鐘時，一位帶領者想繼續工作，而另一位卻想對聚會做總結呢？
- 你們兩人是否都注意到在聚會結束之前可能還有未竟之事呢？

雖然我們並不建議在開始和結束聚會時對時間與功能做機械性的劃分，但必須指明通常是由誰來承擔這項責任，假如通常是由某位帶領者開始聚會，成員們有可能會對著他說話。在我們的團體中有一位開始帶領聚會時，另一位就會詳細描述和補充說明，如此，協同帶領者之間自發的交談就能取代「現在輪到你來發言」的做法。

重點摘要

初始階段特徵

團體的早期階段是定向和確認團體結構的時間，在這個階段：

- 參與者們會測試團體氣氛並且相互認識。
- 成員們學習什麼是被期待的行為、團體如何運作以及如何參與團體等。
- 冒險性相對較低，探索也是試驗性的。
- 倘若成員們願意表達他們的想法和感受，團體凝聚力與信任感就會逐漸被建立。
- 成員關心他們是否被團體接受或排斥，同時開始定義自己在團體中的地位。
- 負向反應的出現，有可能是成員們要測試是否所有感覺都能被團體接受。
- 信任和不信任是一項核心的議題。
- 團體會出現沉默和尷尬的時刻，成員可能會尋找方向並且想知道團體是什麼。
- 成員們會決定他們可以信任誰、要自我揭露多少、團體有多安全、喜歡誰和不喜歡誰，以及要投入多少等。
- 成員們會學習尊重、同理心、接納、關懷，以及反應等基本態度——這些態度都能促進信任感的建立。

成員的功能

在團體歷程的早期，一些特定的成員角色和任務對於塑造團體是非常重要的：

- 採取積極的步驟來創造信任的氣氛；不信任和害怕都會增加成員

對參與的抵抗。
- 學習表達自己的感覺和想法，尤其當它們是與團體互動相關時。
- 願意表達與團體相關的害怕、希望、關切、保留和期待。
- 願意讓團體中的人認識自己，保持隱藏的成員們將不會有與團體的有意義互動。
- 儘可能參與團體規範的制定。
- 建立個人目標和特殊目標以管理自己的團體參與狀況。
- 學習基本的團體歷程，尤其是如何參與團體互動、問題解決和給予建議，以及切入成員之間的正向團體互動等。

帶領者的功能

團體帶領者在團體定向和探索階段的主要任務為：

- 教導參與者們一些一般性的指導原則和積極參與的方式，以增加他們擁有生產力團體的機會。
- 發展團體規則和制定規範。
- 教導基本的團體歷程。
- 協助成員們表達他們的害怕和期待，並努力發展信任感。
- 示範可以促進治療行為的面向。
- 對成員們敞開心門，並且在心理上與他們同在。
- 澄清責任的分配。
- 幫助成員建立具體的個人目標。
- 公開處理成員們的關切和問題。
- 提供不會增加成員們依賴，也不會導致困難重重的團體結構化。
- 協助成員們分享他們對團體內發生事件的想法和感受。
- 教導成員們基本的人際關係技巧，如積極傾聽和反應。
- 評估團體的需求並以滿足這些需求的方式來帶領團體。

練習活動

團體初始階段的催化

1. **開始聚會。**這個練習有 6 名自願學生擔任團體開始聚會時的團體成員角色，而 2 名自願者則擔任協同帶領者。協同帶領者開始時給予成員簡短的定向，包括解釋團體目的、帶領者的角色、成員的權利與義務、團體規則、團體歷程的程序，以及其他實際在第一次團體聚會中可能會提供的相關訊息，成員在後續表達他們的期待和擔憂，然後帶領者嘗試處理之。這個練習持續約半小時，之後讓班級同學描述他們看見團體中發生了什麼事，而團體成員則描述他們在聚會中的感受並給予協同帶領者建議。協同帶領者不論是在任何回饋之前或之後，都可以彼此討論所感受之經驗的本質以及覺得自己做得如何。

2. **團體的開始階段**。這個練習可以用來讓團體成員彼此熟悉，但是你可以先在班級中練習，看看它是如何運作的。將班級分成兩人一組做分享，然後每 10 分鐘就選擇新的夥伴，在你每次更換夥伴時，請思考一個新的問題或議題來分享。這個練習的主要目的是讓成員接觸所有的團體成員，並且開始向他們介紹自己。我們鼓勵你將自己的問題或聲明加入表列的議題中：

    - 討論你對於團體價值所保留的意見。
    - 你對於團體有何擔憂？
    - 你最希望從團體經驗中得到什麼？
    - 探討你對團體有多麼信任，你有參與感嗎？有哪些事情促成你的信任或不信任呢？
    - 決定你們哪一位占有主導地位，你們兩人都對自己的立場感到滿意嗎？
    - 告訴你的夥伴，倘若你要與他或她協同帶領一個團體，你想像自己會有什麼感覺。

3. **與你的協同帶領者會面**。在你的班級中挑選一位你想要與他協同帶領團體的同學，與你的夥伴在初始階段中探索下列幾個團體的面向：

    - 你們兩人如何協助成員從團體中得到最大的受益？你們會傾向討論可以幫助他們成為積極成員的任何指導原則嗎？
    - 你們兩人如何在團體初始階段嘗試建立信任感？
    - 在團體的初始階段，你們個人會傾向要做到多少程度的結構化？你們兩人都同意這個可能幫助團體有效運作的結構化程度嗎？
    - 倘若團體困難重重是誰的責任？假如團體在第一次聚會時就迷失了，你們會怎麼做？
    - 你們個人會使用哪些特定的程序，用以幫助成員界定他們希望從團體中得到什麼？

4. **關於產生信任方式的腦力激盪**。請運用小團體來探討可以促進團體產生信任感的想法和方式。你認為哪些因素可能會帶來信任感？你在團體中需要什麼才會有信任的感覺？你認為什麼是發展信任感的主要障礙？

5. **評估你的團體**。倘若你參與一個和你的團體課程有關的經驗性團體，請評估團體的特徵和本章所描述之初始階段的相似性。你的團體氣氛是怎樣的？你本身是什麼類型的團體參與者？你對團體的滿意度為何？你採取什麼措施來得到你希望在團體中看見的改變呢？信任感被建立到什麼程度，而團體的安全程度又如何呢？在這個早期階段中產生了什麼類型的規範？

Chapter 7

第七章

團體的轉換階段

假設你正在社區機構裡協同帶領一個每週一次的治療團體，漸漸地發現和其中一位成員難以工作。你了解困難的原因是他像你過去認識的某個人，而不喜歡他。除了你的反移情之外，有幾位成員在你和協同帶領者面前看來也相當防衛，當你試圖挑戰他們時，他們常會相互串通好。在一次團體聚會裡，其中一位成員公開地質問你：「你又不是我，你要怎麼幫我？」這個階段結束後，你和協同帶領者打算要處理這些事情。

這些常見於團體轉換階段的議題，會怎麼呈現呢？你會怎麼處理你的反移情問題呢？你和協同帶領者會怎麼面對團體成員們的「防衛」或「抗拒」呢？你怎麼回應成員對你直接的挑戰？治療性地回應他的方法是什麼？你認為在他質問你的背後感受是什麼？

導論

在團體進入更深層的工作前，我們稱之為工作階段，團體通常會經驗到一段轉換的階段。在此階段，團體一般會出現焦慮、防衛、抗拒、控制的問題、成員間的衝突、對帶領者的挑戰或衝突，以及不同型式的問題行為。如果成員們在個人和別人面前，掙扎著不想做揭露，他們也不太能向前和發展深層工作所需要的真誠。在轉換的期間，成員們和帶領者的表現，將會影響團體凝聚力的發展，也牽動著成員們是否投入於有意義的人際探索。一個團體有能力往前行，端視成員們和帶領者願意表達此時此刻所發生的事情。

團體的轉換階段對帶領者有特別的要求，同樣地，對團體成員來說，這段時間也不好過。團體在這階段常會被描述為「有抵抗力的」。倘若你從這個觀點觀察團體，你的處遇就會被你的觀點感染。對成員們的抗拒行為保持好奇，比採取防衛或批評的反應對你要有幫助。為了避免不合作行為的出現，你改變了對特定行為的了解及態度，這可能是成員們感到擔心、困惑、謹慎小心的原因。舉個例子，如果你可以了解一個抗拒成員的行為，象徵他正感到害怕，或是另一位沉默的成員，是因為不知道要如何參與團體，你就會有方法處理這些行為。摒除「抗拒」的標籤，而是以不批評的語氣陳述來對待這些出現「麻煩」（difficult）的成員們，你的態度也會改變。

當你改變了對成員們行為的想法，就比較容易以一種了解的態度，去鼓勵成員們探索他們的抗拒和自我保護的原因。保持開放不防衛的並且幫助成員們表達他們不想信任你或其他成員之合理的感覺是很必要的。以這種態度檢視成員們的抗拒，你將能夠掌握到文化的向度及相關的特定抗拒行為。例如，沉默、順從權威或是一直給別人建議的成員，都有可能是因為文化規範的原因，而不是故意表現出刁難的行為。同時在挑戰他們對你這位帶領者或其他團體成員缺乏信任感之前，幫助他們談談過去和現在的經驗，並了解他們的情緒感受。當人們覺得心聲被聽到和被了解，他們會比較開放和改變。

在轉換階段會發生一些很有生產力的工作，所以要避免匆匆帶過或是感覺沒有發生過。在這個時候，也是團體成員們和帶領者學習改變個人能力與風格的時機。成員們或許學到一些處理挑戰的新方法，像是停留在衝突的情境中，而不是走開。當成員們持續講話，他們有可能達成了問題的解決和關係更深入。也可以將成員們表現抗拒的行為，看作是他們自我強度的一扇窗，這對帶領者要處遇及進入工作階段時，所需的觀察和資料整理是很有幫助的。

在幫助團體達成轉換階段的核心任務時，你有必要很清楚地了解這個階段的特徵和動力的發展。特別要注意你自己的反應，尤其是確認團體所發生任何事情的責任，而不是將責任推給成員。在本章，我們的焦點是團體在轉換階段的一般特徵，並且提供建議以處理可能出現在團體轉換階段的問題。

轉換階段的特徵

在轉換期，焦慮是許多成員會有的狀況。要通過這個階段，成員必須能有效地處理防衛和抗拒、發現與面質他們的擔憂、處理衝突和控制的議題。此階段的目標是要營造一個安全和信任的氣氛，以鼓勵成員能夠冒險克服他的擔憂。

建立信任感

團體一開始的核心工作就是建立信任感，但是成員們在轉換期，還是會擔心團體是不是一個安全的地方。通常團體成員及帶領者都會猶豫和觀察一陣子。當信任的氣氛逐漸建立起來，成員們在表達他們的想法時，就不會感到害怕或覺得被批評。通常一位成員願意冒險做揭露個人的議題或擔憂時，也能導引其他人可以做同樣的事。這樣的揭露是建立堅強信任感的轉捩點。

當信任感愈高，成員愈積極地投入團體的各種活動，像是以自己的方法，讓其他人認識、在團體內或團體外冒險、焦點放在自己身上而不是別人、在團體中積極地處理個人較深刻的議題、堅定地揭露像是缺乏信任感的感受，以及在團體中支持或挑戰其他人。

相反地，以下是一些缺乏信任感的徵象：

- 成員們不想開始工作。
- 成員們常常遲到、早退或是缺席。
- 成員們猶豫要不要說他們自己的事。
- 成員們保留他們的看法，或是用間接的方法表達。
- 成員們滔滔不絕地講故事做為逃避。
- 成員們相當安靜。
- 成員們不太會分享自己的事，卻很盡力幫助其他人，或給其他人意見。
- 成員們可能會以「告訴我們要怎麼做」來要求帶領者掌控。
- 有些成員可能會說他們的問題很麻煩，要不就說他們沒有問題。
- 成員們逃避公開地處理衝突，也有可能不知道。
- 成員們可以分化成幾個小圈圈團體。
- 成員可能隱瞞自己的議題，不讓帶領者及其他成員們知道。
- 成員們之所以會抗拒是因為害怕被面質。

當成員們缺乏信任感，就會一直要確認團體室裡發生的事情，他們也可能採取緘默的方式，這會使得團體裡發生的事情很難進行討論。有些成員會考驗帶領者，特別是對於權威形象有負面經驗的人。每個人的情況並不相同，有些人是壓抑的，有些人則是對帶領者或其他成員有偏見，想要看看他們的反應是什麼。鼓勵成員們將這樣的考驗，清楚詳盡地說出他們所見所聞或做個結論，都是有幫助的。有些人可能會用評論的口氣，那會阻礙成員們的開放，而影響參與的情形。我們常常發現團體內的很多問題，並不是他們的感受和想法，而是一些他們沒有表達的反應。因此，我們在轉換階段的核心工作，是持續鼓勵他們說出對團體內所發生的事情的想法和感受。

不信任的情形在團體的開始階段是很正常的，若帶領者能夠了解成員用不同的樣態建立信任感，就能夠以平常心對待，這也可鼓勵成員們在建立並維持信任的關係下，開始談論他們過去和現在的經驗。就像 Thomas Parham 博士（個人通訊，2007 年 8 月 17 日）提到「信任是一項內幕工作」，每位成員必須積極地開放他或她自己去信任別人，並處理阻礙信任的問題。

在少數情形下，雕塑活動或許能幫助成員們開放，以及和別人一起冒險。在我（Cindy）帶的一個團體中，成員們覺察到團體室裡的沉默和不願參與的情形。我和同事運用一個修改的活動，我問他們是否願意嘗試做一些事，但是要冒很大的險，而且我也會參與這個活動，當作是願意在團體裡受一點傷和冒險的示範。一開始我就跟成員們說，每個人都要在三位成員的面前，然後完成以下的句子：「有些事情我不想要讓你知道，是我……」，例如有人可能會說：「有些事情我不想要讓你知道，是我恨我的身材。」然後她要對另一位成員說：「有些事情我不想要讓你知道，是我不相信男人。」每個人輪流完成這句子三次之後，會有很多豐富的主題可以分享並且討論和反應。當成員們停滯時，那是個非常有幫助的方法，而且可以幫助將這些問題搬到檯面上，做為深度的分享和自我探索。做這個活動要很小心，當成員們覺得受到傷害和震撼時，帶領者需要很有技巧地幫助成員疏通他們的感受。

運用配對方法是另一種可以為靜默或保守的團體注入活力。我（Cindy）協同帶領過一個沒什麼活力的小團體，我想要在這個小房間裡改變這種情形，於是我決定將成員們兩兩一組，並且輪流回答兩個提問：「你對我有什麼想法？」及「我不能親近你的原因是……」。這個活動讓一些成員們能更真誠、在談話中更有體悟，而且整個團體的能量也提升了，而成員們在接下來的階段裡，也較願意彼此分享較深層的經驗和之前從不願冒的險。

防衛與抗拒的行為

成員們經常處在想要安全地待著和想要冒險之間拉扯著，所以要很小心地處理。帶領者會不切實際地認為，沒有建立起安全的環境，成員們在開始要深入工作時會沒有效率。帶領者和成員都要了解防衛或謹言慎行的意義。帶領者對於成員們的進程和防衛要尊重並且有耐心是很重要的。

從心理動力的觀點來看，抗拒是個人不願意將過去曾壓抑或否認等具有威脅性的題材帶到意識的覺察中，也可以被視為是潛意識地阻止成員們去處理一些事情。從廣義來看，抗拒可以被視為是不想要探索個人的衝突和痛苦感受的行為。抗拒可以被認為是我們試圖保護自己免於焦慮的方法。

尊重成員的防衛，並非不去糾正頑固的人，而是要去探索他或她躊躇的原因。成員們對於他們不願意做的事，經常都有合理化的理由。舉例來說，某位女性在團體裡常常是很安靜的，只有當其他人提到她的時候，才會說一些話。當帶領者指出這情形時，她說她會因為口音而覺得很困窘。她認為她無法用英語說得很詳細，所以保持沉默。雖然她願意討論這個議題，但是想到要成為注意的焦點就會很緊張，就儘可能少說話。消弱個案的抗拒，就是表現出對其單純想法缺乏尊重，而且低估了一位會使用雙語的人，非常真實而痛苦的經驗。

做為說雙語的人，我（Marianne）過去會非常注意英語的表達，謹慎地使用正確的文法。我甚至注意到和一群德國人在一起時，他們比我還精熟英語。在韓國帶領一個韓國人團體的時候，我發現這種感覺是很普遍的。幾次聚會中，我探究他們在團體中不太說話的原因，幾位成員說他們會在腦海裡先想好要怎麼用英語文法表達，確定沒有犯文法的錯誤。有些人分享他們會在團體外先用英語表達自己的想法，同時練習要怎麼在下一次聚會裡說話。身處在一個都是韓國人的團體裡，成員英語能力的差異，會增高他們要說「很正確」英語的焦慮。探索他們不說話的理由，就能對他們不太參與的情形有了新的了解。

有些時候個案的抗拒只是一時具有調適功能的因應策略，但不會一直做為有效的方法（Teyber & McClure, 2011），團體帶領者可以支持成員們對其抗拒重新架構。如果你可以了解並且真誠地面對他們的抗拒，成員們也會了解及意識到原來早先處理困境的好方法不再是有用的。從 Teyber 和 McClure 的人際觀點，將抗拒簡單地視為只是缺乏動機是不正確的。某部分來說，抗拒是具有治療性的過程，是需要被知道、被討論和被了解的，可以引領在團體中朝建設性的探索。

防衛行為也揭露幾個關於成員們在團體外人際型態的重要線索，Ormont（1988）就連結了抗拒和害怕親密的關聯。防衛可以有很多不同的型態，像是衝突、疏離、不信任或是分心，但是在害怕底下，是期待親密又怕受傷害。若團體帶領者想要討論和了解抗拒的行為，那麼這個團體是會進步的。

雖然處理團體成員對我們的挑戰有時候是很心痛，但是這麼做也常是一個和成員們建立工作關係的好方法。藉由修通和親密有關的害怕，成員們可以開始覺察到那些事情是在阻礙他們的，屆時他們可以在團體裡更加親密。就像 Ormont（1988）提到當成員們發展成熟的親密型態時，會有以下的情形：

- 成員們可以彼此有情緒的連結。
- 說話直接了當。
- 團體裡不會出現隱藏的議題。
- 成員們可以和其他人公開地冒險。
- 情緒感受可以被了解和表達出來。
- 成員們可以經驗到過去的傷痛，並在當下被修通了。

處理困難的行為最有治療性的做法，就是帶領者簡單地描述他對成員們的觀察，並且讓他們知道，他們是怎麼受到所見所聞的影響。這個做法是一種邀請，讓成員們決定要怎麼做，對他們是比較好的。如果帶領者不能重視成員們對於焦慮的防衛，他就真的不會尊重他的成員。例如，Melody 揭露了一些傷痛的事情，突然停住並說她不想再談下去。在回應 Melody 的停頓，帶領者詢問她是什麼事情讓她停下來，而不是催促她繼續處理她的痛楚。Melody 提到她很怕不受別人重視，這時的議題變成是她對團體不信任，而不再是個人的傷痛問題。若帶領者進行這個議題的討論，Melody 就會更公開地談她個人的事情；如果帶領者一開始就催促 Melody 要更開放，就會忽略她猶豫的原因，她就會不說話而更封閉。然而，帶領者若不去探詢她停滯的意義，她或許就封閉了自我探索的管道。

有些時候成員們不願意合作的原因，是因為帶領者的專業能力不足、有攻擊和不會關懷的帶領風格、拙於讓成員進入團體的準備等。帶領者有一個關鍵的任務是要精確地評估這些困難的原因，到底是成員們在擔心害怕還是因為無效能的帶領型態。倘若你能展現了解成員們行為樣態的意願，那麼合作和冒險的情形就會增加。

非自願的成員們可能會在團體裡從頭到尾嘲諷或沉默，這或許讓他們在覺得菲薄的情況中帶來些力量。倘若你以一種負向的方法處理這類不合作的行為，你只是讓這種情況更容易發生。舉例來說，在一個具強制性的青少年團體中，其中一名成員 Dwight 說：「我不想在這裡！」而帶領者很有防衛性的回應：「唉，我也不想在這裡呀！」「嗯，你若不想在這裡，就離開吧！」「我不管你想要幹嘛，你就是待在這兒，我就是要你參加。」「生命是嚴苛的，我們不能總是能如願以償。」這樣的回應不可能讓成員願意探索，也不可能鼓勵他們參與。

不要有防衛的回應，而是用真誠的、肯定的和關懷的面質。以下的對話是一種有效率介入的示範：

帶領者〔用一種非防衛性的語調〕：「所以你不想在這兒，那你知道你為什麼會在這裡嗎？」

Dwight〔聳聳肩膀〕：「是他們叫我來的，我根本不需要這個團體，我沒得選擇。」

帶領者：「我知道要你做一些不想要做的事，是有點困難，跟我說一些關於其他時間人家都叫你做什麼事吧！你覺得那像什麼？」

Dwight：「我不知道那像什麼，我只知道我真的沒得選擇。」

帶領者：「我想我是可以說服你說每個人都有選擇，但那又怎麼樣。我知道事實上其他人和你一樣，對這個團體有相同的感覺。我們可以談一下如何一起處理嗎？」

跟著青少年這種負向的反應是很有必要的，而不是與之抗爭或認為是人格問題。你若能了解一個團體成員的負向反應的動力，並且不防衛的回應，那問題行為的強度會逐漸褪去。若接收到的是負向的不合作行為，你便會覺得是個人被拒絕，因為你不可能對拒絕的傷害有好的感受，所以不要被這種無用的和不領情的感覺牽著走是很重要。

有幾個可以妥善處理 Dwight 的抗拒，這裡提供幾個處遇的說法，可以增加非自願成員願意主動投入的機會：

- 有很多成員跟你一樣有相同的感覺，或許他們可以告訴你，他們的感覺是什麼。
- 你所知道的諮商是像什麼？你之前有參加團體的經驗嗎？
- 你認為你為什麼被叫來呢？
- 你的爸媽是怎麼跟你說，你為什麼要在這裡？
- 要你做一件不想做的事，你會怎麼應付？
- 你想要做什麼呢？你要怎麼辦到呢？

關於抗拒概念的評論

心理治療領域的多位作者對於抗拒的傳統看法，提出不同的見解，並將抗拒重新概念化在治療中的角色。Erving 和 Miriam Polster（1973）引用完形治療圖像（figures）的概念，認為經常出現抗拒的情形，不應單純地視為對治療的阻抗，它可以是一種「掌控艱困世界的創造力量」（p. 52）。他們宣稱「抗拒」的概念是必要且與完形治療是矛盾的（Polster & Polster, 1976）。這個問題和標定抗拒行為有關，因為這樣的行為或特質與個人及其需求是「格格不入的」，如果這個人想要有健康的功能就必須消除。為了避免使用抗拒這個字眼，治療師要避免假定個案的行為是不當的。Polster 聚焦在眼前正在發生的事情，並與個案共同討論，而不是要試著改變個案的行為或等著事情發生。

焦點解決短期治療的先驅，Steve de Shazer（1984）曾寫了 *The Death of Resistance* 一書。他認為個案會有抗拒的想法，是因為個案在抱怨治療沒有進展，而治療師卻逃避任何在治療中所發生事情的責任。de Shazer 假定個案有能力理解他們想要的需求。治療師的責任就是要支持個案發現他們的能力，並且運用在創造滿意的生活。如果這樣的想法能夠接受，那麼治療師對於個案的抗拒就會有比較好的看法。根據 de Shazer 的看法，治療的僵局是因為治療師無法傾聽和不了解他的個案。

和 de Shazer 一樣，Bill O' Hanlon（2003）也將個案的抗拒歸因為治療師的誤解和固著。從 O' Hanlon 的觀點，治療師所謂的「抗拒」常常反映了治療師對個案的善意關心，他的解決導向治療（solution-oriented therapy）挑戰了許多治療師相信個案不願在治療中改變的信念。O' Hanlon 和 Weiner-Davis（2003）邀請治療師們質疑他們自己對個案看法的基本假設，並且記錄他們在治療中所用的語言。他們也對治療師們若不注意抗拒而讓它成為阻礙自我實現的情形提出警告。

在撰寫敘事治療對於抗拒的觀點，Winslade、Crocket 及 Monk（1997）則是強調了治療關係。當治療開始遇到困難時，他們會避免將責任加在個案身上，因為這麼做是在指責他或她在治療關係發生的事情。相反地，Winslade 和同事會很注意他們和個案間的對話，去發現在治療發生困難的可能原因。

動機式的會談可以將抗拒重新架構為一個健康的反應並且強調反映式的傾聽，這對實務工作來說是了解個案主觀世界的好方法，而抗拒做改變也可視為是在治療過程中一種正常和預期的部分。雖然很多人看得到為生活做改變的好處，他們之中多少還是對改變有些顧慮及擔心。尋求治療的人們也常是對改變感到矛盾，他們的動機可能會減弱，在治療過程中悄悄地離開。動機式會談的中心目的是提振個案為個人的目標和價值而做改變的內在動力（Arkowitz & Miller, 2008）。在動機式會談中，治療師要以尊重的觀點看待抗拒並且治療性地處理任何造成個案抗拒的原因。當個案慢慢地改變，或許可以相信他們有令人折服的道理要維持原來的樣子，同樣也有想要改變的理由。

認知和行為取向的團體實務工作者會轉化抗拒的想法，這樣成員們不會被責難。這群團體諮商師會強調一種與團體成員間的治療性伙伴關係，專注於評估然後設計符合成員們需要的處遇計畫，所以訂立的目標是成員們與帶領者都能接受的。藉由如此合作的型態，增加了團體的合作機會。

簡言之，完形治療、焦點解決治療和敘事治療皆以治療的取向，去質疑過去對於抗拒的看法和作法。每一個治療模式將抗拒的現象重新概念化，以鼓勵治療師們能注意在眼前的治療關係脈絡下，正在發生的事。我們試著對成員描述我們所觀察到的情況，而不是建議他們抗拒，同時我們會要求成員思考他們的行為方式，是否幫助或阻礙了他們實現心中想要的。這種取向能顯現對於抗拒的尊重、有興趣和了解，降低成員採取防衛行為的機會。

成員們共同的擔心和焦慮經驗

若團體成員們將擔憂的事放在心裡，那麼所有逃避的類型都會出現。雖然可以勉強成員們討論他們的擔心，你也可以邀請他們去看看或許其他成員們也正經驗相同的事情。一開始就去了解成員們的感受，通常會比催促他們快點克服害怕，或急於向成員保證在團體經驗中不會有擔心的事情發生，來得有幫助。帶領者不可以向成員們保證，在團體裡願意冒險會得到正面成果，而是治療團體適合成員們和別人都有新經驗的最佳場所之一。這樣才能治療陳年的傷痛和對過去及現在關係的害怕。當成員們能將團體當作是一個探索內心害怕的安全地方，他們就學會了向團體中和每天生活的其他人表達他們的擔心之新方法。

在轉換階段，個人和團體會感到高度的焦慮。若成員們願意說出他們焦慮的想法，這些感受可以被探索、完全地被了解。例如，Chrlstie 表達了她心裡的焦慮：「我真的很害怕再走下去，因為我害怕會看到一些事情。」Sunny 則是對別人的眼光更感到焦慮，她說：「我很怕在這裡說一些話，因為有些人看起來像是在品頭論足。」這些情形可能是 Christie 和 Sunny 的部分投射，但是她們願意將感受表達出來，對於團體工作階段要從轉換階段發展到工作階段來說是很重要的。當參與的人愈能信任彼此，他們就會逐漸地分享心事。這樣的開放課題，能夠讓焦慮的團體成員們被其他人所了解。

成員們可能會擔心公開個人的傷痛、講些庸俗陳舊、克服深層的情緒、被誤解、被排斥、不了解狀況等有關。簡單地說明在轉換期階段及接下來的會談中常見的擔心和焦慮，像是和團體成員們分享一些共同的擔心和顧慮，將他們可能會有的感覺一般化，同時努力協助營造一個他們可以表達害怕的安全環境，對成員們是有幫助的。

擔心自我揭露　成員們常會擔心做自我揭露，會覺得在做好準備前他們都被逼著要去公開。運用同理了解的增強，有助於成員在讓其他人認識自己的同時，也可以保留個人的隱私。設想這個狀況：「我無法想像和別人一樣，在這裡以很負面的方式談論我的父母親。」Nicole 說道，「如果我要這樣談論我的父母親，我要先處理羞愧和不忠。」因為帶領者覺察到 Nicole 背負著特別的文化價值觀，並讓她知道，他尊重她的決定。他沒有催促她做一些令她會後悔的事，但是他很鼓勵她去想想要怎麼參與團體，對她是有意義的。因為文化的訓誡和小心地陷入膽怯之間的抗拒，還是有一點微妙的平衡。就像我們在第 5 章所討論的，成員們可以選擇決定要分享什麼和怎麼分享。當他們了解要怎麼告訴別人關於自己的責任時，成員們會降低自我揭露的害怕。

擔心暴露和受傷害　有些成員可能因為要逃避受傷害的感覺，而猶豫要不要完全地參與。對於曾經在日常生活的關係中因為表達個人想法，而被羞辱、攻擊、責備、嘲笑的成員來說，可能會覺得很危險而不敢分享個人的事情。帶領者要幫助成員們表達過去的經驗，同時也邀請他們在團體裡嘗試新的、健康的，而且會有點受傷的體驗是很重要的。譬如 Marisa 之前有個在家裡試著表達感受的負面經驗。她被問到想要從帶領者和其他團體成員得到什麼，才會令她感到安全。其他人稍後再回應她的分享。帶領者要求 Marisa 談談，當她傾聽帶領者和團體成員們的回應時，安全的感覺有多少。在團體中，她學到一旦她的感受被了解和被接納，她的安全感會增加。在這個例子中，帶領者讓 Marisa 在目前的基礎上，分享團體室裡所發生的事情，而不是揭露她在家裡發生的事情，來幫助她克服恐懼感。

擔心被排斥　我們有時候聽到成員們說，他們很勉強地和其他人投入在團體中，是因為擔心被排斥。Stephen 不斷地說他擔心別人會不想和他一起工作。他像是有著銅牆鐵壁保護著，免於被拒絕的痛苦，而且他假想若他真的揭露自己的事情，團體會輪流反對他。帶領者問道：「你願意看一下團體室裡，有誰會真的拒絕你？」Stephen 花了一點時看了團體的 10 名成員，他認為其中有 4 名會拒絕他，另外有 2 名是他不確定的。Stephen 同意繼續下去，並且被問到是否願意用「我怕你會拒絕我，因為……」的句子，對著那些成員說出「他自己的」投射。他也告訴那些看來比較會接納的人，並且解釋他覺得他們不同之處。當 Stephen 完成之後，其他人皆感性地回應他，並且解釋為什麼他會怕他們，或是發現他是難以親近的人。經過這番探索，Stephen 了解到是他創造了一個被拒絕的感受。像這類的活動，如果成員們開始防衛起來而且想要回應時，就要打斷 Stephen 的工作，帶領者這時就必須做處理。很重要的是，成員們也要了解到 Stephen 所講的都是關於他自己，而不是針對他們而來。這麼做同時處理了 Stephen 的投射和被拒絕的想法，也確認是不是有人真的拒絕他。

擔心被誤解或被批評　對有些人來說擔心被誤解或被批評，真的是阻礙他們在團體裡被人了解的難關。這對曾有被不同型式壓迫或歧視經驗的成員來說，是特別困難的。我們常在工作中聽到來自不同文化團體的成員，分享他們被貼標籤或被批評的痛苦經驗。有些成員在一些團體（通常是學校的環境）裡，不論是公開地或是暗地裡地跟人家「不一樣」，而有被嘲笑和差別待遇的早期回憶。對於這些人，帶領者了解和尊重成員們的成長史是相當重要的，同時不要太快地處理，以免又讓他們覺得在團體裡是不一樣的。藉著幫助成員們表達以前被誤解和被批評的痛楚，帶領者可以提供意見，做為探索會有正面成果的冒險方法。

擔心被挑戰或被淘汰　有些成員會擔心被帶領者或其他人挑戰，而在團體裡保持沉默或躲起來。有些人曾經有極為困難的衝突，也許害怕成為團體的焦點。他們可能很投入全有或全無的想法，相信一旦「被點名」時，都會是負面的事情。不論這種擔憂是暫時性的、文化的因素或是生活的經驗，帶領者可以幫助這些抗拒的成員們，去發現參與團體及與其他人共處的方法，而不要被恐懼麻痺了。藉由幫助這些成員們看到他們正在欺騙自己和別人，無形中大大地增進了同理感受，帶領者也許能幫助這些會擔心害怕的成員，試著以行動讓自己被看見。

擔心失去控制　Marin 說她擔心說出一些難過的事情，會覺得很受傷害。當她這麼做，會很焦慮地像要「打開潘朵拉的盒子」。她很詫異，「我能受得了這傷痛嗎？或許最好是讓事情就這麼算了。如果我開始哭了，我可能沒辦法停下來！即使我可能得到團體的支持，當團體結束時我該怎麼辦？」帶領者回應她：「我相信妳曾經獨自一人而且發現那很痛苦，當事情發生時，妳都做了些什麼？」Marin 回答：「我把自己鎖在房間裡，我不會跟任何人說話，我只是哭然後覺得很憂鬱。」帶領者就請 Marin 在團體室裡挑選 2 或 3 位，是她覺得最能了解她痛苦的人，注視他們並告訴他們一些在生命中感到心痛的事情。當她這麼做時，她似乎發現將自己封閉在痛苦及與其他人分享之間的差異，並且體驗到他們的支持。她也開始了解不用獨自處理她的傷痛了，除非她選擇這麼做。她試著去發現在團體裡和生活中，有她需要時可以即時找到的人。

其他的擔心　成員們常表達了許多不同的擔心：

- 我很在乎這些人在團體外是怎麼看我的。
- 我擔心在團體外我會被討論。
- 我擔心我會太依賴這個團體和其他人，以致於不能解決我的問題。
- 我擔心如果我生氣了，我會失控並且傷到一些人。
- 我擔心一旦我公開了，就不能再保密了。
- 要做身體接觸令我很不舒服，而且我怕當我不想去做，還要被期望去接觸和被人碰觸。
- 我擔心我占用團體太多的時間講我的問題，會讓別人感到無聊。
- 我很害怕在這裡我會和別人太親近了，在團體結束後再也見不到他們。

雖然要去除這些害怕是不切實際的，但我們真的相信成員們可以受到鼓勵而去面對和挑戰這些擔心。藉由你這名帶領者的示範，你可以協助營造一個信任的氣氛，成員們可以覺得很自在地考驗他們的擔憂，去區辨真實的和虛構的擔心。如果成員們決定要討論他們的害怕，而且在團體的初期就做了這項決定，創造出良好的信任基礎可以使他們建設性處理個人的和團體的問題。

與控制苦鬥

維持控制的感覺在轉換階段裡，是一項常見的議題。在一些獨特的團體行動，像是責任的分配和做決定的歷程等，成員們大多會焦慮承擔太多或太少的責任。為了可以建設性地處理，成員們必須將這些議題浮上檯面並且好好討論。如果此時此刻的問題被忽略，這個團體將會被隱藏的問題給牽絆住。

帶領者的主要任務是幫助成員們了解他們在和權力苦鬥，或許是一種保護自己免於做深入工作的方法。就像 Heather 說的：「不論我怎麼說怎麼做，看來都不會是對的事情，為什麼我不能用自己的方法來做？」帶領者可以這麼回應：「我並不是在檢視你做對或做錯什麼事，我比較關心是你要怎麼做，可以幫助你達成你自己訂定的目標？我注意到你好像會逃避談到你生活上困難的部分。」另一種處理的方法是可以問 Heather：「在團體裡你要怎麼運用自己的時間？」或是可以說：「多告訴我一些，在團體裡哪些曾經是有幫助的或是沒有的。」

衝突

在團體裡或是日常生活中的衝突對一些人來說，都是很難處理的問題。有一種假設是衝突意味著某些事情根本上就是錯誤的，而且不惜任何代價都要避免。當團體裡發生了衝突，帶領者和成員們有些時候會想要躲避，而不是花時間和必要的精神去處理。然而，包括在團體及所有的關係中，衝突是不可避免的。逃避衝突只會製造更多的問題。

未被探討的衝突，通常會以防衛的行為、間接，以及缺少信任感的方式表達。團體是一個學習有效處理衝突的理想環境，在任何一個階段的發展，特別是在初期的時候，都要很注意衝突的發生同時有效地管理，信任感才會增加。因此，帶領者的基本任務就是要指導成員們以建設性的方法處理衝突。

Jennifer 在一個團體裡凸顯一個衝突：「這裡有人從來沒說過什麼話。」Houston 很防衛地立即回嗆：「並不是每個人都像妳一樣多話。」Leticia 也加入，嘲諷地說：「就是說嘛，Jennifer 妳講太多了，都沒有給我機會分享！」Alejandro 則打圓場說：「我希望你們能不要再爭論了，這對我們沒有什麼幫助。」而帶領者說：「我同意 Alejandro，為什麼我們就不能試著好好相處？」或是「Jennifer，妳是對的。這裡有些人是說得太少了，我希望他們可以像妳一樣能冒點險！」這些沒有效率的處理，反而會增加成員們的防衛。

當帶領者採取探詢曾說過或是還有什麼沒說的潛在動力取向時，衝突一出現就會被建設性的處理，例如：「我同意 Alejandro，我們現在就是在爭論。但是我不希望有人停止討論，因為我們需要知道這個所有的意義。」帶領者轉向 Jennifer，問她：「對這些回應，妳有受到什麼影響嗎？這裡有誰是妳特別想要聽他說的？當別人沒說很多的時候，是怎麼影響著妳的？」

Jennifer 當初防衛的說法通常會被團體圍剿，而團體防衛的回應也是可以理解的。帶領者聚焦在 Jennifer 和團體相處的困難，並試著讓她更具體地了解她是如何受到她認為沉默的人之影響。當她讓大家知道，她害怕大家不說話是在批評她，並且她有興趣知道別人對她的觀感時，這個衝突有了解決的方法。如果 Jennifer 對 Leticia 說了這樣的話：「我注意到妳很安靜，而且我常在想妳對我有什麼想法。我很想聽妳說。」就不會有機會發生衝突。像這樣的說法，Jennifer 會得到較準確的回應，而非懲罰性的言論。重要的是，帶領者不用去截斷衝突的表達，而是催化成員較直接和個人表達之感受和想法。

衝突的發生也有可能是因為沒有注意團體內存在的差異，像是年齡、性別、語言、性取向、社經地位、殘障、民族、種族和教育水準等。帶領者必須覺察到來自不同文化的人們，可能會用不同的方式呈現其衝突，有些事情在某個文化看來是衝突，另一個文化卻認為是很正常的互動。

先不論文化背景，成員們從原生家庭學到一些處世的型態，導致難以有時間處理衝突。有些人的家庭，衝突意味著有人會受傷或是有贏有輸。這些成員或許不曾在健康的關係中學到衝突的處理，Chen 和 Rybak（2004）就強調，來自於有溝通權利的團體成員們，可能很難了解和他們不一樣的世界。例如，George 是一名男性白人，爭論著他不認為自己有任何特別的溝通權利，而且他的生活完全是他努力而來的。George 很堅定地否認有任何特權是和他的種族或性別有關的。有色族群的成員們常表達了挫折感，有時候對那樣的說法感到生氣，說 George（及他這樣的人）要不是欠缺覺察力，就是不願意檢視他自己的特權狀況。許多像這樣的文化衝突的關鍵，是以不批評或責備成員們，催化探索相關議題和情緒的關鍵。這樣的催化需要在團體過程中了解複雜的多元文化議題和經驗。

假設一位團體成員（Maria）來自不同文化，說話有種腔調。如果 Maria 談到她擔心其他人對她特別腔調的反應，而且團體裡有人不太能同理她，她很可能又像過去每天的生活一樣，在團體裡受到傷害。Maria 後來就不太揭露她生命中特別的議題，因為她覺得不安全和不被了解。Chen 和 Rybak（2004）認為：「即使不是有意的，不能敏覺一些有分歧的問題，會阻礙開放和包容的氣氛，導致團體難以運作」（p. 198）。任何的衝突皆源於不能了解和欣賞，必須公開說明成員的差異，如果已經建立起信任的環境，就要趕快處理；如果衝突被忽略，不信任就會跟著出現。

若不能藉由互動來消弭衝突，帶領者需要灌注很大的關心和注意，挑戰成員們去聽聽另一方的經驗，以平衡對立雙方的感覺。這並不是說互動必須謙遜甚至是舒服的；相反地，伴著一定強度和誇張情緒討論分歧的問題，常常可以發生有意義的和真誠的討論。我們的任務不是要讓他們視而不見地往下走，而是去催化成員們，經由交替的拉扯，獲得更大的自我覺察，並從不同的文化脈絡和生活而更了解別人的觀點。

在衝突被了解且以一個健康的方法表達之後，團體的凝聚力通常會增加。說出你所關注的事情，是考驗團體的自由度和信任度的一種方法。在轉換階段，參與者會持續地檢驗這個團體，是不是一個可以公開不同意見，以及即使他們有強烈的情緒，仍然被接納的安全地方。當衝突是建設性地被討論，成員們知道他們的關係是健全的且足以經得起信任的挑戰，也是許多人想要在團體外關係達到的。

面質

如果有人想要更深層和更誠實地檢視自己，願意冒險表達他們心裡所想的事情是有必要的，即使說出來和聽起來會有些困難。我們認為若很少挑戰別人的人，不能成為別人成長的催化劑。此時若出現一種關懷和尊重態度的面質，這樣的處遇常會促進改變。如果是以關心的態度傳達這樣的回饋，對帶領者而言，很重要的是去討論如何面質才是有用的。就像許多健康的關係，團體成員們同樣有必要將面質視為是團體基本過程的一部分。

帶領者有責任指導成員們什麼是面質、什麼不是面質，並且以建設性的方法去挑戰別人。面質不是：(1) 拉下別人；(2) 用負面的回饋來打擊別人然後退避；(3) 懷有敵意以傷害別人為目標；(4) 告訴別人他們錯在哪裡；或 (5) 抨擊別人本來的樣態。善意的面質是用來幫助成員們，能夠為自己做一個誠實的評鑑或是說出更多他們自己的反應。在觀念上，我們是將面質視為一種建設性的回饋——參與者能夠檢視他們的人際風格或生活上的一些層面，以決定是否想要做改變的邀請。

來自不同文化的人要面質別人以及如何對面質做反應，是有很大的差異。在和來自不同文化的個案工作時，記得很重要一點是，「迂迴」可能是某些團體成員的文化價值。如果面質他們的迂迴或是期望他們能改變，對這些團體成員來說，會認為是很無禮的。他們可能會覺得很困窘，而導致他們不想再回到團體來。面質的時機和敏覺成員們的文化背景，是決定面質是否有效的關鍵因素。有相似文化背景的兩個人在面質時，或許較來自不同文化或族群之間的面質，比較不會防衛，因為他們有著一般了解的基礎。舉例來說，相同的批評若是來自一名同性戀成員，會較一位耿直的團體成員不具防衛的感覺。

在我們所工作的團體，我會提供成員們以下合宜和負責的面質原則：

- 成員們和帶領者要知道什麼需要面質。
- 面質不是獨斷的陳述，而是要考量適用在什麼人身上。
- 如果能先告訴他或她會有什麼影響，被面質的人就比較不會防衛，也不會覺得被貼標籤或是被評論、被分析。
- 當他們的焦點是在可以觀察的特定行為，面質會比較有效。
- 面質的目的之一，是要發展與他人更緊密和更真誠的關係。
- 敏感度是有效面質的重要因素，有助於要面質的人想像所說的話會怎麼被接收。
- 這些面質可以問問自己，是否願意做他們要求別人做的事情。
- 在他們被期待針對回饋做反應或照做之前，面質給其他人有機會先對接受的回饋做回應。
- 面質是一個讓個案思考不同觀點的方法。

在團體裡運用面質的品質，也是一項評估團體是否有效的方法。團體愈具有凝聚力，成員和帶領者之間愈敢做挑戰。

為使面質的議題能更具體，讓我們看以下的例子。每項情境的第一個說法，是無效的面質，之後是有效的面質說法。當你閱讀以下的每個句子，想像你就是聽到這些有效和無效面質的人。留意什麼句子是你想要聽到的。對每一種情境你比較會有什麼反應？

無效的：你老是給別人意見，我希望你能將焦點放在自己身上。

有效的：當你要給我意見時，我是很難聽進去。如果你能說說你的經驗，我比較能接受。

無效的：你在團體得不到東西。你只是觀察，不說話。我們只是你有興趣的案例。

有效的：我很想要認識你。我對你在想什麼和感覺有興趣，而且有時候我在想，你看我像是一個有趣的案例。我很想改變我對你的感覺。

無效的：你真是一個恐同症的人，我沒辦法跟你說什麼。

有效的：你把當同性戀的人都類化了，你這麼說，讓我很受傷。我希望能讓你多認識我一點，但是在你面前開放我感到不安也覺得會傷害到我自己。

無效的：你總是在批評。

有效的：和你在一起，我覺得不舒服，因為我擔心你對我的看法。你的意見對我很重要。

無效的：你很不真誠。你總是在笑，而那不是真的。

有效的：我發現很難相信你，因為你常說你在生氣，可是你卻在笑。那樣子很難讓我知道該相信什麼。

無效的：如果我是妳的先生，我會離開妳。妳就是會搞砸任何關係。

有效的：我發現我和妳在一起時我很難開放自己。妳說的很多事情都傷到我，而且我想反擊回去。因為這個理由，我很難和妳有親密的關係。

無效的：我對你的遊戲很累了。

有效的：我很難相信你所說的。而且我想要告訴你，我覺得這樣會困擾我。

每一個無效的句子，都是以一種貶損的方法，在告訴個案他們怎麼了；而在有效的句子裡，成員在面質時陳述了他們對另一位成員的想法和感受，以及對他們的影響。像是「當我受到你的影響時，我所告訴你的都是關於我自己，而不是關於你。」這樣不是用責備他們的方式，成員們可以尊重和相互理解地做面質。

對團體帶領者的挑戰

雖然帶領者在整個過程都會受到挑戰，個人的事情和專業能力常常在轉換階段中被面質。例如，幾位成員可能會抱怨沒有很好的帶領，因此挑戰帶領者的能力。帶領者若認為每個面質都是在攻擊他的技巧或形象，那就錯了。相反地，他需要去檢核成員到底說了什麼，這樣才可以區別什麼是挑戰和攻擊。他要如何回應成員們的面質，也牽動成員們如何放心地在未來接近他。

假設 Oscar 對帶領者說：「我在這裡很無聊，我希望你可以做點事情讓團體變好一點。」不具治療性的回應像是：「我在想，你是不是認為你可以做得比較好？」相反地，治療性的回應比較像是：「多告訴我一點你想要我或想要團體怎麼做。」「多說一點你覺得這個團體少了什麼。」「你可以持續做什麼事情，讓這個團體對你更有意義？」（當 Oscar 能暢所欲言，就已經跨出為自己改變情境的第一步）。帶領者沒有必要很快地照 Oscar 的要求，改變帶團體的方式；但是帶領者應該要傾聽和幫助 Oscar 完整表達不滿之處。帶領者不要為他的無聊而負起所有的責任，而是和 Oscar 一起探討要讓這個團體有意義和活力，彼此的責任是什麼，同時邀請其他人對於剛才所說的事情，表達他們的看法。

雖然挑戰對帶領者未必是舒服的，重要的是要了解這些面質，常常是成員們不想太依賴帶領者的同意而考驗帶領者的第一步。在任何一個階段，帶領者如何掌握對其帶領的挑戰，對團體信任程度的衝擊很深，若他們可以公開地回應和避免開始防衛，帶領者可以是一位很好的角色模範。如果帶領者對於批評過度敏感且有脆弱的自我，他們就很有可能認為這是對其個人的挑戰，而限制了他們的效能。

在這個階段中有許多挑戰在成員們和帶領者看來，是負面的、悲觀的、艱鉅的和不舒服的。然而，唯有團體成員們準備好表達他們的困難，才會有正面和豐富的結果。如果能有效地處理，本章有許多主題都能在團體裡發展出更深的人際關係、增進凝聚力和信任感。

帶領者對於防衛行為的回應

在轉換階段會有很多不同型態的防衛行為，你不只是要學會了解和處理成員們的防衛，更重要的是，也要覺察你自己對成員們表現出這些防衛行為的反應。有些帶領者會傾向於將焦點放在「有問題的人」或是有點棘手的情境，而不在於自己的動力和之前遇到困難對個人的影響。通常，帶領者會有很多類別的感受：認為是對個人帶領角色的挑戰，而感受到威脅；對成員缺乏合作和熱情感到生氣；懷疑自己是不是不夠資格帶團體；對幾位貼上有問題標籤的成員感到怨恨；對緩慢的步調感到焦慮，而激起想要讓團體有些進展。

非自願團體的帶領者較會遇到成員們的不合作行為，在第 11 章裡有一份團體方案供參考，一是由 Paul Jacobson 設計的家庭暴力（domestic violence）的團體，另一個是 Valerie Russell 所設計提供給 6 名性侵犯者的治療團體，都是示範治療師能有療效地要求團體的很好例子。即使有些人是被要求參加團體治療，他們的實務工作模式是運用一些特別的策略，可以減少成員們不合作的情形及證明如何產生最大的積極性治療結果，所以治療師是有很多的選擇以有效處理一堆有問題的行為。

最好的處遇方式之一，就是當你感覺到你有強烈的防衛情緒時，就去處理你對這個情境的情緒和可能的防衛性回應。若你忽略你的反應，你會漸漸地遠離發生在團體裡的互動。再者，你對成員們的回應，是示範如何直接地處理衝突和有問題的情境，而不是置之不理或忍受這些情緒。你自己的想法、感受和觀察，會是你處理防衛行為時最有力的資源。當你分享你對於團體正在發生的事情之感受和想法，無意要貶損而責備或批評成員，你就是在讓成員們體驗和你一起真誠而有建設性的互動。如此建立起的信任，經得起這個階段的考驗。對多數的成員來說，帶領者的率真可以營建一個工作的氣氛。

我們希望你在閱讀下一節時，能將這些處理問題行為和棘手的團體成員的想法放在心裡。雖然可以理解你想要學習如何處理「問題成員」和他們造成的崩裂，但要強調是對事不對人。這樣有助於將多數成員會在某個時間，或在團體進程中出現的問題行為，當作是顯示在保護自我。

問題行為和麻煩的團體成員

有些時候成員們因為問題行為會變得麻煩，部分原因是帶領者。但是，即使最有效能的帶領者在處遇過程中，仍然會因為成員本身、其他成員和帶領者等困難，有可能出現問題的行為。在訂立團體規範以減少問題行為時，帶領者最好能給成員們合理的說明，才不至於發生沒有效能的特別行為。例如，當成員們問到為什麼不能問問題、不能給建議、不能說故事，而應該要有回應時，帶領者的任務是教育成員們能以有效的團體行為投入，才能使團體經驗的獲益達到最大的程度。再者，處理成員們出現的問題行為時，帶領者要留意自己的處遇可以減少這些行為的出現，也可以讓它們逐漸出現。

心理治療團體的基本目的是提供一些人們以一種新的觀感看待自己，並且正確地獲得別人是如何看待他們的機會。為了要催化能洞察和改變，帶領者不能企圖太快地根除麻煩的行為。事實上，帶領者應該要觀察團體，洞察成員們是否就是認為自己或是其他人才是問題的原因，也要發現成員們的行為是想要傳達些什麼訊息。其他成員們和帶領者必須要有耐心和公正，或許防衛的行為也可以有建設性的表達，讓一個有生產力的團體經驗指引成員們不需要堅持過去的行為型態。有了團體提供了安全，成員可以開始冒險和探索更多有效的生活之道。

以下是一些適合帶領者處遇團體成員麻煩行為的有效做法：

- 不要不理睬個案。
- 以不詆毀的方式表達你和某種性格的人相處的困難。
- 避免冤冤相報式的嘲諷。
- 教育成員們團體如何運作。
- 和成員們真誠地相處，過程不要矇蔽。
- 鼓勵成員探索他們的防衛行為，而不是要求他們放棄自我保護的方法。
- 描述成員的行為，避免將成員貼上標籤。
- 採用試探性的方式，不是獨斷地述說個人的觀察和直覺。
- 展露對成員的文化敏感力，避免對個人有刻板印象。
- 注意你自己的反移情之反應。
- 以關心和尊重的態度，挑戰並鼓勵成員們做一些可能會痛苦且困難的事情。
- 不要自衝突中退避，而是找到方法進行探索。
- 不要以過於個人化的方式回應成員。
- 不要提供簡單的解決方法，要催化成員探索問題的原因。
- 不要為了個人的需要，而犧牲個案。

- 邀請團體成員說出他們個人是如何受到其他成員批評、評論、吹毛求疵等問題行為的影響。

在處理麻煩的團體成員時，帶領者內心需覺察個人的權力，並了解成員和帶領者間權力不同的衝擊。在面質成員時，這是相當關鍵的。帶領者也許要問問自己這樣的問題：「當我和這名個案相處的時候，我的想法和感覺是什麼？」「我正在製造問題還是解決問題？」「這名個案讓我想起生命中的誰嗎？」這些問題幫助帶領者檢視和了解他們的反應，是不是有可能造成個案的防衛行為。了解這些行為對每位成員的意義，對於要處理這些會阻礙團體功能的行為時，是很有用的。在團體中，很多人似乎知道要怎麼做是最好的，即使他們開始覺察到正在做的事情對他們是不好的。我們自己必須留意，每個人尋找團體的理由，都是支持他們發現更有效地表達自己和解決與人相處問題的方法。當團體帶領者了解這些問題行為的動力，就會找到能夠治療性地管理並在團體探索這些行為的方法。

緘默和不參與

緘默和不參與（silence and lack of participation）是多數團體帶領者常會遇到的兩種行為。即使緘默看來不會妨礙團體的功能，這個問題卻有可能造成團體及成員的問題。若安靜的成員這麼做沒有被注意，他們的沉默樣態會掩蔽了應該要在團體討論的問題。基本上，成員們是會受到團體中沉默的人影響。

有些沉默的團體成員可能會搪塞說並沒有不想投入，他們是想藉由傾聽和發現別人的問題，得到學習。這些成員也可能會說：「我覺得別人說什麼都比我要說的來得重要。」或是「別人正在說話我不想打斷，所以我等待，到時候我要說的似乎就沒有任何關聯。」團體帶領者需要和成員一起探討緘默的意義。當成員們說他們用口語表達會不太舒服，我們無法得知聚會中發生了什麼事。假如他們對於其他成員的探問都不說，那麼待在團體裡對他們及團體，真的是會有反效果。

團體帶領者要避免一直指名沉默的成員，因為這種方法會減抑了成員開始互動的責任。這也會導致這位沉默成員與團體其他人的反感，和造成帶領者的挫折感。相反地，帶領者可能要盡力包容不同文化團體的成員，這樣他們會覺得可以放心自在地參與團體之中。有很多不想參與行為的可能藉口，像是：

- 表示尊重和等待帶領者的點名。
- 覺得自己沒有什麼東西值得說出來。
- 覺得不應該說太多自己的事，或是不該被看到和不該被聽到。
- 不確定團體過程要怎麼運作，像是害怕不知道什麼適合做評論。
- 害怕團體裡一些特定的人或是團體帶領者的權威。
- 保護不受帶領者或其他人的壓制。
- 擔心被拒絕。
- 團體內缺乏信任。
- 對團體成員們或帶領者有氣憤的情緒未表達出來。
- 擔心不能保密。
- 感覺上自己比不上其他成員。

很重要的是，成員們不會因為他們的緘默受到責罰，反而是要邀請他們參與，像是以表達關心的方式來處理，而不要批評他們的沉默。帶領者可以運用一些創造性的做法，來幫助安靜的成員們分享自己的事情，像是探詢成員們是不是有其他表達自我的管道，如藝術、詩作或音樂等，都是很有幫助的做法。不是只有針對安靜的成員，而是所有的成員們都可以想想，盒子的外面可以開啟很多有創造性的參與方法。

另一個鼓勵安靜的成員們參與的方法，就是注意他們對其他人說話時的非語言反應。你可以就你所觀察到的情形做評論，同時運用這個方法把他們帶進來。舉例來說，如果 Nora 正談到與會虐待她的母親相處的經驗時，你注意到一位「安靜」的成員掉下眼淚或專注傾聽，你可以說：「我注意到你似乎被剛才說的事情感動。你願意告訴 Nora，她是怎麼觸動你的嗎？」

帶領者和成員們常常過度依賴語言的互動，而疏忽了來自不同文化背景的個案，可能以非語言溝通傳達豐富的訊息。並非所有成員們的參與是一樣的，有些成員們還需要一點時間以建立信任感。了解成員們的文化規範，可以弄明白他們不以語言互動的原因。當帶領一個有不同族群的團體，諮商師必須認識和了解成員們是如何以語言和非語言的方法，讓大家認識他們。

邀請成員們探詢他們沉默的意義，經常是有用的方法。例如，他們在團體外也是這樣嗎？他們在團體裡的感覺如何？他們渴望成為更口語化的積極參與者嗎？團體其他成員也可以加入這個討論，因為團體成員們一般都會對沉默的成員有回應。他們可能對那個人了解太少而覺得被欺騙，或是他們可能擔心這個人正在觀察他們冒險做的自我揭露。如果有幾位成員在團體裡真的不多話，那些積極的成員可能因為信任的問題，變得不太揭露。

在團體聚會要結束時，常會進行檢核的活動，來催化少數安靜的成員參與互動。讓比較安靜的成員們分享他們如何經驗這個團體，是比較不具威脅的方法。同樣重要的是，也要教導沒有分享的成員們知道，團體其他人對於在聚會中說話太少的人，是會有很多投射的想法。帶領者可以要成員們簽一份契約書，願意參與聚會，和團體分享他們在那一天對聚會的感想。他們也被問到，在聚會結束時，他們在團體裡的樣子。帶領者可以問問他們，如果可以的話，他們想要從團體得到什麼。若他們指出有些時候是他想要參與，但是時間過得很快而沒有機會，他們可以被邀請簽一份契約，下次團體聚會時，第一個做分享。

獨占行為

另一個極端的參與情形，藉獨占團體的活動表現出高度的自我中心；然而，緘默和獨占行為（monopolistic behavior）可能有相同的動機。獨占的成員常常要求其他人一起參與，卻一開始就搶人家的話，鉅細靡遺地詳述他或她自己的生活故事。這樣的人阻礙其他人在團體分享的時間。很多人有時候會假想一個好的團體成員，就會說很多話。帶領者需要幫助這些成員探索他們行為的可能動力是什麼，例如講很多話可能是因為焦慮、不想被輕忽、想要保持對團體的控制、有特別溝通權利的團體一分子，習於利用機會而要別人聽他講話。結果都是他說了很多，揭露自己的部分卻很少。

在團體的開始階段，成員和帶領者可能會因為有人先打開話匣子而鬆一口氣，而且沒有人會去打斷這個人在舞臺中心的位置。然而，過了一段時間，帶領者和成員們會開始覺得很挫折。當聚會持續著，團體漸漸對獨占的人失去耐心，除非這種厭煩的感覺可以早點處理，否則他們可能會用爆炸性的方法紓解。

從倫理和實務的理由，都有必要和緩地挑戰獨占的成員去檢視這樣的行為對團體的影響。倫理的實務是帶領者掌握處遇的技巧以阻止漫談。在成員出現挫折和敵意之前，帶領者就要有所處遇。帶領者可以參考以下的做法：

- 「Tanya，妳似乎投入很多，而且我注意到妳也提出很多問題。我有些跟不上妳的困難，我不知道妳想要告訴我們的是什麼。請妳用一句話告訴我們，妳想要我們聽什麼？」
- 「Tanya，妳說了很多。我想知道妳是否願意在這團體室裡繞一圈，在不同的人面前完成以下的句子：『我最想要你聽我說的是……』，和其他可能未完成的句子可以有豐富的討論，像是『如果我不說……』、『如果我讓別人說……』、『我有很多話要說是因為……』、『當別人沒有聽我說說，我覺得……』、『我要你聽我說話是因為……』」

請 Tanya 在團體內繞個圈子，對著每個人完成上述未完成句子。重要的是，並不是仔細地描述或解釋，而是要她說出心中浮現的第一個想法。最好能指示成員在這過程中都不要有回應。透過這樣的活動，我們常發現重要的訊息可以幫助每個人領悟到獨占行為的意義。

假設在帶領者還沒對 Tanya 的行為有回應之前，另一位成員 Vance 用有敵意的態度面質她：「妳為什麼不停下來做個改變？妳有沒有想過這裡面只有妳在說話？」一位有經驗的帶領者的處遇是：「Vance，我看到你很挫折，而且我注意到你剛才說話的方式，可能沒辦法達到你想要的。你可以不批評地對 Tanya 說你是如何受到她的一些影響？或許那樣可以幫你分享剛才所說的感受和想法。」

就好像我們也會有出現防衛的反應，我們可以用簡單的干擾方法打斷 Tanya 的行為，或者我們可以視其行為是一種防衛，並且鼓勵她去探究她的防衛。如果她一開始是受到其他成員感動，卻因為她太努力而不能融入於團體中。像是揭露自己太多的事情、給別人建議、和許多人聊很多、對過去的事情講得很詳細。大部分的行為可以傳達一個訊息：「請注意並且喜歡我」。在她的心裡，很期待也希望被認為她是一位積極的參與者，所以才會這麼做。在開始檢視自己的困難時候，她透露了很難與人相處的議題。她知道她沒什麼朋友，當她覺得很混亂時，這些人常被她煩死了。帶領者用誠懇和敏銳的態度面質 Tanya，可以幫助她了解她所做的是在阻礙她和人們親近。她或許會發現是在她小時候，她常常被忽略而且沒有人會聽她說。她或許發覺到若不多說一點，她會被人忽略。然而，不論是在團體內或團體外，她熟悉的行為方式卻不能讓她得到想要的。這個團體經驗提供她去發現可以滿足她想要的可能方法。

帶領者要有對人有興趣的感覺來接近像 Tanya 一樣的麻煩成員。帶領者的內在對話可能像這樣：「為什麼 Tanya 這麼努力想要讓我注意到她，而我對她卻沒有感覺？她是怎麼了，讓團體的所有人對她這麼生氣？重複在團體裡有問題的行為，對她在團體外好嗎？」你若覺得她是一個很煩的人，你就不能有效地和 Tanya 相處。相反地，探究她行為的脈絡，或許能對她的生命有些想法。要不就問問你自己：「我是不是做了什麼事造成她的困擾，讓她跟團體不一樣。」

有些時候學生的代表會提到不喜歡團體裡有一位特別的成員（像是 Tanya）因為這個人是有問題的。我們會盡力的以比較能接受的立場，幫助他們修正這種態度，因為有些成員們會故意用一些方式，不讓別人喜愛的。會這麼做的成員們，常常也是受傷最深的。身為團體的帶領者，儘管一開始時他們的反應是什麼，我們需要找到可以幫助有麻煩的成員能從團體中獲益的方法。如果我們可以看到這些有麻煩的人承受傷痛的病癥，而不是看這個人的性格，我們對這位成員比較會有耐心和有效地處理。很多時候我們最麻煩的成員們，會成為我們的瑰寶。

說故事

自我揭露（self-disclosure）常被團體成員誤認，以為是要將自己過去和現在的生活講得很詳細。如果被面質他們的故事過度詳細，他們可能會生氣而持續孤注一擲地揭露自己。在教導團體的歷程中，帶領者需要去辨別說故事（storytelling）和揭露的不同。前者只是無盡地談自己和別人的事；後者則是談自己此刻的想法或感受。帶領者須考慮像是以下的問題：「這個故事有助於我比較了解這位成員，或是它移轉了我的傾聽和了解她的問題？」「這個故事給了我一些訊息是可以幫助成員達成他的目標？」

在團體的開始階段中，有些人可能會說他自己的故事，是因為大家對團體很陌生，常常需要聽聽別人分享過去的事情或分享他自己的過去，這樣在團體裡會比較安適些。然而，一旦說故事的行為成為常態（不論是對團體或是個人），帶領者就要去了解並且處理這個問題。舉個例子，如果 Vincent 鉅細靡遺地講了一個關於被他的老闆修理的故事，我們就要想到將焦點放在他的感受是什麼，而不是在他的故事細節。我們可以這種方式來介入：「這種情況是怎麼影響你的？對你來說，和她的緊張關係像什麼？你說你老闆的事情，似乎比你自己的還多？ Vincent，你就多告訴我們一些你的事吧！」團體帶領者的工作是要教導成員們用個人化和具體的方法表達他們自己，暗示他們少講些無關的故事，這個部分需要帶領者積極的介入，或許可以這麼說：「如果我讓你用一句話去說明你剛才說的那些，你會怎麼說？」Vincent 說得那麼仔細的故事，可以很簡單地說：「我很生氣她這樣對我！」

做為帶領者，我們需要能區別對成員們是具療養和有意義的故事，跟會有反效果的故事，這樣可以幫助成員們關注於個人而不失分享的意涵。

質問

團體裡另一種反效果的行為型式，是一些成員會發展出一種像是在審訊他人的質問方式（questioning），毫無幫助地在不恰當的時間出現干擾。帶領者可以教導習慣質問別人的成員去看看這樣的行為，對於他和其他人普遍是沒有什麼幫助的。質問別人可能是一種在團體裡保持安全和不用被注意的躲藏方法。同樣是在指向其他人，而不是他們自己。比較好的處理方式是告訴成員們，這樣的質問像是在指揮大家去想事情而避開此刻經驗到的感受。

與其只是重複地說：「要用直說的，不要問問題。」帶領者可以教育成員們有關於質問的功能及質問是如何干擾到個人的歷程。質問的問題可以是相當犀利而把別人推到焦點，關於他或她自己的事情，卻一點也沒揭露出來，而我們常會邀請提問的個案，是什麼事情讓他或她想要這麼問。例如 Miriam 詢問另位成員為什麼他如此安靜，帶領者可以鼓勵她在提問之前，說出在心裡所想的事情。Miriam 可能會告訴帶領者：「我注意到 Joel

很少說話，而且我對他有興趣，也很想多了解他一點。」像這樣的說法，Miriam 揭露她的質問並不是要使 Joel 成為焦點的想法，運用個人化的說法比較不會像質問那樣引起防衛。

由於質問不會說出故事的全貌，我們通常會請成員們把話說得更仔細。我們可以說：「什麼原因讓你這樣問……？」「你想要知道什麼？」「你現在覺察到什麼事情讓你想要問那個問題？」或「你要導入的話題是什麼？」以下是在質問裡隱含了一些可能訊息的例子：

- 「你幾歲呀？」(「我年紀比你大多了，不知道你能不能了解我。」)
- 「為什麼你要把 Shirley 弄哭？」(「我不相信你做的事，而且我不想像她那樣對你開放。」)
- 「為什麼你要催人家這麼急？」(「我嚇到了，而且我不知道要怎麼走下去。」)
- 「你為什麼要笑？」(「我不認為你是認真地參加團體。」)
- 「你對我有什麼看法？」(「我喜歡你也尊重你，而且你的看法對我很重要。」)
- 「為什麼不離開妳的先生？」(「我關心妳還有妳的痛苦，我想知道妳留下來的理由。」)
- 「為什麼你們總是批評你們的爸媽？」(「我也是為人父母，我想知道我的孩子會怎麼批評我。」)

當團體裡的互動出現了質問的情形，最有效的做法就是要適時地、適當地和靈巧地教導成員們如何用直述句而不要用質問的方式做分享。

給建議

給建議（giving advice）是一項和質問有關的問題行為。就是給其他成員意見或看法，甚至告訴他們的感覺應該是什麼、應該怎麼做或不該怎麼做。我們常會邀請成員們分享他們對特別的問題是怎麼度過，而不是給其他人解決問題的建議。給建議不見得都是直接的，像是「我想你應該要做的是……」。所給的建議也許很用心：「妳不應該覺得有罪惡感，妳父母決定離婚是他們的決定，並不是因為妳的關係。」雖然這是對的，關鍵是這名年輕的女性就是覺得有罪惡感，並相信若不是因為她，她的爸媽仍然在一起。建議這位女性不必有罪惡感，未必是最好的做法，她自己會去解決這樣的感覺。而告訴她不要覺得罪惡感的那位男性，可以從覺察要去除罪惡感的動機當中得到成長。要怎麼對他說？在這個時候焦點要轉到這個給建議的人，同時探究這樣建議的意義是什麼。

有些時候提供的建議可能是粗略的。Nisha 曾考慮離開她的先生和兩個十幾歲的女兒，她想要一個人生活，但是覺得有些罪惡感。Robin 就說：「Nisha，妳有權利做妳想要做的，妳當主要照顧者已經 9 年了。為什麼不讓他也做做看？」這類型的行為勾起很多關於 Robin 的問題，像是她的價值觀和可能未解決的問題是什麼？為什麼她覺得有必要直接告訴 Nisha？ Robin 可以多談一點她自己的事，而不是告訴 Nisha 要怎麼做才好嗎？這時團體的焦點可能在 Robin 想要給其他人解決的建議上。Robin 或許從給人的建議學到一些事情，然而她也需要學習對她有幫助的，未必適合其他人。

給建議會干擾對想法和感受的表達，而增加了依賴性。如果 Nisha 有充分的時間好好地表達她的衝突，她就比較可以為自己做決定。基本上，告訴她一堆建議未必能讓她發現自己的方法，反而使她愈來愈依賴其他人的指導，即使這些建議是有幫助且合宜的，長期下來並不能教導 Nisha 在遇到新的問題時，能發現自己的解決方法，對多數成員來說，與其提供現成的解決方法，不如讓他們分享其內心的掙扎來得有幫助。

成員和帶領者雙方都要有技巧地幫助其他人對於想要改變的行動，能有自己的洞察。當然，帶領者可以提供成員們解決困難的資料和想法；然而，成員們若一開始被問到他們在解決困境時的想法，會是最有力和不會有依賴性的方法。將焦點放在歷程上，而不是只有強調特定的結果，帶領者可以幫助成員們檢視他們決定的後果，以及什麼結果是對生活最好的。例如，倘若一位團體成員苦思於是否要在他的工作環境裡，坦露自己是一名同性戀者，我們做為帶領者的工作不是要去催促他做一個決定，也不是給他一帖良方，而是這位成員要為以後的生活做決定。為了要幫助成員們學習如何解決問題，帶領者可能會問：「什麼是你曾經做過比較好的建議或不曾做過的？」「你會給自己什麼建議呢？」這些問題特別適合來自於認為給建議是與人建立正面關係的文化成員。

身為團體帶領者，你必須清楚團體設計和催化的目標與目的為何。最基本的是，在篩選和定向的會面時，你就要告訴那些未來成員，你的團體目的是什麼。有些心理教育性團體特別設立來提供資料和輔導，以指導學習特別的技能。很多時候，大家參加團體的目的是為了得到解決問題的建議。這些團體成員會將你視為是專家，主要的工作就是要提供意見和特別的知識給他們。和這些尋求建議的成員們討論他們的期待，同時讓他們知道，必要時你會提供的。

依賴

有些團體成員非常依賴地尋求帶領者及其他成員指導和照顧他們。有時候是帶領者造成成員的依賴（dependency）。有些帶領者有被想要或被需要的強烈欲求，當參與者依賴他們時，就覺得自己很重要。這是一個帶領者為了想要滿足個人心理需求，而干擾團體治療效果的例子。帶領者還可能有不同的理由，來和成員發展依賴的同盟關係，像是：

- 帶領者可以從成員們的出席情形獲得獎賞。
- 團體可能要滿足帶領者社交生活的需要。
- 有些帶領者有種想要成為父母的感覺，來指導別人的生活。
- 帶領者依賴他們的團體做為被讚賞和認同的唯一來源。
- 帶領者嘗試藉由團體來修通他們自己未解決的衝突。

這些例子顯示帶領者個人有時是無法與團體中的一些問題行為做分割。帶領者和成員間的行為是相互影響的。

依賴的行為未必都是有問題的。有些在這個文化下會認為是過度的依賴行為，而在另一個文化下會認為是合宜的行為規範。有時要從文化的觀點來確定它的功能。就像尋求和給建議一樣，成員的文化背景是要被考慮的。

提供矯情的支持

就像質問和給建議的情形，需要了解成員給了不恰當的支持其背後的意義是什麼。通常這樣的人不太能承受自己的痛楚，也難與有傷痛的人同席而坐，當別人正在表達傷痛經驗時就試圖打斷，他們不能理解傷痛經驗的分享會帶來強大的療癒力量。例如 Stanley 終於可以感覺到他的悲傷來自於他和兒子間的距離，當說到他是多麼想要成為一名好父親時哭了。在 Stanley 還未能表達他的感受之前，Randy 將手放在他的肩膀上，並試著向他保證他不是一位差勁的父親，因為他至少還和孩子住在一起。Randy 也許是想要讓 Stanley 覺得好過一些，是因為他自己想要感覺舒服點。成員們會試圖避開痛苦情緒的經驗，常常是因為他們自己面對這些情緒也是不舒服的；然而，這麼做反而截斷了 Stanley 最後表達封鎖在心裡悲傷的機會。

提供矯情的支持（offering pseudosupport）與真誠的關心、照護和同理心的行為，是很不一樣的。對於正在經驗痛苦的人來說，出現真正的關懷，是非常重要的。有些時候，最好是讓他們能經驗深處的痛楚；最終目的，是在他們有機會經驗痛苦之後得到支持，而且更豐富了他們的經驗。對於無法安適於目睹或親身經驗痛苦的人有項重要的課題，帶領者需要明白地陳述這樣的課題，要邁向療癒的第一步就是要釋放悲痛。

身體碰觸的動機是很關鍵的，和成員們討論身體碰觸的好壞，將有助於了解怎樣碰觸是支持或干擾成員的過程。究竟成員是想要表達「我不忍心見你身陷痛苦中，我想要你停下來」？或是想要說「我知道這對你是很艱苦，而且我想讓你知道我是支持你的」？我們也很訝異，在痛苦中的人常常會精確地提取身體接觸的訊息，像是有些曾遭遇性騷擾或性侵的成員，對於沒有得到他們允許就進行身體碰觸的活動，可能會感到威脅。但是，也沒有一體適用的規則可以說明在團體裡如何進行身體的活動。身體接觸是一項複雜的議題，但是未必要禁制。我們曾經見過許多在團體裡因為進行成員之間或成員與帶領者間的身體活動，而發生了非常有力和療癒的時刻。

敵意

在團體裡，敵意（hostility）是很難處理的，因為它通常是間接的。敵意的型式可以是挖苦、戲謔、嘲諷和其他被動攻擊的手法。成員們會用缺席、遲到、明顯的冷淡、離開團體、過度的客氣禮貌、眼睛轉來轉去像是覺得無聊或煩躁等方式，表達他們的忿恨。極端敵意的人是不適合參加團體的，因為他們會破壞團體的氣氛。這些人不會讓自己受傷，如果有機會，他們會揶揄或貶抑別人。如果敵意的行為沒有在團體內被面質，那會約束團體成員和牽制團體的歷程。我們曾見過一些情況是敵意的成員如此有權勢，以致於其他成員們不想去挑戰他，也就讓他或她一直控制這個團體。

處理敵意的方法之一，是請個案先不要回應地傾聽團體其他人的聲音，聽聽看他們是如何受到他或她的影響。這裡可以運用先前介紹的面質技巧，請他們可以描述他們在團體裡的感受，或是他們想要個案做不一樣的事情，屆時就可以了解那名有敵意的個案在團體裡想要什麼。敵意的行為可能是因為害怕親密或是因為受到傷害而沒有能力。如果在敵意之下的害怕可以浮現出來並且處理，敵意就會降低。

例如 Karl 在團體裡和 Sana 的關係很好，卻突然間稱她是「有控制癖的人」。在 Sana 有機會表達她的驚訝、受傷害和憤怒之前，Karl 告訴她，他看到了妻子的身影，令他困擾的，那不是真的她。 Karl 試著要收回剛才說的話，然而 Sana 已經被受傷害的情緒給震住了。在理性的層面，Sana 能了解他是將情緒轉移到她身上；不過在情緒的層面，她受到傷害了且開始不信任他，Sana 需要一點情緒回復的時間。最後，Karl 也知道他是真的對她的人格有一些負面的感受，而不只是因為他的妻子。但是當看到她那麼強烈的反應，他想要很快地退避。

成長於家人間以負向行為做為吸引注意的人，在團體中也會重複以負向行為的動力來回應帶領者和成員們。我們和一名成員（Kara）工作時，只要她覺得受到一點點的傷害，便會受到她猛烈的批評、敵意和嘲諷。Kara 的嘲諷是她與別人溝通時所戴的面具，假裝「我才不在乎你」。然而比較真誠的訊息是：「我非常在乎，而且我很怕你們傷害我」。處理這類的行為是很耗費精力的，而且讓帶領者對這樣的敵意感到挫折和生氣。藉著和成員們一起了解敵意在團體裡和在家庭史所扮演的功能，「有敵意」的成員會比較不那麼防衛。就像我們大多數的防衛表現，敵意築了一道城牆保護著我們，如果一開始能檢視我們所以要用這樣的行為，就比較容易能選擇替代的和較為健康的自我保護方法。

優越感

有些團體成員會展現出優越感（acting superior）。他們可能是獨占的、找到可以評論或批評其他人的行為，而沒能發現他們生活上被壓抑的問題。他們的態度和行為傾向對於團體的影響，和敵意是相似的。成員們會因為擔心在完美形象的人面前暴露缺點，而躊躇不敢參與團體的活動。就以 Stu 為例，他說：「我的問題是不能跟你比啦，我覺得很難過，你有這樣麻煩的小孩，而且我覺得幸運的是，我的父母真的喜歡我。」Stu 是想要分享說：「我過去也有像妳一樣的問題，但是我現在沒有了。」他會得罪其他人，因為像是以下這樣的評論：「我可以了解你的問題，因為我曾經像你一樣。」

你可以詢問 Stu 想要從團體裡得到什麼來挑戰他的評論。參考這個可行的處理方法：「你正在和團體裡的人比誰的問題較嚴重，那麼你想要從團體得到什麼呢？你來團體是為了什麼？就你所聽到的，對你自己的影響是什麼？那些人被你惹惱了的感覺如何？」這樣的處遇降低了壓迫 Stu 準備否認問題存在的機會；相反地，提供他一些空間去談談他在團體裡是如何受到影響。若是以爭論的語氣討論，只會導致沒有結果和挫折的辯解。比較有建設性的做法，是聚焦在 Stu 持續來團體的理由。

有個方法是可以請團體成員們回應 Stu，讓他知道他的行為是如何影響他們的。然而，重要的是，成員們在談自己的感受時是沒有批評的。問問 Stu 是否願意聽聽別人是如何受到他的行為影響的回饋，並且小心地調節這些回饋。如果 Stu 是可以接受回饋的，在此同時，帶領者便可以這麼說：「或許 Stu 現在有很多可以去想想了，就讓我們的焦點回到我們彼此身上吧！」同樣重要的是，不要讓 Stu 成為代罪羔羊及堅持認為他是有問題的。

社會化

在一些特定團體裡，成員隨著團體發展出社會化（socialization）的行為，甚至在團體外也會被鼓勵這麼做。當成員們在團體階段之外有聚會，可以提升團體的凝聚力。他們可以延伸自團體所學的到非正式的聚會中。這樣的聚會同樣可以用來挑戰成員實現他們的計畫和承諾。對於有些人，像是老人的住院病患團體，這樣的聚會是他們唯一的支持網絡。團體帶領者應該要和成員們做公開的討論，有關於這些團體外的關係也可以是資源；當社交關係已經形成，卻沒有妥善管理團體內的動力，也會有很多的問題。

一些團體外的關係會是有問題並且阻礙團體的凝聚力，特別是當成員們形成了次團體，並且在團體進行中不願分享他們在談的事情時。其他社會化的反效果特徵，包括形成結黨並排斥某些成員的加入、發展出不願在團體裡分享的浪漫關係、因為害怕破壞友誼而拒絕在團體裡彼此挑戰，以及非常獨占地依賴團體是唯一的社交生活。

當團體階段外的聚會型式阻礙了團體的進展時，團體就有必要公開地檢視這個問題。你可以詢問成員們是否真誠地承諾，要讓團體發展能有效地運作。你可以幫助他們看看在團體外形成結黨和協議的不良後果，並且會妨礙團體的發展。

理智化

我們大部分的人都仰賴思考，而且沒有什麼事情是不運用到理智的能力。然而，當理智化的行為是用來阻斷情緒經驗的防衛時，個案的生活及在團體裡的功能，就可能有問題。在團體過程中部分認知性質的工作是有必要的，但是應該能與成員們的情緒感受統合在一起。當團體成員非常平淡地討論情緒沉重的主題，就像是進行很理性的主題，可以說他們是很理智化（intellectualizing）。為使團體的效果加倍，最好是融合有認知的及情感的工作。

理智化的人需要覺察他們正在做什麼。你可以問那些非常依賴理性的成員們一個問題：「大部分的時間裡所做的事情，都是你想要的嗎？有什麼事是你想要改變的嗎？」有些經驗性的技巧（借自完形治療和心理劇）可以幫助這些團體成員們，能更直接地經驗和他們所談的有關事情。可以引導個案透過在此時此刻的角色扮演，再次經驗事件。

團體帶領者要做的是避免很快地做判斷，和貼上「抽離情緒」、「冷淡」或病態的人際型態的標籤。可能是因為文化的因素，許多人偏重認知思考較公開顯露情緒來得適當，幫助成員們了解什麼時候會使用這類類型的溝通型態，什麼時候不會，獲益是很多的，而且幫助成員為他們的防衛做調整，比要他們完全放棄這些因應的機制是容易多了。

重要的一點，這類型的溝通有其優點，不和理智化的人溝通是不對的。雖然這樣的溝通型不見得能有助於他們的人際關係，但或許和一個人的性別或職業有關。男性個案比較會有理智化的溝通型態，這是有性別社會化的結果。例如，Miguel了解到他很難用理智與妻子溝通相處，他承認除了理性之外應該要多一點感情。很重要的是，要幫助Miguel了解他是持續在運用理智，並且幫助他探究這樣做是為了什麼，不這麼做會怎麼樣。如果你是以改善他的溝通型態為目標來接近Miguel，而不是要他放棄他的風格，他會比較大方地修改他的學習型態，並且會想要加強他的行為。

成員們變成帶領者的助理

另一個成員會有優越感而和團體疏遠的情況，是自己和帶領者結盟。這些成員發展出一種問問題、提供資料、試著提供建議、注意個人和團體的動力等像是帶領者助理的人際型態，來免於受到傷害。他們的焦點移轉到其他人身上，會做一些就像是諮商員角色的處遇工作，而不是在團體裡他們是如何受到影響。如果成員不去調整這樣的角色，就失去原本來參加團體處理個人問題的機會。可以藉由探詢他們這麼做的目的，和評估這樣的行為最終是否能達成目的來幫助他們。這樣的問題行為是需要去處理的，因為它會招致其他成員的反感，並且阻礙團體發展的進程。

了解這樣的行為可能是一種防衛，帶領者可以敏感地阻止，並指出這類成員藉著關注別人而沒有注意到自己，妨礙他們自己自團體中受惠。他們參與團體就是要探究他們關心的話題，如果他們這樣不斷地僭越帶領者的功能，就會看不見這樣的目標。雖然他們是很有誠意要幫助其他人，卻不能幫助他們自己。要注意的是，這些成員不能因為這樣的互動方式受到報復或排斥；相反地，要他們看看這些行為的可能動機是什麼。他們必須確定這樣的團體經驗是否就是他們想要追尋的目標。

治療性地處理防衛行為

有很多處遇策略可以催化去挑戰成員而不是與他們爭鬥。以下的對話或許能幫助成員們不再抗拒，而能完全地投入。首先，有些特別躊躇或困難的例子，我們都會有一些評論以做說明。隨後的幾個簡單的回應常常能幫助個案走下去。當然，並非所有的回應對每位成員都是相同的。

Randy：我不知道。

- 假裝你知道。如果你真的知道，你會怎麼說？
- 你知道什麼？
- 當你看著我或認真看團體室裡的其他人，你覺察到了什麼？
- 說出浮現在腦海的第一件事。

Henry〔在角色扮演中〕：我不知道要跟我爸爸說什麼。

- 現在是開始的好機會，告訴他。
- 如果現在是告訴他的最後機會，你想要告訴他什麼？
- 如果你是你的爸爸，你會想要說什麼？如果你是你的爸爸，你會害怕說什麼？
- 告訴你的爸爸，是什麼原因阻礙你跟他說話。

Carol：我很努力想要說些很適切的話。

- 就說出妳馬上想到的第一件事情。
- 大聲地練習吧！
- 如果妳說錯話了，妳擔心會發生什麼事？

Hamel：我不想要在這裡。

- 哪裡是你比較想要去的？
- 是什麼事情讓你不想待在這裡？
- 是誰或什麼事情讓你來這裡的？
- 如果你今天真的不想要來，是什麼原因，你還是來了？

Victoria〔在一段深層的工作後〕：我不想要再成為被注意的焦點。

- 什麼事情或誰，是妳想要躲避的？
- 走到幾個人面前，然後完成這個句子：「我想要躲開你，是因為……」
- 多說點妳的感覺。

Fran：我怕這個我不能多說。

- 你可以說說是什麼讓你停下來？
- 如果你說了些什麼，你會擔心發生什麼事情？
- 如果你不想要談，你想會發生什麼事情？
- 怎麼做會讓你覺得在這裡是安全的？
- 我希望你可以多說一點你的擔心。

幾位成員：在咖啡廳裡談自己的事情比在這裡談要容易得多。

- 試著在心裡形成一個小圈圈。想像一下你正在咖啡廳裡，你和其他人正在說什麼？
- 跟幾位成員說至少兩件你在這裡有困難的事情。〔可以請個案完成幾個可行的未完成句子，如「我發現在這裡很難和你說話，是因為……」「我很擔心要說話，因為……」和「當我停下討論時，我大部分會覺察到……」〕

Joel：團體裡有人生氣，我很不舒服。

- 對著那些你看到正在生氣的人，告訴他們你是如何受到他們的影響。
- 當有人生氣時，你的生活中發生了什麼事？〔可以請個案完成幾個可行的未完成句子，如「我擔心這樣的生氣，是因為……」「當你對我生氣，我……」「我擔心我發脾氣，因為……」「當我看到有人生氣時，我想要……」〕

Sophia〔又再說故事〕：但是你們不懂。所以我需要仔細地告訴你們全部，這樣你們就會了解我。

- 饒了我吧，當妳說得那麼仔細，我很難聽得懂。用一句話，妳最想要我聽到的是什麼？
- 在團體裡覺得沒有被了解，感覺像什麼？
- 發現有人不想要聽妳的故事，感覺像什麼？
- 這個故事和妳生活中正面臨的問題，有什麼關聯？
- 有什麼重要原因需要傾聽妳的故事？

Connie：我覺得我的問題很微不足道。

- 這裡有誰的問題是更重要的？
- 如果妳不要和其他人比較你的問題，妳自己想要告訴我們什麼事？
- 聽完這些所有的問題，妳是怎麼受到影響的？
- 告訴我們一個妳的小問題吧！

Angel〔在團體裡和別人正有親密感〕：我擔心這個親密感，因為我知道它不會維持下去。

- 妳過去做了什麼能和別人有親密感？
- 告訴一些人要和他們維持親密，妳會害怕什麼？

- 告訴我們在這裡而不是在妳的生活中，妳可以怎麼得到親密感？
- 如果有人和妳親近，那比較會像什麼？妳覺得無法和人保持親密的一件事情是什麼？
- 如果沒有事情能為妳改變，有這個可能嗎？告訴我們，把自己孤立的好處是什麼？

Kyle〔常常是沉默的〕：我不認為我需要老是被討論到。從觀察中我學到很多。

- 告訴我們你觀察到的事情。
- 你滿意保持沉默嗎？或是你想要改變？
- 什麼事情是你難以說出口的？
- 你願意選出你所觀察的兩個人，並且告訴他們是如何影響你的？
- 我有興趣想要知道你會說什麼，而且我很想聽你說。當你在觀察和靜靜地打量我時，我會覺得不舒服。我比較想要能將你對我的看法含括在結論裡，希望你可以公開。
- 當你不願談你自己，大家就會對你有些投射，而且你有可能被誤解了。

Brad〔比較會給意見的人〕：我認為你應該停止責備自己，因為你是一位完美的人。

- 就這幾週以來你所觀察的，給每個人一句重要的建議。
- 當你給別人意見時，你是否想起了某個人？
- 當你的意見被拒絕時，你還好嗎？
- 是什麼誘發你想要給別人意見？
- 一般人對於你提供意見是怎麼反應的？
- 你可以接受別人的意見嗎？都是有幫助的嗎？

這些回應的建議，大部分是帶領者鼓勵成員們多說一些，而不要抗拒的一開始就停住了。這些都是開放式問題，而且是以一種邀請的語氣。這些處理的做法都是源於成員提供的線索，可以設計提供個案繼續不被卡住的方向。

處理團體的退縮

我們已經聚焦在如何治療性地處理個人的防衛行為，不過有時候整個團體出現一些行為，使團體幾乎無法達到一個有生產力的工作程度。在本節中，我們（Marianne 和 Jerry）會描述我們的一個案例經驗。這個案例是要說明一個團體可能會發生整個團體做了不再工作的決定，和表現出沒有意願處理幾個隱瞞議題的狀況。我們也從不同的層面，描述這些隱瞞的議題對個人及對整個團體的影響。

在一個我們為團體諮商師所做的訓練工作坊中，是不可能會做個別的篩選。在篩選的場所中，我們提供給所有有興趣的人一封很詳細的信，內容是對工作坊的描述以及略述我們對成員們的期待。我們在第一個階段中不斷地重複這個訊息，而且參與者也有機會提出問題。對我們特別關鍵的是，他們了解要開始很有個性地投入，同時在不同聚會要扮演成員與協同帶領者的角色。整個團體分成兩組共進行 8 次。每 2 小時的團體聚會，我們就交換督導。有些學員對這樣的改變提出了問題，他們說他們被限制了，因為同一位督導並不是持續待在他們的團體中。

第一組由一群有準備和積極地彼此挑選為成員所組成。相反地，第二組主要是由一位留在座位上的成員所號召的，他說：「我就在這裡，任何人想要加入我的團體，都可以過來。」過了幾週之後，兩組之間有一些有趣的差異。第二組很明顯的是彼此不願做有意義的互動。他們之中許多人抱怨不知道他們要有個性地參與團體的歷程。他們說原本期待能觀察我們如何帶團體，學習有關團體的事情，而不是要積極地投入。雖然有一些成員準備要自我揭露，其他人則是拒絕分享並且很少有互動，最後導致所有成員們不想透露的感覺增加了。

在第二組的參與者們很明顯地感覺到很多事情他們沒有揭露出來。他們之中有些人說很喜歡團體時間，然而他們是不太參與且感到無聊的人。在休息時間，成員談論到聚會裡的困難經驗，但是他們不會帶進團體裡討論。有兩位成員在聚會結束時有個未解決的衝突，並且決定要在休息時間做澄清，但是結果卻沒有告知團體。直到督導探索之下，成員們終於了解他們很專注和關心的這兩個人，其實之前就有了衝突。督導試著再指導說明次團體的發生，會阻礙團體的信任。

第二組的幾位女性常會用刺耳的語氣面質一位男性成員。當一位督導問他，這樣的面質他是如何受到影響，他很快地回答說他很好。然而，在幾次聚會之後，他向團體的每個人傾吐（包括督導），並讓他們知道他之前是很生氣之後，就聲明準備要離開了。團體裡又是一種躊躇的氣氛，而且成員們的互動是非常試探性的。

第二組成員們會很不高興和第一組做比較，有次兩組在一起時，第二組的人表示他們對第一組的深度和親密感到嫉妒。

之後到最後一天，第二組的信任程度降到最低。成員們出現很大的抗拒，不想要有個性化和與其他人互動。督導之一（Jerry）再次請他們回應彼此的信任度，並且評估目標達成的情形，然後告訴他們：「這個工作坊快要結束。如果今天就結束了，對你而言好嗎？如果你不滿意，你看到有什麼是你可以改變情況的？」第二組的成員們第一次決定要一起用午餐。團體聚會按時程表排定準時在 1 點鐘開始，但是成員們回來的時間已是 1:30，嘻嘻鬧鬧地慢慢進入團體室，很顯然地心情都很好。他們讓督導知道他們在午餐時候感覺很棒，而且比在團體室裡舒服和更有凝聚力。

當我們開始討論這個團體動力發生了什麼事，督導（Marianne）面質他們：「你們說在午餐時談得很愉快，也覺得彼此很親密。你們也說當進入這個房間，覺得很悶。你們認為有什麼不同嗎？」當然，最明顯不同的是督導的出現。當他們開始做開放，他們開始抨擊兩位督導。他們認為我們要求太多了，期待他們同時要有個性化和學術性，要求他們有好表現和苛求他們是有問題的（即使他們真的沒有）。他們堅持說我們之前對他們的期待不夠明確。我傾聽他們的牢騷和不滿，當那充滿敵意對著我，試著不要防衛是不容易的。我真的了解這是一個棘手的工作坊，真的對他們很嚴苛，但是我沒有為我的標準做道歉。

最後，在團體中他們承認他們很嫉妒另一組的人有親密感，他們試著在午餐時候也複製這樣的親密感。於是我又再次挑戰他們，就如 Jerry 在午餐前說的，去回應並開始用口語說出迴盪在內心及不想彼此分享的話。

在最後一次的聚會，成員們終於嘗試要更真誠些。他們認真地接受我們的挑戰，並且提出他們在工作坊裡行為的想法。他們願意為在團體中的個人表現負起責任，也不再責備。因為他們願意說出他們心裡的話，所以他們在最後聚會完成許多工作。他們學習到一個經驗，是他們在這週大部分時間不曾表達的，而且是讓他們不能有個具生產力的團體；然而他們或我們都不認為團體是失敗的，因為他們了解自己的行為是怎麼阻撓他們進展成為一個團體，大部分的人發現是他們採取風險較低的方法，抑制了團體的信任程度。因為他們最後是願意誠實地討論在團體的參與情形，他們學到一些關於他們自己和團體過程的重要課題。

之後在追蹤的回饋中，許多第二組的成員寫道從不會提起在所有聚會中的反應，在那時他們選擇去表達之後，我們相當肯定他們經驗到是一個團體了，而且他們個人的經驗也會很不同。做為督導，我們經驗到和一個隱瞞很多個人議題的團體工作，是多麼耗費精力的。我們的經驗已經告訴我們，要坦誠面對任何事情、將隱含的議題帶入團體討論，最重要的是不要放棄。身為帶領者，需要很小心地不要身陷於我們的挫折感和煩惱中。那不是針對我們，而是要如何持續催化一個團體發展更深的信任感。即使這組在開始時候並未有凝聚力，成員們願意與我們走過這個歷程，讓他們學到體會了個人以及在轉換階段中的阻礙，這樣的僵局是如何地耗盡他們的精力的重要課題，而開始成為一個有凝聚力的工作團體。

處理移情與反移情

如同我們曾經強調的，在帶領團體時有必要認清個人的未解決問題會加深成員的問題行為。這之間相互影響的是移情和反移情。**移情**（transference）是個案將情感投射在諮商師身上，這些情感經常是個案過去與他人關係的經驗有關。當這樣的情感歸因於團體帶領者時，情感的深度較多是與成員生活中未解決的問題有關，較少是因為當前情況而發生。**反移情**（countertransference）則是諮商師將他自己未解決的衝突投射在個案身上，若帶領者沒有好好處理這種反移情，將會對成員們造成傷害。與其試圖要消除反移情，帶領者不如以一種建設性和治療性的方法來面對它。心理動力取向的團體實務者，就會了解移情和反移情的動力特質，將這些基本概念運用於團體接下來的工作上。

一個團體的脈絡中可能有許多不同的情感轉移。成員們可能不止對帶領者也對團體其他成員投射。依據團體的性質，成員們可能發現有些人引發了他們對過去或現在生活中重要他人的一些情感聯想。同樣地，依據團體目的，這些情感可以具生產力地探討，所以成員們開始覺察，他們是如何在現在的關係中堅持這些過時的功能型態。團體本身提供一個理想的場所，去覺察心理上易受傷害的特定型態。成員們可以領悟到，他們未解決的衝突，製造了一些特定型態的功能失調行為。藉由聚焦在團體階段中發生的事情，團體提供動力去了解大家在團體外情境的運作情形是如何。

團體成員們將他們生活史及先前的經驗帶進團體來。來自不同文化團體的成員，有些會因為個人的信念而干擾與團體的其他成員、帶領者的連結或信任的能力。例如，有一位男性確認自己是一名同性戀者，可能曾被無數的異性戀社群批評和拒絕的經驗，也因此可能很早就做了異性戀的成員們不會接納他的定論。治療團體的好處之一，是成員們可以探討過去的經驗如何使他們疲於現在的互動中。

當團體成員們出現非常努力地要讓催化者拒絕他們時，具有治療性的幫助是去探究這樣自我貶抑行為的可能收穫是什麼。成員們發展出對帶領者和其成員的移情反應，可以顯現出對移情對象的深刻情感。在治療情境中處理得當，成員們可以經驗到和表達出對團體裡其他人的感受和反應，同時發現他們是如何將團體外的情境投射到團體來。當這些感受能夠很有結果地在團體中討論，成員們常常比較能夠合適地表達他們的反應。

對於團體帶領者而言，有必要去設想個人的反移情有可能成為團體裡出現困境的原因。帶領者會將自己的問題和未竟事務投射在「麻煩的成員們」身上。此外，當成員們面質其權威和能力時，有些帶領者會不了解他們的權力和特權而覺得很無力。如果帶領者是不願意處理他們個人的議題，他們怎麼期待成員們能夠為改變而冒必要的險呢？當你的回應是很有情緒性的，可能是被你所帶領的團體誘發時，去檢視那個你認為成員們是麻煩的反應。要記得，以為你的個案只是要惹惱你，通常是沒有幫助的。問問自己以下的問題：

- 我要怎麼回應成員們不同型態的移情？
- 什麼樣的移情會讓我有反移情？
- 我是用個人的方法處理成員們的防衛嗎？
- 我有責備自己的技巧不夠嗎？
- 我和個案在爭辯看到的問題嗎？

・我這樣回應個案的問題行為，是增加還是降低部分成員們的防衛？

身為一位團體帶領者，必須決定要如何處理成員們對你的移情的反應。這個解決通常是複雜的，並且要看關係發展的環境而定。不要太快地低估成員們對你反應只是移情。要有意願去探討成員們因為你之前的處理而有真誠回應的可能性。不要沒有批判地相信團體成員告訴你的事情，特別是在最初的時候。要小心太快接受團體成員的一些不切實際的歸因。另方面，要避免過度地批評和低估真誠的正向回饋。所有的成員視帶領者是個能幫助和有智慧的人，不會有「移情症」。成員們可以感覺到真誠的情感並尊敬團體帶領者。由於同樣的原因，成員們開始對你生氣，並非意味著將他們對父母的生氣投射在你的身上。他們可能真的覺得很生氣，是因為你表現出的行為，而對你個人有很大的負向情緒反應。鼓起你的勇氣，就你所知道的，有可能是你強烈地對待個案，收到理所當然的回應。然而，通常成員們對待你的方式，就好像你在他們的生活中是一個顯著的形象，而且你得到的回應比你想要的還多。特別是因為他們很少與你接觸，而有成員對你展露了深層的情感時。簡單地說，成員直接對團體帶領者的所有情感，不應該被「分析」為移情，而是為了個案好而去「修通」。一個運用在我們自己身上很有用的指導原則，是如果我們聽到一個型態一致的回饋，那麼我們會嚴肅地檢查其正在告訴我們什麼事。當我們了解這個回饋的效度後，我們的行為就會做些改變。

知名的完形治療師 Erving Polster（1995）認為不該用移情現象的字眼，因為他相信移情的概念會有去個人化（depersonalizing）的效果。Polster 如此強調個案和治療師真實接觸的經驗：「這個接觸的經驗是由說話、反應、建議、笑、實驗每件事情所組成，都是真實的發生。然而，增加這個接觸性投入的力量，是個抽象的元素，以情感轉移的型態呈現。」（p. 190）對於 Polster 來說，聚焦於移情會使帶領者離開此時此刻的關係，低估了正在發生治療性的會心（encounter）。除此之外，當治療師對一些特定事件做解釋時，他們可能犯了不相信個案對事件有個人經驗的錯誤。因此，移情的概念可能弱化了連結。

同時考慮成員們基於現實的反應以及移情的抽象元素是很重要的。即使你強烈地懷疑移情的感受，你都有可能低估了這個人，就好像你說：

「你對我有移情的反應，這不是我的問題，那是你的問題。」比較不防衛的反應是：「多跟我說一些，我是怎麼影響你的。」這樣的處遇引出更多的訊息，是有關團體成員如何發展出對你回應的型態。做此回應的時機是很關鍵的，而且在給建議和解釋行為之前，探詢成員們的反應是很重要的。

當你表達了個人的回應後，你就會了解這個人對於你的行為確實有些真實的看法，像是說：「我想你有一個重點。我是很專注，而沒有注意到你想跟我說話。」或者，如果你不太認識這個人，而且他或她對你立刻有強烈的回應，你可以說：「我很訝異你對我的回應，我想是否讓你想起生命中的某個人？」然而，你或許不想做最後的陳述，除非你曾探討這名個案對你的回應。

當團體成員發現你是一個移情的目標，可以有很好的治療工作。你可以運用一個象徵性的角色，讓這個人跟你對話，同時處理未完成的事務。此外，你和這個人可以交換角色做為探討感受和洞察的方法。假設有位成員 Paul 開始覺察到他對你所做的，很像是在對他的父親。在角色扮演中他將你當作是他的父親在說話，他說：「在你的生活中，我感覺不到重要性。你太忙了，從來沒有時間陪我。不管我做了什麼，對你永遠是不夠的。我就是不知道要如何得到你的讚賞。」因為你不知道 Paul 的父親和他的關係如何，你可以請 Paul 扮演他父親的角色，想像他可能會怎麼回應。在 Paul 幾次的交換角色之後，你對他與父親之間的糾葛將會有比較清楚的感覺。運用這個資訊，你可以幫助他去修通他和父親及他和你之間未解決的問題。經由這個治療工作的過程，Paul 或許能了解你就是你，不是困擾他的父親。他可能也覺察到他和父親說話的方式，以及他是如何將對父親的情緒情感轉移到生活中的其他人。

以下有一些移情的問題是如何被處理的說明。重要的因素是：(1) 這些情緒是被注意到和表達出來的，及 (2) 能夠以治療性的方法被詮釋和探索。詮釋移情是闡述團體成員內在心靈生活一條路（Wolitzsky, 2011b）。可以一起合作來詮釋，以幫助成員們能了解他們的生命及擴展他們的意識層面。詮釋的時機很重要，成員們會排斥團體帶領者給不合時宜的詮釋，帶領者需要利用大家的回應，做為測度是否準備好要對成員做詮釋。

要怎麼好好處理對成員的情緒，是一個帶領者需要小心處理的議題。即使在心理分析的慣例中，治療師就花了很多年在做分析，以了解及解決阻礙的地方，反移情就是一個可能的問題，需要妥善處理。它可以成為新手團體帶領者的大問題，是因為有些人被這個專業吸引著，在某種程度上，他們想像一位助人者是備受尊敬、被需要、被讚賞、看起來像專家一樣，甚至被寵愛。或許他們在日常生活中，從來沒有像在幫助別人時一樣地感到被接納和自信。這樣的帶領者就可能是利用團體來滿足他的需求。

帶領者的反移情反應是不可避免的，因為我們都會有一些未解決的衝突、個人的創傷和潛意識的「好感」，很容易地干擾我們的專業工作（Curtis & Hirsch, 2011; Hayes, Gelso, & Hummel, 2011; Wolitkzy, 2011a）。在學習如何有效處理移情和反移情的反應，你自己的督導是重要的因素。你的盲點很容易地妨礙你處理成員們出現各種麻煩行為的能力，或是當你處理成員們的傷痛時，浮現出你過去的創傷。不間斷的督導將使你為自己的反應負責，在此同時也避免讓你完全承擔特定成員該負的責任。在遇到困難的時候，和你的協同帶領者會面討論你是如何受到特定成員的影響，是一個了解別人觀點的好方法。要了解成員們的移情及有效地處理你自己的反移情，自知之明是基本的工具。帶領者處理工作上的反移情，Hayes、Gelso 及 Hummel（2011）建議以下原則：

- 避免衝動同時學習如何運用反移情的反應於治療工作。
- 和個案建立合宜的界限，讓反移情的反應可以有效地被管理。
- 參加個別的治療和臨床上的督導是有助於了解你內在的反應，可能會影響治療的過程。

要知道並不是所有你對成員們的情緒，都可以被歸類為反移情。你可能要留意在這個誤解之下，應該保持客觀且公平地關心所有的成員。對於不同團體的不同個案之誇大和持續的情緒，顯示出現了反移情。你可以比較喜歡某些成員們，然而你的所有成員們，都一樣有機會被你尊重和喜歡。重要的是，你要認清你自己的情緒是怎麼來的，若只是要避免情緒上的糾纏，那會是反治療的。

權力的議題和反移情的了解有關。當團體成員們拱起帶領者的專家程度、完美的人或是苛求的父母，成員們就在拋棄他們的力量。一位對個案的福祉感興趣而能自我覺察的治療師，不會鼓勵成員們處在較差的位置。沒有安全感的帶領者讓個案處在較低位階，為了有勝任和權力的感覺，傾向讓團體成員們保持軟弱。

我們不想傳達藉由工作來滿足個人的一些需求是一種不恰當的印象。我們並沒有建議你不該覺得有力量的。事實上，如果你沒有藉由工作來滿足個人的需求，我們認為你是處在失去熱情的危險中。但是很關鍵的是，你不能剝削成員們做為滿足自己的方法，這個問題發生在你將個人需求放在第一位，或是你對團體成員的需求不敏感時。

反移情的情緒很容易發生浪漫的或性的領域中，特別是當一名有魅力的團體成員很明顯地對團體帶領者有興趣時。團體帶領者在確立專業角色之前，可能不覺得自己很有吸引力，現在他們會這麼做，如此依賴團體成員做這樣的回饋是有點危險。藉由訓練，你或許有機會和督導去探究你對吸引力的感受或是對特定成員的厭惡。如果你正獨立帶領團體，並且開始覺察有個型態可能是反移情的問題，你應該要向其他治療師諮詢，去處理這些問題。

轉換階段的協同帶領者議題

就你所見的，轉換階段是團體發展中的一個關鍵時期。團體是往更好或更糟的方向發展，就看衝突和抗拒是如何被處理。若你和一位協同帶領者一起工作，你可以有效地運用聚會前後的時間，聚焦在你自己對於在團體裡所發生事情的反應。以下是此時會發生在帶領者之間的一些問題：

對一個帶領者的負面反應 如果成員們直接對一位帶領者挑戰或是表達負面的反應，很重要的是要避免站在你的協同帶領者這邊去攻擊個案，或是勾結成員們去對抗這位協同帶領者。相反地，不要防衛地（同時儘可能客觀地），以催化建設性的探索這個情境，來繼續你的帶領工作。你可以請那位有意見的成員，直接和你的協同帶領者對話。你可以請你的協同帶領者說說他或她學到了什麼，以及他或她是如何受到影響的。

對兩位帶領者的挑戰 假設有幾位成員直接批評你和協同帶領者說：「你們這些帶領者期待我們在這裡要有個性，可是我們不知道任何關於你們的個性。你們應該要好好談談你們的問題，就像你們期待我們做的那樣。」若你們其中之一是採取防衛的回應，而另一位則是願意處理成員們的面質，就會很難處理情況。理想的情況是兩位帶領者都能客觀地討論這個面質。如果沒有，這確定是兩位協同帶領者要在團體外的會談或是在接受督導時要討論的重要問題。所有的困難都不應該保留到兩位協同帶領者私下做討論。儘可能地，在團體聚會中所發生的事件，都應該是由整個團體共同討論。

問題行為的處理　我們討論你和協同帶領者會遇到的各種麻煩成員，是想要告誡協同帶領者，會有傾向拖延甚至未曾討論成員們的作為與不作為，對身為帶領者的影響。只是想要找出「治療」這些有問題成員的策略，卻忽略你自己對這樣有問題行為的個人回應，這是錯誤的。

反移情的處理　期望一位帶領者能夠公平有效地對待每一位成員，是不切實際的。有時候沒有效能的原因，是因為帶領者反移情的反應。例如，一位男性帶領者可能對團體裡的一名女性，有強烈和非理性的負向反應。可能是他在這名成員身上看到前妻的影子，他自己因為離婚未解決的問題，而用一種非治療性的方法面對她。當這個情境發生時，協同帶領者可以為成員和這位沒有效能的帶領者進行治療性的處遇。同儕間可以在聚會間進行處遇，並且和另一位帶領者在團體聚會外彼此討論這些反移情的反應。協同帶領者彼此願意公開和誠實，藉由相互面質的過程，就會有正向的影響。

重點摘要

轉換階段的特徵

團體發展過程中的轉換階段最明顯的特徵，就是焦慮的情緒及不同型式的防衛行為。

- 成員們會關心當他們提升了自我覺察，別人會怎麼想，是接納還是拒絕他們。
- 成員們會考驗帶領者和其他成員，以了解這個環境是否安全。
- 成員們在想要安全地參與和想要冒險投入之間徘徊。
- 控制和權力的議題有可能浮現，或是有成員在團體中會感到和別人有衝突。
- 成員們會觀察協同帶領者，以決定他們是否值得信任。
- 成員們學習如何表達自己的心聲，同時別人也要傾聽。

成員的功能

在這個時刻，成員們的核心角色就是發現和處理不同型態的抗拒。

- 成員們發現和表達任何固執的反

應；未明說的情緒可能會形成一個不信任的氣氛。

- 成員們尊重他們的防衛，但是要處理它。
- 成員們從依賴逐漸能獨立。
- 成員們學習如何以建設性的方法去面質別人，他們不需以防衛的姿態去面對。
- 成員們面對及處理團體正在發生的事。
- 成員們能修通衝突，而不是保持沉默或在聚會外形成小團體。

帶領者的功能

在此階段中，帶領者面臨最主要的挑戰，是提供一個安全的環境和清楚的界限。以一個敏感的和及時的態度處遇團體，則是另一項挑戰。主要的任務是為成員們提供必要的鼓勵挑戰，去面對和解決蔓延在團體中的衝突和負面的反應，以及源於焦慮的防衛行為。為達成這項挑戰，帶領者有以下的任務：

- 教導成員們發現和完全處理衝突情境的價值。
- 支持成員們發現自己的防衛樣態。
- 教導成員們尊重焦慮和防衛的行為，同時以自我保護的態度，建設性地處理。
- 提供成員們一個學習典範，以直接及機智地處理不論是私人或專業上的任何挑戰。
- 避免對成員們貼標籤，學習如何了解特定的問題行為。
- 支持成員們成為一位可以相互依靠和獨立的人。
- 鼓勵成員們對於團體聚會當下所發生的相關事件做回應。

練習活動

團體成員自我評量表

這份評量表主要是幫功成員評量他們在團體中的行為，但是帶領者也可以在這個時候運用這份評量表，了解你的優點和缺點在哪裡。如果你沒有團體的經驗，可以試著以你在課堂裡的行為做為評量。這個活動可以幫助你了解自己是否是一位有活力的團體成員。如果你辨識出特定問題範圍，就可以決定在團體裡處理它們。

在每個人都完成評量後，班級可以分成幾個小組，每個人可以和他所熟悉的人在一起。小組的成員們也要評估彼此的評量。在以下的自我陳述的句子，以 1 到 5 做自我評量：

5 ＝這對我總是真的

4 ＝這對我常是真的

3 ＝這對我有時是真的

2＝這對我很少是真的

1＝這對我從來不是真的

________1. 我能夠信任團體中的其他人。

________2. 在團體情境中，其他人試著信任我。

________3. 我會揭露私人的和有意義的訊息。

________4. 我願意形成特定的目標和契約。

________5. 我真誠地積極參與，而不是一位觀察者。

________6. 我願意開放地表達我的情感，並對團體內發生的事情做回應。

________7. 我積極地傾聽並且能夠覺察別人的訴說，而不只是聽內容。

________8. 對團體壓力我不會讓步，即使說一些話或做一些事，對我都不適合。

________9. 我能夠直接和真誠地給予他人回饋，而且我能開放地接受他人對我行為的回饋。

________10. 我準備好在團體裡，思考我想要的經驗是什麼，而且願意達成我的目標。

________11. 我避免獨占團體時間。

________12. 我避免像說故事一樣，描述我所經驗的事。

________13. 我避免質疑他人，相反地，我會用直接的敘述和他們互動。

________14. 我能夠在適當的時機給予他人支持，而不是假意的關心。

________15. 我能夠以直接和關懷的態度面質他人，讓他們知道我是如何受他們的影響。

探索問題

以下許多的活動很適合小團體互動與討論。從團體帶領者的有利位置，探討這些問題：

1. **處理成員們的擔心。**參考以下成員們可能會說的話：

- 「我怕在團體裡看起來像個呆子。」

- 「我最大的擔心就是其他成員會拒絕我。」
- 「我害怕注視我自己，因為如果我這麼做，會發現自己是很空洞的。」
- 「我不想讓其他人知道真正的我，因為我從來沒這麼做過。」

對任何一種說法，你會怎麼回應呢？你能想到處理當成員說出這些害怕的方法嗎？

2. **與「打安全牌」的成員工作。**想像你正在帶一個停留在「打安全牌」的階段，似乎沒什麼進展的團體。成員們的揭露是很表面的，只想冒一點小險，而且出現不同的抗拒。你會怎麼處理這個情境？你可以想像帶領這個團體的感覺是什麼嗎？
3. **衝突的面質。**假設你所帶領的團體出現許多的衝突。當你向團體成員們指出這個情形，並且鼓勵他們去處理時，大部分的成員會告訴你，他們沒看到有任何衝突的樣子，因為「事情是改變不了的」。你的反應會是什麼呢？團體想要避開面對衝突，你會怎麼處理呢？
4. **對帶領者的挑戰。**在一個你是協同帶領者的團體中，有幾位成員挑戰你的能力。基本上，他們給你的訊息是你不夠專業，而且他們喜歡另一位帶領者。你可以想像在那樣的情境中，你的感覺是什麼嗎？你會怎麼想或說什麼？
5. **沉默成員的處理。** Betty 是團體中較少說話的成員，即使是一直被鼓勵著。以下有關帶領者的處遇，你的回應是什麼？
   - 忽略她。
   - 詢問團體的其他人，對於她沉默的反應。
   - 提醒她有關契約的內容，提醒她有參與的責任。
   - 詢問她是有什麼事情干擾。
   - 常常試著點名她發言。

   你比較會採取那種做法呢？
6. **質問者的再引導。**Larry 有一特質就是會問團體成員一堆問題。你注意到這樣的質問會讓成員們分心，並且干擾情感的抒發，你會對他說些什麼呢？
7. **面質愛說故事的成員。**Jessica 有個習慣是當她要講一件事情，連故事細節都會說得很詳細。她的焦點通常在她生活周遭的其他人身上，很少提到他們是如何影響著她。終於有位成員對她說：「我和妳相處真的有困擾，當妳一直那麼仔細講別人的事情，我覺得很無聊和沒耐心。我想多聽到關於妳的事，而不是別人的事情。」Jessica 回應著：「那的確也困擾著我，我覺得講一些我生活上的事情，是有一點危險。現在，我不想多說些什麼了！」在這個時候，你會怎麼處理？

8. **辨識反移情**。就你所知，在什麼情況下，你比較會經驗到反移情？若你發現因為你私人的議題正嚴重地干擾你的客觀性，你會怎麼做？
9. **和成員的敵意對話**。想像你曾和一群中學孩子們面談，他們的父母親多在監禁中，成員們彼此以及與你建立了很強烈的連結。幾位成員公開他們曾經歷的傷痛回憶，但有一名成員跟其他成員槓起來，在某些成員講話時，他就用種族辱罵和批評同性戀的話抨擊著。另一名成員說：「蠢斃了，我不會再來這個團體了。」組一個小組來討論以下的問題：
   - 你看到哪些團體動力正在發生？
   - 這些問題行為的背後，隱含了哪些動機？
   - 你會怎麼回應成員的種族辱罵及對同性戀者的批評？成員不想再來了，你的處理方法是什麼？
   - 在團體裡，你會怎麼運作？
10. **評估你所經驗的團體**。若你因為團體課程而正在參與一個經驗性的團體，將是一個檢視團體在轉換階段特徵的好機會。評估你自己參與團體的程度，如果有任何的改變，你會想要成為團體成員之一嗎？就團體來說，花一些時間探索下列的問題：抗拒是如何在團體中被處理的？在這樣的氛圍下，信任的情形如何？若出現衝突，是如何處理，以及對團體過程的影響是什麼？還有其他隱含的議題要討論嗎？你學到哪些可以使團體有效能，或讓團體互動有效率的方法？

問題討論

在教室內的小組中，選擇一題或幾題進行討論：

- 你對於抗拒的概念了解多少？你認為還有哪些不同的概念是可以解釋一些常被認為是抗拒的情形？
- 成員的哪些行為會讓你覺得難以處理或是帶領者的挑戰？為什麼？你如何看待成員這樣似乎會影響你帶領團體的行為？
- 若有位成員保持沉默，你會怎麼處理？成員們不想參與團體的可能因素有哪些？
- 若有位成員對你的生活感到興趣，你會怎麼說或是怎麼做呢？你會怎麼處理這種潛藏的反移情呢？
- 你如何以一種關心的而且不會讓成員們更防衛的方法來挑戰他們？
- 在面質一名成員之前，有哪些文化面向是你需要考慮的？

Chapter 8

第八章

團體的工作階段

在幾個月前你剛帶完一個以家庭暴力之男性施暴者為主的團體，在最後一次團體聚會結時，有位成員提及在家裡曾被吊起來施暴嚴重受虐的經驗，鉅細靡遺地描述有一次他酗酒的父親差點殺了母親的傷痛往事。當成員述說著他的故事同時，其他成員們似乎也經歷此場風暴，有些人忍著淚水，有些人則是激動顫抖著。有位很少參與發言的成員說道：「太沉重了，我實在很難聽下去。」這位成員回應他說：「提起這件事非常痛苦，我從來不對其他人談這件事，很感謝你們都能聽我說，幫助我說出來。」另位成員則回應他很有勇氣說出小時候被虐待的事情。

對這位揭開個人受虐故事的成員，你會說些什麼？你會對其他成員的反應說什麼嗎？當幾個跡象同時出現時，你要怎麼決定哪些情緒反應出現是該去注意的？你會怎麼將成員們的家暴行為連結到他們在兒時所受的傷害？若有位成員提出質問：「為什麼我們要談這些痛苦的經驗？」你會怎麼回應呢？若你兒時的一些傷痛的經驗被喚起，你會怎麼處理這個情形？

導論

工作階段的特徵是成員們會開始承諾把他們的重要問題，帶到聚會中探索，藉由他們的投入讓團體產生動力。相較於初始階段及轉換階段，此時團體的進展，已較不需結構或處遇。在工作階段的參與者已經知道如何讓他們自己參與團體的互動而不需等待邀請。

當成員們已經認定他們在工作中的角色，他們在團體工作時會扮演更關鍵的指導角色，這並不意謂成員們會變成協同帶領者，而是成員們已有更好的準備開始工作，將自己投入他人的工作，無須等待帶領者點名他發言，且能自然地對他人提供回饋。

並沒有一條明確的界線劃分團體的各階段。事實上，各階段之間的重疊是很有可能的，尤其是在轉換階段到工作階段之間。例如團體中 Vance 說：「我想要說一些事情，可是我擔心有些人可能會取笑我。」如果 Vance 停在這裡且拒絕再說更多，他的行為可能就是在轉換階段。但如果他決定更往前一步，他可能會發現他原先擔心會笑他的人，可能實際上是支持他的決定。Vance 願意表達更多他的擔心，他可能已完成了一個具有生產力的工作。

許多團體可能從未達成真正的工作階段，但關鍵性的工作可能會出現在團體的任何階段，而不只限於工作階段。即使是團體卡住了、捲入衝突或成員們過度焦慮或躊躇不前，仍有許多的功課可以學習。因為成員們未發展出足夠的信任、凝聚或連貫性，一些團體可能無法達到工作階段。團體參與者們不願意處理內在隱藏的議題，拒絕與顯而易見的衝突一起工作，或是焦慮和害怕而無法創造團體內的風氣與凝聚力，以容許更多具生產力的工作而停下腳步。另外像是時間限制或是每次聚會的成員變動，也都可能是團體無法達到工作階段的原因。團體要達到工作階段不可或缺的，是成員們願意承諾去面對及克服團體過程中的阻礙或干擾。

當團體進入工作階段，並未意味所有成員都是最佳狀態，並非所有成員們會有相同的準備程度。事實上，有些人可能還在團體的外圍，有些人可能還沒準備好要進行深度的探索，而有些人可能都還不覺得自己是團體的一分子。相反地，在一個難度高的團體，可能會有一、兩名成員是很願意投入工作中，有些人可能會較其他人有較高的動機，而另一些人則可能不願意冒險。個別差異是團體所有階段的共同特性。

在本章中，我們會檢視這些問題：

- 團體的工作階段的特性為何？
- 團體帶領者如何讓團體較容易從轉換階段進入工作階段？
- 當有位成員感到害怕，和過去不同發展階段相比，你的處理方式會有什麼不同？
- 工作階段運作的一些治療因子是什麼？
- 影響個人和團體改變的一些因素是什麼？這些改變是如何發生的？
- 凝聚力如何讓團體成員產生具有生產力的精神？
- 在工作階段團體帶領者和成員的自我揭露重要性如何？
- 哪些回饋在工作階段對成員特別有價值？提供成員如何給予或接受回饋的指導原則是什麼？
- 在此階段可能有哪些潛在的協同帶領者議題需加以考量？

工作階段的進展

為使一個團體能達到工作階段，最基本的，就是成員們願意面對和疏通影響團體進展的阻礙。有意義的工作及學習會發生在團體的任何階段，而較深入探索以及增加團體凝聚力則是工作階段的典型特徵。接下來舉例說明團體帶領者的處遇如何幫助團體從轉換階段進到更深一層的工作期。

案例 1：Frank 和 Judy 抱怨他們厭倦於團體的停滯，如果帶領者採取防衛性的回應，他們就要離開團體了。可以採用的治療性處遇如下：

- 你想見到團體發生怎樣的事？
- 你能做些什麼，讓這個團體對你更有生產力？
- 你能做些什麼，讓某些成員表現出更多你期望的類型？
- 你可能對我帶領的方式有一些回應，有任何事你想要對我說嗎？

這些處遇可以幫助 Frank 和 Judy 超越抱怨，而探索到他們不滿意的來源，以及表達他們希望看到哪些事情發生。

當團體另一個成員 Ryan 說出諷刺的話（「如果你們不喜歡，那就離開啊！」），這時帶領者可以請 Ryan 做一些直接的陳述，而不是打發他們離開。當 Ryan 開始向 Frank 和 Judy 陳述他的反應時，他可能會以非常個人化的方式確認並參與他自己的問題，這是在他生命中與其他人發生的未解決事件而帶入團體中。如果帶領者沒有對 Ryan 的諷刺做一些處理，很可能對團體會有一些負向的影響。

案例 2：Sunny 說她害怕在團體中討論她自己。這可能是另一個可以形成治療工作的機會。利用她覺得被評價會是個處遇的好起點，帶領者在徵得她的同意下，可以進一步地邀請她進行以下的活動：

- 妳是否願意告訴團體中的某人，妳認為他或她會怎麼評價妳？
- 請妳沿著團體繞一圈，並對每個人說：「如果我讓你（妳）了解我，我擔心你（妳）可能會認為我……」
- 妳是否願意閉上眼睛，想像這裡所有的人可能如何評價妳？妳不用說出想像的內容，但請讓妳自己感覺這種被團體每個人評價的感覺像什麼。

像這樣的處遇，都可能會帶出更多的探索，Sunny 可以學到她是如何被自己擔心別人的評價所束縛。如果她願意跟隨帶領者的建議，她就有機會克服她的恐懼，很可能會發現她對別人做了很多不切實際的假設。

案例 3：Jennifer 對帶領者說：「我都得不到團體任何的關心，你似乎比較關心別人。」帶領者並沒有趕快安慰她說她有多重要，而是邀請她直接對那些她覺得獲得比較多注意力的成員們說話。她說出她被擺在一邊的感覺，此時帶領者進一步詢問：「我很好奇在妳實際的生活中，是不是也有像團體這樣被擺在一邊相似的感覺？」這種透過對發生在團體中此時此刻的事件之處理，可以鼓勵 Jennifer 更深入地連結有關她在團體外過去及目前的生活。

如果 Jennifer 開始覺察她在原生家庭中經常有這種被忽略及擺在一旁的感覺，尤其是她的父親，帶領者可以進一步協助她探索是否其可能把帶領者當成父親。當 Jennifer 澄清了帶領者跟父親之間的混淆，她可以更自由地面對她跟父親之間的問題。她可能會發現她經常在與上了年紀、有權勢的男人互動時會過度敏感，而讓她了解到這樣的互動已經超出實際的需要。

Jennifer 認為她在團體中沒有獲得注意，這是團體轉換階段的典型反應。當帶領者跟這樣的感覺工作，Jennifer 最後從她跟帶領者（或其他人）的關係中獲得她與父親間互動的洞察。而 Jennifer 的洞察及改變也會促進團體進入工作階段。帶領者的處遇並沒有造成抗拒，而是在她身上形成很重要的結果。另外，她可能經驗到與她父親之間強烈的情緒，且可能會在團體中表達及探索這種痛苦的感覺。這種在團體中工作的結果，Jennifer 現在會留意當她跟父親在一起時，她的感覺如何，並試著用新的回應方式跟他相處。因為她覺察自己對於有權威的男性，有一些特定的歸因，所以她現在會用一個新的不同的定位來回應他們。

帶領者如何處遇成員的擔心

在團體過程中，成員們可能會對他們的擔心有更多的覺察，當團體（以及每個人）進入這個階段，帶領者與成員們的關係已經更深入了，帶領者處遇的方式也會有所不同。為了說明團體的進展，讓我們檢視成員的擔心在團體的不同階段是如何被陳述與處理。正在進行團體的一名成員 Grace 說：「我害怕在聚會做表達會被批評，在我說話之前，我會不斷地演練，因為我希望自己能表達得很清楚以免其他人不想跟我在一起。」Grace 覺察自己想要表現得很聰明，她認為這樣的擔心造成她無法自由參與團體，我們發現團體的成員幾乎都有跟 Grace 相似的經驗，擔心其他人覺得自己很笨、沒有條理、很奇怪、自私或其他類似的擔心。在本章中，我們所介紹處理 Grace 這種對於被評價的擔心之方法，也可以應用在處理其他的害怕或擔心上。這些不同處理方式的應用，可依據成員建立關係的深度來做決定。

在初始階段的處遇

在初始階段處理 Grace 擔心被評價的焦慮，處遇的目標可放在鼓勵她多說一點這種被評價的擔心，並討論這樣的擔心對於團體參與的影響。可以用下面的方法，促進對於她擔心的深入探索：

- 我們會鼓勵其他成員也談談他們的擔心，特別是對於別人怎麼看他／她的部分。如果另一個成員 Susan 說出她也會擔心別人怎麼看她，我們可以請她直接跟 Grace 談談有關她的擔心。（此時我們在教導成員與成員之間的互動。）

- 在 Susan 跟 Grace 互相交換彼此的感覺後，我們會問「是不是還有其他人也有類似的感覺？」（我們的目的在藉由陳述他們認同 Susan 跟 Grace 這樣的方式，讓其他人也加入互動。）
- 我們還會邀請其他成員們若有其他的擔心或害怕可以跟 Grace 分享。我們會留下一個開放的結尾，讓其他人談談任何他們曾經有過的擔心經驗。（運用這樣不具威脅的方式，我們連結了 Grace 跟其他人，而信任及凝聚也在這樣的情況下被建立。）

在轉換階段的處遇

如果是在轉換階段 Grace 提到「我很怕在這裡的人會批評我」，我們會鼓勵她辨識出這樣擔心被別人評價會對她造成哪些限制。我們也可能邀請她說說她在這團體中是如何經驗到令她特別擔心的事。這時的邀請比初始階段只是放在促進互動上，會更集中在她的身上。我們會問類似以下的問題：

- 當妳擔心時，這個團體裡誰最容易讓妳有這種感覺？
- 妳擔心什麼？
- 妳的擔心是如何限制妳參與團體？
- 有哪些事情是妳曾經想過或感覺到，但妳沒有表達的？

Grace 最後說，她會擔心團體中的某三名成員會怎麼看她或評價她。我們建議 Grace 對那些她覺得可能會評價她的人，告訴他們她想像中他們會怎麼想她或看她，這個方式讓 Grace 了解到她可能會有的投射以及學習到如何去跟別人確認她的假設，而我們也會蒐集到後續團體可繼續探索的資料。

我們可以邀請成員們對 Grace 所說的內容給予回饋，以促進團體的互動，此互動可進一步促進 Grace 和其他人的探索。Grace 可能因為過去這種避免表達負向情緒的方式，而造成她跟別人之間的距離，藉由討論，她可以了解到這個距離有部分是她的責任，她也可以採取新的態度面對以前她一直逃避的人。

上述的處理方式也適用於其他階段中，如此現象在現在轉換階段，顯示了成員們開始想要表達他們對過去所隱藏的迴響和感受察覺。

在工作階段的處遇

如果 Grace 在工作階段揭露她的害怕，我們則會想辦法讓整個團體都進入這個工作。成員們可能會承認他們感覺到被她放一邊、感覺被她評斷，或真正不了解她。當然類似這樣的回應，需要被有效地處理。藉由講出埋藏在心裡的感覺，成員們從轉換階段進入到工作階段。他們了解回饋與接納、澄清投射及誤解，也需克服任何可能的衝突。如果他們不願意進一步表達回饋，團體就會停滯在轉換階段，破壞信任的建立；而成員們承諾願意面對障礙且盡全力參與，是讓團體進入工作階段的原因。

我們可以用一些方式幫助 Grace 進入更深一層的自我探索，詢問她有關在其生命經驗中曾經讓她覺得會評斷她的人，這可以讓現在的她與過去的衝突形成連結。之後可能會請她跟成員們分享，她對於那些過去經驗中的重要他人的感覺。團體中的某些成員也可以「變成」過去她的重要他人，讓她說出一直埋藏在心裡的一些事情。當然在進行這個活動時，對其他人而言，也是一個討論他們生活中與重要他人的未竟事務很好的催化劑。

以下是我們可能會使用的一些方法：

- 可以邀請 Grace 分享對她而言在團體中有哪些擔心害怕，如：「妳可能會說或做什麼而那是妳害怕去說或做的？」「如果妳沒有這樣的害怕，妳在團體裡面會有什麼不同？」
- Grace 可以跟那個常讓她聯想到媽媽的成員進行角色扮演，因她母親經常提醒她說話之前多想一想。
- Grace 可以寫一封信給她的母親，而這封信她可以不用寄出去。
- 藉由角色轉換，Grace 可以「變成」她的母親，且在團體中告訴每個人應該要怎麼做。
- 她也可以在兩次聚會之間觀察，並記錄自己在平時生活中由於害怕被評價而不去做的行為。
- 使用認知改變的程序，Grace 可多注意自我的對話，並學習對自己使用新訊息，以代替那些自我挫敗的訊息。她可以開始對自己說一些建議性的事，改變她的負向信念形成正向預期。

- 她可以在團體中嘗試新的行為，將想法大聲說出來，而不是像過去那樣靜靜地在腦海中重演。
- 不論在團體中或實際生活中，Grace 都承諾慢慢地把想法表達出來而先不管她的擔心。

正如上面你所看到的，在工作階段處遇 Grace 的擔心，需要有團體先前所建立的良好信任、諮商師與她關係的品質，以及團體階段的發展。我們希望 Grace 可以學到把她的假設說出來並與別人做確認。我們鼓勵她持續新的改變，儘管這代表著要把她放在一個需要冒險的位置，以及她的一些想法、感覺或行動可能被評價。但現在 Grace 可以發展出自我的力量來挑戰她的擔心而不再被它們所控制。她會知道並不需要每件事情都要想過才能說，而是可以沒有預期的評價、更自發性地表達想法及感覺。

在結束階段的處遇

我們可藉由詢問 Grace 這樣的改變讓她在跟生活中的重要他人的相處上有什麼不一樣，這可以讓 Grace 了解到採用新的行為，是否有可能幫助她自己被聽見。雖然 Grace 在團體內的改變似乎是有成效的，但在每天的生活中卻不一定可行。所以，我們在結束階段也會提醒 Grace，要回顧她在團體中的重要學習，並了解她會如何接收這個洞察以及如何持續把洞察轉化成新的行為應用在團體外生活的重要性。

工作階段的任務

即使工作階段可以達到高生產力，但有些團體可能無法一直維持在那樣的水準。團體可能停在高原期一段時間後，會回到初始階段或是轉換階段。階段的轉換是很正常且可預期的，如果我們能辨識此現象，雖然團體具挑戰性，但仍可繼續發展下去。因為團體並非只是一個靜態的名稱，不論是帶領者或是成員們都需精確地估算團體裡每一個改變中的特質，才能持續維持它的有效性。

團體規範及行為

在工作階段中的團體規範，從團體初始階段形成後會更進一步地發展及成形。成員們會更了解哪些是對團體有幫助的行為，且更清楚團體的不成文規範。這時以下的團體相關行為的顯現會更清晰：

- 成員們會提供支持及挑戰，他們在聚會內及聚會外行為的改變也被增強。
- 帶領者會使用治療性處遇，促使成員做深入的自我探索以及帶領體驗新行為的改變。
- 成員們會以更直接的方式與其他人增加互動，較少依賴帶領者指示或是用眼光示意成員說話。
- 如果人際間的衝突發生在團體中，它們會成為討論的基礎並把它處理好，成員們也會藉由注意觀察他們自己如何跟團體中其他成員互動，而發現自己在日常情況下如何處理衝突。
- 當成員們開始經驗到能接納自己是個什麼樣的人時，團體的每位成員身上可以逐漸增加療癒的能力。當他們學習到在他們展現更深層的自己時會被尊重，團體成員也會比較少做表面功夫。

我們在下個段落裡討論有效團體和無效團體之間有何差異。

有效團體及無效團體的比較

每個團體的成長和進步都不同，要視團體的型式及裡面的成員而定，例如法院強制治療的性罪犯者和在諮商專業的研究生團體，進展方式就會有不同。使用下面的表列做為一個參考及催化，讓你可以思考你會如何看你的團體及成員的進展。一個有效的團體都有理想的目標，但即使再好的團體也不是每個人都可以進展到相同的程度。很有效能的團體裡也會有程度上的差異。

有效的團體（Working Group）	無效的團體（Nonworking Group）
成員們信任其他成員們和帶領者，至少能開放地表達任何缺乏信任的議題，也願意冒險進行有意義的分享，帶出對此時此刻的回應。	不信任的暗流呈現在不願意表達的敵意中，成員們隱藏自己，不願表達感覺或想法。

有效的團體（Working Group）	無效的團體（Nonworking Group）
有清楚而特定的目標，且是由成員們及帶領者共同參與決定所形成，希望指導團體的行為朝向目標實現。	目標是模糊的、抽象的和平凡的。成員們沒有清楚的個人目標，團體也沒有整體的目標。
多數成員們感受到被團體所接納，而在外圍的成員們也會因被邀請而變得更主動參與。團體成員們間的溝通是開放的，且願意真正地表達所經驗到的感受。	多數成員感到被排拒在外或不被團體所認同。朋黨的形成逐漸造成團體的分裂，擔心表達會被排斥，傾向形成次團體及同盟。
聚焦在此時此刻，且成員們會把所經驗到的直接告訴其他人。	成員們傾向聚焦在其他人而非他們自己身上，制式地說故事，拒絕去處理對其他成員們的回應。
成員們感覺到能自由地把自己帶入與其他人一起工作，不需要等到帶領者的准許。	成員們等著帶領者任何的指揮，成員之間或成員們與帶領者間有權力上的衝突。
成員們願意冒險揭露有威脅的事件，讓其他人了解。	參與者退縮並盡量讓揭露降到最低。
高凝聚力，藉由分享人類經驗中的普同性，感受到彼此之間親密的情緒連結。成員們會認同其他人，也因為相似性或感受到對新行為的支持，成員們願意冒險嘗試新行為或進行新的實驗。	存在著分裂，成員們感受到彼此的距離，缺乏關懷或同理心，成員們不會鼓勵其他人嘗試新行為或冒險，所以相似的行為一直頑固地存在。
與成員們或帶領者的衝突，會被指出、討論，且通常可獲得解決。	衝突或負向反應被忽視、否定或避免。
成員們接受他們對於解決問題所須負的責任決定行動。	成員們會責備其他人造成他們生命的困境，不願進行改變的行動。
回饋可被自由地給予，以及不防衛地接受。願意嚴肅地回應這些精確的回饋。	少許的回饋被給予，被防衛的拒絕。所給的回饋沒有伴隨著關懷或同情。
成員們感受到希望；他們發現建設性的改變是可能的——亦即人可以變成他們期待的樣子。	成員們感到絕望、無助、受苦或受傷。
面質是分享自己做為被面質者的感受或反應。面質是對成員們檢驗新行為的挑戰而非不關心的攻擊。	面質是以敵意的或攻擊的方式進行，面質會讓人感覺到評斷或拒絕，有時有些成員們會連結起來排拒另一個成員們，把他視為代罪羔羊。
溝通是清楚而直接的，以最少的評價及最多的關懷型式揭露。	溝通是不清楚且不直接的。
成員們會視其他成員們為資源，並對別人的事情有興趣。	成員們多數只對自己的事有興趣。
成員們能感覺自己及其他人的優點，並意識到自己對別人的力量。	成員們無法欣賞自己以及其他人。
成員們能覺察團體的歷程，並了解做什麼會讓團體更有效能。	對於團體正在進行的事不關心或沒有覺察是常見的，也很少對團體的動力進行討論。

有效的團體（Working Group）	無效的團體（Nonworking Group）
有關差異、權力與特權的議題會被討論，且尊重彼此之間的差異以及文化的差異。	順從在團體中被認為是重要的，個人及文化差異不被重視，成員間的差異不被尊重，而當討論權力或特權的問題時是防衛的。
團體規範是由成員們及帶領者共同發展出來的，規範清楚且提出的目的在幫助成員們完成他們的目標。	規範由帶領者提出而沒有成員們參與，規範可能不是很清楚。
強調合併感覺及想法的功能，除宣洩及表達情緒的發生，也強調去思考對不同情緒表達的意義。	團體會增強對感覺的體驗，但很少強調將洞察整合到情緒的表達。
成員們會在團體外的時間解決在團體內形成的問題。	成員們在團體時間外，很少想到團體的活動。

工作階段中信任感的深化

即使在團體發展的往後階段，安全感仍有可能會成為一個議題，信任也是需隨時再建立的。有些成員們可能會因為感覺到密集工作的威脅而退縮或止步，他們懷疑自己曾經驗過事物的有效性，也會反覆評估要涉入多少，他們可能會被團體中其他成員的衝突或分享的痛苦經驗所嚇到，或是預期團體最後的結束而過早止步。

在這裡我們以一個青少年團體為例，說明信任感在團體中實際上的多變特質。成員們已經開始一些建設性的工作，包括個人在團體外與跟聚會中的其他成員。在前一次聚會好幾位成員經歷深度的宣洩。Felix 剛開始認為他最害怕的就是會「崩潰，哭倒在大家面前」，他真的哭了，並表達一些被父親否定所壓抑下來的痛苦。在跟扮演他父親的人對話時，他變得生氣且告訴他父親他覺得很受傷，因為父親讓他覺得自己是跟別人這麼的不同。之後他哭著告訴父親他真的很愛他，在離開團體前，Felix 說他覺得放鬆了。

我們剛描述了一個有高信任、願意冒險以及互相關懷，有凝聚力的聚會之特性，但在下一次聚會，團體帶領者很驚訝地發現，要讓團體中的每個人說話有多困難。成員們說話變得吞吞吐吐，Felix 說得尤其少。帶領者描述了他的觀察，並且問成員們是什麼原因讓他們今天這麼難開口，尤其是在上次看起來效果很好的聚會之後。好幾個成員開始訴說他們的擔心，以及對上次聚會他們所形成的評論：「是不是我們每次都要帶問題來？」「是不是要哭才是好成員？」「我覺得你推展得太快了？」最後 Felix 承認，覺得在大家面前哭倒是很難為情的，這禮拜他一直在想其他人會認為他又軟弱又愚蠢。他還說在他們的文化，男人是不能在其他人面前掉淚的。其他人也說他們雖然知道 Felix 所做的很有價值，可是他們自己不想這樣做，因為不知道別人會怎麼想他。再一次，團體需要回到處理缺乏信任的這個議題（我害怕別人會怎麼想我）。好幾個成員也表達了對帶領者的不信任，這是帶領者需要立即地鼓勵成員們討論這個動力的時機。

回顧一下，帶領者可以做什麼不一樣的事？如果帶領者能記得一開始時 Felix 的擔心，並且處理它，Felix 可能不會覺得那麼困窘，也可以做有關在眾人面前情緒表達的文化禁忌的檢核。帶領者可能可以說：「Felix，我記得你曾說過你對團體有的一個擔憂是會在別人面前哭，而你剛剛哭了，你會如何看待這樣的事情？」她也可以邀請其他人說說他們如何被他這次的表達所感動。假設 Felix 說：「我覺得很好，而且很有收穫。」帶領者也可以請他做一個活動：「想像一下，兩天以後，當你想到你今天剛做的事，你可能會怎麼想、有何感覺，或談論你自己？」Felix 也許會說：「我可能會批評我現在做的。」此時帶領者可以建議他，如果他對自己今天所做的有點後悔時，想想今天大家在這裡給他的支持，以及大家體認到他是多麼有勇氣，將會有助於他度過這個不舒服的感覺。

而另一方面，如果 Felix 低頭看著地板並回答是「我覺得不好意思」，帶領者可以回應他：「我知道用這樣的方式表達對你有多難，我希望你不要退縮，願意對在這裡的人，尤其是可能讓你覺得困窘的某些人，跟他們說，你會怎麼想像他們怎麼說有關你剛剛做的事？」在 Felix 說了他的想像後，其他人可以受邀說出他們真實的反應。一般來說，成員們很少在一名成員做了一件很有意義的事後，對他說諷刺批評的話。如這個案例所示，很少見到信任的議題出現在一個已經有深度和生產力的階段裡被關注，幾次之後，成員們可能會覺得吃驚且退縮。帶領者感覺到這個傾向時，可以使用我們前面描述的方式，做一個預防性的評估。而團體信任度若真的衰退了，最重要的就是帶領者需指出這個現象，並請成員表達他們的想法和感受。

工作階段需做的抉擇

在討論初始階段的進展時，我們說明了好幾個在那時要處理的重要議題，例如：信任對不信任、權力的競爭、以自我或以他人為焦點。在工作期間更加緊張的團體，一些關鍵的議題也會受到影響，而同樣地，團體做為一個整體必須解決問題以使其更好或更差。這些議題包括：揭露或隱藏、真誠或虛偽、自發或控制、接納或拒絕，以及凝聚或分裂。一個團體的認同在於成員是否能解決這些議題。

揭露或隱藏　成員們可以決定用重要且適合的方式揭露他們自己，也可以因為害怕而選擇隱藏的方式。人們通常會用匿名的方式以保護自己，然而許多成員參與治療性團體的原因都是因為想讓別人了解他們和別人更深一點。如果團體的進展是有效的，成員們需要有意義地分享他們自己，藉由自我揭露讓其他人了解他們。

真誠或虛偽　真誠是一個治療性團體是否能達到成功的關鍵，成員們不覺得為了要被接納而虛偽或隱藏他們自己。當人們仍然未知或當他們堅持只在表面層次，是不可能有真誠的親密關係。成員們可以有不同的理由不做真誠的開放，有些人擔心被拒絕而隱藏了部分的自己，有些人則可能曾經驗過族群或不同型式的歧視，所以在特定的環境中戴著面具。

自發或控制　我們期望團體參與者可以選擇放棄用控制或預想好的方式做表達，且容許他們自己更加自發性地回應事件。我們鼓勵成員們將想法「大聲說出來」，讓自己以及其他人可以一窺他們內在心理歷程。藉由讓個案感覺做或說一些他們以前一直避免去做或說的事情是沒有關係的，來間接促進自發性。這並非意味成員可以隨心所欲地利用其他人，成員有時壓抑自己，不斷排練想說的每一件事，反而造成他們沉默地坐著，但內心激烈演出。所以我們會在成員間達成協議，要求他們同意把心裡想的事情更不受限制地說出來，即使冒著別人聽不懂的風險。我們在團體中鼓勵成員呈現出沒有在腦海中預想過的行為，然後他們才能決定以後在團體外他們可以做多少改變。

接納或拒絕　透過團體的過程，成員們多數可以學到如何處理接納或拒絕這個兩極端的問題。有時我們會聽到成員說：「我想要成為我自己，雖然我很怕如果我就是我，我可能不會被接受。我會有這樣的擔心是因為我常覺得我跟團體不融洽。」這樣的擔心可以被探索，成員大多會發現這個擔心是沒有根據的。成員會發現多數時候是自己拒絕自己而不是別人拒絕他們。而成員們也會發現他們害怕被接納的程度如同他們害怕被拒絕。雖然他們不喜歡被拒絕，但這是他們熟悉的，而被接納則可能是未曾經歷過的：「如果你接納我，或愛我，或喜歡我，我會不知道要怎麼樣回報。」

團體環境提供人們有機會去學習設定自己以某種方式被拒絕的行為模式，我們希望成員們可以在一個接納氣氛的創造上認清自己的角色及責任。而透過了解到對接納或拒絕氣氛的歸因，可以幫助他們分辨個人被接納或拒絕。

Lara 掙扎於是否要跟團體揭露她的飲食疾患，沒有其他成員提過這個議題，她擔心如果跟團體其他人說她是這樣的人，他們會覺得她很噁心。她曾跟團體外的人說過她的狀況，那個人告訴她說，她應該用意志力克服對食物的這種狂吃，吃後又吐的衝動。而這讓 Lara 決定不跟別人說這個問題。

當帶領者處理 Lara 在團體的退縮行為時，她開始表達她害怕如果揭露太多，她可能會跟團體太親密。帶領者鼓勵 Lara 多談一點有關她對於想避免被成員們知道的這個議題的反應。Lara 願意真誠地分享，這個經驗讓她開始建立對其他團體成員的信任。

凝聚或分裂　凝聚主要是因團體選擇積極工作而發展出彼此間有連結一體的感覺，這要靠成員們選擇讓別人了解他們，分享他們的痛苦，容許關懷的發展，開始有意義的工作，並給別人真誠的回饋才能達到。一個有凝聚力的團體來自有意義的，但可能是痛苦的現實，或是親密地分享幽默並在歡樂的時刻中形成。

如果團體選擇維持在放鬆或表面的互動上，則難有團體凝聚力的形成。當成員們選擇不表達他們的害怕、擔憂、不信任或懷疑、不願做反應，則分裂或缺乏信任會是必然的結果。當部分成員在團體外聚會碰面或形成小圈圈、聊一些關於帶領者和其他成員的八卦，那麼團體內的信任程度會慢慢被瓦解。這樣的小團體反映出有個強大且隱藏的議題仍持續封鎖著做有意義的互動，故有必要發現這樣的行為或小團體，而整個團體都要來討論如何修復這樣的分裂。

但是並非所有團體外的交流對團體的凝聚力是有害的，也有些小團體可以是有幫助的。例如在一個護理之家中，團員之中有些住院病友們可能會在團體外參加一連串的活動，一起進行方案的練習或是參加休閒活動，而常常見面交流。這種小團體並不是要排擠其他人，而是在治療的環境能給成員們有更多可以彼此互動的機會。另一個小團體聚會是個有益的例子，是一個每年夏天在養護中心進行為期一週的個人成長團體，這個團體我們（Marianne 和 Jerry）帶了 25 年之久，它有 16 名成員和 4 位團體帶領者，每天都會和整個團體聚在一起，但是我們每天也還會有個小團體聚會（8 名成員和 2 位帶領者）。此外，每天的自由時間則提供成員們和不同的人參加各種不同活動的機會，當成員們將這些非正式的交誼活動帶進團體來，也活化了治療性的工作。

工作階段的家庭作業

團體本身不是終點，它是人們可以學到新行為及一系列可應用在生活中的技巧，因此不論是在團體聚會內或在團體外，這些技巧及行為都需被實行或練習。家庭作業可以綜合所學，是將團體的學習延伸到各種不同生活情境的管道。理想的情況是在每次的團體聚會，成員們可以被鼓勵發展出屬於他們自己的家庭作業。如果成員們願意創造屬於他們自己的家庭作業並且去執行，此有助於他們增加參與團體的動機及與團體形成一體感。

雖然我們常會建議成員們一些在團體外實施的作業，但會避免說這是規定且告訴成員們該怎麼做。我們鼓勵成員們做個紀錄，而這個紀錄可以成為他們在團體內形成新行為的催化劑。我們提出家庭作業的建議，主要的精神是要協助成員們能增加他們在團體經驗中獲得的機會。家庭作業尤其適合在工作階段，因為可以激發成員們實際使用在團體內所學得的技巧，有助成員將他們的洞察應用在真正想要的改變上，所以儘可能和成員們一起設計家庭作業。基本上，家庭作業是所有認知行為取向的一部分，其他理論取向的團體也可以應用它做為團體結構化的一種技巧，可以參考第 4 章應用家庭作業在一些特定理論的內容。

通常成員們會很投入於與團體探索有意義的關係上，雖然討論關係可以很有治療性且成員們可以從這個關係的動力中獲得洞察，但這只是改變的開始。成員們之後可以決定他們是否想要跟在實際生活中的這個人有一種不同的互動。舉例來說，Rosa 決定採行的家庭作業，是以一種跟以前不一樣的方式來接近她的母親——不再爭論或防衛。首先她在團體中練習她想要跟母親表達什麼，並收到來自成員們有關於她用一種象徵的方式與母親互動的回饋及支持。Rosa 從團體的演練中澄清了她真正想要跟母親表達的是什麼之後，她做了更好的準備使用不同方式與母親相處。在團體中練習以及家庭作業，通常可以合併使用，協助成員們在實際生活中形成重要的改變。

治療因子在團體的運作

本節討論治療因子（therapeutic factors），與其他階段的情形有所不同，是經常在工作階段出現，這些因子扮演產生建設性改變的關鍵角色。

不同的因子在團體中都具有療效或促進互動。本節所討論的治療因子除了是我們自己帶領團體的經驗，也包括其他許多參與我們團體的人的報告（在我們的團體，我們會請參與者們寫下他們追蹤的反應，描述有哪些因素影響他們在態度或行為上的改變）。我們也特別受益於 Irvin Yalom（2005b）在團體治療因子上先驅的研究工作。

自我揭露與團體成員

想讓別人了解自己的意願會遍布在每個階段，但在工作階段會更經常發生，也更個人化。成員被期待做自我揭露，帶領者則需教導及促進成員們自我揭露。雖然會渴望有個成員自我揭露的準則，臨床上的發現並不支持愈多揭露愈好這樣的想法，太多或太少揭露對治療都有妨礙，而且帶領者也需注意單一成員的揭露，不要跟其他成員的頻率或深度差距太大（Yalom, 2005b）。揭露本身不是一個終點，而是願意開放與團體溝通的起點。

透過揭露自己給其他人知道，成員們可以更加深自我了解，從中可以發展出有關他們自己是怎樣的一個人之更豐富及更統整的自我畫面，也會對於他們所擁有對別人的影響力有更清楚的了解。透過這個過程，成員經驗到療癒的力量，以及獲得新的洞察，而這洞察通常可以帶出生活改變的驅力。如果揭露停留在安全的議題，團體可能就會停在表面的溝通程度。

我們會告訴成員們讓其他人知道他們是很重要的，特別是他們在團體中所感受到的經驗，否則他們會很容易被誤解，因為人們很容易投射他們自己的感覺到那些不想讓別人知道他是誰的人身上。舉例來說，Andrea 認為 Walter 常挑剔她，而當 Walter 最後說，他其實很被 Andrea 所吸引，但又有點怕她。可以要求 Walter 分享他對 Andrea 說的這些對他而言是什麼。自我揭露會透露目前的掙扎，包括未解決的個人議題、目標和抱負、恐懼和期望、希望、痛苦和樂趣、優點和缺點，以及個人的經驗。如果成員們保持自己的神祕，很少說有關個人的話題，會讓別人很難關心他，真誠的關懷則是來自對他人的了解。如同前述，揭露不只是說自己的事，同樣重要的是要對其他人或帶領者表達出當下對他們的反應或感覺。

帶領團體時，不能用相同的標準去看成員們揭露的程度，須考慮他們的文化背景、性取向和年齡等。例如，對一位從未公開說出個人對婚姻觀點的年老婦女而言，要談論這樣的話題是需要跨出很大的一步，而我們應該尊重她所冒的風險，避免跟其他人比較她揭露的程度。若有位婦女第一次說出她是女同性戀，可能是因為她內化了對同性戀的恐懼而感到自我懷疑，帶領者需要注意任何可能的事後之想法或她懊悔所做的揭露，以及其他成員在她揭露性傾向後，可能會對她出現的任何負向回應。即使她不是第一次做揭露，帶領者最好也要詢問她，在一個新的團體做這樣的揭露，她有怎樣的感受。

文化的脈絡也需要被考慮，它可能發生在其他成員揭露時。例如，邀請一位新移民成員參與一個分享與父母衝突經驗的活動，這活動可能會嚇到他。他可能會覺得任何的討論，隱含著對他家庭的羞辱或背叛。很重要的是，這些案例能讓成員用他們可以完成目標的方式，來做有意義的參與。

什麼樣的揭露是不恰當的　很多參與團體的人可能會誤解自我揭露的意義，以為自我揭露就是沒有隱私地什麼都陳述或說愈多愈好。把隱藏多年的祕密跟團體講，成員可能誤以為這就是很有用的訊息，其實不然。這些人需要學習什麼是合適的，什麼是不合適的揭露（或有幫助的與沒有幫助的）。以下是一些觀察自我揭露的反例：

- 自我揭露不是說把一個過去的故事像排演過、機械化地講一遍。它不只是在報告一件彼時彼刻的事情，個案此時要問：「我所揭露的這件事跟我現在生活中的衝突的關係是什麼？」

- 很多人以為開放與真誠是同樣意思，為了讓別人了解他們，所以常說得太多了，以致造成其他成員們的壓力。他們混淆以為自我揭露是開放，不保留任何隱私，結果就是可能會覺得在別人面前坦露太多了。
- 對其他人表達瞬間即逝的感覺或回應其他人並未與自我揭露混淆。在如何適當地分享特定的回應，是需做判斷。若這感覺或反應是持續出現的，那麼最好要講出來，人們可以是誠實不笨拙或遲鈍。

成員做適當自我揭露之原則　在我們的團體中，我們會建議以下的原則，以幫助成員們決定什麼是揭露、何時自我揭露是適當又有治療性的：

- 揭露需要與參加的目的及團體目標相關。
- 若團體對某個人的某種感覺一直持續著，以不批評指責的方式鼓勵成員們在團體中揭露，尤其是這個感覺可能影響他們參與團體的程度時。
- 成員們必須自行決定想讓其他人知道什麼以及知道多少，也要決定要冒多少風險以及他們想要如何進行。
- 伴隨著自我揭露的合理冒險是可被預期的，如果團體過於限制安全的揭露，那互動就會流於無意義。
- 團體發展的階段會與分享的適當性有關，有些揭露在團體初始階段時可能會太深了，但在工作階段就會很恰當。

與成員們做自我揭露的議題相關的，是帶領者自我揭露的角色。現在我們要轉到帶領者這部分，提供帶領者一些指導原則，幫助他們思考什麼樣的揭露是有幫助團體效果的。

自我揭露與團體帶領者

重點不是帶領者要不要在團體中揭露，而是多少、何時以及什麼目的。什麼是對團體有效的帶領者自我揭露？對帶領者的影響是什麼？

一些團體的帶領者會很小心不讓他們個人的訊息被團體所知道，試著讓他們的個人性在團體中降到最低。這麼做的原因來自於他們的理論傾向，像是精神分析取向的團體治療師會認為團體帶領者的角色之一是「轉移的對象」，讓他們的團體成員可以對他們投射一些過去生命經驗中父母或重要他人給成員的感覺。藉由保持匿名，帶領者鼓勵成員們投射其早期的關係，使未解決的衝突可以被凸顯並在團體裡修通。經驗和關係取向的諮商師比較會以治療性的應用，將自我揭露做為成員們全然投入於團體的方法。個人中心的團體催化者、存在主義治療師及完形學派治療師則傾向運用自我揭露做為深化成員們及帶領者之間的信任感，以及提供一種示範。

帶領者要不要自我揭露涉及許多不同的理由。適當的揭露標準，有助於示範冒險以及可能增加參與或建立信任感。帶領者的自我揭露會有一點風險，但一個有技巧的治療者可以把它轉為促進效果的討論。某些自我揭露是經過事先考慮周詳準備的，但其他時候則是很自發性的，可能覺得時機恰當適合分享，或只是因為成員直接問帶領者一個私人的問題而來。

由於某些成員來自不同的文化背景，帶領者如能對這些人具有一些了解，將有助於信任的建立。我（Cindy）分享一些個人的生命經驗以及認同的觀念，幫助我更能參與那些與我成長經驗差異很大的成員們，他們也會告訴我說，我的分享有助他們對我的信任。當成員詢問帶領者一個個人的議題時，帶領者需要了解這個問題對成員的重要性是什麼。如果太快回應這個問題，帶領者可能會錯失了解這個問題對成員的真正重要性。揭露最好是用來幫助成員的自我了解。偶爾我會分享在當下我的感覺或反應，因為如果不這麼做可能會讓我跟團體有距離，也因此打斷他們的歷程。不論如何，自我揭露的目的都在促進團體更進一步的發展，而非滿足帶領者個人的需求。

有時團體帶領者給了太多自我揭露導致太過於個人化，這樣可能會模糊了帶領者催化團體的責任及界線。重要的是帶領者要避免因團體壓力，而表現得像個成員而不是帶領者。即便帶領者可以有一些個人性的東西摻入團體，但主要角色還是在於開啟、促進、指導及評估團體成員間互動的過程。帶領者的自我揭露應該是適當的、合時機的、有益的及對成員是好的。身為一位團體的帶領者，問問自己，「我要如何陳述即將要對成員說的話，才會對成員是有治療性及有用的？」所以，帶領者所做的自我揭露應該要有理論做基礎。Morran、Stockton 及 Whittingham（2004）提醒「帶領者需避免只是因為要讓成員對你印象深刻、獲得同情或無法負荷個人的問題而做自我揭露」（p. 99）。團體帶領者需能正確地評估自己做揭露的動機，以及可能對團體中的個人或整個團體所造成的影響。

新手諮商師常會錯估而誤用帶領者的自我揭露，有些時候會想要做自我揭露的原因是想被團體成員們喜歡的需求，而不是做為催化團體進展的工具。太輕易地做自我揭露會模糊了界限，在某些例子中，削弱了帶領者感知的能力。Yalom（2005b）強調帶領者的揭露需具有幫助成員的工具性目的，需要選擇具治療性的揭露以提供成員接納、支持以及鼓勵。從 Yalom 的觀點，團體帶領者揭露自己此時此刻的反應，要比細說自己曾經有過的經驗更具有治療效果。

有時我（Marianne）會揭露個人問題以避免我無法完全地進入團體。我發現試著去隱藏自己的無能或是沒有聽懂，反而會造成無法連結，使得成員們很有個性化。有一次成員們躊躇是不是要分享他們的問題，只因為他們想要關心我，而不想用他們的痛苦來加重我的負擔。當我注意到這個現象時，藉由簡單的分享讓團體知道我現在經驗到的就是需要讓自己可以跟成員們一起工作。我自己對於自我揭露的原則可以簡單地說：當有一些事情明顯地轉移我現在的注意力或對成員的工作，我傾向用簡單而不加重成員負擔的方式讓他們知道。

考慮以下的四個原則以決定你在帶領者自我揭露這個議題上的位置：

1. 如果你發現有些個人的問題需要探索，考慮去找一個合適你自己的治療性團體，可以讓你放心地參與而不需考慮你的個人性問題會如何影響團體。你已經有一個很費心的工作了，不要再因混淆自己的角色而造成其困難度增加。

2. 問問自己為什麼要做這個個人的揭露，是否它可以讓你像個「一般人」以跟其他成員相似？是否對其他人而言，它可以是一種揭露的示範？有沒有可能只是因為你想展現你的個人部分給成員知道？讓成員們知道了你及你的衝突，可能對他們有治療性，但他們不需要知道太多細節。例如，當成員正在探索她的害怕——有關於人必須要完美才能被喜歡這樣的想法時，你如果也真的有相似的經驗、也曾困擾於這樣的想法，則可分享一、兩句。這樣的分享可以讓個案對你產生認同感，其他時間你可能會適合多說一點。再次強調，時機、對象以及你自己的帶領風格都是很重要的判斷依據。有些揭露在後續的階段可能蠻合適的，但如果在初始階段就說，可能會造成成員們有需要照顧你的壓力。你也需要知道某些成員對於帶領者分享他們個人問題可能會覺得困擾或不自在，尤其是當他視你是專家角色時。有些帶領者會示範如何表達焦慮，這樣的示範會減低成員對帶領者能力的知覺或阻礙信任感的建議。再次強調，時機是很重要的。

3. 揭露有關於團體現在正發生什麼事是最有效的。例如，任何對於某位成員持續的感覺，或是揭露對目前團體正發生（或沒發生）的事情的反應都是很適合的。如果你持續受到某個成員行為所影響，讓他或她知道會是一個好的決定。如果你發現團體有些停滯了，最好是公開地把這個懷疑或你目前經驗到的感覺說出來。一般而言，揭露在團體中你所經歷的感覺，是較揭露無關團體目前正在處理的個人議題更適當。

4. 問問自己你會願意給即將聯繫接觸的人透露多少自己的私事。在我們的工作坊、團體或課堂裡，我們想要和一般人一樣能感受開放的自由，但同時我們可能又會想要維持隱私。更進一步來說，如果我們自己總是說得太詳細，我們會失去了自發性，可見要保持清新形象又是沒有預演的風格是不太可能的。

回饋

在團體中最重要的學習就是透過如何做自我揭露及給予回饋的結合所獲得的，通常這是會發生在深層親密關係的團體。人際回饋的過程常可以影響許多治療因子的發展，透過不同的回饋技術，帶領者可以促進成員的成長（Morran, Stockton, Cline, & Teed, 1998）。隨著團體的進展，給予及接受回饋的能力會愈來愈重要，團體帶領者可以幫助成員學習如何交換回饋，以促進溝通發生（Hulse-Killacky, Orr, & Paradise, 2006）。

回饋（feedback）與增加改變動機、增進對自己如何造成別人行為影響的了解、增進願意冒險的意願有關，也會讓成員對於團體的評價更正向（Morran et al., 2004）。當給予回饋時是真誠的且是審慎的，成員們通常可以了解到他們會對別人造成什麼樣的影響，而且決定如果有任何事，他們會想要對他們的互動模式做一些調整。透過回饋交換的過程，成員們有機會從另一角度觀察自己的行為，並對自己的行為進行有意義的改變（Stockton, Morran, & Kreiger, 2004）。這種人際互動的過程，鼓勵成員們接受在團體結果的責任以及他們與別人關係風格的改變。

就像是自我揭露，帶領者需要教導成員如何給予以及接受回饋。在認知行為的團體中，會給予成員們特別的指引，是有關什麼樣的回饋是有幫助及如何更妥善地接受別人回饋。成員們（或帶領者）要能從回饋中受益，很重要的是他們願意聆聽別人所給予的回應以及評論。成員們很可能會認真考量一些很難理解，同時具有正向與支持性，又兼具矯正及挑戰性的回饋（有時會被認為是「負向的」回饋）。如果回饋能以清楚的、關心的，以及個人的方式做陳述，不論是支持性或挑戰性的回饋，都可以讓成員們受益。

回饋如同團體歷程，這部分我們在第 9 章還會做進一步的說明，但有效的回饋在工作階段是一個很重要的能力。在這裡我們提供一些原則，教導成員們如何在工作階段進行有效的回饋：

- 直接而清楚地給予回饋比長篇修飾的回饋更有幫助，例如，Lilia 直接告訴 Brad：「當我在講很個人的事情時，我看到你在笑，我覺得不太舒服。這會讓我懷疑你是否重視我。」
- 在提供回饋給團體其他成員時，與他們分享其行為如何影響你，而不是給他們建議或是評價他們。像剛才的例子，Lilia 說的是她自己的感覺以及她會如何受 Brad 的笑所影響，而不是告訴 Brad 他怎樣。這會讓這個回饋具有挑戰性但不是負向。
- 特別是在團體此時此刻發生的行為之回饋，會特別有效。Lilia 的評論是對 Brad 的行為是怎麼影響著她。若 Lilia 現在不開口說出來，那麼她的不舒服感覺可能會持續地增加，直到她回應說法被斷章取義時。
- 回饋以及時且不具評價性的方式提出時，會增加個人接受及思考這個訊息的機率。在 Lilia 這個例子，她對 Brad 的回饋是聚焦在她的感覺，而這也代表她做了一個冒險的自我揭露。
- 回饋包含人際互動時，是很有力量的。例如 Lilia 對 Brad 回饋時，她如果加上「我真的很想跟你更靠近，但在你周圍我要很小心，因為我不知道你在想什麼，當我講話時你不注視我、而是笑，甚至皺眉頭時，我會想我講了什麼影響你了。但我真的很想可以更信任你一點。」使用類似這樣的表達，Lilia 可以說出她自己的感覺及她的不確定，也讓 Brad 知道她希望跟他有不一樣的互動。
- 加上個人優點的回饋比只有集中在陳述你經驗到他難相處的部分，

更可以改善回饋的效果。例如，帶領者可能告訴成員她沒跟上講了太多細節的故事：「我很高興妳把它說出來，因為妳說了很多妳自己以外的東西，我有點難以跟上妳的故事及對焦。但無論如何，我對於妳是怎麼辛苦過來的，有了更好的理解，我也希望妳願意更聚焦在自己的經驗上。」

除了上面的原則外，一些研究發現也提供了帶領者教導成員們如何給予或接受回饋的指導。以下是有文獻支持在一些特定情境下回饋的說明：

- 正向回饋較矯正性的（較難聽進去的）回饋較容易被接受，尤其需要在團體初期階段強調這點。正向回饋可以當作增強適應性行為的一種方式，且適合在任何階段使用（Morran et al., 2004; Riva & Haub, 2004）。
- 正向或矯正性回饋在中後階段需要平衡（Morran et al., 1998, 2004）。
- 矯正性回饋在工作階段或結束階段會更可信、更有效，也更容易被成員們接受，但在轉換階段可能也會很有效，可幫助團體找到阻礙進步的障礙（Morran et al., 1998, 2004）。
- 帶領者需要跟成員們介紹矯正性回饋的注意事項，幫助他們建立適當的方式來給或接受矯正性回饋，也要支持及鼓勵矯正性回饋的交換（Hulse-Killacky et al., 2006）。
- 帶領者最好能示範如何有效地傳遞回饋，以鼓勵成員致力於慎思後的回饋交流（Morran et al., 1998, Stockton et al., 2004)。

成員有時會來個下定決心的聲明，自發地要求大家給他回饋，這反而造成其他成員處在窘境上，以下是一個常見的例子：

案例 1：Fernando 說：「我想知道你們怎麼看我，且想要一些回饋！」如果聽到這樣的要求，我們通常會對團體說：「Fernando，在大家給你回饋之前，我想知道更多一點是什麼事情讓你會想要聽大家的回饋呢？」這樣的處遇可以讓 Fernando 在他希望獲得別人揭露之前，做一些

有關於他自己更清楚的揭露，成員們在了解他的需求後也會比較容易回應。而隱藏在這問題背後的情境可能包括有：「我在害怕，且我不知道我是不是被喜歡」、「我害怕別人正在評價我」、「在我的生命中沒有太多的朋友，這些人喜歡我對我是很重要的」。

如果 Fernando 較少陳述有關他自己，則很難給他較多的回應。要找出如何讓別人接受他，需要他自己願意讓別人了解他。在聽完他對於為何要回饋的說明後，帶領者可以邀請想給回饋的成員們陳述，但不能強迫團體的每位成員都要說出他們的評論。當有人提供回饋時，帶領者可以請 Fernando 不要防衛地去傾聽其他人想要對他說什麼，也可以想想從他聽到的這些訊息中，他可能想要做什麼。

當團體進展到工作階段，我們通常會看到志願的成員自由地給予他們對另一位成員的回應。如何要求、給予或接受回饋的規範需要在團體早期就建立，更進一步來講，去教導成員如何給予有用的回饋，這是帶領者的任務。回饋最好的狀態是當成員自發地讓其他成員知道他們是如何被他們或其工作所影響。例如有位成員說：「在角色扮演時候，我對你和你母親說話的方式非常有感覺，讓我想起我也有同樣的不被母親了解的困難。」這樣藉著分享相似掙扎的回饋，而將成員們連結起來。這裡還有一個很好的回饋讓成員獲益的例子：

案例 2：Christopher 因爲覺得自己與別人有疏離感而決定參加團體，但在參加團體之後，很快地又發現他在團體中也覺得疏離，是因爲他在團體中諷刺別人的特質很快就讓別人遠離他。由於這個團體的成員們願意用一種關懷的方式告訴他，當他用諷刺的口氣説話時，他們會覺得跟他是有距離的。他開始去檢視，並假設過去他與人之間的距離或缺乏親密感可能要負的責任。在受到團體的鼓勵下，他找到他失去聯絡的兒子，當他不再用諷刺的方式而是眞誠地與兒子溝通時，他發現他的兒子願意傾聽，而他們也彼此感到更親密。

面質

如同第 6 和第 7 章的討論，建議性面質是回饋的一種型式，也是生產力及健康關係的基礎之一，而缺乏面質可能會造成停滯。透過關懷和尊重的面質，成員們可以檢視自己所說跟所做之間的不一致，或對自己沒有被覺察的潛在能力更多覺察，或是找到讓洞察成為行動的方法。他人敏銳的面質，可以幫助成員們發展出自我面質的能力，而這是讓人們可以應用在日常生活中學習的能力。這樣的回饋，有助於長久行為改變的產生。

案例：Alexander 抱怨他覺得疲倦和枯竭。他覺得生活中的人對他太苛求了，在團體中他與他人的互動型態像是一位助人者。他會注意每個人的需求，但卻很少爲自己要求任何事。在一次團體中，他終於説他覺得在團體中沒有獲得任何他想要的，他不想再回到團體了。帶領者面質 Alexander 説：「在團體很多次我聽到你陳述，你通常在生活中都在幫助別人，在這個團體裡，我看到你是很能助人的，但也看到你很少爲自己要求任何的事，我其實並不驚訝你不想再回到團體，因爲在這裡，你又重建了一個跟你生活中相同的模式。而我很高興，你看到了你自己的這個模式，是不是有任何的事情是你願意改變的？」

凝聚與普同感

團體凝聚力是團體早期階段的規範（見第 6 章），我們現在回到這個主題，是因為團體凝聚力在運作有效的團體中是一項治療因子，成員會覺得在團體中會有一種足以進行有意義的工作的氣氛。有凝聚力的團體特質，包括：支持的氣氛、連結、經驗的分享、與團體有相互的關係、有歸屬感、溫暖及親密，以及關懷與接納。工作階段的明確特徵就是具有凝聚力，這源自於成員們想讓其他人用這種深化的信任的有意義方式來了解他們，以提升凝聚力。

團體凝聚力促使像自我揭露這樣給予和接受回饋、討論此時此刻的互動、建設性的表達出團體的衝突、願意嘗試冒險及化覺察為行動等行動取向的行為。團體需要凝聚力方能有效運作，但這並不是充分的條件。有些團體選擇在一個舒適和安全的階段停下來，不再向前往新的階段，而有些團體因為成員們彼此間不願意做有意義的互動，而陷入僵局。

Yalom（2005b）認為凝聚與團體所擁有的許多正向特質有關。高度凝聚力的團體之特質傾向有：較佳的出席率、低流失率，而在有凝聚力的團體中的成員們會有較高的接納、親密以及理解；凝聚也幫助成員再確認及修通衝突。成員如果覺得團體有溝通的氣氛以及覺得團體是個安全的地方，他會自由地表達生氣與處理衝突。凝聚力治療因子的運作上，在最初需加強團體的支持與接納，之後則是在人際的學習上扮演關鍵的角色。

有些研究者認為凝聚力的重要性被過度強調，且實徵結果也不支持其具有正向的結果。Hornsey、Dwyer、Oei 和 Dingle（2009）相信凝聚力這個詞太模糊了，以致未能有一個恰當定義的原則，做為理論和研究上可以更精確量化的概念。Joyce、Piper 和 Ogrodniczuk（2007）檢視治療性的同盟和團體凝聚力是否可以預測短期團體心理治療對成員們會有正向的結果，雖然他們發現治療性同盟的品質可以預測是否有正向的結果，而凝聚力的效益則無法清楚地被了解。儘管有來自研究者的批評，以我們催化團體的經驗，仍持續相信凝聚力是一個可以促使團體成員們形成一體的很寶貴概念。

在工作階段中成員們開始見到人與人之間的共通性，且經常發現生活中的大小事都會有這種普同感。例如，我們的治療團體是由不同來源的群體所組成的，他們生活型態遍及四方，在許多層面上也有所不同，如：年齡、性傾向、社會和文化背景、生涯路徑以及教育程度。雖然在團體早期階段成員會感覺到他們有許多不同，有時也會覺得格格不入，但是當團體凝聚力提升後，這些差異逐漸消退為背景，成員們的評論逐漸從他們有什麼不同，轉成他們有多麼相似。一名近 50 歲的女性發現她跟 20 歲的年輕人一樣，仍努力期望獲得父母的支持；一名男性發現他在意其男子漢形象跟另一名女性在意她的女人味，其實是相似的；一名異性戀的女性發現她跟另一名女同性戀者一樣在擔心關係中的親密問題。幾乎所有的女性都可以與其他人共同連結到她們在關係中害怕被拒絕的問題。

造成人們受傷或失望的情境可能會因人跟人的不同、文化的差異，而有非常大的不一樣，但歸結到情緒則有共通的特質。雖然我們說不同的語言或來自不同的社會，但透過對歡樂、對痛苦感覺的分享，我們被連結在一起。當團體成員們不再迷失於日常生活經驗的細節而開始分享這種人類共通議題的更深層掙扎，團體凝聚於是形成。帶領者藉由聚焦在基本的議題、感覺以及需求，協助團體完成這個階段的凝聚力之建立，讓成員們更可能彼此分享。

這些親密關係的形成提供了團體前進的動力，藉由發現自己不孤單，參與者獲得探索的勇氣。當一位女性在團體中因為聽到其他女性的陳述，發現原來對家裡有這麼多的憤怒並不奇怪，而經驗到整個人的釋放。這位男性發現他可以在團體中與其他男性分享眼淚及情緒，而不需再被男子漢這個詞所拘泥。在一份於社區機構的男性團體計畫中（見第 11 章），團體提供男性一個發現共通議題且探索更深層的私人所關注之處，而強化了成員們之間的連結。

帶領者可以指出包括憶起兒少時期的痛苦經驗、孤單和被遺棄的經驗、開始覺察對愛的需求又愛又怕、從覺察中學習表達被禁錮的情感、尋求生命的意義等這類共通的主題，了解到這些共通的議題是將我們牽連一起更具人性、能覺察與父母間的未完成事件、與重要他人一起尋求有意義的關連等，來促使凝聚力的發展，使團體成員們團結起來。這列表並不詳盡，卻是對於人類共同議題的少數舉例，不論它們在表面上看起來有多麼不同，成員們都能在團體逐漸探索的過程中體會到這種共同性。工作階段凝聚力的特徵是藉著成員們分享、時間和承諾而發展出深度的親密感，而這種親密關係是由情感與真誠關懷所形成，通常是透過表達痛苦經驗後的結果。

案例：團體中兩位移民婦女，表達對於離開自己家鄉的痛楚，在沒有說這件事之前，她們覺得與其他團體成員們是疏離的。即使成員沒有相同的經驗，但成員們可以理解她們的痛苦和失落，團體中的每個人被她們所分享的努力而感動，這個工作不只對兩位婦女具有生產力，也刺激其他成員分享在他們生命經驗中感受過的深層之失落。在這次聚會結束時，成員們形成的結論是他們被這次的聚會所深深的感動，他們談到他們感覺到彼此有多接近以及他們之間發展出信任關係。雖然彼此的背景這麼不同，藉

由深度分享每個人生命中的共通議題或感覺，團體成員們被凝聚在一起。

希望感

希望感（hope）是抱持改變是有可能的一種信念。有些人在參加團體前，非常確定地認為他們對自己的外在環境是完全沒辦法控制的。成員們被要求來參加團體可能覺得完全沒有希望或是沒有事情真的會改變。但在團體中，他們可能遇到其他人正在努力地找出方法來有效地掌握他們的生活，並在看到或參與到這些人的過程，可能會鼓舞他們用一種較樂觀的態度思考其生活可以有不同。希望感本身即具療癒能力，因為它會讓成員相信他們有能力做一種不同的選擇。

當人們看不到生活中任何改變的訊號時，有時候會失去勇氣。團體帶領者需小心不要捲入這種無望感之中。重要的是，帶領者要以改變或更好的結果是有可能的信念來進入團體，且帶領者也需擁有一些對成員有用的資源知識。例如，我（Marianne）的一位個案，由於無望感而很難信任我，有一天她大聲地跟我說：「妳真的不了解，我是真的沒希望了。」我讓她知道如果我也跟她一樣覺得沒希望了，那我就很難幫她。我同理她的絕望，但同時我也鼓勵她絕對不放棄。她的求助讓我看到一個象徵希望的景象，並非如她講的那麼糟糕，缺乏希望感可能是由一系列的失望、傷害、虐待所引發，而讓人停駐在這裡。了解及支持成員，但同時又挑戰他們去檢核環繞在其生活情境中的無望或絕望。在幫助他們移除失望感之前，我們也需要了解缺乏希望感對他們的影響。

案例：Anthony 因一次機車車禍而造成癱瘓，他花了大部分的力氣在想他不再能做的事。在醫師的鼓勵下，Anthony 加入了復健團體，在團體中他遇到了許多剛開始時跟他有一樣想法的人。在傾聽他們是怎麼掙扎、怎麼讓自己有效因應他們的殘障之後，Anthony 發現他也可以找到一些方法，讓他現在的生活更有效能。

有意願去冒險及信任

冒險涉及將自己開放給別人、可能會受傷或是願意在團體中做必要的改變。冒險需要改變過去可能已知的安全的情境到一種不確定的場所。如果成員們仍想停在舒服的環境或是不想挑戰自己或其他人，在團體的收穫將會很少。成員們想要揭露他們自己多少，端視他們對團體其他成員或帶領者的信任程度而定，愈信任團體也就愈有動力推動他們自己離開那個舒服的地方。一開始，成員們可以冒險說出他們自己在團體中的感覺，當少數的成員們開始冒險後，其他成員也會開始願意冒險跟進。藉由冒險揭露對此時此刻的觀察及反應，成員開始形成信任及更深入探索自我的可能性。信任是治療的中介——它容許人們呈現自己更多面貌，鼓勵實驗新行為、容許人們用新的角度看自己。

案例：Carmen 在團體中陳述她對男人的憤怒，甚至她也冒險地說了在兒童時期她繼父對她性侵的事情。當她說到她覺得不論在生活中或團體中男人都不可信任，她開始了解到在生活中她是如何把男人排拒在外，以免讓他們再有機會傷害自己。這也讓她有機會做一個新的決定，並不是所有的男人都想要傷害她；即使他們會，她也可以保護自己。如果她沒有冒個險說出來，那麼她就不會有機會可以讓這個態度或行爲改變。

關心及接納

關心是一種被傾聽及被關注的表現。它可以用一種溫和的、同情的，甚至面質的方式來表達。另一種展現關心的方式是在某個人接收到一些很可能不容易處理的回饋時，在當下陪伴他並跟他相處在一起。如果成員們沒有感受到帶領者或其他成員的關心，他們願意冒險的意願就會受限。成員們會願意冒可能受傷的風險，是因為他們感覺到他們對其他人而言是重要的，或是他們自己對其他人而言是有價值的。

關心意謂著接納，去真誠地支持其他人所說，形成「我們將接納你所有的感覺，你對我們而言是重要的，你這個人本身是可接受的——你不需努力取悅任何一個人」。接納是一種肯定每個人有權力擁有及表達感覺以及肯定他的價值。

關懷及接納發展成同理，一種對另一個人的掙扎之深層了解。共通性的出現會讓成員團結在一起，去理解每個問題背後的共同特性——孤獨、需要被接納、害怕被拒絕、害怕親密、被過去經歷所傷害——將降低這種獨自承受的感覺。更進一步來說，透過認同其他人，我們也會更清楚地看到自己。

案例：Bobby 參加一個父母離異兒童的團體，最後開始談到他沒有辦法讓他父母再回來的沮喪，其他孩子也都非常投入。當 Bobby 說到他有時候會對自己的哭泣覺得不好意思，另兩個孩子就跟他說他們也會哭。這種分享孤獨與受傷，讓他跟其他的孩子關係更親密，這讓他們確信其實他們的感覺是正常的。

力量

力量源自於一種感覺到內在未被開啟的自發性、創造力、勇氣以及長處。力量指的不是要去把別人打倒的力量，而是感受到一個人有資源可以引導自己的生活。在團體中，個人力量是從經驗到從前被否定的方式開始。有些人在進入團體時，會覺得他們是沒有力量的。當他們意識到他們可以在目前的情況下採取一些步驟，使生活更有價值，他們被賦予權力。對帶領者很重要的是要能理解並領會，這些人所經驗的那種環繞著無力感的場合。這對於時常被各種社會系統剝奪權力之邊緣團體的成員們而言特別重要。讓每個個人都把他們新找到的力量應用在每個生活情境中也許不是那麼安全，例如，因為 Alfonso 積極地去面質他父親，他父親可能會永遠不再跟他說話。所以帶領者需要能協助成員們對潛在的脈絡或因果關係做一個評估，以及何時或何地完全地展現自己可能並沒有那麼的安全。以下是成員重建力量感覺的例子：

案例：Edith在童年時期常因爲出現在父母面前，而遭到父母親的責打。起初她做了一個放低姿態以避免可能的身體或心理傷害的決定。透過參與團體，她發現她仍用那種好像別人都要抓到她的方式在行動，而這種防衛方式其實已不再有效。因爲她選擇用不讓別人發現她的方式在生活，而當別人看她時，會覺得她是有距離的、冷漠的和拒人於千里之外的。Edith逐漸地發現，她不再是那個在無情成人世界下，無力保衛自己的小孩。藉由挑戰她自己的假設和承擔團體中其他成員的風險，Edith從對自己的感覺以及容許與別人的相處，愈來愈發現自己的力量。

宣洩

能量經常被束縛在一種有威脅的感覺之下，未能表達的感覺常會導致身體的症狀出現，如長期頭痛、胃痛、肌肉緊張或高血壓等。有時團體的成員們會說，他們不想記得那些痛苦的回憶，而未發現他們的身體用很多不同的身體症狀帶出這個痛苦跟經驗。當人們最後終於表達出這個壓抑已久的痛苦或未表達的感覺時，他們通常會經驗到一種身體或情緒的巨大釋放，而這就叫做**宣洩**（catharsis）。舉例來說，Cheryl在說出一些很痛苦的感覺後，她長期的脖子疼痛就消失了。宣洩的處遇常與經驗取向有關，特別是完形治療和心理劇。

在許多的團體中，情緒的釋放扮演很重要的部分，由於情感的表達也催化了信任感和凝聚力。但不是只有宣洩才叫做有工作，有些成員在團體中沒有宣洩，他們會以為自己沒有「工作」到。雖然宣洩具有療效，但只有宣洩並不能形成長期的改變，成員需們要學習如何對於宣洩形成理解，用一些方式讓這些強烈的情緒表達出來，或了解這個情緒如何影響或控制他們每天的行為。

通常最好的方式是藉由鼓勵他們去辨識、表達及處理他們當下的感覺，幫助成員們檢驗他們的想法模式和行為。它可以導引出重要的宣洩以及看到這個情緒宣洩結果，但團體最後的目標不只是宣洩。在宣洩之後很重要的是成員的洞察，連結情緒的情境以及在這個情緒模式下的認知了解。比較理想的是，團體的帶領者需協助成員連結情緒的表達至認知及行為的層面。

帶領者有時會被這種強烈的宣洩情緒的表達所吸引而迫切地需要放鬆，但沒有完成清楚地指導或技巧地帶出隱藏在內的一些事件。有時候，新手帶領者會認為只有宣洩地表達才是有意義的，而忽略了成員可形成幫助的力量。在團體中工作，要問自己「我正在做什麼？」、「為什麼這麼做？」以及「我如何用我及成員的力量來處理這些工作？」

Bemak 和 Young（1998）在團體心理治療中宣洩扮演角色的研究顯示，如果宣洩被處理的時機正確時即具有治療的效果，且宣洩不論在任何學派或長短期的治療，均可以使用。Bemak 和 Young 也指出，帶領者可以協助成員面對自己壓抑的感覺，同時在團體的過程中鼓勵他們將洞察轉化成正向的行動。對於情緒性的工作，在第 4 章裡有更進一步的概念和認知行為取向技巧的說明。

案例：Selene 學習到她可以同時經驗到對母親的愛和憤怒。好幾年了，當她看到她母親仍持續企圖掌控她，她已學會埋藏她的憤怒。在一次團體聚會時，Selene 容許自己用一種象徵的方式感覺並充分地體驗對母親的憤怒。透過角色扮演，團體帶領者幫助 Selene 說出一系列對於母親的憤怒。她在表達這些壓抑的情緒後，感受到無比的放鬆感。帶領者則提醒她可能會冒的風險，若她想在現實生活中實際說出在團體中分享的事。無須貿然地面質自己的母親或對她揭露所有的痛苦或憤怒，而是去了解這種對母親憤怒的情緒，在現在的生活中持續對她造成的影響，包括對她母親和對其他的人際關係。Selene 在所有人際關係中都有著控制的議題，在宣洩後，她開始發現其實並不是所有的人都想要控制她。很重要的是 Selene 開始明白她真正想要與她母親的關係是什麼，以及還有哪些問題阻礙她跟其他人愈來愈親密。Selene 可以選擇她想告訴母親哪些話題，也可以用更直接及真誠的方式與她相處。

認知能力

成員們通常對於整合他們在團體中學習到的經驗會感到困難。在宣洩之後，很重要的是需要修通經驗到的感覺、得到新形成經驗意義的一些了解，並在這個了解的基礎下形成新的決定，因此為能進一步深入探索個人的掙扎，有必要將某些深度情感的概念化意義連結到一些特定經驗。認知能力包括解釋、澄清、闡釋、形成想法，以及提供能對問題創造出新觀點的認知基礎。

認知行為取向強調行為的思與行兩面向，也可以整合到經驗取向的團體中同樣具有生產力（見第 4 章）。Yalom（2005b）提出重要的研究顯示成員們需要以認知做為基礎，才能讓他們將此時此刻的經驗轉化為觀念。當要求成員們就一個情緒經驗進行認知性的運作，時機是很關鍵的。如果成員們太快地做深度的情緒探索，他們可能會覺得帶領者是不夠敏感的。然而，成員們可以在有些時刻能以文字語言表達他們的情緒，意謂著他們可能也有些洞察。

案例：Felix 是一名在團體中表達他被壓抑創傷之青少年，在剛經歷一次崩潰性的哭泣後，他覺得好多了，但很快地這個經驗就被他忽略了。Felix 需要對他這個情緒形成一些意義上的連結，他才可能學習到以下任何一項：他對父親仍存有憤怒的情緒、他對父親交織著怨恨及愛的情緒、他做了一個決定是他父親不能改變的、有許多事情他可以跟他父親說、或是他跟父親仍有很多其他不同的方式互動。對他而言，在治療上的重大意義是他釋放了不外露的情緒，而同樣重要的是澄清這個洞察並發現與父親改變關係的方法。

承諾改變

承諾改變涉及成員們開始願意使用團體這個工具，以協助他們修正他們的行為。成員們亦需提醒自己為什麼要來參加團體，同時要形成改變的計畫或策略，能在他們日常生活中形成改變。團體讓成員們有機會形成更有效及更負責的行動，也提供機會去評估他們行動的有效性。很重要的是成員們要承諾他們會跟著計畫做，而透過承諾，團體也可以幫助成員發展出跟著計畫做的動機。如果成員們發現計畫在執行時有哪些困難或是無法照計畫執行時，重要的是他們要在團體中提出來討論這些困難。

案例：Pearl 發現她會在團體快要結束時，才提出她的煩惱，也描述在生活中她經常無法獲得她所要的東西。她決定要有一點改變，出現不同的行爲。帶領者提出接下來的挑戰：「Pearl，那麼妳是否願意在下次團體第一個講話？也希望在這個禮拜妳至少可以想一個情境，是妳想要但在妳退縮的狀況下錯失了，以及對妳而言，妳可以怎麼做來引起一個比較正向的結果？」藉此，帶領者邀請 Pearl 去嘗試在團體內及眞實生活中的新行爲。如果因爲她沒有做到她需要做的事情而仍持續錯失她想要的東西，成員們及帶領者就可以在團體中面質他們觀察到的現象。

自由地實驗

團體提供一個安全的場所讓成員實驗新的行為。成員們可以分享那些在現實生活中他們隱藏自己的部分。在團體的接納環境中，一個害羞的人可以自發地表達及開口，一個很安靜的人可以有講很多話的經驗。在實驗過新行為後，成員可以評估看看他們想要改變多少目前的行為。

案例：Yesenia 説她已經很厭倦於自己在任何時候都害羞，希望讓別人更知道她。帶領者回應她，「Yesenia，妳是不是願意在團體中找一位妳覺得他跟妳是相反的人？」她找到並得到 Mayra 的同意後，帶領者建議 Yesenia：「在團體繞一圈，假想是 Mayra 説話的樣子，用她在團體中看到的，包括她的身體姿態、手勢、語調等等，告訴其他人一些關於自己想讓他們知道的事情。」或是 Yesenia 可以被要求去分享她對團體其他成員的觀察或反應。也可以請 Mayra 擔任 Yesenia 的教練協助她完成這個工作，有時當他們假裝成另一個人時，會很驚訝地發現成員們有多麼的直率，而當 Yesenia 從這個經驗中了解到她眞的具有這樣的表達能力時，她可以用不同的方式來呈現她自己。

幽默

幽默有助成員們對他們的問題有新的洞察或觀點，也是療癒的資源，但幽默不要讓成員感到困窘。有時幽默可形成很有效的回饋，有時與別人共同笑一笑自己是很有療效的。事實上，有關幽默的療效已被記錄的有很多，不少工作坊也聚焦在治療性的幽默這樣的觀點。

幽默需要以用一種新的角度來看個人的問題，笑和幽默也會帶給成員更親密的感覺。幽默通常讓問題有新的角度，也讓團體形成一種氣氛，工作可以在歡樂的氣氛下被完成。幽默的治療力量經常被提出，常可以平衡帶領者和成員們間的關係，也可以提升成員們的能力和營建一個具有最大的治療空間給成員們。幽默也是一種因應技巧，讓成員可以用一種好笑的或反諷的方式來面對他的處境。它也是一種轉換的能力，讓成員可以對情境看法或控制有新的觀點而不直接控制。

自發似乎是幽默效果的鑰匙，「計劃幽默」反而容易走味。在使用過多幽默之前，需要建立一定程度的信任。在此要建立對幽默的定義，幽默不是取笑別人，而是一種發自對處境的感受及關懷而出現的共同的笑聲。

案例：Samuel 是一個很嚴肅的人，他通常坐在很後面並觀察團體中的每個人，當帶領者挑戰他只是在觀察，他說他可以把觀察結果寫成一齣喜劇。帶領者知道他是位很能創作的作家，希望他能用文字的方式參與進入團體，所以邀請他以喜劇的日誌方式，寫下有關他在團體中看到或聽到的事情。當他把他的日誌在團體中唸出來時，幾乎團體的每個人都笑了。在這個過程，Samuel 透過他的幽默，分享很多他對其他成員的觀察，很清楚的是他沒有取笑他們，而是他有能力用幽默的方式把所發生的事情捕捉下來。在經過這次的行動後，他發現他有能力透過幽默提供很多人具有洞察的回饋，而他也改變了他的沉默及觀察的行爲，這讓其他人心裡對他的形象完全改觀。

工作階段的協同帶領者議題

當我們有協同帶領者帶領團體或工作坊時，會讓進入工作階段的團體更有能量。在有效團體中，成員們有許多的工作要做，有許多想談的、想處理的以及想被知道的議題。在兩次團體聚會的中間，我們會找時間討論我們對成員們的反應、思考有沒有什麼方式可以讓不同的成員參與其他成員的轉變，以及找出可能的方式幫助成員了解他們在團體的行為，並解決他們之間的衝突。我們也會檢討在團體中身為帶領者所做的、檢核我們的行為對團體所造成的影響。在接近尾聲時會回應從成員們那邊收到關於我們的行為對他們影響的回饋，並且討論有關團體的歷程和動力。如果發現我們看到的觀點不同時，我們也會討論這個差異。

協同帶領者面對的議題

我們無法列舉所有的重要議題，許多在前面幾章所建議過的議題也都適用在這個階段的討論，下面我們提供特別適於在工作階段討論的議題：

持續進行團體的評估　協同帶領者可以確實地找出一些時間執行評估，評估團體的方向是否被執行以及它的生產力程度。在封閉式團體，如果已訂好一個結束的時間（例如 16 週），那麼協同帶領者就可以在第 8 週進行這個團體進展的評估。這個評估可以用個人的或整個團體來進行。如果兩位帶領者都同意團體已經停滯了，或者成員們對團體參與的興趣消失了，則帶領者需帶入這個知覺到團體中，讓成員可以一起討論他們對團體目標或進展的滿意度。

技巧的討論　與協同帶領者一起討論技巧以及帶領風格是很有用的，有時帶領者可能會遲疑是否要帶入一些技巧到團體中，他們可能會擔心出錯、不知道會帶出什麼結果，或只是被動地等待另一位帶領者指導技巧。這個討論容許帶領者之間風格的差異以及主題的探索。

理論導向　如同我們前面說過，協同帶領者不一定要有相同的理論導向，有時不同反而可以帶出另一番局面，你可以從理論的討論中學習到如何應用到實務上。因此，我們鼓勵你多閱讀、參與工作坊以及特定主題的研討會，以及從協同帶領者身上獲得學習。這樣做可以帶給團體一些新的和有趣的不同風貌。

自我揭露　協同帶領者之間需要探索他們在團體中適當的感覺和有療效的自我揭露。例如：如果你願意和成員們分享在團體當下相關議題的回應，但對於團體外的個人私事則選擇有所保留，而你的協同帶領者則完全不保留地分享他的婚姻生活；相對之下，你就會顯得較退縮。類似這樣的議題，你們可以在團體內或與協同帶領者私下談論。

面質　我們前段提到的自我揭露，也可以應用在面質。你可以想像一下，如果你的協同帶領者對成員們展現無禮又粗糙的面質，而你又相信提供支持遠勝於面質，那麼不難想像，在你的團體中你一定是「好人」，而你的協同帶領者則會被歸為「壞人」。若有這樣的狀況發生，兩位協同帶領者需對此現象進行討論，以免長期下來會對團體有所影響。

重點摘要

工作階段的特徵

當團體達到工作階段時，會有以下的主要特徵：

- 信任和凝聚力的程度高。
- 在團體內的溝通是開放的，且包含對於團體內正經歷的過程準確地表達。
- 成員們是自由且直接地互動。
- 成員們願意冒險讓其他成員們認識他們；成員們也願意將他們想探索或了解更深入的個人議題帶入團體討論。
- 成員們之間若有衝突存在，會被指認出來並做直接而有效的處理。
- 可以自由地給予回饋，且不需防衛地去接受回饋。
- 面質可以在一種具挑戰但避免使用評價性標籤的狀況下發生。
- 成員們願意在團體外工作以獲得行為的改變。
- 成員們在嘗試進行改變或願意冒險新行為時，會感到被支持。
- 如果成員們願意採取行動，他們會有希望感，覺得自己能改變；他們不會感到無助。

成員們的任務和功能

在工作階段的特徵是能探索對個人有意義的事件。要達成此階段，成員們需要達成以下的任務及角色：

- 願意在團體聚會中討論他們個人所關注的議題。
- 提供回饋並對其他人的回饋保持開放，即使因為這樣有可能讓有些人覺得緊張焦慮。
- 願意在日常生活中練習新的技巧或行為，並將結果帶到團體中進行討論。只有洞察是無法產生改變的。

- 願意冒險；如果成員變得過於放鬆或舒適，團體工作階段可能會停滯。
- 持續評估對團體的滿意度，若有需要，會主動採取步驟以提高對團體介入的滿意程度。

帶領者的功能

帶領者在工作階段中重要的帶領功能：

- 持續示範合適的行為，尤其是關懷性的面質，以及揭露對團體持續的反應。
- 支持成員願意冒險並協助他們將這些結果帶入他們的日常生活。
- 在適當時間解釋成員行為模式的意義，使成員能進入更深一層的自我探索並考慮選擇改變行為。
- 探索共通性的主題以提供團體普同感，也連結一位或多位成員與其他在團體中的成員的工作。
- 聚焦在將成員的洞察轉換成行為的重要性，並鼓勵成員練習新行為。
- 促進可以增加團體凝聚程度的行為。

練習活動

工作階段的評估

1. **關鍵的指標。**你會在工作階段中注意哪些象徵以判斷你的團體是否已進入工作階段？你認為哪些辨識的特徵特別與工作階段有關？到什麼程度時你的團體進入工作階段？到什麼程度時叫做你的個人目標完成？
2. **成員在開放式團體的改變。**假設你帶的是成員會變動的團體，雖然仍有一些核心的成員們可能持續參加，但成員總有一天會結束換新的成員加入。這些人要進入工作階段可能會遇到什麼樣的困難？你會做些什麼來增加這類團體的凝聚力？你會如何處理成員們的結案以及新成員即將融入團體？
3. **自我揭露的原則。**你會提供成員哪些適合自我揭露的原則？你可以向成員們解釋個人的存在和分享他們是誰的意義嗎？若有成員說了這樣的話：「我不懂為什麼這裡這麼強調要對其他成員說出自己的感覺和想法，我是個蠻重視個人隱私的人，在這裡，大家的說話方式會讓我覺得不舒服。」你會怎麼回應？如果她參加的是一個自願團體，你會怎麼處理？若是非自願團體，你會怎麼回應？

4. **有效的面質。**有效和無效面質之間有很重要的區分。你會怎麼跟成員解釋這兩者的差異？你會怎麼回應下面成員的說法？「我不懂我們為什麼要聚焦在這麼多的問題或面質個人的負向感覺，做這些事會讓我變得很退縮，因為我比較希望獲得正向的回饋，我會怕說太多。」

問題討論

在小團體中討論以下的問題：

1. 工作團體與非工作團體之間最大的差異是什麼？而有參與工作和沒有參與工作的成員之間呢？
2. 可以改變個案的三個主要的治療因子是什麼？
3. 身為帶領者，你會參考哪些特別的原則以判斷自我揭露是恰當且可以催化成員？
4. 在工作階段什麼是你會想要教導成員們如何給予及接受回饋的？
5. 雖然團體的生產力在任何階段都有可能成型，但並非所有的團體會有本章所討論的工作階段的特徵。是什麼原因阻礙了團體進階到工作階段。

團體成員每週對團體的評量

以下的評量活動，可以在每次團體聚會結束前提供給成員們，做為很快地了解成員們的滿意情形的指引。你可以摘要這些結果，並將你注意到評量結果的趨勢做為每次聚會的開場。成員們在每個項目的量尺中圈選適當數字：

1 或 2 = 非常差
3 或 4 = 有點差
5 或 6 = 還好
7 或 8 = 有點好
9 或 10 = 非常好

1. 本週參與前你的準備程度（反應、對討論主題的思考、讀、寫）？

1 2 3 4 5 6 7 8 9 10

2. 你會如何評量你今天參與團體的程度？

1 2 3 4 5 6 7 8 9 10

3. 你會怎麼評估今天團體整個的參與程度？

1 2 3 4 5 6 7 8 9 10

4 請自評你今天願意冒險的程度，分享多少自己的想法或感覺讓其他成員知道，以及主動參與的程度。

1 2 3 4 5 6 7 8 9 10

5. 你對於今天團體經驗的滿意程度為何？

1 2 3 4 5 6 7 8 9 10

6. 你覺得今天的團體議題以個人及有意義的方式處理的程度（分享感覺而不是學術討論）？

1 2 3 4 5 6 7 8 9 10

7. 你今天在團體中感覺到信任的程度如何？

1 2 3 4 5 6 7 8 9 10

8. 你會怎麼評估今天團體的帶領者的介入及投入的程度？

1 2 3 4 5 6 7 8 9 10

9. 請在建立團體氣氛的能力部分（溫暖、尊重、支持、同理以及信任），給今天團體帶領者一個評分。

1 2 3 4 5 6 7 8 9 10

Chapter 9

第九章
團體的結束階段

你的實習即將結束，過去十個月帶領住院病人、單親媽媽們處理藥物治療和兒時受虐議題的諮商團體必須告一段落。其中多位女性成員們曾有段被拋棄和失落的經驗，在最後的聚會中，有位成員缺席而你不知道為什麼，另一位成員則帶來一個不適合在這時提出的嚴肅問題，然而這個團體卻已達到相當高的凝聚力，你對這兩位成員帶著有些敵意的面質感到訝異。

在這個結束階段，你會怎麼向成員們挑明這些議題？你會做些什麼事情以避免這種情況發生？你會討論關於成員們缺席的問題嗎？在團體中，你要怎麼說明及討論？你過去曾有過失落的議題，你是如何處理的？有什麼關鍵的議題是成員們在這個階段要處理的？有哪些倫理議題是急迫的？你的理論取向有可能影響你察覺到個案行為並和團體成員們一起處理嗎？

導論

團體初始階段的發展相當重要，在這個階段參與的人會相互認識、建立信任感、決定之後團體密集工作的規範，以及形成獨特的團體認同。團體發展到最後，也是一個相當重要的階段，成員們可以在這個階段，澄清團體經驗的意義、鞏固所學，以及確認有哪些新學到的行為可以帶到日常生活中。另外，團體的結束階段讓成員們有機會經驗關係的良性結束。

本章我們討論團體經驗結束的方法，我們要告訴你，如何協助成員評估他們在團體中的經驗。在結束階段我們所要討論的重要議題如下：

- 成員們在結束階段中需要完成的任務。
- 可以幫助成員們鞏固所學及處理未竟事務的技術。
- 探討成員們對於團體即將結束的想法及感受之重要性。
- 如何幫助成員們準備好離開團體，並且將他們所學持續運用於生活中。

Mangione、Forti 及 Iacuzzi（2007）調查指出，經驗豐富的團體治療者，對結束階段的重要性都有共識，而且會花時間讓成員準備與經歷結束階段。當你在閱讀本章時，回想你過去曾參加團體結束時的經驗，團體要結束時的想法和感受是什麼？結束和團體成員們的關係，你會有什麼樣的反應？

結束階段是團體歷史的一環，在治療團體即將結束時，常常會出現一些複雜的事件和波動的情緒，有許多任務在這個階段裡需要完成，但很難有一共通的準則，適用各種不同類型的團體。要花多少時間結束團體，其實涉及很多變數的考量。例如，要看團體屬於封閉式團體或開放式團體，以及團體已持續多久來決定要用多少次聚會對團體經驗進行回顧與統整。無論何種團體類型，都要撥出適當的時間對團體經驗做統整與評估。而在團體最終一個聚會納入太多事情是很危險的事，這會讓團體變得片段零散，無法讓學習轉換到真實生活。團體經驗最重要的事，就是希望成員能夠應用其所學到的新方法，提升其生活品質。

團體結束階段的任務：鞏固所學

團體週期的結束階段是成員們能夠鞏固所學並發展策略，將他們在團體中所學的轉換到日常生活中。在這個階段，成員們要能表達出團體經驗對他們的意義與價值，以及在團體結束後他們想要達到的境界。此時也是他們表達在團體中的經驗、感受與想法的最佳時機。有許多團體成員是難以接受團體的結束，他們需要面對結束的事實並學會如何道別。如果團體有治療成效，那麼成員們就能延伸所學到團體外的世界，即便是哀傷與失落，他們也能有充分的體驗。

身為團體的帶領者，你的任務就是協助成員們對團體中所發生的事，獲得有意義的學習。團體的目的之一，就是將成員在團體內的學習落實於日常生活當中。如果帶領者沒有提供一個架構協助成員回顧與統整所學，很可能就失去這個可以有長久學習效果的一課。如果不對結束做處理，那麼團體將錯失機會去探討許多成員所關心且對他們有影響的議題，同時也會殃及個案的治療。

在所有聚會都是相同成員的封閉式團體中，帶領者的任務在協助成員們回顧每個人的個別工作，並檢視其第一次聚會到最後一次聚會的參與型態。成員們在這類團體，如果能對彼此已達成的改變相互回饋，是相當有意義的。

開放式團體則由於在不同的時間點會有成員離開或新加入團體，因此會有許多不同的挑戰。當成員有足夠的時間，探討結束這個轉換階段所引發的想法與感受，同時有成員即將離開或新成員要進入團體，結束的過程更顯得有意義。成功的結束就像是給成員的一項禮物，它不只是結束，同時能與成員維持聯繫（Shapiro & Ginzberg, 2002）。在開放式團體中，對於即將結束的成員，有下列任務需要達成：

- 教育在開放式團體的成員們，當他們決定結束時要適時告知，確保成員們有時間處理個人或與團體內其他成員未完成的事。
- 從成員有團體經驗的開始，就與成員討論知後同意的議題，並解釋如何有效能地結束（Mangione et al., 2007）。
- 提供時間給要結束的成員做好心理準備。
- 讓成員有機會與其他人道別，分享自己的反應並給予回饋。留在團體的成員們常因成員離開而有失落反應，因此需要讓他們有表達想法與感受的機會。
- 探索文化如何影響成員對結束的知覺與了解。有些文化會強調關係的連續性，視結束為一種間歇暫停而非永久的事實；其他文化則可能視結束為永久的關係切斷；對於結束所呈現的不同理解與反應，需要在團體內處理（Mangione, et al., 2007）。
- 協助要離開的成員回顧他在團體中的學習，尤其要與他討論如何應用學習。由團體的每位成員進行回顧與改變的增強。
- 幫助參加團體的人學習如何應用他們在團體的收穫做為面對未來挑戰的工具（Joyce, Piper, Orgrodniczuk, & Klein, 2007）。
- 必要時，協助做轉介。

有些時候，成員可能沒有做任何事前的告知就結束團體。團體帶領者儘可能鼓勵這類型的成員能夠有足夠的時間留在團體，說明其結束團體可能的動機和理由。當有成員說他離開團體，是因為意外不得已的原因，你會怎麼處理？若這位成員想要留在團體中，但是會有一段時間不能出現，你會如何處理這樣的請求？

團體經驗的結束

在團體結束階段所呈現的主題，雖然會因為不同的成員而有各種的議題，仍然有許多主題是各種團體共同會面對的。有些成員們會做些像是讓自己表現得有距離、有問題，以及喜好爭辯等。在某些案例中，有些成員的表現較其他成員們是欠佳的，例如有成員在整個團體期間，就會一直出現上述讓他可以早點退出團體的行為，或在離開時聲稱自己可以處理痛苦、待解決的失落與哀傷。事實上，有很多人曾有負向的或不健康的道別方式之經驗，團體帶領者正可以指導成員們如何處理在團體內及團體外關係的結束及親密議題。

有些諮商師認為在團體的第一天，結束就已經開始了，團體帶領者要讓成員們有心理準備，團體終究會結束的。帶領者的開場白或許不太能恰當地表達，但是他的重要任務是要強調及早將未竟事務在最後一次團體聚會前，能有充分的時間好好討論所關切的事情。最重要的是，帶領者要在適當的時間點提出結束的議題。而帶領者要討論即將結束的議題，通常會考量下列因素：這是開放式或封閉式團體、成員所經驗到的失落或遺棄事件、團體已經進行聚會的時間長短、團體成員的年齡、成員們的文化背景、團體的心理功能，以及團體凝聚力。決定何時談結束以及如何去談，要同時考慮到許多因素。

第 10 及 11 章裡有很多性質不同的團體計畫，示範如何讓成員們做好結束的準備，同時如何結構團體的階段。在第 10 章，有個範例是以受虐兒童為對象的團體，在最後的階段中，為他們的團體經驗而籌劃一個慶祝活動。這個目的主要是提供成員們回顧整個團體的經驗，分享他們在團體中從自己及其他人身上得到的學習，由於 Teresa Christensen 給了這些參加團體的孩子們一個可以參與設計團體要如何結束的機會，所以團體的結束常常會有不同的型式。然而她會要求成員們分享以下的訊息：(1) 他們了解自己的長處和優點是什麼；(2) 未來要能正向地抉擇及建立團體外健康的人際關係，他們有何計畫；(3) 他們如何照顧自己的計畫。

第 11 章介紹的成人悲傷團體裡，Alan Forrest 鼓勵成員們說出任何與往者，或是其他成員、帶領者之間的未竟事務，同時也鼓勵參與的人能就團體中的經驗，彼此給予回饋及道別，所以成員們有機會在團體結束前，能學到以一種健康的方法處理個人的失落。團員們會談到在團體結束後可能的情景、探索對他們最有意義的團體經驗是什麼，以及檢視要持續支持的計畫。有些儀式可以幫助成員們固化團體所學及獲得情緒的療癒經驗，像是每位成員點一支蠟燭代表已故的人，並分享對往者的想法。這個活動鼓勵團體在最後能進行經驗分享，用燭光做為頓悟和啟發的隱喻，同時讓每位成員離開時將具體的東西（蠟燭）帶回家。因此，當你在閱讀第 10 及 11 章的團體計畫時，你將會注意到所有的團體諮商師們很嚴肅地處理結束的過程，並讓成員們準備處理有關團體即將結束的想法和感受。

處理分離的情感

在團體初始階段的討論中，我們提出鼓勵成員表達他們所期望與擔心，讓信任感的建立不會受到限制的重要性。當成員們接近團體結束或要離開進行中的團體時，可能會對分離有所惦掛或感到害怕，因此也有必要鼓勵他們表達自己的反應。就如同當初進來團體時的情形，有些成員在離開團體時一樣會感到焦慮；有些人可能覺得他們此刻在團體中所感受到的信任，無法在外在世界重現。此時團體帶領者的首要任務，要提醒成員他們現在所擁有的凝聚力，就是他們採取行動所獲得的成果，讓成員們了解親密關係並非偶然發生，而是經歷相當的掙扎與承諾，才能修通人際衝突而有的成果。

即使參與團體的人了解他們在團體外也能創造有意義的關係並建立支持系統，他們仍然會在這個特定社群的結束時，經驗到失落感與憂傷。結束，常引發我們對死亡、分離、遺棄的情緒反應，也期望能有新的開始（Rutan, Stone, & Shay, 2007）。為了能催化成員表達他們對分離的感受，團體帶領者先行檢視自己的道別經驗或困難是非常重要的。精神分析取向的團體實務者其焦點在明辨及管理他們自己的反移情，否則協助成員們探索對於團體結束的反應之能力，會受到干擾。Mangione 和他的同事（2007）強調團體帶領者如果想要符合倫理，並能有效地協助成員們處理結束議題，就必須先行覺察自己對於失落或結束的限制所在。他們發現參與研究調查的團體治療者，高達 62% 表示由於個人生活事件問題，導致他們在處理團體結束時遇到困難。

雖然團體的成效有部分歸功於帶領者，主要是團員們的確做了一些努力才能營造一個成功的團體，這就需要帶領者幫助他們做統整。在我們的經驗裡，當成員們想要給我們超乎所想和所做的肯定時，我們都會這樣回答他們：「這個團體之所以成功是因為我們大家共同的努力，如果你們還記得在這裡曾做了哪些事情，是促成了你所期望的改變，那麼在團體結束後，你或許也可以在自己的日常生活中創造一個脈絡並達到相似的改變。」

對團體早期與後期知覺的比較

在許多曾帶領過的團體，我們通常會在第一次聚會時就請成員們花個幾分鐘，安靜地環視團體所在的房間，接著會說：「當你看著不同的人時，儘量去覺察你的反應，你是否對某些特定人較有印象？其中是否有些人讓你覺得有威脅？你是否會讓自己去評價他人？」讓成員們安靜地環視屋內幾分鐘之後，會請他們先保留不對剛剛所想到或所感覺到的做分享。通常我們也讓成員們知道，會在團體結束階段再讓他們做一次這樣的活動。當結束階段到來，我們會對成員們說：「請你再次環視這個房間，並覺察在這裡的每一個人。你記得第一次聚會的反應嗎？你的反應是否有絲毫改變？相較於團體開始時期的感受，你現在的感受如何？」在團體結束階段，成員的主要任務要能將第一次到最終一次聚會所感受到的化為話語，讓大家知道，他從自己及其他成員身上學到什麼。如果團體在結束階段出現改變或不一樣，我們可經由詢問的過程，反映出成員已達成的事，包括他們個人以及團體一起完成的事，藉此呈現出這些改變。

處理未竟事務

在團體結束階段，需留些時間表達並修通任何與成員之間的溝通，或團體歷程與目標有關之未竟事務。在團體的尾聲，團體帶領者不能表面地處理一些未解決的衝突，例如一開始就有兩位成員彼此懷有敵意的面質，這可能有很多的理由而爆開來：其中一位成員想要用「貶損」別人的方式來降低因為要離開的痛楚，或是另位成員都是用生氣的方式處理關係的結束，抑或可能是有位成員坐視不理與另一個人之間糾結的情緒已有一段時間了。儘管我們再怎麼幫助成員們，不要在團體的最後階段才說出迴盪不已的反應，這樣的事情最後還是發生。雖然在最後的階段裡要「解決」衝突或是未竟事務的時間可能不夠充裕，但和成員討論他選擇將反應保留的相關話題和衝擊仍然是很有用的。無論如何，成員在這個經驗和評估中學到，在未來類似的情境中，可以表達他／她的想法和感受都是值得的。

而有個不切實際的想法就是認為所有被探索過的議題都能完全地被修通，就如前面曾提過的，如果能提醒成員們團體還有幾次的聚會，較能促動他們使用所剩時間，完成自己設定的議程。我們常會問這樣的問題：「如果這是團體的最終一次聚會，對於你已完成的事，你會有何感覺？如果可能，你會希望有哪些不同的做法？」另外，團體可以指出成員離開之後，在很多地方也可以有好的成果表現。

團體經驗中個人姿態表達的意義

在團體即將結束的期間，為了答謝帶領者，甚至於成員們之間會想到送禮物，這並非不常見，你的諮商理論和個人風格將可能影響你如何看待這樣的事情。在我們的經驗中，若能引導送禮及收禮的成員們做開放的討論，那會是工作中很有意義的部分。無論你對於送禮的原則是什麼，在團體內討論成員們的意圖，這樣的探索都是有益的。舉例來說，那是個感謝的意思，還是在諮商結束後仍和你有私人的關係？在成員的文化中，送禮給敬重的人或老師是很平常的嗎？以一種好奇和感興趣的方式對成員的意圖進行探索，將可以引起很豐富的討論。

有些時候，帶領者可能會想要提供一個小禮物給團體成員們，象徵著他們的工作已完成結束了，或是希望他們在團體結束仍持續著成長。在以下我們提供的例子裡，你可以用來檢視自己要送小禮物的意圖。例如一個為期兩年的亂倫倖存者的團體要結束時，我（Cindy）和協同帶領者送給這些女士們守護天使別針，就是象徵她們兒時應得的保護，同時我們也希望她們蛻變成一名成年的女人。在團體中，所有成員們分享了在那些年受到騷擾，未曾被任何人保護的痛苦回憶，而這些別針也象徵著她們曾在這些聚會中所做的努力。此外，在我帶領一個冥想團體中，成員們會收到一個小蠟燭，象徵他們曾分享的事情及提醒他們要持續的練習冥想。對我而言，重要的是要考量送給成員們一份小禮物的文化適切性，同時也開啟成員們對這些象徵性禮物的任何反應的過程。

另一個在結束時常見的情形是個案可能會想要和你來個擁抱，或者你可能被要求去抱抱他們。最好是能在之前就想想你會怎麼回應這個問題，一般來說最安全的做法，是等著個案開口說想要擁抱，而不是由你來主導。對有些諮商師來說，和個案有肢體的碰觸是有所顧忌的，而對其他人來說這是很自然地在表達親密和更深的連結，可以應用在諮商的過程中，所以並沒有適用於所有情境的唯一做法。

團體經驗回顧

在團體結束階段，我們從頭到尾回顧成員在每一個聚會所學會的事情，並了解他們是如何學會這些功課的。例如，Adam 了解到否認憤怒助長他的憂鬱感覺以及身心症。在這些聚會中，他開始練習憤怒的表達，不再以微笑及否認來處理憤怒情緒，並因此學到重要的技巧。對 Adam 而言，認真回想自己對他人的所作所為是重要的，因為他可能很容易就忘了這些難學的功課。

團體結束的部分時段，是安排給參與團體的人討論一些事情，像是他們在團體中學到什麼、他們的轉捩點、團體對他的幫助和感到困難的是什麼、哪些聚會的進行方式帶來較大的衝擊，及看待團體整個歷史的觀點等。為了達到較具實質意義的評估，我們鼓勵參與者的表達要具體化。當成員表述「團體好棒哦！而且我學到很多」或說「我不會忘記我在這裡學到的每件事」。我們會協助他做更具體的說明，而且可能會用下列一些問題來請教他：

- 讓你感到有意義的團體進行方式是什麼？
- 當你說你成長了許多，是否告訴我們，你有哪些具體的改變？
- 在你學到的這些事情中，你最有印象的是什麼？

明確地詢問成員他們在團體中學到什麼，因為他們更適合為自己所要增長的知識做決定。我們經常強調成員要將他們的所學，以其所覺察的用語和表達的方式融入實際的行動。如果他們能將所學以具體、描述的方式呈現，那麼他們將更有可能將所學轉化至真實世界的生活情境。

行為改變練習

在每週見面的團體中，每次的團體聚會中有很多機會練習新行為，最好能鼓勵成員們思考如何持續地在聚會時間之外練習新的行為。成員們可以順勢完成家庭作業，並在下次聚會報告他們在不同情境嘗試新行為的成效，這種方式可以讓學習的轉換效果達到最大。成員們在團體聚會的時間練習新的行為，就當作是在練習更有效處理緊急事故的因應技巧。

在團體的後期，我們會應用一些認知行為取向的概念及技術來固化成員們的學習。我們再次強調練習的好處（包含團體內的情境和團體的生活），就是一種固化和鞏固他們學習的方法。我們很倚重角色扮演的情境和參與互動式的行為預演，也指導成員們一些特定的技巧以幫助他們達成預期的行改變。我們鼓勵成員們持續地行動，並且和幾個人在團體外試著新的行為型態。

我們要求成員們檢視自己以及他們想要持續改變的方式，而不去思考如何改變他人。例如，Luke 希望太太把更多心思放在家庭，而且對 Luke 的改變有更多接納，那麼我們會鼓勵他去告訴太太，有關他的改變以及他自己本身的事。我們提醒他，這與對太太進行誘惑性質的要求是不同的。在預演及角色扮演情境中，我們通常會請成員們對其生活中的重要他人，簡單表達他們真正想說的話，如此才不至於遺漏他們最想傳達的訊息。

持續更深遠的學習

團體結束階段的任務之一就是發展明確的行動計畫，讓改變可以繼續延伸到團體以外的情境。協助成員們能夠將其所學付諸行動是帶領團體的人最重要的功能之一。在實務上，我們例行地會與成員們討論，他們可以各種不同的方式，將團體所學習到的應用於其他情境。對很多成員們而言，團體是個人要改變的開始，他們把握機會在團體裡完成這樣的工作，但是也有些人認為團體是個「準備要改變」的地方。有時候團體成員們耗費能量地抗拒成長，或者還只是考慮要改變，在時間就快要結束時，才發現開始要在生活中做點不一樣事情的動機，故協助成員們界定清楚將新的覺察轉化為行動的步驟是很重要的。改變永遠是不會太晚的，團體成員們可以運用他們在團體中所獲得的洞察和他們的矛盾，學習新的生活之道。

如果團體是成功的，那麼成員對問題出現的處理，就能有許多新方向可依循。此外，成員可以獲得一些必要的工具和資源，以持續個人的成長。有鑑於此，在團體快結束時，討論可行的方案以及轉介是特別合適的時間點。

邀請成員對自己的未來做計畫，是協助成員概念化長期方向的一種策略。帶領者讓成員們思考自己在六個月或一年之後最可能達成的改變是什麼。成員們可以想像如果團體在大家選定的會議時間見面，在見面當時最想對彼此說的話是什麼。另外，他們也可以談談自己必須做些什麼事，才能達成長期目標。

投射未來的技術常用在心理劇，主要用來協助團體成員表達與澄清對自己未來的關心。不只是談論他們所喜歡的未來生活樣貌，而且邀請成員們在此時此刻創造出未來。例如，可以和其他成員們進行角色扮演，與所愛對象進行對話。藉由特定人選的安排與未來時間的預演，將事件搬到現在，讓成員對於得到自己想要的目標，有新的觀點。更多關於使用投射未來的技術理由，請見第 4 章的內容。

接受與給予回饋

得到其他人的回饋，對於想在日常生活有所改變的成員特別有幫助。如果成員要將所學發揮到最大效果，做好處理團體外事務的準備是相當必要的。成員們可從新的人際技巧練習、獲得回饋、討論回饋，以及某些行為的修正中獲益，並得以在他離開團體後，有可能達成自己期望的改變。

在整個團體從頭到尾的過程中，成員們都在給予與接受回饋，這些回饋有助於他們評估自己對別人的影響力。在團體結束階段，我們更強調對每個人可以有比較聚焦的回饋方式。我們通常會請成員們簡短地報告他們如何知覺團體中的自己、團體如何影響他們、何種衝突變得更為明確，以及他們仔細想過哪些決定是完成了。然後，其他成員則回饋他們對這位成員的知覺以及這位成員對他們的影響。

在團體快結束時會有一個潛在的問題，就是成員傾向給一個可能難以回憶或沒有太大幫助整體的籠統回饋。像是我們不鼓勵使用：「我真的喜歡你」、「我覺得跟你很親近」、「你是個超人」或「我會記得你」之類的表達。受到認知行為取向的影響，我們提供以下幾個開啟問話的指導守則，做為有意義的回饋與建議的開場引導語：

- 我對你的期望是……

- 如果要給你一樣東西，那我要給你的就是……
- 我從你身上學到一些事，就是……

在這個時間點上，回饋著重在學習的整合與統整。當團體接近尾聲時，在態度上力求每個成員都有機會以做自我揭露為前提，進行建設性的回饋。這並非是一個「打帶跑」的時刻，我們不希望成員彼此留下負面或批評的回饋，同時我們會請成員們適時保留在先前會議未曾談論的議題，而不談論新的議題。這個時間點並不適合成員們傾吐累積在心裡的負面反應，因為成員沒有機會可以修通這樣的回饋。在進行回饋的階段中，我們會向成員們強調，他們可以約定在團體結束後，未來在哪些地方要做進一步的探索。我們建議在日後的團體追蹤聚會裡，激勵成員們思考有哪些方法，是可以讓自己的新決定持續發揮功能而不會停滯。

使用契約與家庭作業

在團體最後聚會，給成員們時間撰寫契約，有助於他們將團體裡建起的新開始能夠持續下去。這些契約列出成員在團體結束時，為能增進目標的達成機會所願意採取的行動步驟。契約必須是成員自己發展的，很重要的是，企圖心不能太大，不要讓自己在這個計畫裡註定要失敗。許多認知行為取向很重視團體結束階段的契約和家庭作業，例如現實治療法的治療師會花相當多的時間指導成員們一些特別的方法，以設計成功的行動計畫。發展計畫是現實治療團體的核心，若你採取的是經驗和關係取向的理論，你的成員們一樣能從過程中受惠。

如果成員們願意，他可以選擇將契約大聲讀出來，如此一來，其他成員就能提供明確、有幫助的回饋。另外，也可以請成員在團體中至少找一個人，向他或他們報告自己達成目標的進度，特別是他們即將失去每週一次的團體支持。這個安排非常有效，它不僅強化責任感而且教導他們對支持系統建立的重視，以協助他們達到期望的改變。以下提供在團體聚會結束階段，成員訂立契約的範例說明：

- Amanda 努力讓自己在班上可以更常開口表達：她訂的契約是要自己在班上能夠持續有口語表達的參與，而且在期末時，至少向兩位朋友報告進展狀況。

- Roland 曾探索自己與他人疏離的傾向，同時在團體內、外與人接近的部分已有進步。他表示對自己的感覺好多了，他和幾位團體外的朋友約定一個月打一次電話、寫電子郵件或是跟他們簡單地聊聊天。
- Jason 覺察到對與自己想法和行為不同的人，會有偏見。他在團體中挑戰自己去接近因彼此不同而不願意接觸的人，而且結果令他相當滿意。Jason 希望自己在離開團體後，也能持續這個新行為。他與最初幾個自己會迴避的朋友約定，要打電話、寫電子郵件或是聊聊關於自己的進步情形。

我們曾建議在團體的各個階段都可使用家庭作業。在團體接近結束階段，就要細心製作不同性質的家庭作業。家庭作業也可以包含在與成員訂定的契約當中，而且探討評量問題，協助成員檢視他們給自己的作業是否能夠具體反應自己所期望的改變。

處理挫折

即便是下定決心而且很努力地工作，成員們並非皆能如願地達到自己所想。在團體的結束階段激勵成員們，有助於他們克服真實世界的挫折，並避免他們感到氣餒甚至放棄。協助成員建立一個支持系統是個很好的方法，可以幫助他們處理挫折並能持續聚焦在達成目標所需要做的事情上。很重要的是，要讓成員了解小小的改變就是新方向的第一步。

在許多認知行為取向的團體中預防退步的策略是很基本的，但不論你的理論取向是什麼，有個關於退步及如何克服非預期結果的討論機會是很重要的。如果成員們給自己的家庭作業易於操作執行，就可降低失望的機會。家庭作業要能量身訂做適合每位成員所訂的契約，留意成員的計畫是否野心太大，而無法達成。如果在團體結束後安排有追蹤聚會，那麼這個聚會就是一個很好的時機，可對成員的契約再評估，同時評估其家庭作業的有效程度（稍後我們會談追蹤聚會）。我們一直都強調成員參加追蹤聚會的重要性，尤其是答應在團體結束後要做卻怠惰的成員，更具追蹤的重要性。追蹤聚會同時也是評估每位成員未來行動計畫的一個重要機會。

將團體所學應用到生活情境的指導原則

發生在團體內的某些行為和態度，都可能增加有意義的自我探索機會。此時我們建議你回頭閱讀第 6 章有關幫助成員收穫最大的團體經驗原則。在成員們進入團體的初始階段，我們會教導他們如何讓自己主動參與；在團體結束階段，我們會再強化某些先前教導的重點，協助成員鞏固所學，並能將其所學應用於日常生活中。在團體接近結束時，參與者需要想一想自己所學的可以如何應用。

了解團體只是達成目的的一種工具　我們認為團體經驗並非目的，雖然與他人更接近是快樂的，但團體主要目的在協助參與者能夠下定決心，願意改變他在真實世界的生活，包括能夠跟實際生活中的重要他人可以更親近。團體所具的療效能鼓勵人們檢視自己、可以決定是否喜歡自己所見到的事，而且如果他們想要，就可以作計畫去進行改變。

當團體接近結束時，你的任務在反映成員們他們已經習得的事有哪些？他們是如何習得的，以及他們對自己有何覺察？成員們這時就處在一個能決定為之前所學的再做些事情的位置。

了解改變可能是緩慢而且細微的　人們有時會期待改變自動產生，而且一旦有了改變，又會期待改變是長久的。然而這樣的期待往往在有臨時性的挫折發生時，就會讓參與者感到氣餒。比較理想的做法是，成員們可以把這些挫折帶回到團體。能夠體認改變的歷程有可能是緩慢的，這對團體探索是很有幫助的。

不要期待單獨一個團體就能改變你的生活　有些尋求團體治療的人可能會有不符現實的期待，他們希望快速、戲劇性的改變。應提醒成員們，單一的治療經驗本身只是重要改變的催化劑，不足以承擔所有的期待。人們以多年時間創造其獨特的人格面具與防衛機制，相對地需要時間建立具有建設性的替代選擇。由於防衛機制可能承擔了某些痛苦，而且有其運作功能，因此人們通常沒有那麼容易就放開已經熟悉的防衛機制。以某些角度而言，改變歷程就只是一個歷程，而非一個最終的狀態。

決定為自己所學會的事做些什麼　團體的好處在於它能提供一個真實時刻，讓成員們看清楚自己是誰，以及他們如何在他人面前展現自己。當成員看見自己的真實面貌之後，是否要進一步做些什麼，最終仍視成員自己的決定。成員們可以練習將其在團體所學轉換到日常生活當中，有很多人尋求治療的原因在於他們失去有意義過生活的能力，而且倚賴別人指導他們的生活甚至為他們的決定負起責任，他們希望團體為他們做決定，或者敏銳地配合團體所期待他們做的事。如果團體真的有效能，成員們就能對其日常生活想要做的改變做出決定。

提醒成員保密

在團體最終的聚會，我們再次強調保密的重要，即便團體結束後也是如此。我們注意到有些成員往往因為很熱心想要分享細節給其他人，而不自覺地洩露祕密。我們提供一個可以談論但又不會違反保密的例子。我們建議成員們可以告訴別人他們學到什麼，但對於如何學到這些事情的細節描述則要小心。在討論他們的經驗是「如何」時，就可能不恰當地將其他成員的事給談了進來，同時我們鼓勵參與者談論自己而不是談論其他參與者的問題。

團體經驗的評估

評估是任何團體經驗的基本工作，而且它對成員與帶領者都有好處。評估是從團體一開始即持續進行的工作，或至少是在團體的重要轉捩點，記錄了每位成員和團體進步的軌跡。某些類型的評估量表可以提供帶領者了解每位成員的經驗及對團體的評價，而標準化工具能夠掌握個人在態度與價值的改變，這種實務性的評估工具可以協助團體的成員做一個個人化的評量，同時有助帶領者知道何種處遇要多一些或少一些會較有幫助。融入評估於團體結構中，將可改進未來的團體設計。

在團體結束後，有時我們也會寄問卷給成員們。當成員們對團體保有某些距離時，他們對團體的知覺可能就會有所不同。當成員們對我們的問題進行填答與回應時，也是鼓勵成員再一次反思並以文字描寫出團體經驗對他們的意義，而成員在填寫對團體經驗的知覺時，也能再次評估團體對他們的助益。

以下是問卷的題目舉例：

1. 團體經驗對你的生活有哪些影響效果？
2. 對於你的生活方式、態度以及與他人的關係，你有哪些特別的覺察？對於目前生活已有的改變，你覺得有哪些可部分歸功於團體經驗？
3. 在你離開團體之後，有遇到什麼樣的困難嗎？這對你改變的決定有怎樣的影響？
4. 參與團體對你與生活中重要他人的關係，有何影響？
5. 自從團體結束後，你的生活有發生過任何危機嗎？你如何處理這些危機？
6. 如果你沒有這個團體經驗，你的生活可能會有哪些不同？
7. 在團體期間或團體結束之後，你的生活或經驗有增加任何事情嗎？

我們使用下列的測量來評估團體的有效性：

- 我們建議以個別追蹤訪談或與成員們保持聯絡，當無法進行個別的訪談時，我們會以信件和電話訪談代替。
- 我們辦理一次或更多次的團體後聚會，在稍後章節我們將作介紹。
- 我們會請成員們填答簡短的問卷，例如請他們評估最有價值以及最沒有價值的團體經驗。
- 我們會視團體的種類，強力建議成員們在日誌上做歷程記錄。日誌屬於私人性質，成員可以寫出他在團體中的各種主觀經驗，以及他們在團體外正在做的事。這些書面的反應可以在團體期間及結束後交給我們。

成員們持續以報告讓我們知道，他們在團體期間以及團體之後所寫的日誌，發現了對他們承諾要維持改變的不斐價值。藉由日誌的撰寫，成員們更能聚焦在自己重要事件的發現，以及事件間的相關傾向。日誌的使用，讓成員們有機會可以私下澄清他們所經驗的事，同時預演想要對重要他人說的話。日誌的撰寫同時讓他們有機會回想自己在團體中的轉捩點，以回溯的角度評估團體的影響，同時提供一個可以賦予經驗意義的基礎平台。

團體結束的協同帶領者議題

協同帶領者在團體結束前，彼此達成不再帶出無法適當處理新議題的協議是很有幫助的。成員們有時會保留議題到團體快結束時，他們似乎希望不要有時間去做探索。協同帶領者之一可以試著對這樣的成員開啟新的工作，而另一位帶領者則準備帶領團體進入結束階段。

為能確保你們是一起工作的，所以在結束階段有些特定主題可以與你的協同帶領者一起討論，茲描述如下：

- 你們之中有誰對任何成員有所牽掛？有哪些話是你想對某特定成員表達的？
- 你或你的協同帶領者，在最終聚會之前，是否有任何對團體的看法和回應，想對成員們做有效的分享？
- 你們兩個人是否能夠處理自己面對分離和結束的感覺？如果不能，你們可能會迴避與成員談論團體結束的感受。
- 你們兩個人是否想過如何協助成員，最能讓他們回顧團體所學，並將所學轉化至日常生活的情境？
- 你們兩個人是否有計畫，在團體結束前或追蹤聚會時，協助成員評估他們的團體經驗？

一旦團體結束，我們鼓勵協同帶領者碰面以討論彼此的帶領經驗，並融入整個團體歷史的觀點。這項實務工作與 ASGW（2008）的「最佳實務指南」是一致的，即鼓勵帶領者與自己、團體成員、督導或其他同事一起處理團體工作。這裡有些參考意見，提供給你與你的協同帶領者一起統整你們的學習與經驗：

- 討論協同帶領者之間責任的均衡性。你們是否由其中一位帶領者擔負主要的領導責任，而由另一位跟隨？
- 協同帶領者在任何領域是否有過度運作或運作不足的情況？
- 你們的帶領風格如何？此種帶領風格對團體有何影響？
- 你們對於團體方向的評估以及維持團體進展等基本議題，是否有一致的看法？

- 彼此討論你們喜歡的帶領方式以及在帶領中面對的挑戰。開誠布公地討論彼此從對方身上、專業上學到的事，包括優點、弱點、技巧及帶領風格，對你很有幫助。
- 除了評估自己，也彼此相互評估。比較你的自我評估以及協同帶領者對你的評估，對你有很大的助益。審視你需要再努力的地方，這種方式對你們任何一人在有效帶領能力的發展，都有很大的幫助。
- 你們兩個人都可從團體轉捩點的回顧獲得許多的學習。團體是如何開始的？如何結束的？團體發生的哪些事算是成功，哪些算是失敗？此種整體評估有助於團體歷程的了解，也可做為未來團體帶領時參考的基礎。

如果可以的話，團體帶領者可針對團體寫一個整體評估結果，並對每個個別成員寫一份摘要評論，這是項很好的策略。保持良好的日誌，尤其是團體歷程的進展，對未來團體所要做的改變，特別有幫助。

追蹤

團體後的聚會

在團體結束後安排後續的聚會，具有非常重要的價值。ASGW（2008）「最佳實務指南」推薦這類的評估與追蹤的聚會，它指出「基於成果評估需要或團體成員的要求，團體工作者建構與團體成員的追蹤聯絡是很恰當的做法」（C.3）。

由於成員們知道他們要一起為自己所陳述的目標做進展的評估，因而會激勵他們為了改變而採取行動步驟。想參與之後聚會的人可以在團體的後期階段中發展契約，契約內容包括團體結束到後續聚會之間的行動。成員們常以彼此做為支持系統，在團體結束後，如果他們在實踐自己承諾時遭遇困難，他們就可以討論這些困難。然而把團體支持資源用於相互給建議的事例並不多見。

參與後續聚會的成員，可以在裡頭分享他們離開團體後所遇到的困難，討論他們為持續改變而採取的特定行動步驟，以及所記得團體中最正向的經驗。追蹤也給成員一個表達機會，可以分享修通的任何事後想法或與團體經驗相關聯的感覺。如果團體在結束時已發展出凝聚力，那麼對於成員們在團體中任何遺憾、懊悔的感覺，就有緩解的效果；然而一段時間後，對於團體的經驗有了距離時，他們可能還是會發現一些遺憾懊悔或事後的想法。後續的追蹤聚會提供成員一個機會，讓他們可以在團體經驗過了一段時日之後，表達前述的遺憾、懊悔等想法和感覺，這可降低團體的風險。

在第 11 章將介紹一個女性支持團體，她們都是遭受亂倫的倖存者，運用後續的追蹤做為治療計畫為例，Lupe Alle-Corliss 這位團體治療師在團體結束之後的 6 到 12 週之中，安排了幾次追蹤的聚會，以幫助成員們從每週聚會一次到能倚賴她們在團體外的支持網絡。同樣在第 11 章裡，一個屬社區機構的男性團體計畫範例中，帶領團體的是 Randy Alle-Corliss，他安排一個稱為「重聚團體」（reunion group）的追蹤團體聚會。這個重聚團體給了成員們機會以不同的角度看看團體對他們的意義，以及如何將團體所學的應用在日常的生活中。這些男性也有機會去討論他們履行新的行為時遇到的任何問題。

我們的團體會讓成員們確實了解追蹤聚會的目標，追蹤聚會並不是讓我們去做新的工作，而是去找出成員在日常生活做了哪些與團體經驗相關的事。我們會邀請成員們談談他們是否把自我覺察延伸到他們在外在世界的關係中，以及他們是如何進行的。追蹤聚會對團體帶領者與成員都是一個解釋與說明的工具，我們在追蹤聚會時詢問成員是否持續完成他們所想要的目標，他們做了什麼改變？是否有更多風險？如果他們嘗試新行為，會獲得何種結果？在團體追蹤聚會可以有很多的探索議題。對於額外的話題和問題，我們會納入稍早所提及的問卷設計裡，做為評估的基礎。

追蹤聚會給我們更多機會，提醒成員要為他們所想成為的樣子負責，以及為了改變必須有所冒險。追蹤聚會也適時地提供機會，鼓勵與讓成員討論先前他們在團體持續工作所獲得的好處。

如果你在先前進行了信念、價值、態度以及個人適應程度的評估，團體後的聚會，就是以相同工具再做一次前後比較評估的理想時間。我們支持評量工具的發展，以提供成員們在參加團體之前（或在聚會一開始）、最終聚會以及團體結束後可以重複評估。如果你與成員們一起回顧他們個別達成目標的情況，這些評量工具對於態度與行為改變的討論，就具有很好的使用價值。

當然，追蹤團體聚會並非都可以做到，因此要發展替代方案，例如，寄發前面章節所提到的簡短問卷，用以評估成員對團體的知覺及其對生活的影響。為了避免隱私侵犯或違反保密，基於事前的知後同意，才對成員們進行聯絡是很重要的事。

我們曾經使用的一項技巧，就是請團體成員寫一封信給自己，內容描寫他們在團體中的經驗以及在這些經驗中他們不希望遺忘的事情。我們請他們在行事曆做備忘錄，在團體結束後六個月或一年讀這封信。這對於他們該完成什麼事與激勵他們持續在團體所開始的工作，是一個很好的提醒。成員可在事前準備好他們的信件，並在最終聚會時帶到團體分享。我們建議成員在團體結束後的某些時間點能夠再讀這些日誌。

重點摘要

結束階段的特徵

在團體結束階段，會有下列常見特徵：

- 面對分離的事實，會有一些悲傷與焦慮。
- 預期團體將要結束，成員們可能會退縮、降低參與的熱情。
- 成員們要決定他們可能採取的行動做法。
- 或許會有些分離的擔心，而且擔心團體中的經驗能否順利地帶到日常生活中。
- 成員們可以相互表達他們的害怕、希望以及彼此的關懷。
- 團體聚會有部分時間要讓成員們做好與日常生活中重要他人接觸的準備。一般而言，角色扮演與行為演練，對於與人接觸是很有效的。
- 成員們將會參與團體經驗的評估。
- 會有追蹤聚會的討論或計畫的說明與解釋，用以鼓勵成員們完成改變計畫。

成員的功能

在團體最終階段，成員的主要任務就是鞏固他們的學習並能將學習轉換到外在環境中。這個時間點要讓成員回顧他們的團體經驗，並能將此經驗融入有意義的認知架構當中。成員在此時有下列任務：

- 處理結束與分離的感覺，才不會讓成員們與團體有距離感。
- 準備將團體所學類化到日常生活，不致於讓成員們對團體工作感到失望與低估團體價值。
- 完成任何未完成的事件，不論是

帶到團體中的議題或與團體成員有關的議題。
- 評估團體的影響，而且記住改變需要時間、努力與練習。
- 請成員對所想要的改變，做出決定與計畫，並說明如何實踐。

在團體結束後，成員的主要功能就是將團體內所學應用到實際生活的行動方案中、對團體進行評量，以及參與某些特定類別的追蹤聚會（如果可行的話）。成員們的主要任務敘述如下：

- 在沒有團體支持下，也能找到自我增強的方法。
- 在沒有團體支持的環境中，能夠經由自我指導的方案找到維持新行為的方法。

帶領者的功能

團體帶領者在鞏固階段的首要目標就是提供一個架構，讓參與者能夠釐清團體經驗帶給他們的意義，同時協助成員將他們在團體中的所學，類化到他們的日常生活當中。以下是團體帶領者在此一階段的任務：

- 協助成員們處理與結束有關的任何感覺。
- 提供成員們一個表達與處理團體中未竟事務的機會。
- 強化成員們已做到的改變，並確認成員們具有讓他們更進一步成長的資源訊息。
- 協助成員們決定如何將特定技巧應用到生活中的各種情境。
- 幫助成員們摘要他們所做的改變，並看到彼此的共通性。
- 與成員們共同發展明確的契約和家庭作業，做為進行改變的實作方法。
- 協助成員們發展概念架構，讓成員們能夠了解、統整，以及鞏固他們在團體所學習到的事情。
- 提供機會，讓成員們可以相互給予建設性回饋。
- 再次強調團體結束後保密的重要性。

團體結束後，帶領者有下列任務：

- 如果成員有個別的諮詢服務需求，最低限度至少要做到與成員們討論團體經驗。
- 如果可能，提供團體追蹤聚會或個別訪談追蹤，以評估團體的影響。
- 為想要或需要進一步諮詢的成員們，提供明確的轉介資源。
- 鼓勵成員們找到持續的支持管道和挑戰，使團體在結束後能導引到新的方向。
- 如果可能，與協同帶領者會面，一起評估團體的整體效益。
- 應用團體結束後的評估工具，對個人的改變及團體的優點與不足進行評估。
- 團體的檔案摘要報告及文件紀錄，要存放在保密的地點。

練習活動

團體的結束階段

以下有一些適用在團體結束階段的練習活動，這些活動大多適用於班級活動和團體諮商。

1. **打折扣。**當 Sophia 離開團體時，她覺得與更多人有了親近感而且決定為獲取親密，要去做冒險的嘗試。她在工作中做了這個嘗試，但被拒絕後，她對自己說團體中的經驗是不真實的。對團體經驗打折扣或讓舊的經驗型態阻礙新行為的建立，是團體結束後常見的反應。想像所有你會對自己的改變計畫說出的破壞性話語練習活動，讓你能清楚地覺察你有干擾新行為建立的行為傾向。
2. **團體結束。**將班級視為一個接近結束的團體，學生們輪流做帶領者，思考成員們要離開團體，應如何做準備。
3. **結束訪談。**請班上一位自願者擔任團體帶領者，並另請一位自願者，假想他們剛一起結束一個團體經驗。大約用 10 分鐘由團體帶領者訪問個案對團體經驗特質的觀點。在訪談結束後，請受訪個案對這個訪談做回應。
4. **未來投射。**在最後的會議，請成員們想像一年後（或五年後或十年後）的未來，當團體再聚會時，他們最想對團體分享哪些生活事項？他們有哪些改變？團體對他們有何影響？對於團體重聚，他們會有哪些擔心？
5. **回憶。**簡單地分享整個團體歷史有何回憶和轉捩點。請成員們回想有哪些事件的發生讓他們印象深刻
6. **特定契約活動。**在最後聚會，成員們可能規劃契約，在契約中陳述他們願意採行的具體行動，促進才剛開始的改變。可在團體中請成員們寫下契約，並讀給團體成員們聽，成員們可以相互回饋並提供各種可以協助達成契約的選擇。
7. **班級與團體經驗回顧。**以小團體型式，討論做為一個團體帶領者，到目前你自己的學習，不管是你對效益的貢獻或做得不好的部分。在這個班級你的冒險意願如何？經由你的班級團體經驗，你學到的

團體最佳功能是什麼？（或哪些是有效團體的運作方式？）在團體中，你達成多少個人目標？你的團體如何處理結束？在團體中，你的重要轉捩點是什麼？你會如何評估團體的互動程度以及達到的凝聚力程度？

問題討論

以下有些問題可以在班級的討論團體做探討：

1. 當團體即將結束時，團體帶領者的責任是什麼？
2. 開放式團體中有成員要離開，你會怎麼處理？你會怎麼向團體介紹新成員？
3. 你有哪些個人的特質可以幫助成員們處理分離與結束的議題？
4. 在團體的開始與結束階段，哪些評估的技術是你可能會應用的？
5. 你會怎麼設計一評估性研究在你的團體方案呢？你看出結合團體研究與實務的價值嗎？
6. 在團體結束後，有哪些議題是你會想要和協同帶領者一起討論的？

第三部分

團體歷程於學校情境及社區機構之應用

第三部分說明如何應用團體歷程的概念與實務，以適用於特定個案群體。團體帶領者們在與兒童、青少年、成人以及老人工作時，各有其特定的責任。幾位受邀的作者們所提供的方案，有助於我們描述如何設計這些特殊的團體及取向，也有助你設計你自己的團體。在計畫及帶領這些不同類型的團體時，帶領者必須具備這些必要的能力來促進他們成長。除了第 2 章有詳細說明團體工作時需要運用的能力，另外，團體帶領者們也須熟悉有關特定群體在團體中有何特定需求。

諮商實習的學生通常亦需要完成與不同群體的團體工作——兒童或青少年、大專生、老人、毒癮問題的個案、醫院的病患或社區機構的門診病患。做為一名心理健康工作者，你可能會有相當多的機會被要求帶領各種不同群體的團體。當然在本書無法一一列舉，但一個團體方案的範例，可以提供你應用在設計一個適用於你個人風格、個案特性及團體工作目標的一些想法。大部分的團體方案具備以下要素：團體組成、團體目標、團體型式，以及團體成效。當你閱讀過不同團體方案後，我們建議你查閱有關這些將有助於你策劃團體的共同之處。

不論你要設計何種類型的團體，你將要考慮到幾項因素，像是知後同意的保密協議、營建信任感、處理可能的隱藏議題，以及催化成員們走過團體的各個階段等。你也有責任記錄你所帶領團體的過程及結果，這些紀錄包括你帶的是什麼類型的團體、團體工作的情境、在過程中成員是否影響你做出不同的決定等等。

第三部分中的團體方案設計，是由在學校及各個社區機構的團體諮商實務者，根據他們的興趣及適合個案需要的團體帶領方式所發展形成的。這些方案範例提供可結合前面章節討論過的概念之應用實例。我們鼓勵你能以你自己的熱情去找到自己有興趣及適合你的團體帶領方式。

Chapter 10

第十章 在學校情境的團體

導論

團體諮商在學校情境的應用

與兒童及青少年進行團體工作的原則

團體方案範例：適用於 6 到 11 歲兒童的學校諮商團體

團體方案範例：父母離異與遭逢家庭變故的小學兒童諮商團體

團體方案範例：受虐兒童的團體

青少年發展的相關主題

帶領青少年團體的議題與挑戰

團體方案範例：青少年做改變（T-MAC）：一個預防青少年虞犯的團體

協助青少年處理憤怒與衝突

團體方案範例：高中憤怒管理團體

大學諮商中心團體

重點摘要

練習活動

導論

在本章，我們將描述適合於學校情境的兒童與青少年團體。一般所描述的團體形式也可應用於各種不同的其他情境，包括大專院校諮商中心、私人機構及公私立診所。本章大部分的構想也適用於因不同需求而設計的兒童、青少年及大專生團體。單靠本章所提供的團體操作資訊是不足的。對於你即將帶領的團體計畫，你需要結合團體帶領者實務技巧以及對於團體歷程的知識。我們鼓勵你多閱讀、參加特定工作坊、透過與有經驗的實務工作者協同帶領團體，以及接受相關領域經驗豐富者的督導。

雖然我們在本章節所描述的團體場域為學校情境，這些團體仍舊能應用於其他情境，例如社區心理衛生機構。學校諮商師的角色及功能有別於其他社區心理衛生機構諮商師，也有不同的團體目標。他們也有不同的相關法律、法規、政策，以及學校的任務或目的。團體實務者們需要留意到這些差異。大部分團體並無明顯的界限，無論是學校或社區情境都適用。

團體諮商在學校情境的應用

在學校的諮商團體包含了很廣的主題及型式。兒童及青少年團體主要由學校提供，是因為它較容易傳遞訊息及治療。根據 Sink, Edwards 和 Eppler（2012）認為，以學校為基礎的團體強調能提供學生健康發展的預防及介入策略，且更能有效幫助學生處理其日常生活任務。小團體的優勢在於較能接觸到學生，能及時在他們造成嚴重的心理健康問題需要矯正治療前，就提供了必要的協助。以學校為基礎的相關研究更證實了小團體有利於該團體參與者及諮商師；這些方案有助於學生個人及社會功能的改善，也同時幫助其學業表現的進步（Riva & Haub, 2004; Sink et al., 2012; Steen, Bauman, & Smith, 2007）。

Villalba（2007）檢驗使用心理教育團體於學校中的小一到高三學生關於他們個人——社會或學業議題的處理，發現能降低霸凌行為、增加酒癮者自尊、降低天然災害所造成創傷倖存者的焦慮、降低父母離異兒童的焦慮，以及提升他們的學業成就。 Villalba 認為健康就如同預防，不論是應用在班級的大團體或是諮商的小團體，在學校系統中都是很好的概念。

DeLucia-Waack、Segrist 和 Horne（2007）的教學 DVD，闡釋了心理教育團體對高中生的價值。這套 DVD 以一個結構式的團體為例，示範結構化的活動如何催化互動，同時帶領者們也展現了彈性並鼓勵成員們能彼此互動。裡頭也闡述了形成一個團體的準備過程、各種形成團體規則的方法、破冰的活動、如何鼓勵成員能彼此連結，以及如何支持成員們確認他們所學的等，對於青少年的重要性。心理教育團體較治療團體可以有不同的目標，但是兩者皆有相同的歷程。

在學校的團體通常是簡短的、有結構的、聚焦在問題上的、成員同質性高，且為認知行為取向。諮商及心理教育團體皆聚焦在健康及預防這兩種概念，均適合在學校中實施。在班級輔導課中，教導所有學生基本技巧，並在小團體諮商中，提供在危機中的孩子因應或溝通技巧。至於治療較嚴重的問題，適合交由學校外的心理健康機構處理，因為並非所有的學生均準備好要參與團體治療，重要的是要能區分如何建議他們選擇一個適合幫助他們的方法。學校的諮商師也有必要形成一個轉介的資源系統，且在學童有意願時，能提供有效的轉介。

關於在學校情境的團體諮商之詳細討論，可閱讀 Sink、Edwards 與 Eppler（2012），Sklare（2005），Murphy（2008）以及 Winslade 與 Monk（2007）的相關著作。

與兒童及青少年進行團體工作的原則

本節包括實務的指導原則，提供給學校諮商師設計兒童和青少年團體的參考。

發展一個清晰的方案

第 5 章我們有詳細的團體方案設計原則的討論，許多原則亦適用於兒童和青少年方案的設計。當你要發展一個團體方案時，注意以下的步驟：

- 清楚地描述團體的目標及宗旨。
- 有一個清楚合理的理論或說明以支持你的團體方案，包括選取此團體取向的優勢。

- 對學校行政人員提出證明，團體諮商是學校輔導課程不可分割的一部分，並且能顯示團體將如何有效協助促成行為改變及加強教育的經驗（Sink et al., 2012）。
- 對學校行政人員、教師及家長清楚解說讓兒童或青少年參加治療性團體的優點。若是在學校，需指出團體將如何協助學生使他們可以完成在學校中課業及社會的任務（DeLucia-Waack, 2006c; Steen, Bauman, & Smith, 2007）。
- 詳細敘述目標，有哪些流程會使用、過程中會遭遇的問題、評估或測驗的流程，及即將使用的紀錄表格。
- 形成一個出席的規定。
- 提供一個團體的簡介給參與團體兒童的家長。

法律上的考量

你必須清楚地了解與兒童相關的法條規定，了解你或你的機構提出申請時會遭遇哪些法律或相關的規定，同時也需特別注意與兒童進行諮商時的相關倫理議題。舉例來講，不要跟孩子說你會為他們保守所有的祕密，以免當需要將他們所談的內容報告給你的機構或學校行政人員時，你會陷於為難的困境。先了解你所在學校或局處的規定或工作流程，弄清楚自己可以承諾或不能承諾的隱私權範圍。未成年虐待或疑似虐待的法定通報責任也需有所覺察，當揭露了一點訊息而足以懷疑是否受虐、被忽略，學校諮商師有責任依兒童保護的規定（家庭暴力防治法）進行通報。在此情境下，保密勢必打破，因法律規定你必須採取向有關當局通報的行動。Bertram 於 2011 年提出有關團體諮商，包含服務守則、成員篩選、知後同意、保密和溝通特權、有關傷己傷人的保密例外、預警責任與舉發的倫理及法律議題概要。至於其他在團體的其他相關倫理議題，請參閱第 3、5 章中所討論的規定。

實務上的考量

需依照兒童的年齡來考量團體的大小及時間。一般而言，愈小的孩子，需要較小及時間較短的團體。考量到現實層面上，4 ～ 6 歲兒童的注意力廣度與 10 ～ 12 歲是相當不同的。另一個形成團體的考量是兒童問題的困難度。例如，若要進行 12 歲攻擊問題兒童的團體，它的成員們年紀可能就要跟學齡前兒童的差不多。也需考慮參與的兒童有無其他醫療問題或疾病史，例如一位正在服用注意力不足過動症（ADHD）藥物的兒童，會有伴隨藥物副作用的行為，這可以為你在團體中留意到的行為及症狀提供判斷的脈絡。帶領者也需考慮自己與兒童工作的容忍程度，與兒童工作是很容易被挑戰的，相較於成人，兒童更易引發帶領者的反移情，因此需對自己的感覺及回應有更多的覺察，以免因感覺或回應干擾與兒童工作的能力。

場所的安排　與年輕的孩子工作，場所的考慮是重要的。孩子是否有足夠的空間可供漫遊？是否可以不用一直要求他們輕聲說話以免吵到隔壁班？團體聚會場地是否能提供足夠的隱私以及不被打擾的安全空間？這房間的設計對兒童是否是友善的？房間裡會不會有明顯可能被兒童毀損，造成兒童安全疑慮的擺設？房間的家具或擺設是否能讓孩子舒適地活動？

傳達你的期待　你需要有能力用兒童或青少年聽得懂的語言來告訴他們團體的目標、你對他們的期待，以及他們可以對你有哪些期待。確認他們了解那些基本的、不能爭議的規定，也儘量邀請及鼓勵孩子參與建立他們自己的團體規則。

兒童和青少年通常會挑戰界線以確認你會讓他們安全，這個測試通常有一段時間，且通常會隨著安全感的建立而逐漸降低。無論如何，團體可被預期是會愈來愈好。在聚會過程中需有意的容忍以避免成為秩序管理者而非諮商師。

準備　每次聚會前需適當的準備。事實上你可能需要比帶成人團體前，更充分地結構每一次的聚會，但也需保持彈性調整團體的設計或主題以因應團體自發的情境。避免堅持一定要走完所設計的所有流程，保持創造性，但不是隨便或不在乎。記得團體更廣義的目標，並應用突發的狀況來做為教育的好時機，以幫助成員習得新技巧。開放地去經歷團體的互動歷程，運用團體此時此刻的力量，以及同儕的影響是很有效的。

家長的參與　雖然對於某些團體，法律並沒有規定一定要簽下家長的同意書才能進行，但我們認為獲得 18 歲以下未成年者的家長或監護人參與團體的同意書會是一種安全的良好對策。這樣做有助於增加與家長或法定監護人的關係並獲得他們的合作。在同意書中擬定一些問題，也有助於你從家長的觀點評估孩子目前的功能。即使你跟他們開說明會，仍需要請他們簽下書面的同意書，這個做法有助於他們承諾合作協助兒童的治療工作。在這張同意書中可以包括團體的規劃、進行的時間和日期以及保密的規定等。

家長（或法定監護人）和諮商師在協助兒童的目標上是夥伴關係，這樣的關係有助兒童更快達成改變。需尊重家長有知道他們孩子發生什麼事情的權利。用他們可以理解的方式說明你對兒童的期待及目標，以免產生猜疑。促進家長形成「你如何幫助我協助你的小孩」以及「我們是工作團隊一起為共同的目標努力」的態度，將可降低家長的抗拒或防衛。用一個晚上舉辦家長的團體說明會或寫一封簡短的信說明團體的計畫，提供家長一個簡單的流程表，說明每次團體的目標、主題或活動，有助於他們了解團體正在進行的內容，以免因詢問團體帶領者而破壞保密的協議。若你有其他同事們的資源，甚至可在同一時間，安排一個家長的團體與兒童同時進行。當他們的孩子學會新的或增進技巧，其家長或家人也能從相同的機會中受惠。

Steen、Bauman 和 Smith（2007）建議學校諮商師可為家長、教師、行政人員做與團體諮商中治療因子的相關簡報，以促進他們對於團體工作如何有助益於學校課程的了解。為增加在學校場域中進行團體諮商的支持度，獲得家長或教師對於團體的關注是相當重要的步驟。

團體策略

自我揭露　需考量團體的宗旨及目標以決定要在團體中鼓勵成員做多少的自我揭露，尤其是有關家庭生活或個人的創傷。一些個人議題可能超出團體的目標，在個別治療時處理會較適合。需要判斷是否適合讓兒童在團體中更詳細地說明他的個人議題，預先設想他們可能在團體中揭露的個人事件，你會如何處理。例如：在小學的團體，你可能不會希望讓孩子詳細說明有關他們身體虐待的情境。如果它發生了，可以讓孩子簡短地說明這事件如何影響他或她，但在聚會結束後確認簡短地摘要說明，且需遵照程序向學校或當局通報。

強調保密　保密在學校比在私人機構困難，在學校的學童有更多在團體外共同相處的時間，因此祕密有更多機會被洩露。如同成人，在團體中教導學童如何分享團體的經驗，但不至於破壞團體的保密協定是有幫助的。例如：幫助學生辨識這個訊息是他們在團體中分享的，是屬於他們的；但若這個訊息是從團體成員聽來的或是學來的，則是屬於團體的。團體諮商師亦需以孩子年齡層可以理解的程度來說明保密的重要性。教導並練習如何用適合的方法說明團體經驗或回答別人的詢問，給他們一些遵循的原則，是有幫助的。例如：做一些簡單的演練，像是「我們在討論如何成為一個好學生」。藉由教導父母如何詢問自己孩子在團體中的參與情況，而不追問其他特定兒童的細節，將會有助學童維持保密協議。

對兒童自己與他人間的責任，也需花點精神注意。與成人團體工作時，對成人可能很容易討論有關如何尊重其他團體成員揭露的事件。對於成人或青少年而言，可能都可以輕易地分辨這中間錯綜複雜的關係，以及如何尊重其他人保密的權利。但對於兒童而言，需要更清楚地說明，而且值得在團體中被詳細地討論。與兒童工作的帶領者，可以詢問類似這樣的問題「如果你發現有人在班上或在運動場上說出你在團體說什麼或做什麼，你會有什麼感覺？」或「若有其他兒童跟班上老師說在這個團體中其他人說或做的事會怎麼樣？」兒童需要知道團體諮商師可能會跟家長或老師說話，而且他們有權利知道哪些訊息會被成人知道，哪些不會。比起只用制式化地告知保密要能更細心注意，兒童也有能力了解及更敏感其他人的感覺。

保持中立　避免與兒童或者青少年站在同一邊，對抗他們的父母或特定的機構。孩子們可能會喜歡並稱讚你的耐心及了解，並抱怨他們的父母或老師缺乏這些特質。對於此狀況，讓他們了解到你身為團體帶領者的這個經驗跟其他大人相處的經驗是不同的就夠了。

使用合適的活動及技術　在團體的初始階段較適宜採用有互動方式，且不需要有太深的個人自我揭露的活動。當兒童逐漸熟悉團體的活動後，活動或練習可以變得更有挑戰性。可使用不會減低活動影響力的方式來解釋團體的目標，倘若活動會讓他們感覺不舒適，兒童不需要被強迫參加一些特定的活動。雖然多數時候可能是因為他們對活動目標有疑慮，或是擔心參與活動會顯得「蠢」，而使他們拒絕參與活動。但有點耐心，或者藉由觀察其他兒童的活動，會讓他們愈來愈能完全參與。

有個很棒且適合兒童及青少年團體活動及練習的資源，是由 Foss、

Green、Wolfe-Stiltner 和 Delucia-Waack（2008）所提供，而適合各種多元文化團體及多元團體的活動可以參考 Salazar（2009）的資料。Bauman 和 Steen（2009）的六階段的團體諮商 DVD，它是一個由五年級學生組成的多元團體，幫助學生們達到自我了解和接納文化的多元性，同時示範選擇適合孩子發展階段的活動，以及如何在團體中練習的過程。

傾聽並保持開放的心態　一個有技巧的諮商師將能傾聽行為而不只是語言。用眼睛傾聽跟用耳朵一樣重要。帶領者可提供一些回饋式的溝通，以幫助孩子建立他們語言的溝通技巧。運用創造性的藝術活動，特別是音樂、舞蹈、活動、藝術、戲劇、遊戲以及幽默等，皆是有助於溝通的方法（Gladding, 2011; Veach & Gladding, 2007）。DeLucia-Waack（2001）描述與兒童在團體中使用創造性的音樂活動，有助於他們體驗自己的感覺。

讓孩子帶領並跟隨他們的線索，鼓勵孩子用他們自己的語言表達他們自己的心聲。傾聽他們的語言，但也注意他們的行為可能代表的意義。例如，一個孩子無故破壞東西，是否正在告訴你「請制止我，我無法控制自己？」如果一個孩子持續大叫，是否正在告訴你「看看我！從沒人注意到我？」當我們試圖要幫助他們時，不要忘記打開我們的心門，去傾聽兒童試圖告訴我們的訊息。注意一些先入為主的標籤或是一些診斷，它可能不知不覺地影響你與孩子的互動。這些與你工作的孩子經常被貼標籤或分類，須小心不要用他們被貼標籤的方式來回應他們，會限制了他們改變的能力。你很可能是少數幾位有助於他們改善行為的人，持續探索那些可能造成他們無法完整呈現真實潛能的因素。

結束的準備　兒童和青少年很容易跟那些展現關心及照顧態度的成人形成依附。要做好團體的結束——例如在一個 12 次的聚會，在它即將結束的前三次，即須讓兒童知道，離結束團體的時間不遠了。這樣的提醒讓孩子有機會表達他們的難過，也讓你有機會表達跟他們離開的心情。如果做不到就要避免承諾會跟他們繼續保持聯絡。如果你沒有處理好結束的這個議題，他們可能認為你又要從他們的身旁離開，又是一位他們不可信任的大人。透過這個階段的聚會，能夠幫助兒童認同團體外的協助網絡來達到有效的結束。提供兒童或青少年一個結束的感覺，選擇一些活動有助孩子整理他們在團體中的學習，以及別人對他們的影響（DeLucia-Waack, 2006a, 2006b）。

對於那些不再繼續參與另一個團體的兒童和青少年，給他們一個畢業的經驗可能是有幫助的，例如幫他們舉行一個結束的證書，會讓孩子感覺真的完成了一件事。當有新的資訊、衝突或是成功產生時，讓學生有再一次碰面相聚的機會。這個聚會通常被視為團聚，那是對於學生知道團聚的可能之再保證。請參閱第 9 章有關結束階段的指導原則。

兒童及青少年團體工作中的遊戲治療

運用遊戲進行兒童治療已有長久的歷史。Garry Landreth（2002）於北德州大學創立遊戲治療中心，結合個案中心治療的哲學及發展兒童中心遊戲治療法的工作方式。Landreth 認為遊戲治療是一種治療師與兒童之間的互動關係，治療師提供選擇過的遊戲器材及創造安全的環境，讓兒童在這個地方可以透過遊戲表達及探索他們的感覺、想法、經驗及行為。遊戲是兒童最自然，也最樂意使用的語言。遊戲相較於直接的語言，是一種較不具威脅的方式所進行的自我表達，遊戲支持認知技巧、語言技巧、因應技巧，以及其他兒童時期發展任務的成長。

不論你帶領的是何種型式的團體，以遊戲為基礎的活動，均可幫助兒童參與進入團體。遊戲治療是最常使用在 12 歲以下兒童的治療方式，但它有時也會被用在較年長的人。兒童會很熱衷於這些活動，因為這些正適合他們的發展。對於那些很困難或很痛苦而無法開口說一些事情的孩子，遊戲提供了一個安全的心理距離。兒童通常會帶著快樂的狀態離開遊戲治療，並熱切地期待下次再來，在遊戲治療團體，兒童傾向感覺他們是來跟朋友玩一個小時。

任何型式的團體均可以融入遊戲的因素，也有許多不同取向的遊戲治療理論，包括：阿德勒學派遊戲治療、兒童中心遊戲治療、認知行為遊戲治療、生態系統取向遊戲治療、完形遊戲治療、榮格遊戲治療、心理動力遊戲治療、主題式遊戲治療，以及折衷取向遊戲治療（Kottman, 2001）。沙箱治療則適用在青春前期有行為困難的青少年，幫助他們探索及發展，已被證實有效（Flahive & Ray, 2007）。不同的理論取向及方法可以融合於一個兒童的團體治療中，在本章後面，你將可看到一個詳細的團體方案。

如果你有興趣成為團體遊戲治療師，很重要的是要接受正式的訓練及被有經驗的遊戲治療師督導。許多研究所目前也都有提供遊戲治療的訓練課程，遊戲治療協會（Association for Play Therapy）的組織也在全美國提供相關的訓練課程。遊戲治療協會（2008）也對治療者及督導提供了指導方針，研討會、訓練課程、網絡工作、研究以及其他資源，也可透過協會獲得。如要了解更多關於遊戲治療的資料，可以參考 *Play Therapy: Basics and Beyond*（Kottman, 2011）一書，它結合了阿德勒式心理學及遊戲治療的概念及技巧。

個人及專業的要求

在進行兒童團體前，有必要了解你個人會如何受到影響。例如：在與受虐及被忽視的青少年工作時，你會發現很難將自己與他們的處境抽離，如果你持續被他們的問題所影響，你會發現你的生活及人際關係都會有負向的影響。這是一個個人的議題，你有多少能力可以給予，你需要再加入什麼，才能讓你進行工作時，保持有熱情與有創意。

有一些個人特質在進行兒童治療時是重要的，耐心、關心、可信賴的、好玩的、很好的幽默感、有能力回到或記得兒童或青少年時期的感覺和經驗、對規則的執行是堅定的但不帶懲罰性、有彈性的、有能力表達生氣但不歇斯底里、對兒童高度關注及有興趣，以及樂觀相信兒童可參與治療性的過程，其他的治療性特質則於第 2 章中已有說明。

我們認為在進行兒童或青少年團體時，有下列六個專業要求是特別重要的：

- 對每個特定年齡的發展任務有透徹的了解。
- 熟練及理解諮商的技巧，尤其是對要帶領的兒少團體。
- 對於不同文化群體的兒童及青少年能有良好的覺察、知識及必要的技巧。
- 在獨自帶領一個兒少團體前，接受過專業的兒少團體督導訓練。
- 熟知關於兒童或青少年團體的專業知識及相關研究。
- 清楚明白學校或機構對將要帶領的團體之期待。

兒童或青少年急迫的或嚴重的問題，很容易讓工作者過度投入。需認清並自覺自己能力的限度及工作領域的範疇，知道如何區分治療性團體、發展性團體、預防性團體或教育性團體。諮商團體在學校，通常會比較集中在預防及發展的議題，這些團體是很適合於重要的預防工作，因為不論是概念上或是方法上，預防均可以被恰當地整合。

為學校諮商團體獲得支持

在形成學校諮商團體時，獲得學校行政人員及老師的支持是必要的（Sink et al., 2012; Steen et al., 2007）。如果你的團體組織得很好，你大概會獲得他們的支持及建設性建議。要記得，當你的諮商團體無效地被執行或有損學校誠信時，學校校長——不是你——將成為被批評的對象。如果你忽視家長同意（必備）的需要，那是由校長去面對來自失望的家庭成員來電。本章節提出的方案已經過仔細考慮並已取得成功經驗；這些大部分想法可提供你做為設計團體時的參考依據。

有一位實務者報告，當她要招募「離婚團體」時遭到她校校長之阻力，因此她將該招募團體改名為「失落團體」（loss group）（她認為或許更能描述），以增加該團體的支持度。但是這個新主題卻讓兒童混淆，因為他們告訴行政人員「我們是走失了（lost）團體，所以我們來這裡讓你找到」。一個團體的命名需能準確地說明團體的目的而非造成混淆或參與者、家長或是校長的顧慮。

若想了解有關在學校場所進行兒童團體諮商的更詳細討論，建議參閱 DeLucia-Waack、Bridbord、Kleiner 和 Nitza（2006）；Foss、Green、Wolfe-Stiltner 和 DeLucia-Waack（2008）；Salazar（2009）；Ashby、Kottman 和 DeGraaf（2008）；Sink、Edwards 和 Eppler（2012），以及 Halstead、Pehrsson 和 Mullen（2011）的相關文獻。

團體方案範例

適用於 6 到 11 歲兒童的學校諮商團體

這部分是由 Marianne Schneider Corey 所寫的。

我設計一個適用於小學 6 到 11 歲兒童的團體，我的個案人數是 10 ～ 15 名兒童、每週見面 1 次，每次 1 小時，合計 24 次。這些孩子是由學校校長、老師或校護所轉介。被轉介來的孩子，通常沒有例外的都有學習上面的困難，通常這種困難反映著他們內在的情緒衝突。我設計一個在學校中幫助他們處理這些問題的團體。

團體組成

連繫學校人員

當我覺察有時一位外來者不太能獲得學校的信任，我的第一個目標是贏得教師及主管的信任，我跟他們見面，以了解他們對這個團體結果的期待。我告訴他們，我希望能跟他們有更密切的合作，他們告訴我有關孩子的回應、特殊的推薦或是他們的建議，我也讓他們知道，我熱切希望孩子能有個別及團體的成效，如果可能的話，也希望納入家長於治療過程中。

因此，我發展一個程序，以使我能與孩子的老師、管理者以及家長有持續的接觸。教師及管理者對於與我會談均非常合作，我也經常與有跟孩子接觸的學校心理師及學校祕書見面，並儘可能蒐集這些孩子的資料。這些資料最後證明都非常有幫助。

場所

學校給我的場地，對於我要跟孩子一起工作而言，並不太理想，學校缺乏空間（是一間正在興建中的新學校），而我也持續尋找一個較好的場所。

如果天氣好，我就會在學校的草地進行，我需要一個地方，是孩子可以探索、接觸、大聲說話、在他們生氣時可以咆哮，或宣洩出他們所經驗到的任何其他的情緒。如果我要帶他們離開校園，或做任何特別的活動，我都會請家長及學校主管寫下同意書。雖然我從來沒有獲得我心目中理想的場地，但不減我與孩子們工作的效果，在我們形成一個經常性的聚會後，孩子們很適應這樣的情形，而我也需要學習去適應一個不是太理想的場所。

由於場地的關係，我需要到班級去帶學生出來，這情況讓我很煩惱，孩子們會如何反應他們被獨自帶離開？會不會造成其他同儕對他們有負向的反應？很幸運的是，我發現情況剛好相反，孩子們很高興我來帶他們，而且幾乎都在我來帶他們之前就準備好了，即使是休息時間也是如此。

與家長初次會面

在與學校同事見過面後，我開始接觸每位孩子的家長，並著手安排與他們的個別會談，他們知道在我拜訪他們之前，我已徵得學校老師的同意跟他們的孩子見過面了，在初次見面時，我解釋因老師擔心孩子在課堂中的行為，而將他轉介給我，這個初始的見面，讓家長有機會認識我，問我問題，也讓我可以獲得他們的同意與他們的孩子在學校工作。在這時，我會蒐集一些資料，有關於父母是否有任何困難與孩子在一起，以及我需完成的幾個表格的資料。如果家長對於我的詢問覺得焦慮，或是在會談前他們的孩子就已經安排有校外的諮商師，我會解釋說，這是老師轉介的，因老師一個人無法提供每位孩子他所需要的注意力。而這就是我的工作，提供這個額外的關注。

雖然這個學校的政策是要參加團體的孩子需要獲得家長的同意書，但並非每間學校的規定均如此，各州的法律規定也都有所不同。一般而言，我覺得獲得家長的同意，讓他們成為工作中的一員是較好的，而不要在家長不知情、沒有同意的狀態下冒險諮商他們的孩子。當然也有例外，當獲得家長同意並非法定必需時，或是當已經知會他們時，以兒童福祉的考量為第一優先。

多數的家長都同意合作，也都給了他們的同意書。而在回應有關「在家中是否與孩子的相處有困難」的這個我原先設計來獲得孩子在學校以外行為線索的問題上，家長們的回應則趨向保守，在接觸過幾次後，他們才會逐漸開放。當然我的目的不是要用任何型式的溝通來暗指他們是「壞」家長，這會升高他們的防衛，而是請求他們幫助我去協助處理他們孩子的問題。進入家庭讓我有機會獲得跟他們行為相關的一些線索，這可能有困難，但不是不可能獲得。

我會告訴家長們，我將會跟他們的孩子討論他在學校、家裡及與同儕的問題，我也會解釋希望能盡可能為孩子保守他們跟我在團體中所討論到的事件。因此一般而言，我會讓父母知道我跟孩子進行的過程，但不會透露詳細的內容，除非法律規定他們必須知道。

我也會告訴他們希望還可以有其他時間，可以去看他們跟孩子，但這通常很難，因多數家長有工作。但至少我會盡可能再進行進一步的接觸，對於那些無法再面談的家長，則會以電話做溝通。

特殊問題需要團體外額外的關注

如同家長，老師也會提供我關於兒童進展的訊息，我會以這訊息來判斷，我可能需要多久去看一次特定的孩子，或哪些問題需要聚焦。另外，老師會填寫評估表給這個計畫的指導者，指導者會把評估結果告訴我；我也會持續記錄下來對每位兒童在團體中的觀察及評估，提供給老師；另外，我也會將與家長或老師接觸的過程記錄下來。

在這個團體，我學習到孩子有許多成長的議題需要去調適。孩子也有許多管道可以協助他們這些問題。跟孩子一起工作的諮商師，也需要盡可能地接觸各種不同的人及資源，也有許多創造的空間去發展團體，讓它可適於各種不同的需求及文化背景的孩子。讓父母或監護人知道這些資源及協助方案是很重要的，可以讓他們參與這個協助的歷程。

因為我無法提供每個孩子額外的課業協助，所以我跟附近大學做接觸，找到五名研究生願意擔任這些孩子的家教，以獲得他們在兒童心理學課程的成績。這種額外提供的家教服務，讓孩子獲得了正向的個別關注，這個家教服務對兒童或這些大學生而言，都是一個成功的經驗。

當我發現有健康問題的孩子時，我會轉介給學校護士。當我懷疑可能是疏忽或虐待時，則需採取適當的行動，當我與未成年個案工作時，在我工作的州，諮商師及工作單位需注意法定的通報規定，諮商師必須知道通報時的每一個步驟，以完成必要的報告。在學校，第一步則可能是先報告給單位的首長，他通常會有助於我們與兒童保護局或社會服務的部門溝通，以獲得訊息來評估及報告疑似兒童虐待。

許多孩子有營養不良、沒有適合衣服穿的問題，或是需要醫藥協助、休閒娛樂的機會，以及放學後有人照顧的需求。諮商會在這些基本需求被滿足後，才能更有效。我發現需要做更多這種額外的工作，以獲得食物、衣服、錢或其他為這個孩子或其家庭的特定服務，也因此我有許多個案管理的責任。許多家庭會因為驕傲、擔心被束縛，而拒絕這些外來的援助，或只是不知道哪裡有求助的管道。當一個家庭真的需要情緒上、經濟上或醫藥上的協助時，我會把他們轉介到一個適當的機構，但我通常會協助處理一些必要的文書作業。可能多數的諮商師沒有時間做以上這些工作，但他們需要找到一個可以託管這些工作的其他人或機構。

團體型式

與兒童初始接觸

兒童通常會不情願用一般只是回答問題的方式來進行第一次的會談，兒童會需要一些結構或一些指引，讓他們表達自己的心聲，也知道這對他們而言不是一件容易的事。我會跟他們介紹我自己，告訴他們我是一個很不一樣的老師，叫做諮商師，我解釋，因為他們老師很關心他們在教室的行為，以及他們需要跟我每星期見幾次面，包括個別、團體或在他們家裡。我也會告訴他們我會跟他們討論他們在學校、在家裡以及跟朋友相處的問題。

因為我相信孩子的隱私權經常

被忽視或被侵犯，所以我會讓兒童知道，我有需要跟他們的老師及家長談話，但我在接觸前會告訴他們。雖然我會告訴他們，我真的很重視團體保密的重要性，但我也會讓他們知道，我會跟他們老師或家長討論任何可能對他們遭遇的困難有幫助的事情。同時，我也會讓他們知道，他們不能告訴別人其他團體成員在團體中分享的事件。這是我們會在團體聚會中再討論的規則。我告訴他們，他們可以在團體中討論他們關心的事，包括他們的恐懼或他們受到的傷害。另外，我也會讓他們知道，我不會保守所有的祕密，尤其是那些跟他們安全有關的事。我會用他們了解的語言，讓他們知道保密的重要以及保密的限制。另外也會讓他們知道在團體中不能傷害其他的孩子，不論是身體的、語言的或是破壞別人的財產。其他規則也會被建立，我也會讓他們知道身為團體的一分子，他們有責任遵守團體的規範。

與孩子在團體中的工作

我的目標是打破孩子不適當的行為，教導他們使用不會傷害他們自己或其他人的方式來表達他們的情緒，形成一種氣氛，在這裡他們可以自由地表達他們的許多感覺。我想讓這些孩子知道，感覺例如像是生氣這種情緒，並不會讓他們惹上麻煩，而是他們對這些感覺採取的某些行為，才會造成問題。在教導他們一些安全的、充分表達他們感覺的方法後，我會跟他們進行各種不同的活動，包括角色扮演、遊戲治療、特定情境的表達、畫畫、故事接龍、玩偶劇、音樂、活動或是舞蹈等。

這團體最容易進行的工作之組成，是由 3 至 5 位同年齡以及同性別的孩子所形成。在過大的團體，我發現我自己：(1) 無法跟每一位孩子形成深入的互動關係；(2) 角色容易變成紀律管理者，而無法持續注意力；(3) 無法給這麼多搶著要關心的孩子足夠的注意力，而覺得挫折；(4) 無法有足夠的時間去注意在這底下的動態。而且，6 到 11 歲的孩子，通常不會有足夠的耐心去等待那麼久才輪到他說話。

我會小心地合併退縮的孩子與較多外顯表現的孩子。但對孩子很重要的是經驗到有人跟他一樣有相似的問題，所以我通常會安排兩位有相似問題的孩子，例如在同個團體內有兩位男孩都有憤怒、創傷、哀傷及父母離異或再婚帶給他們挫折等。他們在生活中並沒有接觸到相似問題的人去表達跟他們相似的感覺，所以他們在團體中，學得很慢，第一次可能是用遊戲象徵性地表達，然後試著用字詞把情緒說出來，以及討論他們的感覺。

當我有計畫後，我提供一些個別

時間給每個孩子，在這個時間，他們可以獲得我完全的注意。我注意到這會讓團體中的嫉妒降低且更信任我，所以我開始提供這樣的個別時間。

單獨地相處，可以讓孩子更合作、更少競爭，他們也較少在不需要的時候獲取額外的注意。成人提供的個別時間，讓他們感覺自己是重要的。在獲得教師同意的情況下，我也會到班級或他們的遊戲場去看一下他們，有時只是觀察，有時會有一個很短的接觸或是一兩句話。雖然這會花一些時間，但終究是值得的。

我們的團體及個別聚會，每星期進行 2 次，並從半小時延長為 1 小時。對於堅持每次聚會進行的時間長度是固定的，可能是錯的，因為孩子們對每次聚會參與的時間的耐心並不會都相同。

當兒童想離開團體聚會時，我會用友善的方式回應他們，他們可以自由地離開，但我期待他們可以留到聚會結束再走，多數孩子會選擇留下來，但如果他們選擇離開，我不會要求他們在這次的團體還要回來。大部分兒童都能享受該次團體。讓他們事先知道團體結束且能讓他們準時離開是很好的示範，而非強迫他們需要留下繼續進行團體。

我的團體是開放式團體，所以會有新成員的加入，孩子們已經可以妥善地處理這樣的情況，他們知道新來的成員是學校的同學，且不會以負向或反對的方式跟他見面。聚會進行時，我會讓孩子用他們的方式進行，並傾聽他們想說的、直接的或是透過不同象徵的意義。使用玩偶通常可帶出很棒的意義，洩露出很多的情緒及戲劇化地帶出衝突的情境。一、二年級的孩子，我常使用玩偶，但後來發現即使是四、五年級的孩子，玩偶也仍然很好用，通常可透過玩偶洩露出壓抑的情緒。

團體提供孩子表達出互相衝突的感覺。有時我們提出一些讓兒童困擾的問題情境，有時孩子會選擇一些問題演出來。孩子會扮演老師、管理者、父母、同學、兄弟姐妹，或其他與問題有關的人。用這種方式，他們可以釋放情緒而不會傷害任何人。

好幾次的聚會則是在孩子們自由講話下度過的。在這時候，我會坐在地板上跟孩子們很靠近，通常會保持身體的接觸，這種接觸會讓孩子有平靜的效果。我會專注地聽並回應他們說的話，更重要的是，我會用非語言來跟他們溝通，讓他們知道他們正在說的事情是重要的，我在意每個人在團體中所說的話。我堅持每位成員也都要聽，也會讓他們放心，每個人都有說話的機會。剛開始時，這個觀念可能不太容易被理解，因為畢竟 6、7

歲的孩子，才正在學習如何分享。

有一次，我結束了自己覺得可能沒有什麼效果的團體後，我很驚訝地收到老師的回饋，一個孩子的行為改變了。那一次聚會，有一個孩子之前是很有破壞性且不遵守規範的，但變得合作且可以跟其他孩子產生連結。「連續擊打一塊黏土」可能被解釋是沒有生產力的，但對這孩子而言，卻可能是很重要的，它讓孩子宣洩掉他的憤怒，所以降低了去打其他小孩的需要。

有時我會質疑，我這樣做對孩子有幫助嗎？他們行為的改變是慢的，且時好時壞，有一些孩子突然進步了一個星期，但之後又變回來。我相信孩子只要給他們機會他們就會改變的信念，一再地被挑戰。我堅信如果給予孩子改變的機會，孩子是可以改變的，卻也常一再被挑戰。但有些孩子真的徹底改變了，從我、老師、管理者或家長的紀錄，可以看出來。逃學的孩子開始更規律地到校。一名男孩有偷竊習慣，並會把他的戰利品分送給其他孩子以獲取別人的好感，開始學習到他這個行為反而是別人不喜歡他的原因。他開始用其他更正向的行為來獲取別人的注意力。一名女孩開始時無法信任別人，學習如何交到朋友並做第一次的接觸，這是她以前最害怕的事。

這些改變雖然在這裡被鼓勵，仍需在家庭被增強。雖然多數父母歡迎許多他們孩子的新行為，但有些新行為仍會讓他們覺得有威脅，例如一名女孩開始詢問有關她下落不明的父親的訊息，這樣的詢問讓媽媽有點焦慮。我鼓勵媽媽——以及其他面對相似問題的家長——試著用不防衛的態度去傾聽。

有時知道了孩子在家裡的困難處境時，會讓我們不知所措，因為我們清楚地知道那不是我們可以控制的領域。與其被我不能改變他的環境的想法所擊倒，不如提醒自己，我可以在學校讓他有其他的正向經驗，這也會對他有建設性的影響。身為一位諮商師，我們需要提醒自己，聚焦在我們可以做的，而不要被那些我們不能做的所擊倒。

團體的結束

在團體開始時，我就跟孩子們說明這是一個有限制時間，僅持續一學年的團體。並在結束之前好幾次，我就開始預告團體及個別談話即將結束的訊息，我們開始討論這個即將結束的團體。

雖然在過程中跟他們建立了深刻的情感，但我不能騙他們說我會是他們替代的父母，或是他們需要時永遠的避風港。我知道在帶出團體主要的目標時要建立適當的界限，由於一開始我就知道要跟孩子建立適當的界限，所以我可以預防結束時可能會對孩子造成災難式的經驗。

老師對諮商方案的評估

如同家長，教師提供我有關孩子進步的即時訊息，我可以運用這些訊息來決定我要多久去看一次孩子或是要聚焦在哪些問題上。另外，老師會填寫評估表給這個計畫的指導者，他會把評估結果告訴我。

團體方案範例

父母離異與遭逢家庭變故的小學兒童諮商團體

這個團體方案是由 Karen Kram Laudenslager 所寫，她是學校的諮商師，若需要有關這個方案的更詳細資料，請與 Karen 連繫。連絡方式：Allentown School District, 31 S. Penn Street, Box 328, Allentown, PA 18105；電　話：(484) 765- 4955，e-mail: Klaudenslager@aol.com.

對許多小學生而言，面對離異的家庭並不是一個一般性的經驗，這些學生會面臨許多個人及社會的問題，包括：孤獨、覺得對父母離異有責任、經驗到忠誠關係瓦解、不知道要如何處理父母的衝突，以及面對即將失去家庭的穩定感。已有研究證實團體能有效幫助父母離異的兒童處理其心理、社會及學習問題（DeLucia-Waack, 2011）。學校或社會福利機構會提供這幾個主題的團體結構設計，以滿足這些學童的需求。這個方案呈現了對離異或改變中家庭兒童的諮商團體設計。

團體組成

在團體開始前有許多事先的準備工作需完成，包括進行調查、向教師及學生宣布有這個團體、獲得家長的同意書、讓孩子清楚了解參與團體的規則、用兒童、教師、家長及管理者可以了解的方式，說明團體的目標。如果這些必要事先注意的事項沒有做好，團體將無法成行。

調查孩子的需求

在決定團體方案前，先了解孩子的需求是很有幫助的，我會先到班級跟老師及兒童討論小團體會如何幫助孩子。我會解釋一些團體主題，在我跟學生介紹「團體」時，我把它稱之為「俱樂部」。家庭俱樂部對二至五年級的孩子而言，聽起來是很適合的。我說明每個年級在每週其中一天的一個時段都會安排有半個小時的俱樂部時間，共進行 6 次。

然後我會把需求調查表發下去，我希望每位孩子都考慮一下並誠實回應。我會解釋這個調查是很私人的，只有我跟班上老師會看到它，選擇學生則包括老師及學生兩者的意見。若要參閱這個調查表，請參見 DeLucia-Waack（2001）。

獲得家長的同意書

當孩子答應參加團體後，我會寄給每位家長一封信，信中會把團體要進行的流程及主題一一列舉。附上需家長簽名的同意書，並強調父母的支持及參與的重要。我確信不論家長何種型式的參與都是有價值的。我也鼓勵孩子跟他們的家長討論這個團體。若要參閱一個簡單的家長同意書格式，請參見 DeLucia-Waack（2001）。

團體規則

所有學生都是自願參加，我也會鼓勵較害羞或有一點點不情願的孩子試試看，任何人若想離開團體都可以自由離開。

孩子有權保持沉默，我會增強傾聽及向其他人學習的重要性。當他們知道他們不會被強迫討論或說出他們的一些私密的感覺，孩子會覺得較舒適。其他的規則包括：(1) 當任何人想要的時候，都會輪到發言機會；(2) 每個人都需要被傾聽；(3) 不取笑別人或譏笑別人說的話；(4) 誠實；以及 (5) 保密是被重視的。

學生們在我的指導下，在第一次聚會時形成規則，他們幾乎都會完成上述提到的幾個重要規則，若沒有，我會加上去。我也會解釋為什麼要有這些規則，以增加它們被遵守的機率。最後我們每個人會在這上面簽名，以示承諾遵守這些規則。這些規則會被張貼起來，並且在每次聚會進行前被複習一次。

團體目標

有哪些是孩子需要知道的

透過我的研究、閱讀以及與孩子實際接觸的經驗，我發現有一些重要的訊息孩子需要知道。在接下來的 6 次聚會，我會持續解釋、討論及增強這些聲明：

- 你是特別的。
- 你能度過這段困難的時間。
- 你有人關心。
- 他們（離異或者分居）不是你的錯。
- 你不需被責備。
- 這不是你的離異，並且沒有人正要跟你離異。媽媽和爸爸是跟他們彼此離異。
- 他們離異不是你引起的，而且你不能讓他們重修舊好。
- 你們能互相幫助。

我希望完成的

一些團體目標是：

- 當需要時提供支持。

- 讓孩子知道他們不孤單。
- 教導因應技巧。
- 增強學生的需要談話並且處理他們的感覺。
- 幫助孩子處理感情和行為的擔心，使他們能專心於學習及工作，實現他們的潛能。
- 若有必要時，提供學生及家長資源，例如可以幫助解決問題的書籍，以及校外的私人諮商機構。
- 幫助孩子與其他學生、教師以及他們家長，形成開放溝通聯繫的管道。

諮商或心理教育團體對於離異議題的兒童而言，需聚焦在因應這個離異的現實情境以及感覺相關的事實。DeLucia-Waack（2001）提出對於離異議題的兒童團體諮商，需完成的目標有七個，這也是我這次團體的目標：(1) 幫助孩子透過討論獲得一張離異過程的正確藍圖以及訊息；(2) 對於因離異而產生的一些感覺正常化；(3) 建立一個安全和支援的地方，讓孩子談論一些他們所關心的與離異有關的事情；(4) 認同、表達、並且理解對離異的感覺；(5) 獲得新的因應技巧，處理由於離異經驗到的感覺和經驗；(6) 幫助孩子測試現實；和 (7) 計畫未來。DeLucia-Waack 和 Gellman（2007）描述使用音樂是一種對於離異團體的兒童很有效的處遇，音樂提供一個方式讓孩子去認同及表達他們的情緒，同時也是一種很好的因應方式。

團體型式

這個團體聚焦於發展性及預防性，設計的目的包括提供支持、教導因應技巧，以及協助正在經歷家庭變故的兒童，以探索的方式去表達及處理他們的感覺。當有更多的諮商需求時，通常會邀請家長，以及提供轉介校外的資源。

任何在學校工作的諮商師均同意獲得教師及家長支持的重要性，我發現將教師、家長及學校的管理者納入是重要的，因為他們會成為兒童及諮商師的支持，他們的支持長期下來才能確保方案執行的成功，若他們反對常會阻礙團體的進展。

教師的回饋是很重要的，因為他們每天看到孩子，可以觀察到孩子行為的改變，我會盡可能地與教師保持連絡，教師可以提供諮商師有關孩子的自尊、自信、與同學的互動，及家庭作業有沒有做完等訊息，也可以分享學生在課堂上的評論與回應，包括口頭的或寫下來的工作，這些訊息幫助我判斷孩子的情緒及社會的進步。

每次 30 分鐘，每週進行 1 次，共 6 次的聚會方式，讓我有時間進行更多的團體並與更多的孩子接觸，因為有這麼多家庭有變動的兒童，我試著盡可能幫助更多的孩子。這樣的時間安排，很少會對課堂學習造成影響，我也試著對於可能造成學生或教師課堂干擾的反應更敏感。太多課堂外的額外時間，可能會造成另一種壓力，而我們都關切的是提供孩子在學習上的進步而不是干擾，有時這個團體的聚會也會在午餐時間。

聚會的開始

第一次藉由聚會聚焦在討論團體的目標，有著清楚的結構。我扮演團體催化者的角色，以及幫助孩子澄清為什麼他們會在團體中。我們會玩一個「命名遊戲」，孩子會介紹他們自己，他們會選擇一個跟他們名字第一個字母相同的適合形容他們的形容詞來描述他們自己（例如 Wonderful Wanda 或 Nice Nick）。唯一的規則是選擇的形容詞需要是正向的。我們也定義「家庭」，每位孩子藉由回答問題介紹他／她們自己，「我是誰？有哪些人住在我家？」我會請年紀較小的孩子畫一張誰住在不同的房屋的圖。我們也討論有哪些房子我住過，跟哪些人一起。我鼓勵他們描述對他們而言，他們的家如何。這次聚會我們也會討論基本的規則，並把它寫在一張海報紙上，以提醒我們在之後的聚會要遵守。我在第一次會談的目標是希望讓孩子發現，他們並不是唯一一個有這樣處境的人。如果時間足夠，我也會鼓勵他們去看，在彼此的家庭中，有哪些相似有哪些相異。我可能會問「有沒有人想要談談你的家庭跟團體中其他人的家庭有什麼一樣或有什麼不一樣的地方？」

接下來的四次聚會

我發現我的團體不會像初始聚會那樣只有議題的討論，而是會藉由一些活動聚焦及互動，活動的選擇會視團體成員的需要而定，接下來是一些在這四次的團體中經常被使用的活動：

- 我們玩「感覺遊戲」。學生們腦力激盪出所有的感覺，並把它寫下來，之後孩子會選擇其中三個感覺來描述他們對於他們家庭的感覺，之後再進行討論。
- 孩子可以為他們的家庭提出三個願望。一個壓倒性的、每次都被提出的願望是希望他們的父親或母親可以再回來跟他們住在一起。他們也會期望能跟不住在一起的父母有更多的時間相處。這些孩子通常也會表達被放在衝突的中間位置對他們而言有多麼難過，他們會願意不惜一切代價獲得平靜，並願意為了得到它而做任何的事情。

- 我們會輪流到桌上登記一個從1到10的分數，代表我們的感覺及原因。
- 兒童決定「我想要我的父母知道的事」(也可用在繼父母、繼手足)。我經常發現孩子會猶豫去揭露那些他跟繼父、母可能會有的差異，也常常希望他們的父母可以了解他在新家庭的感覺，有時孩子可能會覺得被迫要在他們調整好之前就適應他們的新情境，而且他們經常有不舒服的感覺沒有被討論。
- 我們會討論哪些事是孩子可以控制的，哪些事是他們無法辦到的。例如：他們可以控制自己的行為，我們也會討論一些控制他們感覺的方法。然而，他們無法控制的是，無法替父母決定離異或是回到過去的生活。我也會讓孩子了解一個事實，是父母離異不是他離異，換句話說，是爸爸或媽媽要跟他的另一半離異，而不是跟孩子。我希望透過團體的討論，孩子們可以了解，他們不是離異的原因，他們也不能「修好」這個情形。團體時常會深入討論或腦力激盪，在這樣的家庭情況下，我可以改變自己的有哪些。
- 我們會討論有關「改變」這個議題，孩子們會關心在新家庭有哪些正向或負向的變化。
- 「問題箱」是在所有的聚會進行時都適合的活動，學生可以匿名寫下他們的問題或擔心，而這可能是在團體分享時會有點不舒服的，他們寫完後，可以丟到箱子中，然後在下次的聚會時被討論。
- 我們也會看情況或是否有興趣閱讀或討論以下的書：*Dinosaurs Divorce: A Guide for Changing Families*（Brown & Brown, 1986）、*Divorce Is a Grown-Up Problem*（Sinberg, 1978）、*I Survived the Divorce Monster*（Williamson, 1990），以及 *Stepping Back From Anger: Protecting Your Children During Divorce*（American Academy of Matrimonial Lawyers, 1998）。

最後一次聚會

類似聚會剛開始，會有一些適當的結構聚焦在結束的議題，孩子們通常會討論關於團體結束的議題，並確認他們在聚會中的收穫，也會有一點點的時間做一個特別的慶祝，吃個蛋糕或爆米花。每個孩子最後會拿到一張認可的證書，上面寫著：諮商師說我是特別的！

團體成效

學生的知覺

學生報告說當他們參加團體並且發現他們並不孤單後，他們對於自己及家庭的情況能感覺較自在。他們需要去認同其他孩子，當學生表達了與他們類似的感覺時，透過團體在一起，孩子們可以知道彼此的進展以及學習到如何讓自己感覺好一點的技巧。透過團體的提醒，也幫助其他孩子放下那些他們無法控制或不是他們責任的事情。

家長的知覺

家長報告說孩子喜歡這個聚會，且回家時會說他們在團體中討論的事情。藉由學習其他人更好的適應，他們孩子對於離異這件事，有更好的了解。家長通常在分居或離異的過程中，也都很痛苦及衝突，他們很高興有人在這個時候可以支持他們的孩子。

家長會對他們的孩子在團體中做了什麼感興趣，也會為他們的孩子讀一些推薦的書籍。許多父母也會表達需要更多的訊息讓他們可以幫助他們的孩子。我會提供一些夜間的課程或工作坊的資訊給父母親。我想要發展一個父母的支持性團體給有需要的父母，我也想試試可能會有幫助的做法，是提供一至兩次的聚會給父母及孩子共同參加。

追蹤

我們持續向老師們追蹤有關孩子在結束後的進步，或是到教室找學生問問他們的近況，跟他們個別聊聊，也會鼓勵他們自我反省，並且在一年後舉辦「重聚聯歡會」，看看這些問題的變化。

個人挫折的來源

對我而言，最大的挫折是如何結束團體，孩子總是抗拒結束或者希望延續更多次聚會。當我知道這些孩子需要交談及學習時，我發現結束對我而言是很困難的。我無法直接解決一些孩子的問題，也會增加我的挫折感。下列記錄了這些孩子要面對的一些複雜的問題：

- 另一方的父母很少來探視，而造成父、母親情緒的問題
- 因為一個孩子「介入」了父母之間的關係，造成角色混亂
- 在性虐待案件過程中需要頻繁的法庭證言
- 家庭裡的暴力
- 父母的疏忽
- 父母要他選邊站的衝突
- 父母外遇
- 酗酒和吸毒

- 配偶虐待
- 身體或者情緒的虐待
- 監護權的鬥爭
- 金錢問題

其他挫折來源是時間，從來都不夠時間給那些需要的孩子，或是沒有時間與所有的家長見面討論他們孩子的進展。但當我在團體中發現有更深入諮商的需要時，我也會轉介一些家庭到校外的諮商師。

結論

我發現對改變中家庭的兒童進行支持性的團體是很有效且有功能的。與其他相同處境的兒童相處，讓孩子可以互相支持、鼓勵、提供建議及希望。在團體這個安全的情境中，他們可以學習如何幫助其他人了解他們的感覺以及處理他們的困擾。我自己的感覺是這樣結構的小團體對兒童特別有用，我會強烈推薦這樣型式的團體。

若對於如何設計離異家庭兒童的團體有興趣的讀者，可再進一步閱讀以下的書籍：Janice DeLucia-Waack（2001）*Using Music in Children of Divorce Groups: A Session-by-Session Manual for Counselor*。這本書介紹如何結合音樂及活動幫助孩子表達他們的情緒及學習適應每天的生活。其他有用的參考書籍有：Rosemarie Smead Morganett（1994）*Skills for Living: Group Counseling Activities for Elementary Students*，以及 Smead（1995）*Skills and Techniques for Group Work With Children and Adolescents*。

團體方案範例

受虐兒童的團體

這個團體方案是由 Teresa M. Christensen, PhD. 所寫，若需要更進一步的訊息，請連絡 Teresa。任職學校：Regis University, CPS, Department of Education and Counseling； 電話（303）964-5727 分機 5727，e-mail: tchriste@regis.edu。

導論

兒童虐待所造成的影響是深遠及多方面的。除了因暴力所造成身體表面明顯可見的傷痕外，受虐兒童也會經驗到與受虐有關的多種情緒及想法，包括憤怒、敵意、害怕和焦慮、脆弱和無力感、哀傷和失落、羞恥和罪惡感。這些傷害的結果，會在孩子的身上呈現一系列的問題：難以信任他人、自我責備、沮喪、疏離、負面自我形象，和很多其他人際關係的議題（Gil, 2006）。許多文獻和研究建議心理健康服務工作者提供協助（Gil, 2006; Terr, 2009），然而諮商師仍不斷呼籲，需要新的觀念來協助這群受虐的孩子。很多專家認為有效的協助需包括適當的情感表達、正向自我形象、人際關係技巧，與重建各種不同社會情境的信任關係（Gil, 2010）。也就是說，探索及處理人際和社會關係議題，對這群受苦的孩子可能是非常有效。尤其在團體諮商所提供的不評價和安全的氣氛。孩子被鼓勵陳述許多相關的議題，且在這裡他們有機會與和他一樣有相似經驗的人建立人際關係。幾年經驗下來，我發現團體諮商對於受虐的孩子們非常有幫助。這個模式是從我與多種受虐型式兒童的個別、團體及家族治療經驗中所發展出來的。

團體目標

團體的主要目的在促進治療性關係的建立，藉由讓受虐兒感受到足夠的安全，而使他們願意冒險信任其他的兒童或成人。所以團體是設計來建立安全的環境、讓兒童增能（empower），以及鼓勵他們去感覺他們的自我。除此之外，團體也會設計讓孩子有機會完整地表達受虐後的複雜情緒及經驗，或在說出他們的受傷及受虐後，獲得其他人的了解及關心的回饋，真正的感覺到他們並不孤單。也藉由讓他們說出對傷害他們的人的複雜、交錯的情緒，孩子可以重獲對自己經驗、感覺的控制及主體感（Gil, 2010）（也就是這個團體的其他目標）。在團體結束時，希望孩子們能學習適當地表達他們的情緒、知道他自己的優點，也能夠以適當的方式和其他人發展出健康的人際互動和關係。

團體形成

篩選

在諮商受虐兒童時，篩選的動作是相當關鍵的，當兒童準備好參加團體，時機的考慮是必要的。多數時候兒童必須願意在治療情境中與其他孩子形成互動，這取決於兒童是否很想玩遊戲、想說話、願意花時間跟同儕相處。所有參加這個團體的兒童都已接受過或正在接受個別或家族治療，對於他們在治療中的印象或紀錄也會幫助我篩選。當我覺得孩子已經準備好時，我會邀請他們參加我的團體，但我會告訴孩子——他們有權拒絕，這會讓他們更重視這個參與的決定。

團體諮商不適於以下的情況：(1) 才剛受虐；(2) 這個受虐經驗仍高度影響這個孩子；(3) 孩子正處於心理高危機狀態，像是自殺、自傷、情緒高度起伏或是思考混亂（幻覺或妄想）；(4) 這個孩子的加害者不只一人。無論如何，我相信若他們已準備好時，則將從團體中獲益。

即將參與團體的成員行為反應會共同形成團體的功能及氣氛，因此有必要讓團體的年齡、心理狀態及性別相似。因此在組成團體時，需要慎重考慮不要讓孩子們因為聽到其他人的故事而二度受創。篩選後發現這個孩子適於參與團體，則需要獲得家長／法定監護人的同意書。

家長／法定監護人同意書

多數時候我會與家長或監護人面對面溝通同意書的問題，但有時候我會使用寄信的方式。在信中會說明保密、治療因子、團體要討論的主題，以及描述團體的過程，並提供團體對受虐兒童效果的合理描述（請參考下面這封信）。我強調團體並不是取代個別或家族治療，而是補充性的治療計畫。

獲得法定監護人同意書簽名需在兒童參加團體之前（很重要的是要獲得法定監護人的簽名，若是孩子沒有跟他們的親生父母同住時）。法定監護人可能包括收養、領養父母、祖父母，或其他型式的寄養家庭。

親愛的家長／法定監護人

正如您所清楚知道的，兒童虐待本身會造成兒童的傷害，孩子會無法信任、自責、沮喪、憂鬱、孤立、低自尊，以及其他人際關係的問題。有可能您的孩子的這些問題已經或正在接受個別和／或家族諮商的協助，但我相信，團體諮商也是另一個有效且對您的孩子心理健康有幫助的一種治療方式。

就我身為一位諮商師及兒童遊戲治療師的經驗，我發現許多孩子會受到虐待關係的影響而造成他與同儕互動的問題。研究已經指出，而我自己也相當肯定，團體諮商可以幫助許多孩子在 (1) 學習如何相信別人；(2) 了解他所經歷到的並不是只有他自己一個人；(3) 發展健康的人際關係技巧；(4) 增加在人際關係中主體性的控制感。藉由與跟他有相似感覺、經驗及憂慮的孩子互動，孩子會學到如何更有效的因應情緒及想法。

基於臨床的觀察和專業的判斷，我相信您的孩子已經準備好可以參與團體的經驗，所以，我希望能獲得您的同意，讓你的孩子 ____________________（孩子的姓名）參加這一個由 5 至 7 名有相似困擾、年齡、性別的小孩，進行為期 10 週的團體治療。

這次團體聚會將包括一系列有關於虐待及心理健康主題的結構及非結構的討論及活動。所有的孩子都會被告知保密的重要性，但我無法保證其他孩子在團體外可能說或做什麼。我將盡力維護團體的保密以及您的孩子身體及心理的安全。

若是您對這個團體還有其他的擔心或問題，請您連絡我：＿＿＿＿＿＿＿＿＿＿。

若是您了解且支持您的孩子參加這個團體諮商活動，請在以下欄位簽名，表示您的同意。

＿＿＿＿＿＿＿＿＿＿＿＿　＿＿＿＿＿＿＿＿＿＿＿＿
（父母／監護人簽名）　（日期）

＿＿＿＿＿＿＿＿＿＿＿＿　＿＿＿＿＿＿＿＿＿＿＿＿
（見證人簽名）　（日期）

＿＿＿＿＿＿＿＿＿＿＿＿　＿＿＿＿＿＿＿＿＿＿＿＿
Teresa M. Christensen, PhD　（日期）

團體的結構與特性

團體由相似年齡（1 至 3 歲的差距）及相同類型虐待的兒童所組成時，通常效果最好。青少年在這類型的團體通常也都可以受益。但在本章所提供的活動適用於 7 到 12 歲曾遭受性虐待經驗的兒童。由於發展及性別的因素需要被慎重考慮，所以團體的結構會因為成員的需要而有些差異。基於信任、權力、控制、團體凝聚力，以及界線等因素，這類團體是封閉式團體。這個團體包括 5 到 7 名成員，每週聚會一次，每次 45 到 60 分鐘，共計進行 10 次。

場所

對於 4 到 12 歲的兒童理想的場地為遊戲室或有足夠空間可容納團體人數的相似結構空間之場地。這個空間適合不同結構的活動，可進行指導的及非指導的遊戲。必要的媒材包括治療性玩具與遊戲、藝術的道具、玩偶、吹泡泡、沙和小型玩具，以及其他創造性的玩具。

團體型式

我通常會合併指導及非指導的技巧、並依團體發展歷程將每個團體分為三個段落（暖身、工作、結束）。每次聚會開始會有 5 到 10 分鐘的暖身。暖身包括 (1) 分享每位成員今天的感覺；(2) 回饋或聊聊上週聚會做了些什麼；以及 (3) 討論今天聚會可能會做的事。接下來的 25 到 35 分鐘是工作期，包括結構性活動或是自由的遊戲。最後的 10 到 15 分鐘則是對今天的過程做個回顧整理，也就是論述與說話時間（treat and talk time, T & T）。在這個時間，每位成員會有一些健康的點心，被鼓勵輪流分享他們在這次聚會的回饋。討論會聚焦在哪個成員有什麼收穫，以及這個經驗如何應用到他在團體外的生活。

結構及主題則視參與主題的每位成員及整個團體狀況而定。因此除了第一次（定向）及最後一次（慶祝）外，各週聚會的結構及非結構可能是交錯的。第 1 ～ 4、6、8 和 10 週的聚會是比較高結構的，透過一個到數個活動，聚焦在討論跟受虐相關的議題。在結構性的幾次團體我會用數個不同的活動或遊戲，這些活動是從我臨床經驗或其他資源形成的。第 5、7 跟 9 次聚會，則是歷程取向及以非結構的型式開始。在遊戲室或是放了一些不同玩具、藝術道具及一些活動器材的空間裡，團體成員可以從中自由地選擇。下面有一些在每次聚會時，可使用的活動或主題。

第 1 次聚會：定向

第一次聚會包括討論有關保密、團體目標及結構、團體基本規則（規範），例如不能攻擊、每次只能一人說話及保密。我通常會從謝謝他們選擇參加這個團體開始，我也會說在團體的每個人都曾有受虐經驗，但這不是他們選擇參加團體的唯一理由。我會指出來，參加這個團體會認識其他人，學習如何適當地表達感覺，以及學習如何做出正確的決定。為了幫助孩子互相認識，我會採用一些破冰的活動，輪流介紹自己的名字及其他與自己相關的事情（如喜歡的顏色、動物，或是一天當中的哪段時光）。這樣繞圈圈地自我介紹，會持續大約 15 到 20 分鐘。

在團體後半段，我會進行「團體規範」這個活動，討論有關團體的規則，並請成員把討論的規則條列寫下來。這種方式賦予兒童共同建構團體的經驗。我會把這些內容，寫在有「我們的聲明」（group declaration banner）這樣標頭的海報紙上，並提供圖畫用具讓孩子們在這上面簽名並幫它做些美工，且在每次聚會開始時把它貼出來，也是團體設限的依據。我會很密切地注意這個規則需包括保護身體及情緒的安全，也會確認這個聲明給兒童足夠的自由度，讓他們有權保持沉默或是在輪流說話時可以跳過不說，而且我也會強調界線，包括保密及身體的接觸。有時候團體成員在制訂規範上會很難實行，所以我會提醒成員不要訂太多或太嚴格的規則。聚會最後會有一個總結及輪流論述與說話的時間。

第 2 次聚會：覺察活動

第二次團體包括關係建立活動，目的在促進團體成員間的互動。每位成員要做出一個「身分拼貼畫」（identity collage），從雜誌中選擇4至5個適合描述他或她自己的圖片、片語或字，把它們貼成他或她自己的自我描述。治療師必須儘量選擇不同種類的雜誌，以適合他們的多樣性及發展。之後成員有機會分享他們的拼貼畫，他們被鼓勵分享受虐前後的差異。在拼貼畫分享之後，成員被鼓勵再從雜誌中選擇至少一個項目、片語或字詞，來代表他們認為受虐後自己的改變，以及他們對這個改變的看法。這個項目通常會改變這張已做好的拼貼畫，之後成員會再被邀請分享這張改變後的作品。

這個活動讓成員有機會自我反省及探索這個受虐經驗如何影響到他。進行這個活動時，重點在於注意兒童隱藏在背後的強烈情緒，以及兒童對於遭遇創傷後的改變的討論。例如被性騷擾的兒童，我會鼓勵他們說出來他們對自己的這些評論：「我很難過，我不能再跟爸爸媽媽住在一起」、「我討厭我自己是個男生！我的身體是一個陌生且骯髒的東西」、「我不知道我還有沒有可能找到未來的丈夫，如果他們知道我爸對我做了什麼事」。

第3次聚會：祕密與接觸

這次聚會的活動是放在分辨適當的或不適當的接觸以及安全的或不安全的祕密。由於此活動的目的在協助兒童建立及維持一個適當的身體界線以及安全及不安全的祕密，所以很重要的第一步是要發展出一個適當概念的詞來以幫助兒童定義。例如，我會解釋：一個安全的祕密是如果不告訴任何人，它不會造成任何人的傷害，例如守住生日驚喜的祕密。而不安全的祕密是保守這件事會造成你或其他人的傷害，而你還不告訴任何人。在活動進行時，團體成員被鼓勵把適當的及不適當的接觸，以及安全的及不安全的祕密列出一個對照表。活動結束前，成員們會發展出一個計畫，有關如何在未來維持健康的接觸及安全的祕密。

第4次聚會：信任活動

在報到之後，這次聚會聚焦在進行信任活動，例如信任走路。這個活動是一些成員被蒙住眼睛，而另一些成員擔任指導者，他們兩人要一起通過迷宮或到達指定地點。這個活動很容易引發討論有關信任的相關議題，例如信任、脆弱、無力感、冒險、面對焦慮，以及依賴另一個人的支持等。當成員都經歷過信任走路的經驗後，可以再請他們列出一個表，寫下他們可以信任的人以及為什麼，並在聚會剩下來的時間分享這個表的內容。在聚會結束時，成員也被提醒將在下次聚會時參與非指導的遊戲，並邀請他們思考他們將如何選擇及如何運用他們共處的時間。

第 5 次聚會：歷程取向

類似其他次聚會，第五次一開始也會有個報到的過程，之後成員會被鼓勵去選擇一件他想在這次聚會進行的事。我將提供一般如何加入其他人的活動的想法給成員參考。例如，我會說「你可以選擇一起玩（遊戲、活動、角色扮演），或者你可以選擇自己玩」。我會點出一些可用的媒材，但大部分時候我保持非指導性。做為帶領者，我轉變成敏銳的觀察者，看孩子選擇或不選擇加入其他人的活動。我會用語言及非語言鼓勵及回饋成員在這次聚會中為自己所做的選擇。孩子通常會選擇玩一局或是一起建構一個沙盤，有些孩子會利用這個時間探索遊戲室，或是畫一個素描或自由畫。在這次聚會結束前，也會依慣例進行輪流論述與說話的時間，提供機會讓孩子回饋他們在團體的經驗。

第 6 次聚會：人際互動活動

此時，在這個過程中，我相信幫助成員討論人際的議題是很重要的，包括好幾個與溝通有關的問題：使用「我」訊息，如何表達對情緒及身體界線的尊重、如何問其他人的需求，以及如何適當地表達感覺。很多遊戲或活動是特別設計來討論這個議題的。包括：(1)「說、感覺、做」的遊戲；(2) 角色扮演；(3) 玩偶劇；(4) 家庭畫，以及 (5) 打電話遊戲。我們也從書本閱讀、聽音樂及欣賞電影的方式處理與虐待和創傷相關議題。

受虐及創傷兒童常受困於轉變（Gil, 2010; Terr, 2009），因此我對團題結束階段特別投入關注。在這次聚會結束前，我會提醒大家我們的聚會只剩三次，我會請大家開始回想在他們的生活中，曾經有過的結束經驗，例如可能會結束的社團或校隊不再見了，或是學校的學期結束了。很重要的是我們要討論如何學習跟其他人說「再見」。我們也會一起討論成員們曾在家庭或社區經歷過的「再見」的儀式，我們也開始為即將結束團體做準備。

第 7 次聚會：歷程取向

在這次的聚會，孩子們通常會閱讀書籍、玩玩偶或使用藝術材料創作一張圖或他們自己的日誌。

第 8 次聚會：復原力活動

這次聚會的目的在幫助成員發展正向的自我形象。聚焦在幫助他們認同他們自己的力量，並學習如何運用自己的力量，在未來為自己做一個正確的決定。在這次聚會開始時，我會先澄清什麼叫做力量，並要成員花幾分鐘的時間，寫下至少四項他們發現自己身上擁有的力量。例如：「我是一個很好的傾聽者」、「我是一個好朋友」、「我能學習如何表達自己的憤怒而不傷害其他人或物」、「我知道如何說不」。因為虐待常會傷害孩子的自尊，所以團體諮商師的肯定非常重要。在團體我們決定我們可以做出哪些創造品來代表我的力量。許多的活動或是遊戲也都適用於這個活動。我會鼓勵成員創造一些東西，有時他們會用一些藝術道具做出風箏、個人的或家庭的防護罩、個人的執照牌，或是襯衫。之後成員會列出他們對生活的期望或需求，我們會腦力激盪如何用我們自己的力量，以健康且安全的方式獲得我們的需求。我會強調不論過去人家對他們說或做什麼，他們仍有權利選擇自己想要過的生活。我們會討論如何應用他們的力量在未來幫助他們做出正確的選擇，獲得他們的需要，以及如何表達他們的想法或感覺。

在聚會結束前，我們會討論有關即將到來的結束慶祝會，我們會腦力激盪在慶祝會時要做什麼（活動、遊戲、藝術、說話、唱歌或跳舞）。我會告訴團體我會提供飲料（通常是果汁）及一項點心（通常是水果或爆米花），也告訴他們願意的人可以帶東西來請客，但不強迫。這可能造成一些有困難的家庭或父母／監護人不會很積極地參與這個活動來去除孩子的壓力。

第 9 次聚會：歷程取向

由於團體動力已發展，且信任感已建立，通常成員會在這次選擇更多互動的活動，例如：玩棋類遊戲、畫畫並分享他在畫什麼。

第 10 次聚會：慶祝會

最後一次聚會是慶祝並回顧整個團體的經驗，成員會分享他們在團體中從自己及其他人身上學習到的東西。這次團體的目的是建立親密感，且由於這次的慶祝活動是由大家共同設計的，所以每次都會不一樣。最後一次聚會包括但不限制，進行後續追蹤。年幼的孩子會想要創造離別相片，讓所有團體中的人簽名。一起寫一篇文章、角色扮演或是再一起玩一個遊戲。較年長的孩子或青少年，則會更喜歡無結構地、自由地回顧之前的聚會，並聊聊在聚會中的經驗。很多年長的孩子在最後一次聚會會精力充沛地設計出屬於他個人的紀念冊，要求團體的每位成員在上面簽名，以做為這個經驗的紀念。不論他們用任何型式的慶祝，我都會邀請所有的成員分享以下的訊息：(1) 他們學到自己的長處及優點是什麼；(2) 他們如何規劃以持續讓自己可以在團體外仍能為自己做出正確的決定，以及擁有健康的人際關係；(3) 他們如何照顧自己的個人計畫。

團體預期成效

受虐兒童需要在一個安全及建設性的環境中表達他們的想法及感覺。在我與受虐兒童工作超過 20 年的經驗，我愈來愈相信團體諮商是一個理想的情境，提供孩子建立與其他兒童或成人信任及健康的關係。參與團體讓孩子有機會打破他的孤立、表達內在深層的衝突、澄清對他錯誤的指責，以及在跟別人相處時感覺更自在。以我的觀點，團體氣氛可提供受虐兒童深層的療癒。但只有少數的成效顯示受虐兒童參加團體會增加人際互動技巧、增加自信、獨立以及自我肯定。這些幫助兒童脫離受虐經驗的爭議是複雜且具挑戰性的。所以我鼓勵團體諮商師結合治療因子，創造出屬於自己獨特的受虐兒童治療團體。

推薦資源

我發現以下的資源對於設計團體很有幫助，包括：Gil（1991, 2006, 2010）、Hindman（1993）、Kleven（1997）、Lowenstein（1999）、Spinal-Robinson 與 Wickham（1992a, 1992b, 1993）以及 Terr（1990, 1991, 2008, 2009）的著作。對於團體中使用創意藝術及遊戲治療，可參考 Gladding（2011）及 Kottman（2011）的著作。

青少年發展的相關主題

本書並不詳述青少年所面對的挑戰與獨特需求。因為青少年心理課程，是任何以青少年為工作對象的團體帶領者所必備的基礎。其次，個人的青少年經驗以及其間某些經驗的解決，對青少年諮商工作的準備是相當有價值的。

青少年階段的生活，最主要特徵在追尋自我認同，以及澄清價值系統對個人生活的影響。雖然青少年階段會出現許多壓力和衝突，但這些同時也是促進青少年認知成長、邁向社會以及生理出現變化的重要因素。此一階段的青少年對於個人經驗如何形塑當下的情感和行為，逐漸感興趣。此一時期，最重要的需求之一就是成功經驗，這個成功經驗會帶來個體感以及跟人的關聯性，而個體感以及跟人的關聯性反過來會影響他們對自己的獨特性，以及跟他人相似性中所展現的自信與自尊。青少年需要機會探索與了解其情感的廣度與範圍，同時學習如何與重要他人溝通，讓人得以了解其渴望、想法、感受以及信念。

對典型的青少年而言，社會關係是最重要的。青少年應用這些關係了解自己、世界及他人。朝向社會世界的導向，促使青少年對獨立需求顯得更為迫切，然而這樣的需求卻讓青少年和他們的父母誤以為獨立需求等同於降低來自父母的養育和關注。最具精力的青少年其實具備良好的社會技巧，而且與他們的父母之間保有開放與健康的關係。青少年與家庭的連結，對其長期發展的成功具有關鍵性影響力。

青少年階段的壓力來源

很多青少年經驗到介於家庭與學校之間的緊張，他們常受困於這兩個世界，因為無法與這兩個系統的期待或規則達到一致或和諧，反而成為主要的壓力來源。來自某特定種族或文化團體的青少年可能也經歷種族歧視、貧困、社會政治與社會環境的挑戰。為找到自我認同，青少年往往跟他們的父母、監護人或祖父母困難共處。有些青少年的生活境遇，需要工作來資助其家庭。此一時期，學習應用自由以及在依賴與獨立間掙扎是主要核心任務。

青少年常受制於他人的標準在做事，他們被期待要有所表現、要成功。他們常有被認同與讚許的需求，然而必須學習去分辨是為自己而活或為他人的認可而活。青少年能否被信任同時被賦予做重大決定的自由，則視文化期待而定。西方文化的青少年常會有關心他們的成人給予支持，並以信任的方式鼓勵他們做決定，但是他們也需要指導與限制。然而受美式教養的青少年與移民美國的父母所面對的文化衝突，常是青少年一項重大的壓力源。青少年對於文化的同化或統整的功能層次往往與父母有所不同，使得價值、信念與文化習俗成為親子衝突的來源。

青少年團體諮商的發展

概覽青少年當前主要生活任務，是青少年諮商發展最重要的部分。通常青少年對於同儕關係的注意要比年齡較小的孩子更為關心；而且青少年處在與父母分離和自我認同的掙扎，這些不同需求影響團體的結構、歷程、討論的主題以及處遇方法（Shechtman, 2004）。團體帶領者必須了解青少年的發展需求，並對其服務的社區具有文化覺察。有鑑於我們的社會人口急速轉變，團體帶領者需要做出一致性的努力以因應問題的多樣性。

有機會和類似經驗的同儕接觸，可能就是一種治療體驗。Akos、Hamm、Mack 及 Dunaway（2007）強調青少年早期的同儕關係發展具有很高的重要性，而團體工作即在提供青少年一個可以與同儕一起探索所關心議題的有效資源。青少年很自然地會尋求同儕的肯定和友誼，也因此以這個年齡為對象的團體諮商特別具有發展性。規劃適合青少年處理各種發展任務的團體，並提供一個可以促進個人與社會發展的討論機會，是中學諮商師最大的挑戰所在。

團體諮商是一個可以結合青少年各項掙扎與優勢的理想場域。再者，團體帶領者可以藉此結合教育目標與個人議題的團體結構。透過正向的團體經驗，青少年可以從團體的經驗中了解自己，包括他們的價值、信念、關係和選擇。一個團體要有明確的目標、相關主題和結構，以促成團體成員在團體內的信任感。他們巧妙地融合團體歷程與社會世界，方向感增加了；疏離減少了，學到社會技巧，而且提供了解心理因素的機會。

帶領青少年團體的議題與挑戰

要讓青少年主動參與團體是一項挑戰。團體帶領者需要將每次議程建構的方向清楚陳述並能獲得成員的接受。帶領者需要應用創意讓每次的會議朝向一個有意義的方向。Gladding（2011）詳細介紹創意的團體技巧，像是音樂、活動、視覺藝術、戲劇、遊戲與幽默等皆可做為高中團體互動的催化劑。有創意的技巧可協助青少年適當地表達他們的情緒，應用健康且不同的方式展現行為，並能進入自己或他人世界，獲得洞察。配對團體對青少年而言，是一項既熟悉又相當有吸引力的創意技巧。然而，不論我們多麼有創意，在催化青少年團體必然會遇到挑戰。普遍的挑戰——建立信任和自我開放限制的設立——將在以下章節提出討論。

建立信任感

青少年團體催化者的首要任務就是建立默契，沒有矯情而能自在做自己。為了發展信任關係並能有效地與青少年一起工作，團體帶領者需要具有文化敏銳度、了解當前趨勢以及示範對青少年的尊重。

熟悉團體成員的次文化，包括俚語、彼此說話的方式、音樂風格、喜愛的音樂與娛樂媒體等時下的溝通方式。了解青少年彼此之間不同的說話方式，團體帶領者將會做得很好。然而，你也會發現青少年很樂於教導你所不知道的。讓他們有機會分享知識，能藉此建立信任。

了解文化的方法之一，可以在團體期間，邀請成員帶一首可以描述其生活主題或生活哲學的歌曲，或請成員說出他們最喜歡的電影，並進一步做討論。討論有助團體帶領者了解成員的文化，同時其中有些隱喻甚至成為團體的共同語言。你與青少年說話時，並不需要模仿他們的俚語和說話態度，但如果你對他們的「文化」有所意識，這將有助你跟上或了解他們的世界。了解青少年的世界不代表你要成為他們之中的一個人，如果你認為這太困難了而不願意去接受，那麼你可能會失去青少年對你的信任與尊敬。記住你在團體成員眼中具有不同的地位，而且他們期待你要有不同的作為。

直接、公平與開放地處理團體成員的事，可以讓他們了解你是不是被他們威嚇到了。如果你對自己的作為沒有清楚的意識，仍假裝跟上他們的步調，青少年是會發現的。友善、能夠表達以及溫暖可以讓你與青少年發展投契關係，而且走更長遠的路，當這些特質能夠展現，信任的花朵也就會綻開。

在團體聚會的初始階段，有部分時間討論保密、團體規範、團體守則、界限建立、在團體內互動的催化方式、回饋給予與接受，以及應用在團體外的建議（我們在團體早期階段探討的主題，目的皆在建立信任，參看第 6 章初始階段的討論）。

知道自我開放的舒適區

青少年會問你很直接而且很個人的問題。有時這是青少年用來測試你是否真正地要與他們溝通。青少年常會測試團體帶領者是否了解他們對團體所說的話的確實意思。例如，青少年會問團體帶領者下列問題：「你有嘗試過毒品嗎？」「你的父母有離婚嗎？」「你結婚了嗎？」「你有沒有男朋友或女朋友？」「你有小孩嗎？」或是「你對婚前性行為的看法是什麼？」處理青少年的問題要以可靠的態度真誠地回應，而且要思考周延。

例如，對於毒品使用的回答，可以說：「對我而言，這是一個雙輸的問題。如果我說是，那麼你可能說：『你有使用毒品，那我也可以使用。』如果我說沒有，那麼你可能就說：『其實你不了解，而且你會對我說的話打折扣。』」帶領者如何回應這個面質的問題，同時也在告訴青少年他們可以信任帶領者多少。如果青少年的測試能夠不被批判、不做防衛的接納，信任就會增加，而且抗拒參加團體就會減少。青少年對於能夠適當地在團體中分享自己、展示關懷態度、表現熱情活力、開放以及坦率的帶領者會有良好的回應。如果你能真誠地尊重且欣賞青少年，你將會獲得相互尊重做為回報。

青少年很容易察覺不真誠。帶領者的要務是示範言語與實際行動的一致性。但這並非表示帶領者需要揭露私生活以應要求。帶領者可以像在成人團體所做的處理一樣，為青少年做示範，讓他們了解在抵抗自我揭露壓力時，可以有的適當選擇。有很多青少年，特別是那些在「社會系統」中或生活在艱困家庭環境的青少年，尤其需要正向的角色楷模，而團體帶領者就是要能提供這些給青少年團體成員。

「青少年做改變」團體方案裡為年輕人而設計的團體計畫適用於社區及學校場域。當團體目的也都被仔細考量過時，這是一個可達成供參考的好範例。無論在學校、鄰里或是社區，這個團體方案提供了如何在系統中工作的重要指南。

團體方案範例

青少年做改變（Teens Making a Change, T-MAC）：一個預防青少年虞犯的團體

這個團體方案是由 Sheila D. Morris PsyD. 所寫，若需要有關這個方案的更詳細資料，請與 Sheila 連繫。地址：1672 W. Avenue J., Suite 110, Lancaster, CA 93534；電話：（661）951-4662。e-mail: drsheila_2000@yahoo.com。更詳細介紹請看：*Combating Teen Delinquency in an Apartment Setting Through Village Building* 手冊（Carter, 1998）。

以困境青少年為對象的草根社區型團體是未來的趨勢。根據社區心

理學的觀點，此類團體係設計用來協助住在複合公寓的青少年做預防與處遇需要之用。此種場所設置結合低社經勞工階級的非裔與拉丁裔美國人家庭。這類團體提供支持給家中有青少年因受社會與環境因素影響，而疑有非法行為表現的青少年。此類團體所探討典型的犯罪行為，包括青少年約會、幫派以及種族差異與相似性，團體同時也融入數種不同的元素，用以增加覺察、促進對話、注入信心以及歸屬感。原始的團體設計為社區公寓型，但也適用於學校情境、居家團體及拘留設備。

團體組成

團體建構在複合公寓內，在這裡除了青少年及其家人，同時也有鄰居、社區主委、商業專業人士以及政治人物。團體成員年齡從 12 到 19 歲，而且是自我推薦而來。團體應用數種不同要素，協助青少年對他們的家庭、學校和社區更具生產力。本團體所採用的座右銘「流氓生活不是唯一的生活」，同時團體焦點放在他們當前生活環境外圍的事。團體有一位催化者以及一位志願的家長或鄰居，每週聚會 60 分鐘。一般而言，團體是開放式的而且持續進行，但在暑假會有休假，讓住宿的同學可以回去與家人共度假期。

聯繫學校行政人員以讓 T-MAC 適用於學校情境，使其能探索及確認團體能帶給學生成員及學校好處。青少年做改變（T-MAC）成員可透過教師、諮商輔導人員或家長轉介。團體可以由整個班級協同老師參與、諮商師或學校心理師或各年級各個班級組成。團體會是以有限時間、團體活動實地考察旅行的方式進行。

團體規則包括團體行為、影響、領導，以及保密和安全等議題都經成員討論且同意遵守。催化者解釋家長參與的重要性，以及保密在涉及個人與他人遇有傷害威脅時的限制。團體以公開的方式討論非法行為。團體建構，包括看錄影帶、與講座賓客互動，網際網路以及角色扮演等。下列提供有助團體進行順利的參考做法：

- 討論團體。當今青少年仍然渴望被傾聽以及使用健康的方式表達自己。他們關心的議題，如約會、性、同儕與家人關係、生涯、幫派、音樂以及流行等。很多都市青少年缺乏公共場所公開表達他們對前述議題的關切，尤其他們需要成人的關懷與注意。團體成員應被鼓勵表達這些有興趣的議題。
- 學校環境的應用。同儕交往和關係是高中青少年的重要議題。學校是幫派活動最初的見面地點。人際關係不良、憤怒、跟家裡關係疏離的年輕人容易參與幫派。T-MAC 的團體設計主要做為預防與介入，以及學校場域諮商師將挑選違法行為的高風險青少年為參與對象。

- 活動與短途旅遊。短途旅遊是團體很重要的一部分，可以提供青少年實現自我的機會。來自左鄰右舍的青少年已經知道該如何在惡劣的環境中生存下來。他們已經了解生活的各種樣貌，也明白世界之大，同時充滿著各種可以提升他們信心以及探索的新管道。T-MAC 短途旅遊包括到加州首都沙加緬度旅遊、遠足、到博物館、遊樂園、山上踏雪、舞臺劇、擔任其他短途旅遊的接待主人等活動。團體成員也可以參加塗鴉牆清洗，與政治人物一起遊行以抗議鄰里社區的犯罪與暴力。在比較受限的場域，T-MAC 短途旅遊會是虛擬的旅遊。而學校場域可能會安排實地考察旅行。
- 募款。T-MAC 是一個草根團體（即民間團體）。郊遊與團體活動募款、募款會展都可以使用。團體成員可以提供募款點子，像是烘焙、洗車、社交等皆可用來實踐團體的任務與格言。另外，也可從各種管道尋求捐款、贊助。
- 講座賓客。可邀請講座主講幫派、自信建立、青少年約會、暴力、大學以及生涯抉擇等議題，激勵團體成員，並提供他們良好的角色典範與不同的觀點。
- 家長參與。這是團體最具挑戰的部分，家長常常無法參與，而且當成員的家長出席時，成員可能就無法全心參與。有些家長在交通、食物準備以及接送方面，提供很多貢獻與協助。
- 社區參與。當地的企業主、社區領導人物，以及政治人物會有捐款、贊助或提供其他資源。T-MAC 像是一個催化，提供鄰里和社區領導人物及學校行政人員一個橋梁，打擊青少年違法的常見原因。這個橋梁幫助青少年從他們的鄰居轉移到學校，以及提供安全和穩定的團結意識。社區領導人物、當地的企業主及家長倡導者可以在團體裡提供簡報及帶領討論，進一步連結學校及社區。

團體目標

團體主要目標在提供都會區壓力源，像是幫派、藥物、同儕壓力、犯罪、暴力、貧窮等問題處理的替代方案，以終結非法行為。另外，我們也希望拓展青少年視野並提供青少年的成功機會。整體而言，團體的主要目標如下：

- 學習正向行為
- 連結學校及社區經驗
- 增進社交技巧
- 提升對自己與對他人的正向態度
- 促進學習功能
- 增進社區生產力
- 減少鄰里間破壞公物的行為
- 建立社區歸屬感
- 納入具有影響力且關懷青少年之成人楷模
- 提供社區資源以協助家庭

團體型式

T-MAC 係針對特定族群的需求而設計。根據社區心理學的觀點，團體成員以及複合公寓社群，大多會直接參與團體主題及團體組成的決定。在學校情境或拘留設備的 T-MAC 可使用方案主題結構化。在此介紹連續 15 週有關幫派以及幫派參與的聚會。T-MAC 在班級情境可以像是與同儕及關係互動、生涯、建築技巧和透過虛擬旅遊來擴大成員與全球意識有關的主題。每次聚會由一個特定主題的介紹開始，而且在回顧與新知融入的學習中結束。這些聚會可以被應用到許多族群或團體。

第 1 次聚會：團體介紹

- 催化者陳述團體的目的與重點，同時再提醒保密與安全。
- 團體成員自我介紹，建立團體規則（諸如一次一個人說話、相互尊重、不說汙衊的話語，同時發展團體可以討論的主題）。

第 2 與第 3 次聚會：幫派歷史

- 催化者從閱讀分類，提供幫派的歷史。
- 成員討論所閱讀的幫派相關資訊並分享他們自己對幫派的認識。
- 成員配對進行閱讀的討論。
- 成員配對討論他們對團體的知覺。

第 4、5、6 次聚會：個人的幫派經驗

- 成員討論在其鄰里間所認定的幫派是哪一個，以及何種顏色的衣服穿著是不安全的。
- 成員討論個人曾有的幫派參與

或幾乎參與的經驗。

- 成員討論他們的焦慮與害怕。
- 成員討論幫派對鄰里與複合公寓的影響。
- 成員討論自己與家人或朋友的聯繫。
- 由一位成員對整個團體分享他成為一個幫派成員的經驗。
- 這位分享成員回答團體成員所提出的問題。

第 7 與 8 次聚會：錄影帶放映

- 成員觀看與討論《嚇阻・現身試法》(Scared Straight）與「MSNBC 頻道：監獄」（MSNBC lockup）影片的內容。新的故事以及網路剪輯也是很好的資源，可以在這個時段應用。
- 催化者摘要影片故事內容。
- 催化者確認幫派參與的替代選擇。

第 9 次聚會：做連結

- 催化者引導成員討論錄影帶內容與成員個人生活或鄰里之間的關聯性。
- 成員針對影片中每個人物，討論其他替代選擇，並寫下會出現的不同結局。
- 成員討論並分享團體的新角色。例如，他們可以問說：「這個新角色的行為表現有何不同？這個不同會如何影響這個故事？」

第 10 與 11 次聚會：做改變

- 催化者引導成員討論如果沒有幫派成員，他們的複合公寓或鄰里會有何改變。
- 讓成員回答問題，諸如「有哪些正面做法可以取代幫派？」與「幫派應該做哪些改變，才能提升正面形象？」
- 請成員描繪沒有幫派時，他們所見到的鄰里會有何樣貌？

第 12 次聚會：使用角色扮演

- 催化者提供角色扮演的劇本。
- 如果有幫派分子接近，成員可藉由角色扮演，演出他們可以如何因應。
- 成員可選擇提供劇本或參與角色扮演。
- 成員配對寫出他們的經驗，並與團體成員分享。

第 13、14 與 15 次聚會：替代方案

- 講座賓客可分享他們個人所經驗到的幫派，並說明他（她）如何克服幫派生活。

- 催化者帶領團體討論幫派並做摘要。
- 催化者協助成員認識幫派新知，以及因應幫派可行的替代策略。
- 成員討論參與幫派的替代做法與新知。
- 成員討論他們的學習以及未來的方向與做法。
- 成員持續進行他們的改變方案。

團體成效

雖然沒有正式的團體成效評量，但成員們可以有一個安全的地方分享一般青少年的發展議題，並獲得適應的因應技能，以處理困擾他們鄰里的社會和環境不適。

鼓勵團體成員們表達他們在團體所學，以及團體對他們的影響是團體歷程的一部分。至於團體結束的方法，則可請他們寫出這個團體經驗給他們的收穫。有一名 12 歲非裔美籍的男孩寫道：「在 T-MAC 團體，最大的獲益就是有趣、解決問題以及做許多活動。」另外，有一名 6 歲的拉丁裔女孩則寫說：「在 T-MAC 最大的益處是給了我們一個寶貴經驗，讓我們對自己的所見、所為，都能有所思考。這幫助我看到自己想要的方向，同時團體中的活動也讓我樂在其中，讓我遠離藥物與暴力，而有一個好去處。」這些主觀描述顯示團體成員的正向經驗。而複合公寓管理也因為 T-MAC 減少了公物毀損與遊蕩，更加喜愛這樣的團體。對於學校的好處則是參與 T-MAC 的成員較少出現紀律行為問題，出席率也提高了。

T-MAC 的發展與催生不僅有挑戰也有回報。將這種團體的設計及概念化要拓展到其他像是學校和中途之家等系統，才剛開始起步。過去幾年來，因為幫助了青少年們走過蛻變的發展過程，讓我一直有種既興奮且滿意的感覺。它提供青少年一個發現新經驗的機會，協助他們在團體的催化中得以面對與修通個人遇到的困難。我也從青少年的世界中學習很多寶貴的課題，像是預防犯罪的策略，如何取得社區資源，如何與商界、政治人物、學校，以及社區領導人物做有效互動。而且，以複合公寓為基礎的預防與處遇來對抗青少年的違法行為，是一個創新的概念。未來研究可針對此類團體的有效性進行評估，對以複合公寓為基礎的防治工作再精進以及社區心理將會有更大的助益。

協助青少年處理憤怒與衝突

身為諮商師，我們知道即使增加了金屬探測器或法律強制性的力量，並無法解決學校在面對逐漸升高的暴力潛在危機及頻率的困境。幫助年輕人學習管理憤怒和衝突，將有助於預防暴力行為。衝突管理團體和運用團體教導青少年以適當方法表達及管理他們的憤怒是很有效的預防方法，且這些團體在學校環境幾乎都可以進行。這些團體透過學習人際社交技巧、問題解決及自我對話等有效方法，幫助學生管理他們的憤怒。

然而現在現實上，學校諮商師都有太高的個案負荷量，不管諮商師可能多麼有才能，可以做到顯著的行為改變的量都有限。諮商師的時間經常花在被要求對孩子的行為有立即性的回應而不是發展預防性計畫。若是能提供足夠的資源和增加有能力的諮商師，我們希望可以看到更多的學校輔導方案及團體諮商在國小、國中及高中被推廣。團體諮商可以被放在照顧及關懷個人的目標，團體提供一個理想的場所，可創造出阿德勒學派所提倡的「社會興趣」。在團體的脈絡中，可以幫助孩子處理拒絕、憤怒、疏離和孤立的感覺。團體也是一個地方，在那裡孩子能學習歸屬和為社會貢獻的意義。

團體方案範例

高中憤怒管理團體

這個方案是 Jason Sonnier 在加州 Anza 漢米頓中學為青少年設立及催生的憤怒管理團體的初始經驗，更進一步的資訊請與 Jason 聯繫，e-mail：jsonnier@hemetusd.k12.ca.us.。

在高中擔任諮商師，我的職責是做一對一的諮商、青少年憤怒管理與暴力防治、酒精、藥物的覺察和處遇等議題。高中諮商師很忙碌，很少能夠把當天要做的各種任務全部完成。任職學校諮商師的第一年，我發現團體諮商是一個同時可以提供服務給多位同學，而且又省時的好方法。

第一次為青少年成立這樣一個團體，是個既惶恐但又有回報的經驗。有一名學生因為法庭指定參加諮商，但住在郊區社區，她沒能有其他選擇，我只好應邀啟動憤怒管理團體。

雖然沒有經驗而且有些緊張，但我還是答應成立團體。在高中進行憤怒管理團體是我的第一次嘗試。

團體組成

這個學生對我在團體參與者的招募提供了協助。其他學生則是因暴力行為事件，依行政作業程序轉介而來。全部有 7 名學生，4 男 3 女，其中有 4 個學生是自願參加，3 個（全部是男生）則是行政作業轉介而來。團體計有 8 次聚會，每週 2 次，每次 1 小時，持續 4 週。團體選定每週一與週四進行。

團體目標

參與憤怒管理團體的目標如下：

- 覺察並挑戰自己對衝突與暴力的信念。
- 辨識導致暴力與衝突的行為和情境。
- 了解與辨識導致衝突的個人觸發點。
- 覺察處理暴力的無效方法並改以替代性方式處理。
- 學習溝通、談判、斡旋的技巧，避免暴力以及壓力管理。
- 能夠分辨並避開導致衝突的某些特定人物、地點和情境。

團體型式

第 1 次聚會：團體介紹

- 解釋團體目的。
- 催化者與成員相互介紹與認識。
- 討論團體規則並強調保密。
- 探討成員對攻擊與暴力的態度。

第 2 次聚會：個人的觸發點

- 成員說出自己或家人所曾受到的暴力影響。
- 討論讓他們生氣的情況以及他們的反應方式。
- 反映成員使用該反應方式的理由及其如何習得該反應方式。
- 學會先把焦點放在自己身上，並能辨識是什麼原因讓他們感到生氣。

第 3 次聚會：避免衝突與暴力

- 討論可能引起衝突的情境以及避免的方法。
- 分享對自己或對他人有用的衝突與暴力因應策略。
- 學習避免與遠離不良環境的技巧。
- 成員應用角色扮演活動，相互練習技巧。

第 4 次聚會：個人價值與目標

- 思考家庭價值以及個人目標與周遭他人的價值、目標和信念的關係。
- 討論成員生活中最重要的目標與價值，以及如何去實踐這些目標與價值。
- 討論憤怒、暴力以及衝突對他們達成生活目標的妨礙。

第 5 次聚會：促進溝通技巧

- 反映溝通問題可能導致的衝突。
- 辨識成員需要面對與解決的溝通問題。
- 討論如何更謹慎地聽與說，以避免衝突。
- 參與有效溝通技巧的練習與學習。

第 6 次聚會：同儕關係

- 探討同儕壓力所導致的不良行為。
- 回顧第 4 次聚會所討論的目標，同時判斷目前的同儕與朋友是否干擾這些目標的達成。
- 挑戰成員所選擇的朋友與團體，能否支持他們以避免衝突與暴力。
- 辨識做正確決定的方法及相關的人。

第 7 次聚會：協商與斡旋

- 學習並練習協商的基本步驟。
- 了解何時以及如何使用斡旋。
- 成員分享協商與斡旋對他們自己或他人的成效。

第 8 次聚會：團體最終聚會

- 辨識成員生活中最主要壓力源及其原因。
- 討論壓力管理技巧與因應策略。
- 成員討論對團體的感覺以及未來生活會如何減少衝突與暴力。

團體成效

雖然這個特殊團體的開始有些辛苦，卻很順利地結束。一開始，在許多成員爭著分享他們的暴力事件並宣稱他們是多麼堅毅時，我努力要兩位沒有說話的成員也談談自己。在第 4 次聚會前，其中一名干擾破壞的成員被行政命令調走，其他成員則被安頓下來。我發現自己出現之前開辦團體的害怕與焦慮，而且試著揭露自己的經驗，成員也因此真正地開始打開自己的心防。從第 1 次聚會，我試著維持秩序，到最後幾次聚會出現深度的哲學性討論，我確實從學生和自己身上學習到很多。尤其做為團體催化者，我學到我並沒有所有的答案，而且開始能接受這樣的情況。這個團體雖非在原先規劃之中，但成員卻都獲益了。更重要的是，我了解到成員之間真正能夠幫助彼此，他們比成人更願意傾聽與信任同儕。

我遇到的最大問題是學生們會偏離主題，雖然只有7名青少年參與者，我必須努力讓他們維持在主題的討論，每次聚會至少要提醒個幾次，因此我建議如果只有一位催化者，團體就要小一點，至少4個但不要超過8個。下一次再帶這樣的團體，我會多使用一些活動並提供真實生活的例子，保持成員對日常生活主題的關注與興趣。當然，如果所有參與者都是自願的或自我推薦會更好，但這在高中的環境是不太可能的。雖然常會有些學生很棘手，並非真正想參加團體，但我相信他們從其他成員身上獲得學習，而且對自己會有新的體悟。團體中有些成員，很願意自我開放，因而建構團體的自在感，讓其他成員也開始願意分享他們的故事。許多成員相互分享面對未來情境的因應策略與處理方式的差異，這樣的團體提供成員一個檢視自己的機會並反思自己的行動以及所想要的行為改變。例如，了解其他成員如何處理與家人之間的憤怒議題，做為彼此的經驗連結，而且從其他團體成員的回饋中，讓成員的改變可以有開始的起點並有支持的網絡。

反思和事後回想

回顧過去多年經驗，我看見我是如何增進能力及邁向催化一個具生產性及意義的諮商團體經驗。我學著更彈性，以及能回應學生想討論的。我試著不那麼地強迫得引導到一個死板方向，我應該避免認為得深入某個話題，否則是在浪費時間的非理性觀念。我開始相信沒有團體會一直以同樣方式展開。有的會比其他的團體更為成功，有的會看起來像是漫無目的似的。在我前面幾次團體，我比較多時候是提供「答案」給成員。現在我則樂於觀賞學生的自我反思、想辦法支持其他人，以及自己找出答案。他們為自己的選擇負責，接受選擇後的後果，並創造改變的因應計畫。當他們能夠在過程中彼此幫助，同學之間會更團結，他們也因此更自我增能和具自我掌控感，那正是他們剛來團體時所欠缺的。

大學諮商中心團體

我們常聽到一些大學校園裡很容易感到疏離的抱怨。和強調智能發展相比，學生們會覺得較少注意個人的成長。在我們工作的幾所大學諮商中心，我們了解到許多學生尋求諮商服務，是因為他們想要和思考能力一樣地發展不同的人格面向。在大學校園裡，可以藉由團體經驗來探索許多不同的特別需求。在一個團體環境中，學生們可以明確地陳述自己的目標、探索隱含著人際的困擾，和整理出阻礙他們全能發展的原因。在處理這些個人問題時，學生們可以從一些特定的情緒糾結中獲得解放，在學習和生活中，成為一個充滿熱情與能承擔的大學生。

大學諮商中心常以有限的資源，去滿足多種議題。雖然在大學諮商中心的團體工作研究證實有其價值，Parcover、Dunton、Gehlert 及 Mitchell（2006）發現大學諮商中心很難招募到成員，是因為他們認為成員抗拒參加治療性團體、中心同仁躊躇於籌劃治療性的內容、沒有效率的團體型式和推展。

大學生團體的一般主題

通常是大學諮商中心提供的團體方式是有時間限制的團體配合有架構的單元或主題的。大專院校的諮商師常面臨很難推展一個開放式團體、個人成長團體及無特定主題的團體。事實上，團體的內容常是因為有迫切需要或個案們特別關心而形成的。在任何一所大學校園裡，有不少學生是暴力、強暴、性虐待、性騷擾、種族歧視的受害者。從團體中顯現的主題也反映了團體組成的特殊性，因此在設計團體前，最好是能在校園裡做個需求調查。

大學諮商中心會提供多樣不同的心理教育性和諮商團體。有效的團體主題是具有時間限制，以及涵蓋透過引導團體成員在學習過程中的特定改變策略。這些改變策略必須：(1) 依團體成員改變的準備階段而設定；(2) 建構與團體主題契合的治療環境；(3) 依團體階段催化移動；(4) 應用教材；(5) 確定啟動治療因子中引起改變動機的途徑（Drum et al., 2011）。一些例子包括，生涯發展和生涯規畫團體、焦慮管理團體、壓力管理團體、悲傷團體、文化認同團體、超齡的學生團體、以人際關係為主的團體、自尊團體、兒時遭性侵的倖存者團體、個人認同團體。

這些團體一般來說是短期的，時程為 6 到 16 週，並運用治療性焦點和教育功能，以符合不同學生的特殊需求。結構式團體的主題範圍則受限於團體成員的需求、諮商師的創意，以及能提升團體的程度而定。在大學諮商中心的特定主題團體、心理教育團體及結構式團體通常以成本效益導向，是以滿足大學生多樣化的需求。

一些大學生團體

大專院校諮商中心的團體很廣泛。做為一個實習場域，你可以透過大學諮商中心帶領或協同帶領團體。在 *Group Work and Outreach Plans for College Counselors* 一書中，Fitch 和 Marshall（2011）列出一系列和大學生有關的心理教育和諮商團體。透過團體成員提供的講義，他們摘錄了每個團體聚會中的關鍵主題及活動。一些團體在這裡簡要摘述：

- 轉換（transitions）：在校園的連結和成功（Nitza, Whittingham, & Markowitz, 2011）。旨在增進學生的維持能力，這樣的心理教育團體主要處理大學生活經驗中學生所需要的社會及人際技巧。在這個 7 次聚會的團體，學生探索他們的人際風格及學習提升解決會阻抗其大學生經驗中的人際問題或困擾的技巧。
- 大一新生的團體介入（Rings & Washburn, 2011）。大一新生在剛進入大學時面臨獨特的適應挑戰難題。七次聚會的心理教育團體主要提供支持性環境及資訊以讓他們分享經驗，討論他們所面對的壓力、以及有助於在校學業和社會成功的學習策略實務技巧。
- 心理劇和家庭關係（Fitch & Giunta, 2011）。家庭關係常阻礙大學生的成功。心理劇可透過在支持性的情境，應用此時此刻以演出的方法，有效協助他們在家庭關係中關切的議題。心理劇可以協助學生辨識及探索家庭衝突、增進洞察，以及學習能更有效處理家庭關係。
- 創意諮商以提升大學生的自我覺察（Smith, 2011）。以創意取向的諮商可藉由音樂、舞蹈、活動、想像、視覺藝術、戲劇、遊戲和幽默（Gladding, 2011）。這些表達性藝術的形式可幫助學生以多種途徑自我表達，可增進其自我了解和了解他人。這個為期 8 週的團體計畫藉由每週不同的藝術領域構成，不只鼓勵個體自我表達和自我覺察，也建立了在團體的群體意識。

- 大專院校場域的人際歷程團體（Reese, 2011）。那是顯然為大學生的需要，以及主要聚焦於人際關係和人際歷程的團體。大學生處於獨特的發展階段，人際關係團體可以有助於澄清他們的自我認同及擴展他們的關係視野。這個為期 10 週的團體在團體發展階段裡有詳細說明。
- 大學生的靈性發展團體（Reed, 2011）。這是一個與整體健康及心理健康有關，並以探索靈性發展為基礎的短期團體。大學生經常報告靈性是他們重要關切之一，團體參與者被鼓勵在他們的現實生活中轉向找尋其生活信念的方法。成員更意識到他們所選擇，也學習了解到他們所選的將如何影響他人。
- 支持校園內不同文化的學生（Steen, Griffin, & Shi, 2011）。許多不同文化的學生和低收入家庭學生因為有限的教育和人際支持而在第一年入學後無法繼續就學。Steen 和同事描述以不同文化的學生，大一新生和出身自貧窮家庭為團體參與對象的諮商團體活動，可以幫助其發展人際因應和面對學業挑戰策略的大學生活經驗。示範活動、自我反思問題和團體過程方針將說明引導之。
- 男、女同志支持性團體（Thomas & Hard, 2011）。男同志和女同志大學生將受惠於參加可提供分享他們在面對歧視時的困擾的支持性團體。團體工作能成為正向建設之發展認同及減少異化的有力量平台。成員在團體中獲得的肯定將有助於其面對團體外來自於家庭、社區等的不認同。這個為期 13 週的團體包括心理教育導向，但也以發展和諮商團體為基礎所設計。

這些團體只僅是大學生團體的小部分代表例子。其他的團體形式可從 Fitch 和 Marshall（2011）的書中找到，其中包括以下幾種：

- 大學生飲食疾患團體工作（Thomas-Evans, Klein, Carney, & Belknap, 2011）

- 大學生酒精／成癮心理教育團體（Woodford, Buser, Riccobono, & Bartuska, 2011）
- 退役大學生團體方案（Manley, 2011）
- 大學生運動員表現焦慮的心理教育團體（Braun, 2011）
- 兒童時期情緒虐待的心理教育介入團體（Buser, 2011）

團體工作提供大學生廣泛的承諾。這些團體不只能協助學生因應其學業問題，也能在支持性的氣氛下獲得洞察，以及生活中在個人和社會層面的管理技巧。

重點摘要
在學校情境的團體

當設計或在學校情境中帶領兒童、青少年和大學生團體時，需注意以下的重點：

- 要帶領一個能有效幫助兒童和青少年的團體之前，需對你將帶領對象發展需求的工作知識有清楚的了解。
- 設計學校或機構團體，需盡力與機構主管、校長、教師和同事取得良好的合作關係。
- 需先了解你所在工作地政府的相關法律規定以及你工作場所的政策或規定。
- 獲得 18 歲以下的團體成員的父母或監護人的書面同意書是一個好的做法。
- 與兒童和青少年進行團體時保密特別重要，你需要與年輕人溝通關於保密的重要性。
- 記得倫理上的要求，你必須接受訓練和督導，增進你與兒童或青少年的團體工作。
- 並非全部孩子都做好參與團體的準備，你需要有關於哪些人適合參加團體清楚的標準。
- 帶領兒童或青少年團體需要有一些結構性，這是特別重要的事。
- 如果你實際帶領兒童團體，請認真思考以有幫助的方法來確實評估你的團體成效。
- 在學校的團體可結合具心理教育性目標的個人主題。
- 在多種團體類別中，針對服務對象所認同的團體種類進行需求評估最具效益。
- 真誠與溫暖是團體帶領者成功的關鍵。
- 了解角色扮演所能達到的治療目標並考慮介紹這些技巧的時機，那麼角色扮演在兒童和青少年團體的使用就可以很有創意。
- 在學校帶領團體，如果可能，可考慮與協同帶領者一同帶領。
- 團體經驗能提供大學生與人建立關係和增進歸屬感的經驗。
- 大學生不同的獨特需要，可以藉由團體經驗探討。

- 有結構式和時間限制的團體適用於大學生，因為他們具有清楚目標和結構式及時間限制的改變策略。
- 大學生能在團體內探索造成其人際相關困擾的原因。透過改善其人際問題，學生也常因此有能力解決學習上的情緒障礙，藉此改善其學業表現。

練習活動

課堂活動

1. **我們一起合作設計適合兒童或青少年的不同類型團體。**將同學分成幾個小組，每個小組可以設計一個不同類型的團體，在形成團體的過程中，需要釐清你感興趣的特定類型團體，同時腦力激盪出成立團體的可能方法。在發展你的團體計畫時，要考量幾個因素：像是團體的型態、宗旨與目標、招募成員的方法、團體的形式與結構，以及評估團體成效的方法。
2. **邀請演講者。**邀請帶領兒童（或青少年）團體的治療師來班級演講，討論他或她是如何完成這樣的一個團體的，演講者可以分享他或她認為帶領兒童或青少年團體的挑戰是什麼？對兒童或青少年特別的好處是什麼？
3. **複習 T-MAC 團體概念。**複習青少年改變團體的重點，倘若你是機構的主管，而且要募款建構這類團體做為社區計畫，你會有何做法？
4. **評估團體方案。**小組評論本章所呈現的團體方案，有哪些部分你會想融入自己的團體方案？各個不同問題類型的團體，其團體組成型式各有哪些優點？本章所呈現的團體方案，你認為最特別的是哪一個？為什麼？
5. **了解大學諮商中心提供的團體服務。**拜訪你學校的諮商中心，並且詢問目前有哪些類型的團體。你有興趣可能成為這些團體的成員嗎？

6. **社區方案。**班級成員可以訪問有進行青少年團體工作的學校或社區，了解該單位所提供的團體型式、團體結構以及成員的回應，並回到課堂做分享。

Chapter 11

第十一章
在社區情境的團體

導論
女性團體
團體方案範例：亂倫倖存者的女性支持團體
男性團體
團體方案範例：社區機構的男性團體
家庭暴力施暴者的治療團體
團體方案範例：非自願家庭暴力團體
性施暴者的治療團體
團體方案範例：性施暴者的治療團體
團體工作者的挑戰：後天免疫不全症候群危機
團體方案範例：HIV/AIDS 支持團體
老人團體
老人團體的實務與專業考量
和健康老人有關的團體工作
團體方案範例：成功的老人團體
悲傷工作的治療性價值
團體方案範例：老人喪親團體
團體方案範例：安置機構老人團體治療方案
觸摸的治療價值
重點摘要
練習活動

導論

在本章重點聚焦透過各種社區機構情境的實務者，在其工作上特定需求所設計的成人團體，通常是提供醫療缺乏之個案群可負擔的團體服務。本書所討論的團體方案將說明實務者針對社區內不同個案群的應用概念。我們希望這些團體方案能刺激你更創意思考如何有效地設計能滿足你多樣的成員需求。

在社區情境團體當中的團體方案有亂倫倖存者的女性支持團體、社區機構的男性團體、家庭暴力團體、性施暴者的治療團體以及 HIV/AIDS 支持團體。此外，三個在不同社區情境中具有價值之老人團體工作的團體方案：成功的老人團體、老人喪親團體以及適合安置機構老人的計畫，也在此特別描述。

團體治療是許多社區機構致力於提供滿足多樣的個案群廣泛解決問題服務的首選方法，但是 Alle-Corliss 和 Alle-Corliss（2009）慎重提及「以人為主的實務工作者……如果他們希望能有效，必須建立像是學習如何引導他們能在不同機構情境裡成功的臨床和特定團體技巧」（p.xi）。團體工作使社區機構提供具成本效益和臨床上適當的治療服務，通常服務迫切需要否則無法解決因為在許多心理衛生機構經費限制。諮商員必須能了解在機構情境的許多個案群類型，以設計能滿足這些個案特定需求的有效團體治療方案。Alle-Corliss 和 Alle-Corliss 強調團體工作實務者必須對機構系統的功能了解，包括會影響個案及治療員工、政治議題和個案與機構存在需求的機構組織結構、政策和程序。

女性團體

雖然女性團體因組成的成員有異，她們分享了共同的元素，即強調對女性經驗的支持。成員學習到她們並不孤單，她們分享，開始認真探索有關已被她們內化的自我價值和社會地位訊息。成員間與團體帶領者的自我揭露促進更深入的自我探索、普同感以及提高凝聚力。成員學習有效地提供他人支持的力量、練習行為技巧、考慮參與社會和政治行動，以及在安全情境中嘗試人際關係的冒險（Enns, 2004）。

女性選擇參與女性團體的許多好處是，探索她們的個人力量和資源、在團體過程裡進行人際關係工作、除去父權的壓抑、在安全環境練習與塑造新的行為、發現她們的「聲音」。女性常常隨著在團體情境裡和其他女性夥伴建立的關係，受到增能的激勵。在一個安全的女性團體環境中，可以建立起信任和練習新的行為。在這樣的環境中，成員通常覺得可以為她們深層的顧慮、恐懼、祕密和夢想發聲。最顯著的聲音是在一個父權社會下的獨立、自主、孤立，和輕蔑女性在早期的相關學習，以致於她們相信自己是沒有價值的。在一個團體中，所有的聲音都是有價值和被鼓勵的，女性不必再有被貶抑的風險。

另一個參加女性團體的好處，是一個建構在父權社會下，分析女性性別意義的機會。性別分析的目的，在使女性能覺察她們痛苦和掙扎的外在原因。它能幫助女性區辨她們帶到團體關注的外在和內在原因。團體的力量啟發成員們社會性的改變是有可能的。

團體方案範例

亂倫倖存者的女性支持團體

以下部分是以 Lupe Alle-Corliss 的觀點所寫。如需要進一步的資訊，請聯絡 Lupe，她的私人事務所電話（909）920-1850 或 e-mail：LupeLCSW1@aol.com。

兒童遭受家人性虐待的問題，持續地為心理健康專業工作者的注意。被信任的家庭成員性侵害，不止導致心理創傷，通常還會在年長後的生活中，發生情緒困擾的問題。一些常見的問題如受傷的自尊、負面認同的形成、親密關係的困難、性功能障礙，以及不斷地被欺騙（Herman, 1992; Meiselman, 1978, 1990）。Lubin（2007）檢閱文獻發現治療兒童期受性虐待的女性倖存者，團體治療會是一個有效的方法。

治療兒童期受性虐待倖存者的團體有許多型式，如支持性團體、心理教育性團體、有時限性團體、長期或開放式團體和庇護等（Courtois, 1996）。這個團體方案描述一個大時間限制的治療團體，促使女性開始處理和過去亂倫有關未解決問題的過程。今天，隨著心理健康照護的快速變化，設計時間限制的團體有許多便利之處，因為它符合成本效益、有效率、短期治療的要求。

團體組成

對兒童期受性虐待的倖存者來說，結合團體與個別治療會比單一治療方式來得有效（Lubin, 2007）。Briere（1996）提醒同時運用團體和個別治療時，要注意來自於個案的記憶和聽到其他成員故事的壓力。結構是團體治療的一個重要向度，因為它在治療過程中，提供安全並讓成員發現一致和清楚的界域（Gerrity & Peterson, 2004）。提供亂倫受害者一個安全和治療性環境的主要目標，是增加這些女性度過這些折磨和「犧牲者」角色的能力。如果她們能夠成功地度過其過往遭亂倫的經驗，受害者可以不單是倖存者，亦可以是勝利者。其他的目標則是幫助女性分享她們的祕密，並了解到她們不是孤獨的，在這些經驗的衝擊下，開始修通、解決與創傷有關的感覺和改變。在團體的情境中，許多女性發現一些共同點和認同的基礎，此和個案失去功能的原生家庭是很不同的新家庭型態，是可以發生的。

我在自己的事務所以張貼宣傳海報、聯繫同業的方式，公開招募成員。在考慮成員特質後，我篩選準備好能公開地處理亂倫創傷的個案。一般這些女性正與其他治療師進行個別治療中，我會要求一份轉介單，好讓我可以向這些個別治療師諮詢和協調。

雖然無論是被陌生人強暴或是亂倫都是非常痛苦，然而經歷家人亂倫經驗的女性更因為被信任的人背叛，而多了一層額外的創傷。一般我會見每位可能的成員，評估她們的準備情形和經驗是否適合於團體，並且幫助她們了解團體的過程和目標。藉由篩選，我也可以決定她們是否適合其他可能的團體成員。一些未來的成員，表達她們急切想成為團體的一分子，但是未必真的準備好了。她們或許對亂倫有關的特定問題必須在團體中被提出感到相當不舒服。其他人可能是被轉介來的，評估她們的真正動機是很重要的，因為她們可能未完全準備好投入這類激烈的團體中。她們有可能因為受到一點基本的壓力或取悅大家的需要而來。而且基於團體組成，會很清楚知道有些特別的個案或許不適合成為特殊團體的成員。

個案會被問到參加團體的原因，以做為決定她們是否適合在團體中討論亂倫和衝擊。其他篩選的問題像是：「如果妳曾經有團體經驗，妳的想法是什麼？」「妳過去或現在有個別治療，這個經驗如何呢？」「對這個團體，妳個人的目標是什麼？」「妳對參加這個團體的期望、希望和擔心的是什麼？」也鼓勵她們可以問我有關團體和我的治療風格的問題。

成員們獲得在不同階段中討論問題時的自我力量是很關鍵的。成員們需要有合宜的人際技巧，在團體中與人互動。有自殺、極度自我毀滅傾向的人或沒有現實感的人，都會被剔除。同樣，個案最近有藥物成癮，有可能在復原過程中處於易受傷害的情況，也未必準備好進入一個有強烈情緒深度的團體中。其他家庭成員或熟識的朋友，不會在同一個團體中。沒有準備好或不願意公開談論自己的經驗，都會被排除在名單外。

團體型式

這個團體是 12 週的封閉式團體，每週一次 75 分鐘的聚會。時間的限制主要是設計來催化凝聚和製造一點壓力，來處理成員們的抗拒。雖然每個團體有它的過程，但以下說明這些團體一般會經歷的階段。

初始階段

初始階段主要是讓成員彼此認識、建立團體規則和確認每個人的目標。這個階段是發展信任與和諧的關鍵時刻，以及允許成員可以宣洩和公開討論的機會。簽署契約書是用來鼓勵成員承諾，和幫助個案感覺到其參與是有價值和重要的。

在第一次團體的聚會時，我會強調固定出席、準時、保密、時間限制的重要性，同時帶著個人未解決的問題來團體，而不是在團體外處理。在第一次聚會時，也會約定在團體結束後，大概是三個月的時間，我們會再聚會。在團體初期，成員們分享亂倫議題的困難，同時會彼此表達同理關心。以下的引導問句可以幫助她們直接處理亂倫的衝擊，如「性騷擾是怎麼發生的？」「是誰騷擾妳？」「那時妳幾歲？」「多久時間才過去？」「妳是怎麼處理的？」「面對一個應該保護妳不受騷擾，卻沒有這麼做的人，妳的感覺是什麼？」「這個經驗對妳今天的衝擊是什麼？」

團體初始階段有很多焦點是在確認和討論個人的目標，這可以使成員知道每一個人的目標，並為每個階段提供一個方向。成員們開始時會覺得焦慮和擔心。一位成員時常覺得她是唯一有麻煩的人，而且會覺得若被其他人知道她的祕密，她將被團體拋棄。當成員知道她們都有相似的經驗後，她們開始能開放和尋求團體內有用的支持。在分享經驗時，成員們讓自己不受約束地檢視被性侵的遭遇是如何持續地影響自己。這個階段的焦點不在於詳細報告特殊事件，而是能探索她們的感覺、信念，和知覺到發生了什麼事。雖然分享過去的歷史對這些女性是很重要的，處理亂倫對生活的持續影響也是必要的。她們需要獲得可以增能和使她們往前的因應技巧。

中期

在中期，團體焦點在實現個別成員的目標。連結每位成員過去和現在的行為，這樣她開始看到一些型態和了解到自己的動力。舉例來說，一位女性可能會選擇一個會支配她、虐待她，或是利用她的男人。隨著治療的繼續，她會很清楚地看到自己這個部分，而團體是讓這樣的女性可以覺察和挑戰自己不完美信念的最好方法。在團體過程中，這些女性可以摒棄挫敗的信念，並且學習去創造有功能的自我陳述。

就像洞察到自己的動力一樣，一位女性能學習到經由她的分享，也可以幫助其他人。藉由表達深層的情緒與個人的分享，可以創造一個安全的氣氛，催化對共同主題像是孤獨、祕密、羞愧、無力感、受傷、憤怒等做進一步的探索。這樣相互的分享，逐漸增加團體的凝聚力。

當團體逐漸發展，成員生命中的其他主題也將會被發現。有許多治療性的策略，可以促進情緒、態度和行為的改變。有些特定的技巧，包括對成員再保證，在一個變態的環境，她們的表現算是正常的；隨個人喜好閱讀書籍；寫日記或記錄個人在特定的情境下的想法、感受和行為；寫一封寄不出的信；和其他家人談談；記錄和分享夢的故事。

一個幫助這些女性表達情緒的非常有效方法，就是藝術工作。藉著表達性藝術能幫助成員面對所遭受騷擾的整體影響，以及達到對於她們過往經驗的情緒性理解。這些表達性技巧的治療性價值和社會改變已漸被認可（Rogers, 2011）。

成員被鼓勵持續地回復記憶和處理經驗再現（flashback），這些內容看似非常真實，而且是亂倫受害者常會出現的。因此，提醒這些女性，她們不再是小孩子，而且這些浮現的印象只是過去的記憶，是很重要的事。提供許多必要的支持和檢驗，以協助個案辨識不適的防衛型態和發展更健康的因應方式。認知行為技巧和視覺練習皆能促進正向改變。

結束階段

在團體將結束時，提醒成員們即將來臨的結束。我會協助成員們回顧在團體所發生的事情，以及她們個別的學習收穫、如何持續將她們的領悟和新學習的行為，應用在團體外的環境。角色扮演可以幫助成員鞏固這個過程。我給一份結構式問卷，幫助成員們同心協力評估她們的學習。成員評估她們的進步和決定未來方案，像是哪些工作是她們會持續做的。她們彼此給予回饋，並找出哪些人可以是支持的系統。雖然這些女性認知上知道團體就要結束了，她們通常的反應是不願意結束。

成員們會準備食物和寫滿給每位成員的支持和建設性回饋的「個人海報」，以慶賀團體的結束。這個活動的理由，是讓每位成員可以帶著她的建設性回饋或支持性建議，運用這些支持性和鼓勵的經驗。這些海報像是增加她們透過團體經驗中得到的提醒。個人海報練習往往被肯定，團體帶領者也將在參與中受惠，因為從事這類型工作是會造成情緒浩劫的。我也鼓勵這些女性，如果尚未完成個別或團體治療的成員，在未來的治療工作裡要保持開放。

團體成效

在團體設計時建立追蹤的過程，可以了解團體經驗的長期價值，和改善未來團體的設計。在 Herman 和 Schatzow（1984）短期團體的研究報告，針對 28 名女性在團體結束六個月後的追蹤調查，支持其治療性的應用在處理和亂倫有關的羞愧、祕密、汙名化等議題特別有效。結果包括自尊的提升、增加安全感，減少羞愧、罪惡感和疏離感。其中最有幫助的因素，是和其他倖存者的接觸。文獻也顯示，團體治療對兒時遭受性虐待的倖存者是有效的（參見 Gerrity & Peterson, 2004）。

我安排幾個追蹤聚會來幫助成員們轉化，從每週團體聚會到可以倚賴她們自己發展的支持網絡。這麼做的目的，部分是要增強她們所學，並提供更新的支持。後續的階段安排在團體結束後的 6 到 12 週時間。在這些聚會中，個案會被問到：

- 妳最喜歡團體的什麼？
- 妳最不喜歡的是什麼？
- 自從參加團體後，妳的感覺有什麼改變？

團體成員們也會在工作、友情、與家人關係、親密關係、對性的感覺、對自己的感覺、保護和照顧自己的能力等問題，去評估她們自己是「很好」、「很差」或「一樣」。

基於許多追蹤團體與團體成員聚會，一個擁有恰當篩選之發展良好的團體型式，可以產生具治療性的團體經驗。整體來說，為了能大幅提升亂倫倖存者的治療，我會持續尋找一些設計謹慎的團體，因為通常可以提供療癒需要的一致性和支持。女性在這些團體中，可以發展穩固的支持網絡，幫助她們有力量和勇氣去開始解決過去的問題、克服消極的型態、為未來設定健康的目標。或許她們收到最大的訊息，是她們「值得」覺得自己很好，並且過著豐富的生活。這幾年下來，如果團體成員覺得未來需要做諮詢，她們會認為回來做個短期的治療是安全的。

男性團體

愈來愈多男性在其人格特質上同時展現出陽剛及女性向度。雖然如此，我們社會中許多男性仍依照傳統身為男性需具陽剛特質的楷模而活。有些男人陷入了僵化的角色，如果他們偏離了其角色或展現不同於他們性別的特徵時也會遭受制裁。他們也許會非常投入在其角色使他們與自己疏離。他們不再知道他們內在像誰，因為他們投入許多能量以維持一個可接受的形象。當被限制以及以傳統男性角色生活是要付出代價的，特別對於那些不贊同什麼是被考慮為在我們社會真正被認為「陽剛特質」的男性。無論一個人的文化背景為何，需要理解和挑戰，如果男人做出想要改變陽剛特質身分的觀點時，男性的性別角色已納入文化條件。男人的核心任務是確認他們想要成為怎麼樣的人，是否符合或否定傳統的性別角色。

傳統的個別治療型式未必是幫助男性個案的最好方法。男性團體有一些特別優點，可以促進男性澄清他們的性別角色認同，和幫助他們克服生活的困難。Rabinowitz 和 Cochran（2002）描述男性團體如何能夠深入男人的經驗。在一個這樣的團體中，男性有機會去面對和表達他們的沮喪和失落。男性們受到夥伴們的支持，而不是被人否認他們精神上的痛苦和創傷，他們可以帶著自己的所有感覺，在開放的團體中獲得療癒。Rabinowitz 和 Cochran 觀察到和男性團體工作有關的主題和議題，包括信任、易受傷、害怕、羞愧、優點、缺點、與男性的關係、能力、原生家庭議題、性、友情、支配、柔順、愛情、憎恨、夢想、悲傷、煩惱、工作與死亡。根據 Rabinowitz 和 Cochran 的說法，男性團體提供一個藉由示範如何親密、如何相信他人和自己的人際邀約的環境。在男性團體中，成員們可從他們的經驗分享中學習到很多。一個有力的處遇是團體帶領者示範合宜的自我揭露。

許多男性團體同時包含心理教育的要素及過程導向的人際關係向度。以下方案描述由我們其中一位夥伴，在一家大型健康維護機構帶領近 20 年的團體範例。

團體方案範例

社區機構的男性團體

以下部分是以 Randy Alle-Corliss，LCSW，一位在大型健康維護機構工作者（HMO）的觀點所寫。如需要進一步關於男性團體的資訊，可以和 Randy 聯絡，e-mail：RandyLCSW@aol.com。

這個團體方案主要是要幫助男性探索他們的性別角色經驗。它融合心理教育性的原則和人際過程導向的要項。團體的目的是提供給前來精神科諮商中心的男性一個共同處理憂鬱、壓力、婚姻與關係的困難、親職、工作相關問題、寂寞和孤獨的機會。

團體組成

雖然在我們這個地區沒有男性團體，我和我的協同團體帶領者相信，男性在一個安全和支持的團體中討論他的生活困境，是可以獲得幫助的。我們確信深度討論個人的事情，可以降低孤獨感覺和增加與其他男性的連結。許多我們的男性個案，沒有什麼重要的男性朋友；即使有朋友，他們也是疏遠的。

因為我們是在一家大型的健康維護機構工作，我們知道團體的聚會次數是有限制的。可以看到許多個案出現在一個短期的團體，該團體型式可頻繁、可以同時間適合不同個案的需要，也符合機構的服務宗旨。我們相信，除了符合成本效益外，這個團體會有很多治療性的好處。我們確信，團體是一個可以讓男性發現普遍性的議題、宣洩他們隱藏已久的情感，和技巧練習以應用於團體外及每天不同生活環境的地方。

我們開始寫一個方案，並向主管報告。我們設計一個說明團體目的的聯絡便條，寄給其他臨床工作伙伴，請他們注意適合團體的個案。我們排除一些有精神疾病或自殺的個案，這些人欠缺承受團體互動的心理強度。

團體型式

團體為期 16 週，每週聚會一次，每次 90 分鐘，除此之外，和協同團體帶領者固定會在每次聚會開始之前及之後的 15 分鐘，做會面討論。這是一個主題導向、關注於教育性和治療性、融合不同技巧的團體。在討論一些議題時，常常會超過預訂的團體聚會時間。

初始階段

團體開始時，會先介紹每位成員和我們自己。我們也會在第一次聚會，就訂定關於保密、出席和機構要求等基本的團體規則。在第一次聚會中，我們探索與性別相關的議題，如成為一個男人的意義、男性成長過程中接收的訊息、這些訊息如何影響他們今天的生活。我們會討論到很多成為一個男人的規範，並邀請成員們分享他們遵守或反抗這些規範的反應，以及這些規範是如何影響日常行為。其他聚會討論的議題，說明如下：

與父母的關係

我們檢視了與父母的關係，特別是與父親的關係，因為它似乎是影響多數男人的核心。父親的缺席是許多男性感到失望沮喪的，或對父親教訓時的壓迫和攻擊感到生氣。我們也討論與母親的關係，特別是她們如何操控他們的情感。我們會邀請成員寫信給父母，然後在團體中分享。

與重要他人的關係

我們很清楚在我們團體的男性，只是簡單辨識、表達他們的情感是有困難的。有些男性參加團體的理由，是他們遇到情感表達和表現肯定的麻煩。成員們有機會去談與重要他人的關係，特別是和女性的關係。有些人正經歷離婚或婚姻觸礁。我們擴大關係的定義，包括同性戀的關係。我們在團體和一些男同志工作的經驗，讓我們知道尊重性的取向，正確使用沒有偏誤的語言是很重要的。不管個人的性取向為何，成員們發現他們還有共同的問題要處理。

發展和維持友誼

我們討論和男人及女人的友誼，因為我們常發現男性接收到矛盾的性別角色訊息。我們也發現男性有發展友誼和維持親密的困難，他們被其他男性完全地疏離，因此團體是一個提供豐富支持的管道。我們鼓勵成員們也能在團體外聚會，特別是能和其他男性，發展成為支持的資源。然而，我們也注意到次團體的出現，影響團體的凝聚力。

和孩子的關係

我們也檢視和孩子的關係，因為許多男性會來團體，是想要成為一位有效能的父親。我們討論和孩子關係的重要性，教他們一些肯定的技巧，能對孩子設限，並關心接下來和孩子的關係。我們常要求成員寫信給他們的孩子，然後在團體中分享，幫助他們表達和探查沒有被發現的情感。

和工作的關係

許多成員曾經失業，也常因為沒有工作感到身心俱疲。成員們討論工作是如何影響他們的家庭生活，特別是和父母及孩子的相處。男性常在工作太多、自我設限、失業的挫折中掙扎。當承擔起供應者角色的壓力時，許多男性說他們就是太有責任感。在討論工作的重要性時，許多男性學到除了是供應者和工作者之外，生活中有很多事是需要學習的，也了解平衡工作和娛樂是很重要的。

性

很多男人都有很多關於性的問題，但是他們很少在公開場合裡談到。我們有一些小張的印刷傳單，刺激他們對相關的話題，如性的表現、吸引力、性無能、性慾求的差異和老化等想法。我們很驚訝地發現，很多男性覺得團體是夠安全的，可以討論早期在性虐待下的經驗。由於成員們的共同性，男人可以探索他們的性能力，也讓他們能更深入地了解他們的性事。

團體結束

團體結束時，成員和團體帶領者會相互道別和憶舊，成員會給有價值的回饋，和評估他們的團體經驗。我們增強成員所學到的，並給他們帶著一些明確的在團體裡提醒的內容。我們會給一張「成為一個男人是OK的」的證書，也鼓勵成員維持新的行為。我們也指點他們應用團體所學的，去克服每天生活可能的困難。

團體成效

支持成員評估經驗的衝擊是很重要的。即將結束時，我們會安排一個稱為「重聚團體」（reunion group）的聚會，就在16週的團體結束後和新團體之前，讓成員再相聚一次。寄通知單鼓勵成員們參加。重聚團體讓成員們有機會用不同的角度看看團體對他們的意義。我們會特別關注他們如何在每天的生活中應用所學的，這些男性也有機會去討論他們履行新的行為時遇到的任何問題。除了提供支持之外，我們也要求成員們視情況挑戰冒險。追蹤團體提供這些男性一個管道，能建立一個將新目標化為行動的方案。

成員評估他們在追蹤聚會的經驗，大多是正向和建設性的。多位男士說他們找這樣的團體，已經很多年了。他們的報告通常是很重視在團體環境中，討論個人重要議題的機會。他們較少感覺到憂傷、較不會有孤獨感，而且開始可以更了解及討論他們的情緒。有些男性若是需再持續地治療，則稍晚會回到團體來。

很多男性說這個團體已經幫助他們更有效率地管理憤怒、有更多的男性朋友、變得更有自信。多數男性可以利用收到的立即回饋，逐漸能覺察他們的情緒，比較能和朋友溝通。他們開始能正向地想到自己和其他男性。一般來說，他們對自己感到滿意、他們感覺到更豐富的情緒、也可以大笑和獲得更多的樂趣。

家庭暴力施暴者的治療團體

因為團體運作的治療性因素，使得團體工作很適合做為男性施暴者的治療方法。這些治療性因素已經在第 8 章討論，有助於處理一些類型的虐待行為。特別是，普遍性、凝聚力和人際學習的提升等有力的影響因素，降低了團體成員再犯家庭暴力的問題（Waldo, Kerne, & Kerne, 2007）。團體取向應用在治療家庭暴力施暴者的效益，也在一些團體的研究中獲得支持（Lee, Sebold, & Uken, 2003）。

在 *Solution-Focused Treatment of Domestic Violence Offenders: Accountability for Change* 一書中，Lee 和她的同事（2003）闡述一個使家庭暴力施暴者能有效能的、正向改變的治療方案。相較一般傳統的治療做法，仍有 40% 到 60% 的再犯率和不到 50% 的達成率，這個取向的成果有 16.7% 的再犯率，且有 92.9% 的達成率（Lee et al., 2003）。這個取向的焦點在維持施暴者的能力，負起責任以解決問題，而不是去強調他們的問題和缺陷，這和傳統取向有很大的不同。和傳統的標準方案不同的是，這個取向的方案是有時間限制和短期的，在 10 到 12 週期間進行 8 次的聚會。

焦點解決取向強調具體的、可達成的、特定行為目標的形成，每位成員必須在第三次聚會時建立個人的目標，而且須持續地在治療過程中，一致性處理此議題。產生改變的團體催化因素多與每位成員的目標有關，以支持他再澄清他是一個什麼樣的人、家庭成員、社區一份子。

關於本主題的更多、有用的資訊可參閱 Edleson 和 Tolman（1994）、Lee、Sebold 及 Uken（2003）、Schwartz 和 Waldo（004）及 Wexler（2000, 2004, 2005, 2006）的書。Wexler（2000）的書更為團體帶領者提供充足的研究根據，包含工作表、練習題及理論背景的家庭暴力治療方案計畫。以下的團體方案內容為另一種家庭暴力施暴者而設計的治療方法。

團體方案範例

非自願家庭暴力團體

以下部分是以Paul Jacobson，一名具婚姻與家庭執照的治療師的觀點所寫。如需要進一步關於這個團體的資訊，可以和Paul聯絡，地址：P.O.Box 1931, Willits, CA 95490；電話：707-5135313；e-mail：4paulj@gmail.com。

團體組成

許多團體諮商師致力於幫助人們尋求協助，但是我在這裡描述的家庭暴力團體，卻是一群非自願的個案。這些男人會來到這個團體，是因為法官命令要接受治療或是應觀護人的要求而來的。許多成員來到這個團體時，是帶著憤恨、責備他人，要不就是認為自己不需要諮商的態度。對這些人使用的技巧和策略，與其他自願的對象是不同的。

對團體工作的抗拒

所有成員在參加任何團體聚會前，都要完成一次個別的評估晤談，這對於減少他們出現破壞性的敵意和放心進入有壓力的團體情境，是相當重要的。在這期間，可以試著支持個案，了解他的施虐行為及被逮捕的原因，以和緩的方式挑戰他的防衛，以及藉著治療需要的建議使他願意合作。

為了發展治療性的關係，這個評估性晤談也是必要的。和成員及團體帶領者建立起信任關係的重要性，是不能低估的。如果沒有這麼做，那要在有陌生人監看的團體內，做自我揭露是很難達成的。團體的設計，是假定即使成員在開始時候，不能接受自己行為的責任，仍然可以有探索自己的機會。

我同意Edleson和Tolman（1994）的看法，他們認為治療要成功，有暴力傾向的男人就必須接受為自己行為負責。在我自己的男性施暴者治療團體中，我也發現與Edleson和Tolman有相同的動力。很多男性會在團體開始時，處在否認的階段。他們通常會將自己的問題歸咎於外在的因素，很少將他們的問題視為是一種暴力行為。為了能夠發生改變，這些男性需要了解他們自己的動力，並為他們的行為負起責任。如果他們不正視與接受自己的問題行為，是很難有改變的，同時他們也不會了解他們的行為對配偶、對親屬和對自己的衝擊。

案例說明

為了能具體說明抗拒是如何影響成員在團體內的表現，讓我以Jerome為例。Jerome進來團體時已遲到20分鐘，然後抱怨早就忘了這個兩天前約好的聚會。就像其他成員一樣，Jerome 會參加這個團體方案，是為了免除 45 天牢獄才接受諮商的。而他也從虐待配偶的重罪，改為輕罪。

雖然 Jerome 選擇參加團體做為替代服牢刑，他仍然認為自己不需要做心理諮商，而且寧願回監獄裡，懲戒矯正的時間也較短。他指責公設辯護人害他得進到這個方案中，而不是他決定要來的。就像我們說過的，剛開始他不會那麼激動，但是說到他虐待妻子的情境時，他講話開始大聲、很激動且很有情緒。 Jerome 說，有一天他喝了很多啤酒後回來晚了，發現太太沒有幫他準備晚餐，就開始大發雷霆。當他要求太太去準備時，她回答說：「你自己做吧！」他顯然失控了，也不知道自己做了什麼，但是堅決否認用拳頭揍她。Jerome 很固執地認為她會被揍，就只是因為她沒有為他做晚餐，那是她的錯。他還責罵她的朋友，都是她們給她一些「高傲」的想法。

在探索其他生氣的經驗時，Jerome 承認每次打了太太後，自己也很苦惱，他想要好好控制自己。這樣的說法，也是許多參加團體的人的第一個徵象。在後來的問卷調查中，發現 Jerome 很高興在失業幾個月後可以再工作；他也承認當他失業的時候，酒也喝得比較多。Jerome 完全被他的情緒給掌控了，沒有覺察到他承受的壓力，也沒有覺察到他對酒精的依賴。更甚者，他對自己的行為和感覺也不負責任。

帶領有關家庭暴力團體的建議

- 了解你自己組織和投入於家庭暴力團體的動機。
- 覺察你自己的壓力程度與反應。
- 試著維持鎮定與理性地表達。
- 學習以日常的口語表達理論觀點。
- 記得一般能接受的治療性概念，未必普遍地被了解或接受。
- 發現你自己和團體成員有相似的議題。
- 發生預期的抗拒和逃避，是屬個別化的。尊重成員的抗拒情形，有治療性地鼓勵個案，探索任何在團體躊躇不前的原因。
- 在你的指導和處遇過程中運用各種媒材（像是藝術、錄影帶、文宣品等）。
- 學習理解小小的良好改變，就是往達成治療性目標的方向進步中。
- 發展你自己的良好支持系統。

團體目標

因為團體成員們大多是對配偶暴力而被逮捕，團體的目標在於發展更理想的關係功能。有些目標是在評估性晤談時同意的，但是大部分是團體帶領者依每個人的處遇方案內容來選的。這裡有一些團體目標的清單：

- 發展替代肢體暴力的行為。
- 學習生氣控制的認知技巧。
- 討論虐待的事件和替代的行為。
- 了解關係動力、期待和身體虐待的發展。
- 學習了解壓力發生時的身體反應和舒壓的方法。
- 理解感覺和情緒發展過程。
- 增進自我揭露、私人討論和肯定的溝通。
- 增進個人的責任感。
- 增進同理心和了解重要他人。
- 停止或減少酗酒／藥癮，並了解使用的型態。

團體型式

每一次的團體聚會，都會從一份說明開始。團體的設計包含了教育性及治療性的目標。在說明之後，成員們要填寫一份多重選擇題的問卷。每位成員可以自在地回答，免除了在團體口頭表達的壓力。接下來會有一個繞圈的活動，以刺激成員們做討論。

Jerome 在這個時候開始較投入，而且可以積極地口語表達、可以和其他成員互動、展現對這些概念的了解。口語表達活動，是團體帶領者為催化每位成員的主要目標之一。

這個 15 週的團體是一個開放式團體，成員陸續在團體階段中加入。開放式團體的最大好處，是在面對高流失率的情形下，可以維持一個足夠的成員人數。而主要的困難，則是較難發展團體的凝聚力和信任感。

團體規則

一些成員會比較衝動、容易受挫折或生氣。有幾位則被排除參加團體，因為他們有酗酒／藥癮的問題。在開始的晤談中，都會告知成員們要在聚會前戒酒的團體規則。如果有人是醉醺醺而來，他們是不能進入團體的。有兩位因為發生這種情形而終止。另一個要求是要出席，有幾位因為缺席超過 3 次以上而終止。

發展團體互動的主題

團體聚會時，都會有幾個配合團體目標的主題做討論。這些主題會隨著成員的環境或社會經濟背景等差異，而做不同的選擇。這些主題的討論主要是設計來教育、對問題的專注、傳達訊息，或是面質與他們有關的問題。舉例來說，Jerome 從壓力和藥物濫用的主題討論中，得到很有價值的領悟。他了解到他的失業導致高度未意識到的壓力，換句話說，更加倚賴酒精的使用。遺憾的是，Jerome 有了工作後，他認為不再需要擔心壓力的問題。如果 Jerome 在未來面臨到相似的情境，我們希望他會記得曾經學會的舒緩壓力的技巧。

團體內要討論的主題，大致分為與人際有關和個人內在有關的經驗。個人內在方面的主題包括了解人類生理學和內分泌系統的教育，以及情緒過程、放鬆方法、藥物與酒精的影響、壓力與舒壓、生氣等有關的認知技巧。一旦多數成員了解個人調適有關的議題，也將會討論生活的意義和實現目標的好處等主題。這些主題在 Wexler（2000）的 *Domestic Violence 2000: Group Leader's Manual* 一書當中有深入的說明。而人際方面的主題，主要是與關係有關的，包括溝通理論、問題解決、性的角色、關係的期待、人的需求與差異、價值觀、家庭經驗等內容。

這些主題或多或少會有些重疊，主要是可以讓成員有機會從不同的角度討論人際相關的議題。舉例來說，大部分的溝通議題會在溝通分析（transactional analysis）、肯定訓練和問題解決相關主題中提到。在許多這類團體、書本的參考範例、腳本角色扮演或其他的活動，都可以用來鼓勵成員參與。如果有現成的個人經驗，那就會被拿來做為相關議題的探討和示範。

Jerome 在一個團體中，和其他成員練習以肯定的語氣做改寫溝通的活動。如果成員可以在沒有焦慮的演練環境中，學習到有關的想法和概念，相信他們也可以很容易地應用在生活中會有衝突的地方。例如 Jerome 角色扮演練習自己是一位自信的櫃檯結帳員和同事後，可以肯定地和太太討論關於他的想法。這一點，他並不只是應用在和太太的討論，他還可以肯定地在團體中說出他的想法。這樣的進步不只是說明了他的信任感和開放增加了，也讓他可以在行為的改變過程中，獲得需要的支持和回饋。

團體成效

有些團體有大的目標，且適合長期的治療，成員卻沒有顯著的進步，像有些人會在團體裡持續地批評他的配偶。對我來說，和這些人工作是有困難的、厭煩的、挫折的和沒有成就感的。要保持個人的投入，注意到他們有小小的改變是必要的，並且要視為那是進步的開始。像是很多人表達他們觀察到個案的進步，是很好的增強方法。我也會被催著不斷地檢視自己的說法、風格、情感反轉移和動機。我發現和自己有關的議題，也對這些人的認識和工作有很特別的洞察。隨著方案的發展，也挑戰了我的理論信仰和治療性技巧，因此讓我有尋求新知和接受再教育的動機。這對我來說，是一種鼓勵。

這個團體的回顧

進行這個團體以來，我已經擁有 15 年以上的諮商經驗。設計這個團體是個創造性的活動，我在其中應用了過去從大學訓練知識和其他類型團體工作所學到最有效的基本原則。我試圖預測什麼將有助於這群非自願個案，以及在我的社區尚未滿足的需要，能發展這樣的團體，這是令人感到興奮和具有意義的。

我已經學到了有關這些非自願個案的深入研究，現在會使用由 Wexler（2000, 2004, 2005, 2006）發展的研究手稿、工作表和問卷，以及其他更完整同時具備教育和回饋目的的憤怒管理活動。如果你在團體的初始階段、中期階段和結束階段都使用工作表記錄，將更能獲得何者對成員有效的圖像，以評估成員的進步。

DVD 光碟、視頻媒體和影片提供很好的機會以促進討論和角色扮演、針對和治療特定動態，以及提供成員正確教育和示範。今天，我會更徹底診斷功能障礙的類型，掌握成員的進步，以及實現更多元的心理教育介入。

性施暴者的治療團體

為法院規定的性施暴者提供團體治療可以是既挑戰又有意義的努力。正如其他非自願團體成員（家暴、憤怒管理、藥物濫用），性施暴者常常在進入治療時會有很大的抗拒，以及否認它們被逮捕事件和不適當的性行為。很多性施暴者在他們被判刑前從來沒有接受過任何類型的心理治療，也不認為他們需要任何類型的治療。性施暴者的心理狀態和態度，常伴隨著其嚴重的不適應行為的性質，使得治療他們的心理健康專家面臨其個人及專業範圍的挑戰。以下的團體方案描述一個成功在非自願成員面對挑戰的例子。

有關如何帶領性施暴者團體的更多資訊，Morin 和 Levenson（2002）所寫的 *The Road to Freedom* 一書是個很有用的資源，裡頭含有工作表、練習，以及有關治療性施暴者的討論主題。

團體方案範例

性施暴者的治療團體

以下部分是以 Valerie Russell，一名具博士學位及心理師執照的治療師觀點所寫。如需要進一步關於這個團體的資訊，可以和 Valerie 聯絡，e-mail：drvrussell@gmail.com。

篩選和方向

我所治療的性施暴者不受限於暴露狂、偷窺狂、戀童者、兒童性騷擾，以及與未成年者性交者。犯下這些罪行的罪犯通常依照他們各自的罪刑而定，入獄時間長達一年以上，接受心理治療則是從監獄釋放的緩刑條件之一。

我的個案是從緩刑部門所轉介的男性成人。有時，我會接到自我推薦的成員。大部分成員是透過緩刑監理員（PO）轉介分配的正式緩刑；少部分並非透過緩刑監理員轉介分配的概要緩刑。無論是正式或概要緩刑取決於屬種變項：是重刑或輕罪逮捕？被逮捕是什麼性質？案主是否是「註冊」罪犯（意思是他的名字和識別資料可在州－運作系統上被查詢到）？通常較嚴重的情況（是重罪而不是輕罪，和是註冊而不是無註冊）將定期分配一個緩刑監理員（每週或每月，包括家訪）。我較偏好於與緩刑監理員們一起合作以管理我的個案，也視緩刑監理員們為個案治療整合部分的寶貴資源。

當緩刑部門轉介給我後，我將透過電話方式篩選適配團體的成員，並與他進行初談。有明顯認知或精神障礙的青少年（18 歲以下）、婦女或是成年男性不適合在我的團體。由於性施暴者的門診病人不多，這些個案通常將被轉介到個別治療。

在初談時，我透過被逮捕事件的描述以了解其發展的歷史。這對我而言具臨床上興趣，以了解個案是否會堅決否認任何過失、接受一定程度的歸咎，或是為罪刑承擔全部責任。我的經驗一直認為，一個人通常不願意對他被逮捕事件負起責任，他將會在團體內有更多的阻抗，也會更常缺席，並且／或者是停止團體。

我也會為成員做第一軸向的症狀（尤其是憂鬱症狀，包括其自殺史，以及精神疾病症狀）及第二軸向人格特質（尤其是反社會、自戀、分裂型與精神分裂人格疾患）的心理衡鑑診斷。如果我確定個案擁有嚴重無法治療的第一軸之症狀，或是我懷疑其第二軸向人格疾患，我通常會將個案轉介到個別治療。我不想要破壞團體的完整性，只因為加入一位無法在團體中有效能地發揮作用的個案，很不幸的是，過去我領教到加入一位不合適成員使團體往下沉，而需要花很大力氣補救的教訓。

總而言之，篩選過程是非常重要的，初談中我會問我自己這些問題：這個人是否是適配於團體治療？對於個案、團體成員或團體帶領者是否有安全問題？又或是，我是否會關切這名個案會造成社區的危機？換句話說，他的再犯風險程度有多高？

當我確定個案適於團體工作，以及我已經審閱治療契約、費用協議，以及他的團體規範，初談對於個案進入團體而言是個重要的定向過程。為減少進入團體時的個人焦慮感受，我將提供該成員有關團體的基本資訊（例如目前團體共有多少人、他們的罪行為何、團體組成以及對第一次團體有何期待）。我也會承認團體治療開始的阻力和強調第一次聚會的重要性。

團體組成

我偏好能與不要超過8或9位成員和2位團體帶領者（我和一位協同帶領者）的團體工作。我發現當團體擴充超過9位成員則將讓團體成員有機會躲在團體後，給予團體成員都有機會的時間和空間是重要的。對於法院規定的受刑人極其重要的是需特別注意團體結構關注和團體規則的堅持。

團體結構

- 團體大約由8位團體成員組成
- 每週聚會（固定地點、時間）
- 每次團體時間約1小時45分鐘，沒有休息時間
- 團體由簽到活動開始並由簽出活動做結束，準時開始及結束
- 進行議程項目討論，接著小組討論或家庭作業
- 最少52次聚會，最多次數則由法官、緩刑監理員，或提供服務者（治療師）而定，可延長至其服刑期限之長度（3到5年）

基本團體規範

- 必須準時。對於遲到者，10分鐘寬限期是被允許的；如果成員遲到超過10分鐘，他將無法獲得團體積分。他可以決定是否要繼續留在團體（避免被記缺席）或缺席（被記缺席）。
- 允許缺席6次，第7次缺席時將被終止。
- 關掉手機。
- 在團體期間避免到浴室休息。
- 不插話。私下交談將干擾團體的焦點。
- 需對其他團體成員和團體帶領者尊重。

- 尊重保密：「在團體所說的話留在團體內」（這是幫助團體成員感到自在的重要規則）。

保密的限制

緩刑監理員需要每位成員進步的進度報告。保密的限制包括如下：

1. 任何個案或他人虐待或疏忽照顧兒童將通報於兒童和家庭服務單位。
2. 任何個案或他人考慮自殺者將通報於自殺防治團隊、警察單位，以及／或醫護單位。
3. 任何個案或他人意圖殺害或傷害他人將通報於該受害者，以及／或警察單位。
4. 任何個案或他人虐待或疏忽照顧老人將通報於社政單位。
5. 任何再犯或性施暴者行為將至少被通報於緩刑監理員和可能亦會通報警察單位。

團體型式

團體透過說明每名個案的名字和其罪刑開始進行簽到活動。此外，每個人將快速地回顧上週內容，並確定任何他想帶進團體討論的主題。當成員簽到後，一個有簽字表的剪貼板和費用信封將被傳給下一位。

當新團體成員開始，一開始簽到後接著第二輪簽到活動，成員將告訴團體有關自己的逮捕事件。團體目標是讓每位成員能聚焦於他在逮捕事件的角色，並抵制歸咎於受害者、受害者家庭、逮捕人員或一般法律制度的想法。另外，如果有新團體成員，團體成員將與新成員一同複習團體規則。

簽到活動之後，將進行議程項目討論。議程項目可能是由成員們的報告根據該週異常想法或不當幻想的例子。成員也可以向團體更新最近探望監護官的近況；成員也可以帶有關性犯罪的文章的剪報以在團體進行討論。

團體可以聚焦在團體討論或家庭作業。討論主題可以包括了解他們的犯罪行為、對受害者的影響和預防再犯。另外的主題包括性發展、性演化以及在美國文化下兒童和婦女的權利。包括性的比較，以及來自不同文化之兒童和婦女觀點。此外，溝通技巧、壓力管理、憤怒管理和親職技巧也可能是討論的主題。

所需的家庭作業包含閱讀警方報告、性自傳和家系圖。這三個作業將在以下討論：

警方報告：初談期間，我告知個案其警方報告影本是活動的必備文件，我也將獲得每位成員簽署同意，以便如果該成員在服刑中，我能夠正式從緩刑監理員那裡獲得影本。警方報告的目的是可以提供我更準確的逮捕事件依據。我也要求成員私下閱讀其警方報告，並理解到他最終將在團體內讀出。大聲閱讀報告的目的，並不意謂是一個羞辱的練習；相反的，它提供了逮捕事件在團體內的普同性，因為它包含了事件偵探和受害者的版本。同時在初談時也通知成員他將要對團體讀他的報告，在某些時候，可使他留意到當他告訴團體有關他的逮捕事件時能更真實。

性自傳：在性自傳中，團體成員從記錄他們過往生命經驗裡的性記憶、想法和行為的反思。我指導團體成員將其作業，在頁面左邊編排欄位，列出從 1 歲到現今的年齡。然後我要求成員反思他們早年經驗，並記錄每個年紀的性回憶。例子如下：4 歲：發現我的妹妹沒有陰莖；5 歲：聽到我父母在房間做愛；8 歲：我第一次勃起的記憶。當回憶被記錄，成員被要求在每個記憶中連結回憶裡的感受。成員也被指導如何透過性自傳以建立內省及了解他們的性態度如何被扭曲，以及如何發展出異常的性想法。

家系圖：家系圖是提供代表個案家庭成員豐富資訊的圖形符號。這是另一項家庭作業和團體成員必完成的練習。家系圖內必須包括個案至少三代家庭成員和成員間的關係（結婚、離婚和法定關係）。再者，成員間的互動模式也被記錄（像是親密、非常親密、陷溺或疏離；和諧、衝突、敵對）；也包括虐待（肢體、情緒、性或疏忽）及酒精或藥物濫用；這往往也需要進行家庭訪談以檢核家系圖的家譜資訊。我發現家系圖是一個有用的練習，以幫助成員回顧其家庭模式和動力，以及推測一個人的家庭系統如何扮演一個角色，尤其是在塑造一個人的態度、信念和行為，特別是性態度。

團體成效

不幸的是，無法保證當完成法定的性施暴者心理治療團體後，團體成員不會再犯，這讓帶領團體的治療師感到不安。我用以評量團體成員合格完成的標準包括以下部分：完成至少 52 週的治療療程；誠實地接受逮捕事件以及不恰當的行為，與真正理解為什麼行為對受害人造成傷害的責任；完成家庭作業；對自己不當的性行為有更好的了解，並進而懂得如何妥善管理性慾和性行為；也有能力針對一個人的行為，特別是性行為自我反思。

協同帶領團體

目前我與同時也是心理治療師的先生協同帶領性施暴者團體。我們一起帶領這個團體已長達好幾年時間。不僅是男／女配對可以是團體重要示範，同時先生／太太的夫妻檔搭配也增添有趣的元素。雖然一個混合性別協同帶領的配對不常促成或具可行性，但我認為當與性施暴者族群工作時，男／女搭配是非常重要的組成。對於性和女性群體觀點有扭曲的男性施暴者而言，同時具有女性和男性的觀點對治療是無價的。當與非自願男性工作一項重要的考量是安全，在團體中有男性權威人物存在時，可提供安全的界線，這往往是兩位女性協同帶領時無法做到的。此外，協同帶領者之間相互尊重的平等對待是必要的團體示範；大部分的性施暴者並未對健康（異性）關係樣貌有清楚的藍圖。

在團體成為女性代表將提供自己一連串挑戰，像是我的成員常會投射他們普遍對女性的偏見和刻板印象到我身上。此外，在他們看來，對他們握有權力（他們的自由），能增加他們對我的權力感受。我會留意我的個人反應（包括反移情）和在每次團體前及後與協同帶領者討論團體動力以及團體如何影響我。一個典型的反移情反應我檢視關注性施暴者普遍的觀點表達，像是當一個女性穿暴露服裝是表示「是她要求的」。我接受成員願意率直說出他們的信念（即便他們的信念是扭曲或非理性的），但我感覺到我的「按鈕被啟動」，當女性的刻板看法毫無疑問地呈現時。我學到當我在團體感受到內心深處的反應，這是暗示我要深呼吸並收集我的想法，以便我可以客觀的，而不是被動的方式回應。身為女性要與對女性剝奪、虐待或攻擊的男性工作，我也覺察與性施暴者工作容易過勞，必須刻意限制自己每週只能參與一個團體。

為何我與性施暴者工作

早期剛開始我的專業生涯時期時，我在南加州的一間社區心理健康機構與犯人工作。在同樣的社區心理健康機構，我帶領了幾個其他非自願個案的團體（換句話說，家庭暴力和憤怒管理團體）。剛開始與性施暴者工作時，我覺得焦慮和不適。但我希望能夠自我突破，我想要檢視自己對性施暴者的刻板印象。剛開始與性施暴者工作時，困擾我的問題包括：「是否是因為性施暴者無法改變，所以沒有相關的心理治療投入（做為公眾的意見）？」「他們是否缺乏憐憫心？」以及更加實際的問題是「當我選擇與性施暴者工作時，我是否讓自己陷入傷害之中？」

大部分性施暴者在參與我的團體前，從未尋求或接受過任何類型的治療。事實上，他們從來沒有接受過治療，也大部分為非自願個案，在我看來，這也是與他們工作的理由。我相信我能夠有機會帶給他們積極的改變效果，這是我所期待未來能預防受害事件。

與性施暴者工作，我學習到許

多性施暴者其實是從團體治療獲得益處，能夠自我反省，對他們的不良行為感受到羞恥和罪惡，以及對他人的同情心。我已建立真正與性施暴者工作的興趣，經過了長達 10 年，我開始繼續進行法院裁定且在緩刑中的男性性施暴者團體。

團體工作者的挑戰：後天免疫不全症候群危機

身為一名諮商員，你將不可避免會遇到患有愛滋病的個案、人體免疫缺損病毒篩檢呈陽性結果的個案，或是和他們親密接觸的人。除非你已了解相關的議題，否則你不可能教育他們。我們鼓勵你去探索自己對和愛滋病患或 HIV 帶原者一起生活的人，以及罹患愛滋病者在工作上的態度、價值觀與恐懼。

團體如何幫助

愛滋病患者和受 HIV 感染者同樣都承受汙名化的打擊。HIV 陽性者生活在擔心可能無法治癒的焦慮中，也生活在害怕被一般社會和生命中重要他人發現與拒絕。

支持性團體可以提供成員一個安全的場所，去處理這些社會的汙名和為他們的憤怒情緒找到出口，讓他們為自己的處境有新的看法。在團體的支持氛圍中，這些人可以公開地談他們背負的汙名，和挑戰自我貶抑的信念。他們開始原諒自己和決定如何度過餘生，以取代自我的譴責。

在一個 HIV/AIDS 支持團體的成員，經由分享害怕的事情，並了解到在面對不確定的未來，他們不是完全被孤立的，而發現他們是很有希望的。這情形是因為支持團體的高度凝聚力，共同撼動著大家的共業。成員會面臨很多身體的、心理的、靈性的任務，而團體提供了安全的平台以解決他們的關切。

HIV/AIDS 團體中的教育焦點

團體的支持環境，提供了增強與維持行為改變的理想方式。這類團體的目標在幫助成員能將所知道的，轉化為實際的行動。但是也要用有意義的方式，將一些資訊納入團體的方案中。在 HIV/AIDS 團體中，教育性的內容也和治療性焦點同等重要。團體中的成員和他們的朋友及家人，常常也對 HIV/AIDS 有著迷思和誤解。

身為一位有責任的實務工作者，你必須摒除這些誤解並幫助這些人獲得正確的知識與態度。舉例來說，最常見的誤解是 HIV/AIDS 只發生在同性戀族群中，而且如果你不是同性戀者，就不需要擔心被感染。事實上，異性戀者也會經由輸血、與濫用毒品者共用針頭、和病毒帶原者發生性關係等原因受感染。不論是直接或間接地，愛滋病的傳染性的確影響我們對真相的了解。

在預防被感染者急遽增加的關鍵，在於不同標靶團體的教育。為教育你的團體成員，你需要有即時的資訊。這當然包括價值觀的覺察，更要覺察服務對象不同的文化背景。為了達到種族、文化、宗教團體的習慣上的改變，除非你可以和他們講相同的話，不然你將會遇到很多的抗拒。除此之外，因為人們潛意識的害怕、憎惡的投射，因此對一般大眾的教育，了解和 HIV/AIDS 生活的想法是很重要的。

支持團體和心理教育團體都能提供 HIV/AIDS 患者治療性和教育性的功能。這類團體的成員可以學到許多與疾病有關的真相，同時能學到許多可以改善生活品質的認知和行為策略。團體的接納與關照特質，可以提升希望和催化他們發展內在資源，以創造一個有意義的生命。

以下的團體方案，是一位諮商師告訴我們，他如何組織 HIV/AIDS 支持團體。他個人運用本書的許多團體工作原則，並描述一些在帶領諮商團體的特別挑戰。

團體方案範例
HIV/AIDS 支持團體

以下部分是以 Steven I. Lanzet，一名具臨床執照的諮商師、家族治療師，以及在愛達荷州（Idaho）Planned Parenthood 的正式愛滋病毒檢測及諮商方案指導觀點所寫。如需要進一步關於 HIV/AIDS 支持團體的資訊，可以和 Steven 聯絡，地址：P. O. Box 9102, Boise, Idaho 83707；email：

slanzet@mac.com。

團體組成

在 1987 年，我決定做個 HIV 篩檢，稍後我收到陰性結果的報告。在等待報告的那段時間，我經歷了很大的情緒騷動，我很懷疑其他人是如何度過這樣的歷程。從那時開始，新的篩檢過程可以讓大家很快地知道有關結果，但是在篩檢中的衝擊是沒有什麼改變。做為一名團體諮商員和相信團體過程的力量，我決定為正在處理 AIDS/HIV 的人帶一個支持團體。雖然很多人都認為團體是一個很好的想法，但是這個保守的社群，不太可能有人來參加團體。我不用花太多時間去了解兩種流行病，一個叫愛滋病，另一個叫恐愛症（AFRAIDS）。

我在一個地區健康部門認識 Linda Michal，她是負責 HIV 篩檢的流行病學的護理人員，並且發現很多人篩檢出陽性結果。我們就想到一個愛滋病團體或許有幫助，於是我們一起規劃理想的團體內容。我們非常驚訝有 8 位出席第一次聚會。這些人都有許多共同的事務，最具代表性的說法是：「我覺得好像只有我一個人在經歷這件事」。

很不幸地，當我們要開始時，並沒有獲得太多醫療社群的支援（1987 年在愛達荷州博伊西市）。在設計團體時，Michal 可以回答成員很多有關 AIDS/HIV 生理方面的問題。所以當你和協同帶領者開始要設計一個團體時，健康部門是尋求協助的最好地方，他們是最有知識和直接處理病毒的人。除了健康部門之外，我們最主要的資源是愛達荷州愛滋病基金會。目前在美國大部分社區都有愛滋病服務組織和國家愛滋病人協會（http://directory.poz.com/napwa/）提供這樣的機構指南。

找到一個理想的場所是我們的第一個任務。雖然在我們的社區有很多教堂可以做為聚會場所，但是同性戀者還是不受主流教派接納的。我們決定排除利用健康部門，因為我們認為，很多人發現他們是 HIV 陽性帶原者後，與這些單位是負面的關係。我們需要一個舒適、放鬆、儘可能是非機構化的空間，最後，我們決定利用基督教女青年會（YWCA）。這是一個很有彈性和打開聲譽的新做法。

當地的同志社區是另一個資源。同志社區中心讓我們接觸了多元的同志組織，可以向他們說明我們正在帶領的團體。幾個月之後，我們寄一份有關服務內容的資料給健康照護服務者、心理學者、諮商師、家族治療師和社工員。我很快地發現社區裡很多專業工作者願意與我們工作，和分享他們的專業知識。我們也邀請一些來賓來我們的團體演講。

團體型式

一開始我就決定要利用受過訓練的團體帶領者，而不是依賴義工。很多專業工作者表達願意與 HIV/AIDS 工作，而我也會提供持續的內容修正。

這些團體方案都是經過嘗試錯誤後修正出來的。當我們開始的時候，即決定組成一個開放式的支持團體，可以讓更多與愛滋病、HIV 帶原者及他們的朋友、家人、父母或擔心自己也受感染的人能參與。除此之外，健康專業工作者和義工也都可以參與。雖然這有可能組成一個開放、異質性的團體，也有很多單位在規劃同質性團體。

在第一次及第二次團體聚會時，我們會請成員腦力激盪，想想有哪些主題是最感興趣和想要在團體裡處理的。我們在很多不同的團體做過這個活動，也綜合使用需求評估表，這些內容都會成為我們邀請特別來賓演講主題的參考，這些主題如下：

- 悲傷與失落歷程
- 自我肯定訓練（處理與醫師和其他專業人員的問題）
- 家庭議題
- 靈性
- 開始服用抗 HIV 藥物及其他治療方法
- 營養與運動
- 學習如何安全性行為
- 應付同性戀恐懼症和歧視
- 生活意志、品質提升指導和其他法律議題
- 克服憂鬱和其他心理健康問題
- 新藥物和生活更長久的希望

每次團體聚會開始時會很快地進行繞圈活動，並且在每一次的聚會都強調信任的重要性。通常成員會從發病的時間開始，提到如何發現 HIV 陽性，在那之前與之後的經驗。儘可能愈早在每次團體聚會時，團體帶領者要幫助成員確認共同關心的事，並和其他人有連結。在他們進入團體之前，他們會有不知所措的感覺，像是「在這個議題方面，我總是孤單的」。當他們看其他人也正在處理相同的問題時，就比較不會維持防衛。

稍後我們會邀請成員提出疑問和評論。就成員提出的特別問題，我們會帶進一些外在資源和來賓來帶領團體。這些來賓很受歡迎，這樣做也是在向成員介紹社區裡可以利用的資源。

每次聚會我們都鼓勵成員談談他們想討論的問題。以下是團體成員比較關心的事情：

- 我告訴我媽關於我的健康
- 我的愛人離開我
- 我很難適應我的藥，而且我不

知該怎麼做

・我現在覺得很好（我現在覺得很糟）

團體帶領者在這個時候的角色是幫助成員表達他們自己，鼓勵他們和團體其他成員對話，而不是透過團體帶領者傳達。成員都可以回應別人所說的，但是我們會要求他們是不批評的，利用「我」語言直接跟其他人對話。

團體結束時會有一些儀式。我們最初的儀式是站成一個圓圈肩膀碰在一起。我確信多數的成員在被診斷有病以後，已經很少和人有碰觸，如果他們來團體，保證他們可以像配偶擁抱一樣，來個沒有性的身體碰觸。我們鼓勵成員如果他們想要的話，可以要求並給個擁抱。有些團體成員會想要分享名字和電話號碼，這樣他們可以在團體外發展網絡。

團體成效

過去幾年我已帶領很多這樣的團體，有些議題花了不少時間而且重複提到，信任感是其中之一。我們需要持續地再定義信任感、回答任何問題、每位成員都同意遵守。有時候我們會花很多時間，甚至半個聚會時間都在討論信任感和誠信。

當一個成員違反信任的規定，其他成員會告訴他或她是不再受團體的歡迎。這團體維持這個規範。我會強調沒有人可以確認別人的HIV狀況，只有個案自己知道。除此之外，團體成員仍會害怕自我揭露和面對揭露自己狀況的後果。

團體中有人生病，是必須提出來說明及處理的事情。因為成員的免疫系統功能喪失，我們會要求成員若感染流行病，就不要來參加那次的團體聚會。只要不是流行性傳染病，即使成員身體非常不舒服，我們還是讓他參加團體聚會。當然其他成員會有不同的反應，這是必須公開處理。

當團體有新成員加入時，我們會鼓勵舊成員們在詢問新成員前，能先分享他們自己的故事。在說他們的故事時，成員們常會提到篩檢出HIV陽性結果之前的生活情形，和之後的生活經驗。他們也會談到團體對他們的意義。這時候我們會將焦點回到新進成員身上，這樣比較容易讓新成員表達他們自己。我們會說：「或許有很多問題是你想要知道的，現在是提問的好機會。」典型的問題是「我也覺得非常憂鬱，告訴我你是怎麼做到的？」或「我還沒告訴我的爸媽，你說你沒有告訴父母，我很好奇有誰告訴爸媽了？」這麼做可以讓新成員能融入團體中，並覺得有連結。

我們的團體有很多幽默的地方。新成員剛開始會遲疑地笑，但是後來他們很多人學到幽默的價值，來綜觀全貌。團體帶領者一定要記得像檢視隱含在幽默的痛苦一樣，關注大笑者的情感。

處理悲傷和失落是一個循環的主題。我們會持續地提醒成員有關悲傷循環。或許最普遍的反應是成員正經歷發狂或失控的感覺或情緒，教導成員確認他們的悲傷循環，是很必要的。當有生氣的情緒，他們會視為是自然和必要的過程。總是有成員會經驗到相似的經驗並且可以說出來。

當團體有成員生病或過世，有必要去探討其他成員的感覺。我們在聚會時，會花點時間追思過世的成員並且談談我們的想法。當然，這過程也要處理成員對於死亡和悲傷的情緒。通常他們會討論到喪禮，有時候也會引導討論他們想要的告別式。我們鼓勵做這樣的討論，因為有助於揭露個人議題，並幫助他們討論自己的死亡。

這幾年有關於 HIV 的治療持續在改變。感染了人體後天免疫不全病毒不再是死亡的代名詞，而且是可以治療的。合併使用抗反轉錄病毒治療（antiretroviral therapy），一種有效混合抵抗人類後天免疫不全病毒的藥，可以幫助他們延長生命。很不幸地，有些副作用很嚴重的藥，卻是保命的藥。

罹患 HIV 的生活衍生了一些議題。有些人會突然變得很健康，而且與我們討論他們的生命藍圖有什麼改變。如果有個案確信他／她的時間不多，重要的調適是必要的，那麼可以學習如何活得更久一點。個案有很多的事情要處理，包括：

- 和 HIV 陽性者的親密接觸
- 靈性的議題，協調因為被許多宗教組織排斥
- 要遵照醫囑但是既害怕又討厭
- HIV 和生命本身的嘲諷
- 第一次或第二次出櫃的過程，關心 HIV 狀態
- 學習面對醫療保健系統和保險業者

個人的關注

帶領這些團體的收穫，我學習到如何應付對我而來的憤怒。第一次在團體中有人對我抓狂，我不知道如何回應。後來我知道那個憤怒的確是對我而來，因為和其他人相比，這些個案覺得和我相處比較自在。有一個在治療 HIV/AIDS 領域的醫師告訴我，有許多病患也會對他生氣。當我們聊著，我開始了解到有很多的憤怒是和 AIDS 有關的，但是病患很少有怒氣的出口。個案知道我是一個安全的目標，我會嘗試去幫助個案再整理他們的憤怒並找到解決方法。

或許我經驗過最大的焦慮是和 HIV/AIDS 患者工作的時間不夠。帶一

個團體的付出，和許多成員因病而流失的情形，讓我了解到壓力落在我的肩上。我發現克服我個人反應的最好方法，是在團體外和我的夥伴談談我的感覺。這樣的支持是很重要的。

我執行 HIV 支持團體已經 4 年了。或許是因我很少休息，沒有減少帶團體的頻率。有一個協同帶領者是很有幫助且大力推薦的。同樣地，幫助其他即將投入的諮商師也是很重要的，因此你可有個短暫或稍長的休息。我和其他不曾處理 AIDS 問題的諮商師發展的支持團體，對於能持續下去的關鍵方法是避免過勞。

回顧

多年來，我們在團體期間或團體後流失許多個案。20 年後我依舊在同一個社區生活，我很幸運仍然能夠和長期與愛滋病毒抗衡的倖存患者保持聯繫。他們持續讓我知道團體對他們的身心健康的重要性。整體而言，他們對自己仍能存活感到驚訝和感激。有一些愛滋病毒程度無法檢測，但他們必須處理許多醫療問題，以及持續使用強而有力的藥物以維持他們的健康。他們最大的挑戰是面對新病毒。就如以往，他們引領我們了解治療的方式。

在對於 HIV/AIDS 有限的了解，我們做了正好能滿足社區需要的工作。近十年來，HIV/AIDS 的樣貌有戲劇化的改變，今日的團體諮商師需要了解當今議題。最好的方法就是與前線人員對話，包括個案、醫療人員和社區組織者。為增加團體時間能被善用的機會，完成一個正式或非正式需求評估是重要的。雖然議題隨著時間改變，HIV 疾病仍然是一個殘酷的現實，當我們設計我們的團體時需要符合現實。

你也許可能會選擇像我們所進行的開放、異質性團體（在小社區你也許需要這麼做），目前也有許多組織選擇朝向以同質性團體，像是這些：

- 家人和朋友
- 並無 HIV 陽性反應但受到在其他方面的疾病影響者（「擔心者」）
- 僅限婦女
- 年輕 HIV 陽性者
- 非正式照顧者
- 提供 HIV/AIDS 照顧的醫療專業人士
- 藥物濫用者
- 只與男性發生性行為的男性（MSM）
- 僅限同志
- 僅限非同志
- 哀傷支持
- 各種以母語進行的少數團體

- 初診個案
- 無症狀的 HIV 陽性反應者
- 有症狀的 HIV 陽性反應者
- AIDS 感染者
- 長期倖存患者

我鼓勵任何訓練有素的團體帶領者，學習了解更多關於 HIV/AIDS 以幫助滿足迫切的社會需求，並考慮開始進行或幫助 HIV/AIDS 支持性團體。除了迫切需要也將對個人相當有助益。我持續運用從這些團體所學到的很多技巧，因為這些經驗讓我成為更有效的諮商員。

老人團體

我們現在轉移注意在有關社區情境設計和帶領老人團體的主題。對老人的團體工作是增進老化的正向面向，和幫助老人因應挑戰老化的方法之一。老人有廣泛的生命經驗和其個人優勢常被忽視。諮商師需要為老人們發展一些特別的方案，同時持續努力地發現幫助他們的方法。未來將有愈來愈多的團體工作者，要負責發展老年人的團體方案，協助他們發現退休後的生活意義及生命力。當心理健康的專業工作開始關心老人時，他們的工作挑戰不只是延續個人的生命，還必須幫助這些人過著充實和更好的生活。

我們從有興趣帶領老人團體所需要的態度、知識和技能辨識開始，然後提供對有興趣與老人團體工作者一些建議。

團體帶領者的態度、知識和技巧

就像和兒童及青少年工作，治療師一樣需要特別的知識以協助老人面對其生活困境。老年人口快速增加的結果，是亟需心理健康工作者能提供團體一些合適的心理服務。心理健康工作者需要知道更多有關老人家的事情，因為在美國，這些老年人口和比率不斷增加中，臨床工作面臨要對老人的團體，提供有效的心理服務的挑戰。個別和團體治療皆可以有效處理老人家的心理問題。然而，對年輕人來說，文化、族群、性別、性取向、社會階層等差異，在設計處遇方案時都要被了解（APA Working Group on the Older Adult, 1998）。

Christensen 和其同事（2006）發現帶領懷舊團體時，能放慢步調、能彈性處理團體過程的議題、能接受紛亂的情況、能了解不同世界觀的帶領者，比較能提升他們的團體效能。Christensen 和其同事也指出帶領者能有空間和時間分享他們的故事，是很必要的。雖然專業的知識和訓練是必要的，帶領者了解到要催化老人的懷舊團體，和帶領其他團體是很相似的。在這項研究指出，許多帶領懷舊團體的技巧和方法，和其他不同情境或對象的團體是相似的。

覺察你自己的感覺和態度對於和老人家工作的可能影響，是很重要的。你的生活經驗和你個人的特質，有可能幫助也有可能阻礙你的工作（你最好能再回顧第 2 章關於有效能的帶領者個人特質的討論）。以下我們想到和老人團體工作有關的幾個重要的有利條件：

- 真誠的尊重
- 老人相處的正向經驗
- 深度的關心
- 尊重每個人的文化價值
- 了解現在的態度與行為，是如何受到一個人的文化背景的影響
- 有意願和有能力向老人家學習
- 相信晚年歲月可以是有挑戰性和有酬賞的
- 有耐心，特別是對重複的故事
- 關於老人的身體、心理、靈性和社會需求等特別的知識
- 敏察老人家的負擔和焦慮
- 有能力幫助老人家挑戰關於老化的迷思
- 如果合乎風俗民情，願意去做身體碰觸和被碰觸
- 以健康的態度關心每個人的老化情形
- 老化的病理學背景
- 有能力處理失落、憂鬱、孤單、無望、悲傷、敵意和絕望等極端情緒
- 有適合在老人團體應用的特別技巧知識

做好帶領老人團體的準備

如果你有興趣和老人工作，你可以從與老人家的相處及他的家人那邊獲得很有用的經驗。探索你自己對承擔家裡老人責任的感覺是很重要的，可以幫助你了解所帶領的團體成員面臨的困厄。這裡有一些提供你帶領老人團體前，做好準備的步驟：

- 參加一些關於處理老人問題的課程。
- 增加和老人工作的臨場實務經驗。
- 在你居住的城市或海外旅遊時，參訪一些老人照護機構。
- 參加一些老人學的會議。
- 調查一些有辦理老人團體帶領者訓練的機構和工作坊。
- 探索你對自己老化和老人的感覺。
- 參觀一些具有特別文化或宗教團體經營的老人收容所，可以讓你見識到不同團體對老人的看法與對待。
- 建立一份清單，列出當你老了時候想要看到什麼。你想要如何被看待？你會想要那樣子嗎？你有多希望你能這樣看自己？如果你可以確認一份當你年紀大時，是你想要有的特質與能力的清單，或許能對你的老人團體成員的需求有所了解。
- 從和老人家對談他們的經驗，你可以學習到很多，做為你和他們討論的基礎。建立一份需求評估做為你有興趣的團體基礎。

老人團體的實務與專業考量

團體過程的指導原則

根據本書的第二部分有關團體發展的設計與帶領的內容，你需開始思考在社區情境老人團體的設計和帶領。這裡有幾個簡單的實務性議題，提供你在形成一個老人團體時的參考：

團體方案　發展一個理想的目標是很重要的，因為你可能遇到一些老人機構的排斥，包括根據其團體大小、時間長短、場地和根據你的團體對象之功能水準所使用技術的實務考量。回到第 5 章的團體方案的特定要素，也應包含在老人團體的內容中。

篩選的問題 老人的需求是很分歧的，宜謹慎考慮團體的目的，以決定哪些老人適合或不適合團體經驗。老人普遍上需要清楚和系統的解釋，以對特定團體目的有所了解，以及為何他們可以從中獲益。對於潛在的團體成員呈現出積極態度是重要的。老人在團體的焦慮程度可能是高的，因此要求一個清楚結構及不斷重複團體目標和程序。要適切且敏察地邀請成員參與團體或婉拒參與團體。例如，要退化性的病人（像阿茲海默症）和一群高功能的老人一起工作，會使得團體分裂。或許可以有個理由婉拒易激動、妄想、有嚴重的健康問題等不適合的對象加入團體，或者行為表現對整個團體有不良後果的老人參加團體。

保密 安置機構內的生活常常是沒有隱私的。當老人被要求談論自己的事情，團體的老人們會顯得多疑，也會擔心遭到安置機構工作人員或團體成員的報復。竭力地做界限和保密的定義，提供一個安全和沒有威脅的環境，是要確保保密的原則不會被打破。

團體成員標籤和偏見 安置機構會很快地做診斷並將人分類，即使不適合，卻又很慢地才移去標籤。在和老人家工作時，要小心不要過度受到一些對成員的所見所聞影響你對他的印象。要保持開放，同時願意挑戰任何干擾你對老人個案的標籤印象。

價值觀的差異 好好了解成員的社會與文化背景，使你能敏銳處理老人們所關注的事情。你可能比你的成員還年輕，而且年齡的差異可能會更凸顯價值觀的差異。舉例來說，一個團體帶領者公開地討論個人問題和衝突，視為是一項有治療性價值的做法。然而因為文化條件的差異，有些老人家要揭露個人的事情，是一件很困難的事。尊重成員以他們的步調做自我揭露的決定。

要注意的事 這裡是一些你在帶領老人團體應該做和不該做的事：

- 當他們身體還好時，不要對待他們像是身體虛弱的人。
- 避免讓成員忙於從事無意義的活動。
- 肯定成員們的尊嚴、智慧和榮耀。
- 不要以為那些很老的人喜歡被叫他們的小名，或叫「親愛的」或「甜心」。
- 適當地使用幽默感。當你的成員無法完成一項任務時，不要嘲笑他們，但是當他們完成一首有趣的小品詩作，可以和他們一同歡笑。

- 不論他們能力退化如何嚴重，要避免說他們像是小孩子一樣。
- 允許你的成員抱怨，即使你對他們抱怨的事情無能為力。不要讓自己感到壓力，認為該為他們的悲傷做點事情，有時候發洩一下也很有效。
- 如果你或他們在團體聚會裡無法承受一些情緒，避免刺探與他們強烈情緒有關的事情。
- 決定你能做多少，不要覺得精疲力竭，可找一些讓你充滿活動與熱情的管道。

和健康老人有關的團體工作

團體能有效地處理老人的發展性議題，和發現晚年生活意義的挑戰。在和一些健康的老人工作，團體的社會支持機轉，可以幫助成員們了解他們的掙扎是很普遍的。許多不在機構內的老人們，面臨老化過程的問題。他們必須去處理許多失落、年輕一輩的壓力和衝突經驗，他們也可以從各年齡的成長團體中獲益。

Jamie Bludworth 為成功的老人團體所設計團體方案和以下的參考資料都將有幫助：Erber、Szuchman 和 Rothberg（1990, 1991）、Levy（1996）以及 Rowe 與 Kahn（1998）。

團體方案範例

成功的老人團體

以下部分是以 Jamie Bludworth 博士，一名具執照的心理師觀點所寫。如需要進一步關於這團體的資訊，可以和 Jamie 聯絡，email：Jamieblud@hotmail.com。

組織團體

我在一家大型醫院實習時（後來我也成為工作人員之一），我帶過一些老人的團體，像是：關節炎支持團體、帕金森症支持團體、痴呆照護者的支持團體、喪親團體和一個懷舊團體。這些團體看來好像都將焦點放在成員生活「錯誤」的部分。此外，當團體成員遇到病症復發的挫折，常會將他們的困境歸因於只是老化的原因，而沒有考慮到其他可能的干擾因素。

我所遇見的很多老人，似乎對於成為老人的意義都有許多負面的迷思和刻板印象，同時這些信念阻礙他們過著滿意和社會投入的生活。我也遇過有些團體成員並不相信這些關於老人的刻板印象和迷思，而且在社區中很積極活躍。他們是鼓舞團體的人，對我來說，也是設計團體來破除一般老化常見的迷思，和鼓勵老人改變健康生活型態的試金石。我在當地的老人中心發展一個以成功老人為概念的團體。這個團體非常受到中心來賓的歡迎，而且很有效率地達成它設定的許多目標。

團體的基本組成

團體的型式

這個成功老人團體是一個心理教育性團體，其發展性的焦點，在老人們要邁向更進一步的生活，他們必須面對維持身體和心理功能的挑戰。這個團體在當地老人中心進行，以張貼宣傳單公告團體的內容，和在老人中心的通訊裡，刊登招募的消息。

對象

雖然團體最初的設計是適合 65 歲以上的老人，任何年齡的人也歡迎加入。特別鼓勵團體成員們帶家人一起參與，他們若能提供一些消息，可以對老人家和家人間的互動有更深的了解。

理念和基本假設

傳統上，老人受到美國媒體描繪成一些刻板的樣子。例如是心智衰退的老爺爺，或是記不住又聾的老奶奶，已經是一些電視劇或情境喜劇的笑柄。相反地，很少有像是 80 歲的老太太身手不可思議的靈敏，可以跨越公園欄杆或輕鬆抓到搶匪的例子。這些是許多人對老人家誤解和過度簡化的印象。

雖然我個人和老人團體的成員們相處的經驗很多，從研究文獻中獲得對可能發生的事有更透徹的了解，是很重要的。更甚者，有了對團體方案的實徵性支持，增添我對一個成功老人團體的信心，相信對醫院內的個案是有益的。Rowe 和 Kahn（1998）發現以下情形對老人是真實的：

- 老人家和年輕人一樣，存在和年齡有關的刻板印象，並且受到影響。
- 對年齡有負向、歧視的刻板印象的老人，他們的工作表現會出現明顯的退化情形。
- 對老化情形表現出正向訊息的老人，其工作表現進步的情形。

資源和方法

團體最初的資源來自於 Rowe 和 Kahn（1998）的書 *Successful Aging*，該書記錄了麥克阿瑟基金會（MacArthur Foundation）自 1984 年開始對老化的幾個長期研究方案，包含綜合醫學、心理學、神經生物學、社會學等學科，並集合其他領域成為一門「新老年學」（new gerontology）。麥克阿瑟基金會的研究，是了解人類老化真相的最新科學知識。在開始的階段中，我建議團體成員們買一本 *Successful Aging* 來看以增進討論，並且鼓勵他們仍像成功老人一樣的會談。我也會用到一些雜誌、報紙、期刊文章等做為補充的材料。

團體目標

我設計團體不只是要挑戰成員們的信念系統，同時提供一些有科學研究基礎、崇尚積極和自然的正確資訊給他們。我希望這樣有教育意涵的介入，能在一個互動的團體型式中呈現出來，可以影響團體成員們對於老化的認知改變。我相信如果能在這方面有了改變，那麼團體成員們在生活型態的選擇，將可以更容易地改變，不但是「延年益壽，也活得有勁」。團體的目標如下：

- 成員間能增進對於老化的刻板印象和迷思的覺察。
- 給成員們一個了解刻板信念和封閉想法對他們生活造成負面影響的方法。
- 增加成員們有關心智和情緒健康的知識。
- 提供成員們運用在團體裡學習到的知識，挑戰和破除關於老化的迷思與刻板印象。
- 創造一個在成員間的社會支持網絡。
- 藉著強調對生命做積極投入，提供成員們做個正確的生活型態的選擇，以降低發生和老年有關疾病和失能的風險。

團體型式

在每次團體聚會前半段的主題是以心理教育性的內容為主，而後半段的聚會則是較多和團體成員做自然的互動，分享他們個人對聚會主題的看法和經驗。雖然只有 12 次聚會，它同時也開放給一些新成員。在 12 次的聚會結束，間隔 2 週後，這些主題會重新開始，並且回到第一次的聚會。

第 1 次聚會：團體介紹

- 簡介團體的目標和性質。取得同意書。
- 介紹和老化有關的迷思概念及刻板印象。可以藉由詢問團體成員們對於以下問題的回應來了解：「你心裡面對以下幾個字的反應是什麼：年紀大、老人或是老先生？」可以將他們的回應寫在黑板上。

- 選擇一些比較明顯、普遍的迷思，並舉證駁斥。鼓勵成員們討論他們對於年紀大的想法和態度，同時討論別人對此看法的態度。

第 2 次聚會：正常的老化與成功的老化

- 「正常的老化」（usual aging）描述高功能老人家，卻是發生疾病或失能的高危險群。舉一些詳細的例子，像是「X 症狀」。
- 「成功的老化」（successful aging）是有能力維持以下幾個關鍵行為的老人：(1) 生病和伴隨失能的風險低；(2) 生理和心理功能良好；及 (3) 很有生命或社交活力的積極投入。
- 探討任何關於這個主題的迷思或刻板印象。

第 3 次聚會：環境與基因

- 舉一些例子說明生活型態的選擇，是如何成為成功老人的關鍵，及許多慢性病可以經由生活型態的改變來預防與治療的。像是戒菸、節食和運動的例子。
- 這個階段主要反映生活型態的選擇，遠甚於基因對個人老化經驗 的影響。
- 重要的是說明生活型態的改變，並非是容易的過程。

第 4 次聚會：疾病的偵測、治療和預防

- 發展早期偵測疾病的策略，並鼓勵做好自我管理。
- 區辨因為生活型態引起的疾病（如高血壓、糖尿病、肺癌和心臟病）和其他與基因有關的疾病，如帕金森症、風濕性關節炎。
- 提供證據（實證和軼聞都要）說明許多疾病早期偵測的重要性。
- 討論一般所關心的預防疾病作法（節食、運動和社會參與）。

第 5 次聚會：運動與營養

- 提供關於這個主題的最新發現和健康老人的關係。
- 討論適合老人家的營養處方和運動的社區資源，像是健走俱樂部、水療、力量與平衡方案。
- 邀請具有提供老人家運動建議

專業知識的特別來賓演講。

- 讓團體成員清楚了解在進行任何生活型態的改變前，可以徵詢他們的醫師意見。

第 6 次聚會：老化與記憶

- 提供和討論有關於老化和正常記憶功能的最新資訊。
- 提供有關痴呆和阿茲海默症詳細的社區資源資訊，像是全國阿茲海默症協會。同時也提供治療老人痴呆的最新方法。
- 教導成員們有關多媒體互動的可能效果，以及對認知功能的副作用。
- 提供維護和增進記憶及心理功能的策略，像是有助於記憶的記事本和日曆。
- 協助將小小遺忘的經驗一般化，像是忘了鑰匙放在哪，或一時想不起購物時將車子停在哪。

第 7 次聚會：心理健康

- 提供和討論有關憂鬱、焦慮和其他團體成員會面臨關注的心理健康議題。
- 許多老人對於心理健康議題持負面的態度，並認為憂鬱和焦慮象徵著軟弱。針對這些議題，提供教育和平衡的觀點是很重要的。
- 討論與老人心理健康有關的環境和發展因素（如愛人亡故、因應生病或失能、多重醫療的交互作用）。
- 提供一份完整的社區資源清單，以備在適當的時機，可以轉介給成員們。

第 8 次聚會：關係

- 討論晚年生活的社交活動與整體健康之間的關聯。研究發現並建議，社會支持是成為成功老人的關鍵要素，卻常被忽略。
- 描述不同類型的社會支持。社會支持網絡對於健康的管理功能是相當重要的，朋友們會鼓勵個案就醫，當個人不太願意這麼做時。
- 將本次單元與在團體中發展的任何關係做連結。

第 9～11 次聚會：鞏固學習和準備結束

回顧先前團體聚會的內容，可以鞏固學習經驗。例如，在第 9 次聚會時我們回顧第 1 到 3 次的團體內容；第 10 次聚會回顧第 4 到 6 次聚會的內容；在第 11 次聚會時，焦點則是在第 7 及第 8 次的內容。

然而，很重要的是，在這個階

段中不要只是簡單的用書面資料做回顧。我常用一個叫「成功走過老化的風險」(Successful Aging Jeopardy)的活動，讓這鞏固的階段更具有互動性。在這個活動中，我回顧過去的單元主題，並且會提出幾個難易不同的相關問題。例如，在第10次聚會時，會問到如何做預防疾病、運動和營養的照顧、老化和記憶保健等類別。然後我會將每類的問題依難易程度的不同，較難的問題給較多有意義的點數，像是可以看電視益智秀。通常會將團體分成兩隊，每隊都有相同機會回答問題。

剛開始成員們不太願意玩這個遊戲。不過，在我和成員們的鼓勵下，他們開始參與這個活動。在友誼賽前只需要花幾分鐘做鼓勵，整個團體就會熱絡起來。這個活動提供一個開放的機會，團體成員們可以回顧過去聚會的單元主題的資料，同時能投注於精神上的互動和老化有關的迷思。

帶領這個活動時，帶領者提供很清楚的遊戲規則，和說明這個遊戲如何進行，是很必要的。大部分的遊戲規則，我會很堅持是自然的人際互動。舉例來說，不論成員是否答對問題，都不可以批評他／她。「成功走過老化的風險」似乎是所有聚會中最有活力的階段。雖然這個遊戲對團體來說很好玩，帶領者仍要注意主題焦點且持續地以鼓勵的介入方式，深化團體成員的知識和覺察。

在第9次聚會時，將會提到團體即將結束，並在第10、11次聚會時做個簡短的回顧，並且提到以下的聲明：「我們的聚會即將告一段落。很重要的是，你們中的每一位，可以想想要怎麼好好利用我們剩下的時間。」

第12次聚會：結束

第12次聚會就是單純地為了要做結束。在這次聚會中，鼓勵每一位成員分享他或她在這12週所學到的經驗。除此之外，也鼓勵成員們討論他們任何的生活型態改變，同時彼此腦力激盪，想想可以維持改變的方法。因為疏離的感受對老人家而言是很普遍的，我會很強調保持團體外的社交互動和支持，使他們能在結束後仍然持續人際連結。

特別考量

團體帶領者必須避免將其他領域的經驗帶到老人團體來。團體成員們經常會詢問有關醫療的建議。最好的建議就是總是要他們詢問他們的主治醫師。除此之外，每一個團體在結束時，都是會發生這樣的效果：「這個團體的設計，是提供有關老化的最新資訊，這個團體並不是要提供醫療或其他專業的建議。在改變你的健康有關的行為之前，還是要徵詢你的主治醫師或其他醫療的專業意見。」

帶領者的年紀也是影響和較年長的成員信任感和誠信發展的因素之一。團體成員和我的年齡差異，是非常明顯的。因此，要在第一次團體聚會時，以一種不防衛的方式說明這個情況，團體成員就會比較信任我，而且我和他們之間的信任感會漸漸增加。我告訴他們，我無法想像當我 70 歲的樣子，同時我也希望我們可以彼此學習。說明我帶領團體的資格，對我而言也是相當重要的。更甚者，我會以開放和誠實的態度，解釋我對於老人團體的興趣，特別是提到我的祖父在我生命中的重要性，同時我會努力去了解和克服我所摯愛的祖父健康欠佳的情形。團體成員們似乎接受我是一位團體帶領者的角色，即使很多人的年齡大我一半以上。我相信我對他們是真誠的尊重，及開放我帶領這個團體的動機，可以讓這個團體創造一些改變的空間。

許多團體成員們有很明顯的身體限制，而且適應這些限制是很重要的。舉個例子，成員們若聽力有障礙，可以靠近我坐下，所以他們可以聽到之前說了哪些事。鼓勵其他團體成員說得大聲點，讓每個人都能聽清楚。對於坐輪椅的人，空間也要做點修改。當我在黑板上寫字，我會為了有視力困難的成員，將字寫大一點。基本上，配合成員的特殊需要，讓成員們覺得安全和舒適，是可以有彈性的。

團體成效

幾位團體成員在生活型態上，有了顯著的改變。一位老太太在她 70 歲後又開始游泳了。她曾經參加游泳比賽很多年，但是當她覺得自己「老了」以後，就不再參加比賽了。在 YWCA 游泳幾週後，她被邀請參加游泳隊。當她告訴團體她感到非常驕傲，她似乎有了全新的自信。後來，一些成員慶賀她在 40 年後的第一次參賽。

相似的情形，一位 92 歲的老先生說他很想寫一本書，然而他從來沒有實現過。在團體中他獲得支持（有些成員們的諂媚），他開始撰寫他的回憶錄，並且常在團體裡分享他又寫了多少頁。直到團體最後聚會的團體休息時間，他大聲地朗讀內容，這個經驗令人非常感動。

有一位女士在 70 歲後開始每月一次旅行，像是組團參觀博物館、市集活動、品酒或其他的活動。他們會租用一部小巴士，並且拍下所有探險旅程的活動照片，然後在團體休息時分享。這樣也鼓舞了其他團體成員加入他們的旅遊團。許多在這個每月出遊團體的人，會說他們已經很久沒有和一群人參加團體旅遊，他們覺得很有活力，而且他們會讓一些事情「過去就算了」。

許多團體成員有了新的社會連結，而且可以在團體外彼此提供支持。有一個例子，是成員們注意到一位成員狀況有點不一樣，會鼓勵她去看醫生。這樣子能早點偵測到威脅生命的可能疾病，避免事態無法控制。

最後，這個老人團體並不只是適合健康的老人們。我被許多成員感動且感到驚訝。我看到這些老先生和老太太們最直接的韌性和尊嚴，他們是被社會和家人所忽視的一群。我學習到當事情遇到困難時可以幽默地處理。最重要的是，我學習到真誠相互尊重的價值。有些參加第一個成功老人團體的成員已經離開人世，雖然我曾為他們的辭世感到憂傷，我也會感到慰藉地知道，他們曾經被團體成員們了解和關心，而且有些例子是他們會有機會去悼念他們曾經失去的。

悲傷工作的治療性價值

在明顯的失落後，悲傷是必要的且是很自然的過程，但過於頻繁的悲傷則是病態的。當有些情緒沒有表達出來時，未解決的悲傷仍黯然地在背後阻礙個案走出失落和延緩其發展新的關係。除了死亡之外，悲傷可能有許多的型態，像是關係的絕裂、丟了工作，或是孩子離家出走。個案要以自己的步調面對處理痛苦和悲傷時，團體是幫助個案不會覺得被疏離的工具。團體的過程可以利用治療性的優點，幫助辛苦地調適因為失落而有許多改變的老人。雖然在團體中說明失落和痛苦的議題是很重要，MacNair-Semands（2004）指出發展新的關係是至關重要的可能性並提到：「團體的焦點在新的社會和親密關係，以拓展悲傷團體成員的個人認同、了解死亡的存在性議題、發現新的個人資源和力量，而不是要過分地強調失落和痛苦的內容（p. 528）。

喪親對老人而言是特別嚴峻的發展任務，不只是因為失去了曾經和他關係緊密的人，同時也因為失去了他們的能力。雖然死亡對小孩子的衝擊和對老人是一樣的，面對自己的死亡和重要他人的辭世，因為老化而顯得特別不同。如果個案正面臨喪親，能夠充分地表達他們的想法和情感，他們可以有比較好的機會去適應新的環境。事實上，部分悲傷的過程牽涉到基本的生活改變，並經驗到新的成長。團體諮商在這個時候特別有助於個案。

許多在我們社會的力量讓人們很難體驗到悲傷。社會規範迫使「快速痊癒」，一般人往往無法諒解悲傷的個案為何需要「那麼長時間」以「回到正常」。在我們快節奏的當今世界，人們被呼籲需要「克服它，並繼續往前」。Hedtke 和 Winslade（2004）對於渡過悲傷和往前走提出相當不同的觀點。他們相信人在世時的關係，仍然會在往生後仍保持連結。當一個人經驗到失去了所愛的人能夠藉由與亡者發展新的關係而得到安慰。這種關係取向的哀傷工作建基於「重－記」（re-membering）過程，也就是即便他或她已往生，透過編製其生活記憶，像是保留亡者的聲音和活著的想法，我們可獲得持續往前生活的資源。透過記得故事和想像聲音，像是我們反思心愛的人在我們遇到困難時所告訴我們的話，我們可以持續感受到亡者的存在。對於帶領喪親團體蒐集來自 Hedtke 和 Winslade（2004）的書 *Re-membering Lives: Conversations With the Dying and the Bereaved* 一些有關悲傷與喪親的有用想法。

如果你想要學習更多有關設計和帶領老人的喪親團體，可參考 Alan Forrest 設計的老人喪親團體，或推薦閱讀 Capuzzi（2003）、Christensen 等人（2006）、Evans 和 Garner（2004）、Fitzgerald（1994）、Freeman（2005）、Hedtke 和 Winslade（2004）、James 和 Friedman（1998）、Tedeschi 和 Calhoun（1993）、Wolfert（2003）、Worden（2002），以及 Yalom 和 Vinogradov（1988）的著作。

團體方案範例

老人喪親團體

以下部分是以 Alan Forrest, EdD，一名來自 Radford University 的諮商教授觀點所寫。如需要進一步關於這團體的資訊，可以和來自 Radford University 諮商教育學系的 Alan 聯絡，地址：P. O. Box 6994, Radford, VA 24142；電話：540-831-5214；email：aforrest@radford.edu。

簡介

在我開始帶領失落和哀傷的團體前，我是充滿著熱情、興奮和利他，帶有一點緊張的害怕、焦慮和不安。對這些正經驗深度情緒痛楚和精神困擾的人，我要給予什麼呢？我有什麼「正確」的答案呢？我夠資格嗎？我要怎麼讓一位喪夫 50 年的婦人不再受折磨呢？

我發現我沒有必要回答所有的問題，而且我如果相信團體的過程，我就不會感到失望。在團體裡，常常無法用正確的語言表達深層的情感；因此，我學習如何應用治療性沉默的價值，及讓某個人的出現是具有療癒的。為了要聽出和真正感受到另一個人的痛苦，是需要努力的，而且要知道你帶不走痛苦，將會是挫折和憂傷的。團體的第一次聚會通常是最困難的，因為每一位成員都和他／她的失落環境有關。這些傷害、折磨和痛苦是可以被克服的，但是也會讓他們知道，他們不是孤單的。

隨著年齡增長而增加的失去：朋友、家人和其他失落例如退休、健康衰退、家，以及一些心理和認知功能的退化。這些生命轉變，再加面臨死亡的失去，需要感受悲傷，也能在喪親團體中處理。這個老人哀傷團體的目標，是藉由在開放和支持的環境中，催化完成悲傷的階段與任務，以增進情緒的回復。我會鼓勵團體成員們表達他們的需要和期望，並說出他們的悲慟和確立目標是可以在團體中實現的。

團體組織

哀傷團體的最初目標之一，是教育這些哀悼的人了解悲傷是一個潛藏多年的過程，而非幾個月的時間。對每個人而言，期間的過程未必相同。像一位寡婦說道：「失落不會真的結束，但是它的挑戰是要去學習如何與它相處生活。」我努力界定清楚的團體目標和結構，並聚焦於創造一個相互支持的團體文化。

這個團體是心理教育性的焦點取向，包括教育的內容、情緒的支持和鼓勵社交互動。這個團體可以催化成為滿足成員們情緒的需求、駁斥對於失落反應的迷思和誤解，和增進能夠在團體外發展新的人際關係的能力，以面對悲傷過程並且提升自尊。為了能達成高度的團體凝聚力和信任感，我設計一個有時間限制的封閉式團體。這個團體有 8 到 10 次的聚會，每次 2 小時，最多不超過 8 名成員。

篩選

篩選成員和選擇的過程對於團體能否成功，是一項必要的變項。對於誰能從團體中獲益，必須有很清楚的感覺，以決定誰可以參與團體。需考慮有多少時間可以讓每位成員分享其失落的經驗。大部分喪親經驗不超過 12 週就前來尋求治療者是未準備好參加團體的個案。有些正在經歷心理的、情緒的、人際的或危機問題的人，在探索和處理悲傷的過程中，可能會模糊團體的焦點，也不適合參加這類的團體。為避免團體的過程受到干擾，並且耽擱其他成員的時間，有必要排除有嚴重疾病的人參加團體。我發現有基本的社交技巧及能夠自在做自我分享的人，對團體比較滿意並能從中獲益。

諮商師自我覺察

要成為一位能成功地處理悲傷的諮商師，是需要對自我及個人的失落做覺察。和悲傷、失落有關的議題是非常情緒性的，並且觸動我們人性中最深層的恐懼。如果諮商師未能覺察個人的失落議題，和正經驗著失落的個案處理悲傷，將會有嚴重的影響和連累。

諮商師有必要至少從三方面來檢視個人的哀傷經驗。第一，處理哀傷個案的工作，增進對個人失落的覺察。檢視個人有關失落和哀痛的議題（過去和現在），是一項困難的工作。諮商師不需要完全地解決所有曾經歷的失落議題，但是他們必須覺察和積極地面對它們。如果一位個案正經驗著失落，是和諮商師最近在生命中發生的失落事情相似，這對個案很難有治療性的幫助。

第二，如果因為諮商師個人對失落的害怕，其悲傷有可能會干擾對個案的處理。雖然所有的諮商師過去曾經驗過失落，也可能會憂慮未來的失落。諮商師或許會感到個人焦慮，例如在和個案工作時，想到可能會失去了他們的孩子、配偶或父母的時候。這不會是很大的問題，除非個案面臨和我們最害怕的失落是相似的。舉個例子，假設諮商師的父母年紀很大，他或她也許很難帶領一個老人的哀傷團體。

第三，有關諮商師的存在性焦慮和個人對死亡的覺察。死亡是生命循環的一部分，處理哀傷的老人也在不斷地提醒著，生命將不可避免地畫下休止符，而且是我們深深關心的人。我們大部分的人想到自己往生時，會有不同程度的焦慮。然而，這也是有可能讓我們了解現實並且避免阻礙我們和個案的工作。我們選擇如何對生命中失落的反應，也將決定我們在其他人的生命中，如何有效地提供舒適和成長的經驗。

帶領者議題

對於哀傷團體來說，帶領者的風格和積極的程度，是很重要的向度。一個高度投入的帶領者，在團體的初期階段是很有必要的。但是要凝聚團體成為一體，我傾向不用活動的方式。我會採取協同帶領者的型式。一位協同帶領者可以專心地幫助個案做表達和修通痛苦的經驗，而另位協同帶領者可以注意成員們對此痛苦經驗的反應。

破壞性的行為會阻礙團體過程，因此，一旦出現破壞性的行為，要很快地指出來是很重要的。舉例來說，團體成員常表現出「我的失落比你的還強烈」的態度，我的處理則是會說：「我們現在不是要比較失落，每個人的失落都是獨特的。我們在這裡是因為我們失去了某人，而且在團體中，每個人的失落都是重要的。」同時也該覺察其他破壞性的行為，包括有些人習慣給人建議，但是很少會分享個人的經驗、喜歡給一些「應該」、「必須」、「應該要」等道德性建議、經常觀察但不常分享個人經驗、做一些不相干的建議、習慣在團體中獨占地做自我揭露、當大家在處理失落的議題時，有些人會一直干擾其他團體成員。

團體型式

規範與期望

在團體的初始階段中，我會討論團體的規範與期望，包括準時開始和結束，及團體外的社交活動。我也會提到成員們對團體功能的疑問。團體聚會要準時結束是有點困難，因為不易掌握成員表達被引發的深層情緒要花多久的時間。

一般是不鼓勵進行團體外的社交活動，因為可能會出現一些次團體，對團體的凝聚力和過程會有負面的影響。然而，我在帶領老人的哀傷團體時，並沒有遵照這樣的規範。成員們在團體外保持聯繫有很多好處，像是可以幫助他們處理寂寞和社交疏離等哀傷經驗的部分。

我試著去辨認幾個成員在團體裡敘說的共同主題，盡力連結團體成員們共同的經驗和情感。對團體成員來說，能覺察他們在失落方面的相似性與共同性是很重要的，他們才不會有疏離和孤獨的感覺。因此，儘管痛苦的情緒起伏翻攪，團體成員們持續出席的誘因，是團體裡有普遍性和注入希望的治療性因素。

介紹成員

在第一次的團體聚會裡，我要求成員們做自我介紹，並分享一些關於個人的事情。我會做揭露的控管，讓每一名成員都有差不多的時間做分享。自我介紹也讓每一名成員有機會成為團體的焦點，同時催化此情感的普遍性和悲傷的表達。自我介紹通常是講講名字、失落的情況、成員們會有的恐懼和焦慮，以及任何讓其他人知道的事情。一個好用的技巧是要團體成員們分享，在來參加第一次聚會的路上，他們的感覺或在想些什麼事。從注意他們的共同性開始做連結的活動。由於很多成員們會感到非常焦慮，有時候在大團體進行前，可以先做兩兩配對自我介紹的活動。

分享個人失落和哀傷的經驗

在第一次聚會的有些時候，每名成員都有機會仔細地討論他或她目前為止的失落和哀傷的經驗。除此之外，自我介紹也讓團體成員可以彼此熟悉，也能更獨特地仔細敏銳感受他們的失落。

而且，不鼓勵成員將他們的事情帶來團體中。通常他們生活中的其他議題，是失落的結果，像是家庭重新組合、角色的適應、經濟、家庭管理、再定位，甚至再一次約會。

了解悲傷的過程

或許諮商師可以提供給哀傷者最重要的禮物，是正確地了解悲傷的過程，所以每個人不再認為他們的悲傷是變態的或「快瘋了」。討論的內容主要是悲傷過程的描述，像身體症狀的可能反應、自殺意念、逐漸依賴藥物、憂鬱、固定的行為，和他人對失落的反應等。

Wolfert（2003）描述一個了解悲傷模式，這當中包含了 10 個「檢驗的標準」（touchstones）或追蹤記號（trail markers），可以用來通過悲傷和哀慟經常混淆的過程。Wolfert 將檢驗的標準當作是「智慧的指導」（wisdom teachings）以支持團體成員們能進一步了解悲傷過程和了解自己。這些檢驗標準的內容有：對失落議題的開放、駁斥對悲傷的誤解、包容悲傷的特質、探索失落的感覺、了解人是不會因此發狂、了解哀悼的需求、個人滋養、與他人心有靈犀、尋求和諧和開始欣賞個人的變化。這些檢驗的標準可以融入團體過程中，也可以做為為期 10 週的團體方案內容。

主題

在團體中討論的主題包括罪惡感、寂寞、認同的改變、害怕因為疾病而亡故、相互依賴、多重的失落、逐漸覺察到個人的死亡、社會及人際角色的改變、像是生日和紀念日等重要的日子、信仰與靈性、儀式、悲傷過程對家人的影響、營養和身體運動、團體的結束也是另一個成員們需要討論的失落議題。雖然團體帶領者可能在主題討論時會做建議，團體成員們探索這些主題是很重要的。

照片與回憶

為了能夠讓團體成員們對已故者有較實際和具體的印象，我鼓勵成員們能帶著他們的照片來分享，這個懷舊的過程，也可以做為生命回顧的一種方式。每一位成員都有機會向大家敘說照片裡的人。這個活動幫助團體成員們能感受到其他人更深層的失落感，並給予哀悼者宣洩和分享回憶的機會，因此強化了他或她與已故者的關係。每張照片傳了一圈給大家看，而且鼓勵團體成員對照片中的人，詢問或分享他們的觀察。這個過程將團體成員的失落更具體化。回憶可以提供年紀大的人一個調適的功能，並且可以持續認同的維持。

認識潛衍性失落

潛衍性失落（secondary losses）在哀傷的團體常被忽略，儘管實際上它在失落的本質上是很有力量的。次級失落——發生在最終死亡的失落——或許存在著不同的型式影響對團體有戲劇性的影響。例如，有一位寡婦的先生就在提早退休後不久突然過世，她不僅覺得先生在形體上離她而去，也覺得失去了希望、方案和曾經共享的夢想。和她討論如何改變她的生活是有困難的，因為她的未來方案是與她的丈夫相互連結的，除非省視了她的潛衍性失落，她才能敞開心胸、投入團體及接受團體的支持。個案需要辨認和預料到潛衍性失落的發生，他們才能準備好及哀痛。

情緒的強度

一個哀傷團體需承受相當程度的情緒強度，但是很多個案未能準備好或拙於以寬闊和深入的情緒處理他們自己或別人所經歷的情緒。受傷害的程度伴隨著情緒的表達，而且多數成員未必準備好。有些人或許認為這傷害是軟弱的象徵，因此，這個議題必須在不斷地疏通這個團體經驗。有些團體成員們在每次團體聚會從頭到尾都會落淚，就很難在團體裡做溝通。這個情緒可以被了解，但是未必能很快地說出來。成員們或許需要時間去消化他們的情緒，才能感覺舒服地以口語表達。這些人受到團體其他人對其需求的尊重，一段時間後，可以和情緒保持一點距離。

自信與技巧的建立

許多哀傷的老人家，特別是寡婦，過去非常依賴他們的配偶，她有可能將這樣的依賴也轉移到他們的孩子上。雖然這些人承受著哀慟和情緒的痛苦，他們也是有能力發展新的技巧，以增進信心和自尊。一位先生過世不久的成員，靦腆地分享很多她很難做到收支平衡的事，因為過去總是由她的先生在打點家裡的經濟開銷，當其他成員們分享對配偶依賴的類似事情，她受到鼓勵並且到銀行學習如何管理她的帳簿。這位特別的女士在最後的團體聚會裡獲得許多自信，她分享她買了一部新車，做一些在過去總是先生為她所做的事情。要記得很重要的一點，就是信心和自尊對於老人和其他人都是必要的。

運用身體的接觸

很多老人家有強烈的被擁抱的需

求，特別是失去配偶的老人。沒有了配偶，這樣的需求就很難滿足。如果諮商師能善用治療性的擁抱，會是一個讓個案滿足被撫慰的方法，同時也是諮商師或其他團體成員們，運用身體與他人接觸的方法。最主要的是，諮商師要清楚地了解個案是否願意被撫慰。謹慎地向悲傷的人說明撫慰的運用；擁抱可能會有反效果，如果是用來做為溝通或解釋為「不要哭，事情都會過去，沒事的。」哭是治療過程的一部分，所以團體帶領者需要謹慎照顧並在他們面前示範。

信仰與靈性

信仰與靈性的層面經常被諮商師忽略。然而，哀慟的老人需要檢核他們對世界的調適，特別是他們的假設世界。一個人的中心信仰和價值，可能會因為失去愛人或特別的朋友而受到很大的震撼。哀慟的老人說他或她失去了方向、目標、生活的信心並非不尋常的。團體成員們常尋找生命的意義或目標、失去連結感的經驗、罪惡感或沒有價值、質問他們的信仰、寬恕的慾求，甚至感到被上帝遺棄。意義、信仰和上帝（或是更高的力量）的連結等問題，可能是老人對愛人逝去的反應。團體可以有這樣機會，不用感到害怕、羞愧和窘迫地檢視這些不常與他人討論或分享的議題。

曾經歷失落的哀慟老人，多少因為對於意義、命運或特別的信仰／靈性議題質疑而受痛苦，這是很正常和合理的情況。詢問別人是如何從靈性、如何因應失落、和聆聽更寬廣的生命意義，可以創造一個開放和接納的氣氛，從靈性的觀點談論更多關於他們的失落。

有一位丈夫剛過40歲時死於車禍意外的成員，表達了她對上帝的憤怒。雖然她曾是一位虔誠也曾固定上教堂，她對上帝忿恨也不再去教堂，同時也切斷了靈性、社交及人際支持的資源。

結束

有些成員在兩、三次團體聚會後突然地結束。在後續的訪視中發現了一些離開的理由，有些像是成員們覺得團體太有情緒威脅、太親密、太憂傷，或是他們「應該」可以處理自己的失落。當處理老人的問題時，曉得世代、文化、性別的差異是很重要的。要分別或一起處理，對他們選擇要不要留在團體裡，多少都會影響。

從團體完整的結束，可以學到哪些東西呢？哀傷團體的結束提供了成員們，另一個以健康的方法處理失落的機會。鼓勵成員對於亡者或對其他成員們或是工作人員，去說任何未竟事務。也鼓勵團體的參與者們，可以就團體裡的經驗給彼此一些回饋和道別。這些成員們可以預期在團體結束之後的情況、探索團體經驗對他們的意義，並檢討他們持續得到支持的方案。

儀式

儀式是一連串行動的設計，表現原始的象徵性價值，以保留社區的傳統。悲傷儀式或許能提供人們在生活中以不同的方法，達到某種程度的調適過程。大多數的文化會描述一些儀式，能體面地通過生命循環的不同階段。哀傷儀式可以從社會的角落，將哀慟的人以再整合像重生的人重返社會。喪禮和追思會或許就是最廣為人知的哀傷儀式例子。

儀式可以在團體經驗中有效地利用，也是增進自我覺察的工具，特別是在結束的過程。一個被證實是結束團體經驗的有效技術，是要每位成員點一支蠟燭代表已故的人。成員在團體中分享任何有關他所學到的或是關於他們離開人世的想法，或是團體對他們的意義。這個活動鼓勵團體在最後能分享經驗，提供一個結束的儀式，用燭光做為洞察和啟發的隱喻，同時讓每位成員離開時將具體的東西（蠟燭）帶回家。團體成員發現這是一個高度情緒和療癒經驗。

團體成效

老人的哀傷團體效果如何？雖然我帶的團體沒有做過實徵的效果研究，仍然有一些有趣的逸聞資訊，以支持這些團體的價值。

一個老人哀傷團體的最初目標，是減輕因為失落而來的疏離感和寂寞感，特別是當配偶已過世多年。有一團體在結束時，所有的成員們交換電話號碼，而且願意定期地會面，彼此給予情緒上和社交的支持。另一個團體和我約定在團體結束後的三個月，每個月能見面聚會一次，我們稱它為「調養團體」(aftercare group)。要知道，每一個團體開始時，成員們彼此是陌生人。

帶領這些團體，我學到了什麼？我學會分享眼淚，同時我會在哀傷團體裡分享歡笑。看來似乎是矛盾，但是我學到更多關於生命的過程，而不是從帶領這些團體中，學到關於瀕死和悲傷的經驗。帶領一個老人哀傷團體，是豐富個人的生命經驗和對生命的肯定。我學會慶賀每一天就像珍貴的禮物，同時深化我的人際關係價值。智慧、勇氣、美德等研究所裡沒有教過的，但是我已從我的個案身上獲得。

團體方案範例

安置機構老人團體治療方案

這個方案是依據 Marianne Schneider Corey 的觀點所寫。

簡介

許多不同類型的團體都適合老人家。團體的數量和類型有可能受限於諮商員的想像創造力，和諮商員開發迎合老人的特別需求之意願。在這裡所描述的團體是針對在老人精神醫院即將返家或到其他的社區住所的前置團體。

團體組成

這個前置團體是由幾位在安置機構環境中的老人所組成的，他們正要安置在社區情境中，準備回家或托顧於安養機構。和其他團體一樣，也是需要謹慎考慮成員篩選。團體中如果有退化嚴重和幻覺的成員加入，這個團體很難運作得很好。然而，將喋喋不休和很靜默的人、憂鬱和躁動、對安靜個案很有興趣、會猜疑別人等不同背景的人，聚集在同一個團體，是一個很好的實務經驗。團體的大小依病患的心理和社會的功能而定。

我和協同帶領者帶領的前置團體，有 3 位男性和 4 位女性成員——在性別比例上剛好且使 2 位帶領者可以工作的人數。在第一次聚會之前，我和每位成員個別聯繫過，同時給他們一份團體的基本說明。我告訴他們團體的目的，可能有哪些活動，和團體在何時、何地聚會，聚會時間有多久等。我讓每個人知道，成員都是自願而來的。當有人似乎猶豫是否參加時，我會建議他們來初始聚會看看，然後決定之後是否要繼續參加。

團體目標與團體型式

在第一次聚會前，我和協同帶領者決定了一些團體目標。我們最初的目標，是一般會設想到的，如提供成員一個可以自由討論、互動的氣氛。我們想要提供成員表達不滿的心聲，和參與決定過程的機會。我們強烈地感覺到，這些人是可以做些改變，而且團體的過程可以刺激他們做些改變。

這個團體每週在會客室進行一次 1 小時的聚會。每次聚會之前，我會和所有的成員聯絡，提醒他們團體很快地要聚會了，邀請他們出席，並且陪他們進入團體室。我學到要他們記得聚會的時間是很難的事，所以為了能確定按時出席，個別的支持協助是很重要的。缺席的人通常是因為生病或參加一些不能取消的活動，如門診治療的時間。這個團體是開放的，偶爾會有成員不能來，我們會鼓勵新的病患加入，這似乎不會干擾這些成員，而且不會影響到團體的凝聚力。身為帶領者，我們也嘗試要儘可能地容易進入團體。

我們常常讓出很多時間介紹新成員，同時說他們想成為團體一員的話，接著我們會請其他成員來歡迎他們。

初始階段

在初期聚會，成員們會直接對著兩位帶領者說話。我們希望可以打破像私人的、沒有交集的世界，令人感到疏離的場面，我和我的協同帶領者很快地開始鼓勵成員們彼此交談，而不是和我們說話。當成員談到另一位成員時，我們會要求直接對著他說話。當成員們討論一個特別的問題或關心的事，我們會鼓勵其他人能分享相似的困擾。

剛開始成員們會不想談自己的事，多是抱怨的聲音，或討論他們離開機構之後的事情。他們最常反映的是他們的無望感，像是：「去做有什麼好處？沒有人會聽我們說的。」我們的工作就是要教他們彼此傾聽。

傾聽和行動的重要性

我和協同帶領者覺得，示範我們真的在傾聽他們說話，是教導這些成員傾聽的最好方法。因此，當成員們在病房談論有關的生活問題時，我和協同帶領者便會積極地投入，和他們一起解決這些衝突。舉例來說，有一位成員抱怨他房間裡的一位病人夜裡會大吼大叫。我們就盡力讓這位不快樂的成員換到其他房間。當有些成員分享他們即將要去安養機構的害怕時，我們安排帶他們去幾間這樣的安養機構，讓他們可以做安置的選擇。有一位女士抱怨先生探訪她不夠，當他帶她回家後，他不關心她也對她沒有性趣。在幾個偶然的機會裡，我和協同帶領者和這對夫妻做了私下的聚會。

有些男士會抱怨說沒有事情可以做，所以我們就安排他們去花園裡種種花。另一位團體成員分享她是一位畫家，所以我們請她教大家和病友們畫畫。她充滿熱情和成功地融入其他成員。

我們的哲學是鼓勵成員，即使是小小的地方，也要開始積極地為他們的生活做決定。我們學到兩件事不要做：(1) 鼓勵病患參加會感到挫折的活動，甚至因此侵蝕已經不好的自我意象，或 (2) 我們做不到的承諾。

傾聽懷舊的內容

除了處理成員每天的問題，我們花很多時間傾聽他們回憶過去的事，像是曾經歷的憂傷和罪惡感、失落、他們住過和參訪過的地方、曾經犯下的錯誤等等。藉著對過去的回憶和積極地重建，老人家可以解決影響他們的衝突，和決定要如何運用餘生。除此之外，成員們高興地回憶比現在有生產力和能力的快樂。

活動的應用

我和協同帶領者設計一些活動催化成員們可以互動。我們運用簡單的活動，讓團體動起來。開始的時候，我們都會示範活動是如何進行的。以下是我們在團體裡進行的活動：

- 進行想像之旅，挑選兩位團體成員與你同行。（雖然你有可能要處理沒被邀請的人的感受，這個活動仍然有助於被動的成員跨出並交到朋友）。
- 如果你想要做任何你想要做的事，你會想要做什麼呢？
- 帶一張你和你家人的照片，並談談你的家人。
- 描述對你很重要的回憶。
- 說說你喜歡的節日，在那一天你最喜歡做什麼事？

其他一些活動，像是對功能較低的個案，進行語句完成的活動，也可以幫助老人們聚焦和互動（Yalom, 1983）。未完成語句可以由幾個主題組成，這裡有幾個例子：

- 自我揭露（一件和我有關，大家會驚訝知道的事是……）
- 分離（我所經驗過最難分離的是……）
- 憤怒（一件真的惹惱我的事是……）
- 孤單（我生命中感到最孤單的時候是……）
- 病房的大小事（昨天發生在病房裡的吵架，讓我覺得……）
- 同理心（我很感動，當……）
- 此時此刻的互動（這個房間裡，我最喜歡的人是……）
- 個人的改變（有時候我想改變自己的是……）
- 壓力（當……我會緊張）

進行語句完成的活動，會引發深層的情緒，團體帶領者要有技巧地處理這些感覺。

藉著催化成員們自我表達，這些活動能讓他們彼此了解，不會去想到團體開始普遍會有「有什麼用」的感覺。

揭開迷思的面具

我和協同帶領者會探索一些老人家常見的迷思和態度，並且挑戰成員們對這些迷思的看法。以下是我們想到的：

- 所有人退休後開始憂鬱。
- 大部分的老人早就是那個樣子，不可能改變的。
- 常忘記事情就是老糊塗了。
- 老人對社會沒有貢獻。

- 不論孩子們是否帶他們回家照顧，老人家常是情緒和經濟的負擔。
- 年紀大了，就不可避免地會有一堆嚴重的身體毛病。
- 老人家是依賴和需要被照顧。
- 老人家對性沒有興趣。
- 老人多少會害怕死亡。
- 大部分的老人開始老態龍鍾了，不適合做心理治療。

任何人在和老人工作時，需要區辨迷思和真相對年紀大的意思。真相是老人們可以做或學習一些事情，來改變他們的生活。有創造力和機靈的專業人員，可以做很多增進老人生活的事，因此需要幫助這些老人家消除迷思和阻礙，與提供有品質的服務。

結束

我在這個團體當一名協同帶領者僅有3個月的時間，在團體結束前幾週我讓成員們做我要離開團體的準備。我離開後，我的協同帶領者獨自繼續帶領這個團體，偶爾我會探訪這個團體，成員們還記得我，也很歡迎我。

團體成效

要成功地和老人工作，必須考慮到幾個資源的基本限制，否則沒有改正宿命的觀點，會增強他們的無望感。我和協同帶領者曾期待有很大的人格改變，我們很快地感到挫折。這樣的改變是很小很慢的。取而代之地，仍期待有一個適度的衝擊和精巧的改變可以發生，可以刺激和鼓勵我們持續做下去。以下是我們觀察到的一些成效：

- 成員了解到不是只有他們遭遇到困擾。
- 成員們從其他人的回饋中獲得學習。
- 團體成員感覺到可以接納他們的情緒，同時也了解到有表達的權利。
- 成員們說喜歡來參加聚會，而且會讓其他病友們知道。
- 團體氣氛變得讓人覺得信任、有愛心和友善。
- 成員們在團體外時，仍持續社會化活動。
- 成員記得每個人的名字，可以增進他們在病房的互動。
- 成員忙於一些可以刺激他們的活動，而不是只有等著被照顧
- 成員們開始談論他們個人的悲痛、失落、希望、喜樂、回憶、害怕、悔恨等等，說出來和被傾聽的感覺很好。
- 熱情的成員和工作人員們，帶領另一個團體。
- 護士們報告看到病患的一些改變，表達了想要學習一些團體

催化的技巧。

- 工作人員注意到正向的改變，像是有些成員們的精神層次提高了。
- 工作人員開始針對不同的成員想一些適合的活動，幫助他們實現。

我和協同帶領者在團體進行中也會遇到一些挫折的情況。例如，成員們有時候看起來沒有活力，很想睡。我們後來發現，原來是有些成員在參加團體聚會前有服藥。不過，有時候也很難分辨成員的狀況是因為藥物的影響，還是心理的因素。像有一位成員，有時候看她整週都是功能良好和感覺很棒，下一週她就因為精神症狀而無法回應任何人。

有時候有些小小的改變會發生在團體階段中，在尋常的病房的生活中不會發生的。有些成員們不想在病房裡過得快樂，因為他們害怕給人一種他們要待很久的印象。他們會有一種想法，像他們會說：「如果我說我喜歡，你們可能不會讓我走。」其他成員則會認命地待在機構裡度過餘生，並且視病房是他們的家，直接地表達他們不想要離開。

和老人家工作也會有回報的，但是也可能耗盡精力和要求不斷。有時候我覺得很沮喪、無望和生氣。這些情緒很少與我和病人的活動有直接關聯；我觀察到他們之中很小的改變，都算是激勵我努力下去的一個回報。當我看到精神科訓練的學生或是其他工作人員表現出對病人不尊重，我都覺得很氣惱。這些學生常叫這些老人的名字，而不稱他們的姓氏。偶爾會有些激動的病患，當他人沒有稱呼他或她的姓氏，會有身體的抗拒，或在就藥時沒有被叫到，會讓他或她一開始就很心煩。另一個令病患很煩的事，是病患坐在輪椅上，被推著到處走，卻未被告知他或她要去哪裡。

有時候病患的行為被認為是瘋了，在現實上如果有人試過，這是被注意的很好機會。有一天，一名學生帶著眼盲的人來參加聚會，這位失明的先生在脫掉鞋子時，這個學生對他大叫要他穿回去。我靠近 W 先生，然後在他面前蹲下來說：「W 先生，你在我們的團體聚會中脫鞋子。」他說：「怎麼會這樣？」他抱歉地說著以為是被帶到做身體治療的房間。

在另一個例子，一位 75 歲的病人整天脫著鞋子，老是將報紙鋪在腳邊。每個人都覺得他的行為怪異。我記得小時候在德國，常有人叫我將報紙塞在鞋子裡可以取暖。花了一點時間在這位先生身上，發現這「怪異」的行為是同樣的經驗。我學習到要小心，不要太快地評論一位病人是怪異或是錯覺妄想，而是多花點時間去發現獨特的行為，是不是有邏輯的理由。

當病人很自然地想要對其他病房的人表達愛意時，常會被工作人員因為「會發生什麼事」而認為是好色的人，是件不好的事，而感到洩氣或是覺得很丟臉。關於對老人性的態度，我和工作人員有幾次很好的討論，藉由處理我們的態度、偏見和害怕，我們比較可以了解和幫助這些病人。

觸摸的治療價值

老人往往有被觸摸的特別需要。許多老人獨居，你或團體的其他人也許是唯一觸摸他們的人。你個人對於觸摸的舒適程度將是至關重要的因素，以決定團體成員交換觸摸時的自在度。

當我在中國拜訪敬重的老人家時，老人間的觸摸需要更是生動地表達。我（Marianne）觀察到一個躺在床上的老婦人喃喃自語，看起來很憂鬱。當我靠近她的床邊，我掙扎且不知在不同文化情境中是否能接受我的觸摸。我按耐著自己的衝動以握著老婦人的手，她立刻按著我的手回應我，並轉身面對著我。她開始說話，而我邀請導遊幫我翻譯。他介紹我的女兒和我給老婦人認識，她表示對我們從哪兒來及做些什麼感興趣。她重複說我很幸運有兩個女兒。她一再地觸摸我和女兒們。在短時間內，這個婦女在床上坐起來並開始有說有笑。她曾是一名畫家，我的女兒和我都向她表示對藝術的興趣。同樣在這間屋子內的這個年輕導遊，告訴我他對於她的知識清晰度感到驚訝。剛開始他看見她躺在床上時，還以為她在垂死邊緣。在場的護士提到這婦女確實非常孤僻和憂鬱，護士對於其興奮及對我們產生興趣的反應感到驚訝。在 20 分鐘內，她變得完全活過來的樣子。這樣的情境再次提醒我反思，我們曾與多少人透過觸摸或是一個微笑進行溝通。

我個人對於與老人觸摸的治療價值觀點是有文獻支持的。在 Myers、Poidevant 和 Dean（1991）與老人團體中的文獻探討，鼓勵諮商員提供身體接觸包括擁抱和觸摸，但僅限於當這樣的接觸是被老人成員視為可接受的前題下。即便是拍拍手或雙手加入都能增進歸屬感。就像前述所說過，文化差異的多樣性是需要被尊重的。在有些文化對於肢體接觸有特定的使用規範和解釋，這是必須小心地被使用。

重點摘要

在社區情境的團體

- 在任何一種成人團體，敏覺於個別差異是必要的。技巧的應用配合成員的生活經驗來運用，千萬不要強迫成員。
- 好好了解你的成員的社會、文化和靈性背景，能讓你以敏感的方式處理他們所關心的事務。
- 對有些老人來說，因為他們的文化情境因素，要分享自己的事情是有困難的。尊重老人的決定，順著他們的步調去做揭露。
- 團體可以幫助成人統整目前的生活改變，而能有整體性的發展觀點。在團體中成員被鼓勵去思考他們是誰？他們曾經在哪？和統整未來的目標。
- 家庭暴力施暴者團體和性施暴者團體日漸顯著增加。籌組這樣的團體需要很大的耐心和處理困難個案的能力。
- 團體工作者未來將逐漸地面臨發展方案的挑戰，以協助老人們能在退休後發現他們的生命意義及創造力。
- 團體諮商員在試著發展和設計老人團體時，常會遇到一些困阻。有些阻礙是因為老人的特質所致，然而其他的阻礙常是因為這個系統不支持老人團體。
- 團體提供老人們特別的好處是可以被傾聽和被了解。團體的過程鼓勵他們分享及與人連結，這些對老人們都具有治療性價值。
- 老人往往有被觸摸的特別需要，你或團體的其他人也許是他們唯一觸摸他們的人。觸摸時需要尊重不同文化差異規範。

練習活動

課堂活動

1. **團體方案評論。**閱讀本章有關成人的各種團體方案後，哪個方案最吸引你？在課堂上組成一個小型討論團體，分析和評論本章所描述的各種特別的成人和老人團體。當你在閱讀每一個團體方案，討論你發現有哪些最具創新和實用的特色。如果你正在設計一個類似的團體，你會修改哪些方案內容？從閱讀有關設計這些團體方案，你學到什麼？

2. **女性團體**。回顧本章描述之亂倫倖存者的女性支持團體，你發現哪些特別的治療性因素，可以在團體中增進治療性？
3. **男性團體**。檢閱社區機構的男性團體方案。若你是一名男性，你會參加這個團體嗎？說明為什麼會和為什麼不會？
4. **評估 HIV/AIDS 支持團體**。回顧本章所描述的 HIV/AIDS 支持團體。如果你是一個機構的主管，你是否會支持這個方案內容的團體？如何合併 HIV/AIDS 支持團體的教育性和治療性目標？若在這類型團體使用心理教育取向將有何優點？
5. **社區機構的團體**。如果你在社區機構工作，並被要求要籌組男性或女性團體，在設計男性或女性團體方案時有哪些步驟？假設你被期許形成一個心理教育團體。無論是男性或女性團體，你將納入哪些主題？
6. **組織一個健康老人的團體**。回顧一個成功的老人團體內容，你學到了什麼？如果要在社區中心籌組健康老人的團體，你將採取哪些步驟以形成團體和招募成員？你將告訴潛在成員有關這個團體的哪些事項？
7. **組織一個喪親團體**。回顧喪親團體的內容，在處理悲傷工作時，哪些主要的因素是具有治療性價值？以團體的型式處理老人家的失落，有什麼優點？如果你要籌組一個類似的團體時，你在組織和帶領時，會做哪些改變？你又將面臨哪些挑戰？
8. **適合機構團體的技巧**。回顧本章所描述的機構內團體方案內容，有哪些特別的技巧和活動是你認為有用的？
9. **社區的老人團體**。假想你正在一個社區心理健康中心實習或工作，要發展一些服務策略以符合社區老人的需求，你會怎麼進行評估社區需求和發展一個合適的團體方案？哪些個人議題將有助或阻礙你能有效地帶領老人團體？

索引

A

B

C

D

H

I

Q

R

S